中國革命的起源

1915-1949

Les Origines de la Révolution Chinoise 1915-1949

Lucien Bianco

畢仰高　著
何啟仁　譯
陳三井　譯校

目次

第一部

中國革命的起源

第一章 一個時代的結束（一八三九—一九一六）

帝國傾圮

十九世紀中葉發生的鴉片戰爭，正式將中國推上近代世界歷史的舞台。我在法國的高中執教時，教師手冊裡就提到了這起歷史事件。這場歷時三年、雙方實力不對稱的戰役，最後以中英兩國簽訂《南京條約》為結局，中國在條約中允諾開放五口通商，還將香港割讓給英國。二十多年後，另一場牽涉到英、法、美、俄等國的戰役[1]迫使中國簽訂《北京條約》，同意列強在北京派駐公使，中國從此正式對外開放門戶。

接二連三的外侮，使中國知識分子痛心疾首。對他們而言，中華文化澤被四鄰的「華夏中心」思想長久以來根深柢固；「中國」二字就中文字意而言，指的是居於中土的帝國——位於天圓地方之中心、承天命所立之國；環繞於中國四方（或稱四海，後來指叩關中國的西方各國之來處）的各民族，都應該如天朝子民一般地開化而文明。中國長久以來採用「朝貢」制度來處理對外關係，這個制度的內涵認為「天朝恩威廣被蠻夷，天子居北京而四夷來朝，以表達對天子的尊敬與臣服」。中國接受了藩屬進獻的貢品之後，會依照本國此時的國力強弱和富庶程度，對前來朝貢的代表致贈相應的禮品。這種作法亦成為早期的商貿交換形式。

平心而論，將未施行儒教君主統治制度的地區均視為蠻夷的心態，就像早期希臘人認為不會說希臘語的人就是蠻族一樣。更何況，在中國悠久的歷史中，交往對象大多是受其文化影響、甚至學習漢字、通行漢字的小國；除了文化因素之外，中國的邊界若非廣垠的沙漠就是難以攀越的大山，相對封閉的地理因素亦深化了華夏中心思想的基礎。

一開始，大清皇帝和朝臣們並未意識到對英軍事失利和朝廷威望被動搖所代表的意義，畢竟歷代以來對國境的威脅多來自中亞而非南方海岸。土耳其斯坦[2]在一八二六年就曾發生過一次叛亂，於一八二八年平定，但直至一八三五年和清廷簽訂和議後[3]，新疆地區的擾攘才算大致底定，而這項和議卻在日後成為清廷與英國談判《南京條約》時的參考模式：以商貿讓步為代價以換取安靖。當時清廷還認為，對英國的談判相對更容易一些，因為「他們只是唯利是圖」[4]。至於鴉片這項引發中英衝突的物資，並不僅限於由英國東印度公司以海路輸入中國一途，早在鴉片戰爭之前，回族商隊就已經由中亞經西北邊界輸入鴉片，再透過中國內地商賈流通[5]。無論如何，因東印度公司輸入鴉片而造成的大量白銀流失，當然會使原本已經為財政問題焦頭爛額的清廷更加寢食難安。

清帝國內部的危機，其實早在外患——英國入侵——發生之前半世紀就已經開始醞釀，大體而言，可以視為因清帝國前期的繁榮促使人口在十八世紀大量增加所導致（參見頁九十八至一〇〇），一個世紀之內，人口增加到超過原先的兩倍以上（一七〇〇年約有一億五千萬，到了一八〇〇年已有約三億二千萬，據信當時中國人的食物供給應該比人口數較少的歐洲人更充足），隨後情況卻迅速惡化。十八世紀前期的繁榮盛世使耕地面積快速擴大、各種新的耕作方式被引進及流傳、生產增加、鄉間商貿和工藝開始發展，但是在技術層面卻沒有出現突破。依據英國漢學家伊懋可（Mark Elvin）的說法，這種看似成熟卻脆弱的榮景，埋下了日後的「發展陷阱」[6]。由於豐沛的產量和熱絡的交易並未誘使中國人繼續追求提高生產力的創新技術，這樣的生產活動只能滿足溫飽，進一步造成新生兒增加，但生活水準卻未顯著提升。到了十九世紀初期，人滿為患的後果開始顯現，耕地不足、地力枯竭、環境惡化，貧困的農村居民開始流動，先是由南往北，繼之往西或西南，所有地區的自然環境都因而變得每下愈況，更何況西部和西南部的行政體系比其他地區鬆散且難以保障安全。

清帝國雖是專制政體，卻完全依靠一套無論在預算編列或是執行效率方面都相當差勁的行政體系來實行統治，當人口數量倍增後，尤其顯得捉襟見肘。到了十九世紀，朝廷正式任命的官員再也無力負擔日益繁瑣的地方事務，於是出現了一種日漸膨脹的「準行政體制」系統，其業務涵蓋了文書、財務、郵務、治安等方面。但由於基層財政無法負擔這些人員，除了辦理文書的書吏之外，必須任由其餘人員自籌薪餉，通常就是從稅賦和訟案中抽取油水，尤其是對訟案所收取的費用，是基層小吏的收入中不可或缺的部分[7]。與其說這是系統性的腐敗現象，不如說是大多數中國人默許的傳統使然。這類不具備正式法定地位的胥吏，亦被認為是苛捐雜稅日益增加的主要原因。由於稅收成長緩慢，而分配予地方的預算亦未增加，「鄉」這個行政層級於是被迫加重徵收賦稅和其他雜費。

這一套「官／吏體系」雖在十九世紀之前就已存在，並不意味著它能夠一直順暢無礙地運作。清代雖然增加了科舉的錄取名額，但是能分配的職位卻遠遠無法滿足隨著人口膨脹而增加的中舉人數，使得官員爭取各種職位的情況愈加激烈。個人能否與有力官員建立庇護關係？這一點對謀取職務有決定性影響，因此賣官收賄的情形日益嚴重，行賄金額更是水漲船高，導致意圖鑽營的官員想方設法籌措行賄資金。十八世紀時皇帝身邊高層官員所發生的一樁貪腐大案即為一例[8]。但是，能運用的行政經費有限，於是原本應該用於維修灌溉渠道和治水的經費多半被挪用中飽，如此一來，更加重了水患的災情。

西部的湖北、湖南和陝西等省分，容納了較多的遷徙人口，移入農民多半採用傳統的焚燒林木、植被的方式進行墾殖，以致當時的邊境地區形成「動盪、暴力頻仍，官員、士紳均無法節制的局面，走私、盜匪猖獗，並由以地域同鄉關係嘯聚的武裝祕密幫會所掌控」[9]。由於地方官員需索無度，公共建設及平準糧倉付之闕如等原因，一七九六年至一八〇四年間爆發了白蓮教動亂，但滿清八旗將領並不急於肅清叛亂，反而利用機會謀取私利。然而這場亂事的結果不但造成國庫空虛，更暴露出八旗和綠營將士的無能，使得清廷不得不倚靠地方團練。及至太平天國起事，地方團練的規模更是日益擴大。白蓮教之亂，不論是就其發生的意義（中國自一六八一年至一七九五年間幾無重大民變發生）及隨後的影響而言，都標誌著中國近代史上早於鴉片戰爭四十多年的第一個重要轉折。自一八〇〇年前後的民變起始，一八五〇年至一八六〇年的紛亂（太平天國及其他亂事）繼之，以及後來在一九〇〇年前後掀起風起雲湧的革命熱潮，終於在半世紀後開花結果。

鴉片戰爭之後，在諸多內外因素交錯衝擊之下，滿清幾乎被接二連三的革命起事推翻。這些革命事件貫串整個十九世紀近四分之三的時間，也不再侷限於移民較多的三個省分，而是蔓延到中國大部分地區。一八五四年至一八五五年，全國除了西北的兩個省分之外，滿清轄下還有十八個省[10]，其中好幾個省分被戰火摧殘而陷入多年蕭條，這些起事和鎮壓行動造成了數千萬人死亡。

這些不同性質的亂事包括「捻亂」（一八五一年至一八六八年）、西北與西南的「回變」（一八六二年、一八七三年），以及廣西苗族等少數民族起事等等，其中最值得關注的是「太平天國之亂」（一八五〇年至一八六四年）。太平天國最盛時曾控制大部分的中部和南部地區，並定都南京建立政權，直逼北京和天津。這場亂事的成因相當複雜，長遠來說是人口過剩、民生凋敝、地方行政和治理機構無能等內部因素，爾後再加上外部因素：清廷無力驅逐外患，導致威信嚴重受損，並完全暴露其無能等等，於是在對鴉片戰爭感受最深的南方省分之一——廣西——率先爆發。清廷當時為了要將廣東省改造為對外貿易的重鎮，於是刪除了防禦當地的火砲部隊編制預算，使得原先在砲營任職的兵勇和腳夫被遣散失業，遂轉而加入太平軍的行列。一八四〇年代肆虐珠江三角洲的海盜，其中就有一大部分來自廣西；各種祕密幫會和異端邪教也在此時紛紛聚眾成立；此外，南遷到兩廣地區的客家人具有強烈的自衛意識。

創立太平天國的洪秀全（一八一四年至一八六四年）就是客家人，他自稱是基督教徒——這一點清楚顯示出鴉片戰爭之後中國受到西方衝擊而浮現的各種社會經濟失序現象。洪秀全在一八四三年讀到一本基督教宣傳小冊之後，就自認為是耶穌基督的幼弟，應上帝召喚拯救人類，創立一個一神論宗教[11]，鼓勵搗毀祖先牌位及神像，並召募信眾建立軍事化組織，準備和壓迫者決一死戰。這個宗教受到基督教新教中基本教義的影響，但同時保留了一些當時大多數中國人使用的薩滿教作法[12]。太平天國事件中產生了一個無論在形式或根源上都揉雜了華洋特質的軍事複合體，預示了毛澤東時代出現的中國化馬克思主義。

直到一八五〇年底，洪秀全發展初期吸收的信眾僅有兩萬人，但後來他們數度擊潰討伐的官軍，在一八五三年占領南京時已發展至兩百萬人。他們遵守一套嚴謹的紀律和道德倫理，實施人道主義的規範以吸收新成員，但是用兇暴的態度恐嚇反對者。太平天國以反清和民族主義為訴求，創立新的王朝，其重要之處除了攻掠之廣和對清朝威脅之巨以外，還有兩項特點隱約對日後出現的共產革命有所影響：太平天國排拒儒家思想意識型態，以宗教性的混合體取代之，此外還實施了一套農業共產主義制度，預告了日後出現的「土地共有」以及一些如男女平等、禁止通姦、嫖娼、媒妁婚姻、纏足、吸鴉片、賭博及崇拜偶像等，都屬於現代化、清教徒式和打破傳統桎梏的觀念。

然而，這些改變雖然立意甚佳，在太平天國自身內部卻依然無法打破一些根深柢固的舊習陋規：階級劃分、貪腐成風、領導鬥爭、決策不透明等等；此外，忽略外在的環境亦成為這個運動的重要缺失，以致於坐視清廷保有上海而不知奪取利用以建立與外國的關係。太平天國運動只知在傳教和戰爭方面徒然虛耗，卻在經濟、社會、政治及行政上毫無建樹：雖然他們聲稱打破了私有財產制，在當時卻完全沒有達成任何有意義的社會革命。正因為如此，傳統士紳仍然保有著既有的利益。雖然太平天國運動原本可以拉攏和結合一些地方士紳（歷來的改朝換代都要求助於士紳的配合），但其濃厚的宗教氛圍卻讓整個士紳階級無法苟同。以戰略而言，太平軍放棄奪取上海，而同時派出兩路武力向北和向西進軍，結果都以失敗告終。這些都說明太平天國運動終歸失敗的原因，也顯示它僅僅是一次單純的農民起事，而非具備現代意義的革命行動。或許我們可以將這個信奉千禧年主義[13]的太平天國運動定義為：在進入現代之際，傳統社會受到帝國主義外來壓迫而必需轉型的初期，各種變亂紛至沓來，太平天國運動即為其中之一。太平天國運動由於信奉千禧年主義，亦呈現出若干特色：提出強烈的道德觀直斥諸惡，但對如何治理卻無良方；他們篤信末世將至、創造英雄崇拜和嚴酷的宗教狂熱——天王洪秀全對於違犯良俗、搶奪強盜、崇拜偶像的人，均不加區別判處死刑。

太平天國的遺緒同時具有民族主義和共產主義的性質：前者表現為極度的反滿情緒，後者則為農民平均主義。這場亂事造成大規模的破壞和屠殺，屠殺的原因可能是因為奉命鎮壓的官軍不願讓俘虜消耗糧食而過度殺戮所致。人口因戰亂而銳減（死亡人數至少二千萬人以上，大部分在東部省分）所造成的社會影響延續了一段相當長的時期，由於地主不易找到耕作人力，佃農的待遇相對獲得改善。

依人口統計顯示，直到一九五三年，部分東部和南部省分的人口數才恢復到一八五〇年的水準。當時除了戰亂直接導致的死傷之外，一八七六年至一八七九年之間還發生了中國有記錄以來第二嚴重的饑荒——最嚴重是在中共統治的大躍進期間——以致於全國人口在一八五〇年至一八八〇年之間損失約達六千多萬（約從四億一千萬降至三億五千萬左右）。

太平太國之亂也對財政和政治造成相當嚴重和長遠的影響。為了敉平叛亂，清廷開始倚靠各省的地方團練，同時賦予其部分財政上的自主權（Kuhn, 1970），准許各省對過境貨物抽取「釐金」以支付地方團練人員的薪俸，這項措施延續至一九三一年終於廢止，因為它嚴重阻礙了各地之間的經貿交換。除了因中央的掌控能力減弱而造成地方勢力抬頭之外，這些措施也讓傳統上在鄉村裡具有影響力的地方菁英取得相對的自治權，最後卻在清朝政權最需要他們時棄絕而去（Rankin, 1986）。

然而，地方團練的創辦人卻是對清朝忠貞不二的輔佐之臣。第一個由清廷派去對付太平軍的是曾國藩（一八一一年至一八七二年），此後有一批具有使命感的文士——部分出自曾國藩舉薦——在因緣際會下成為軍事領袖，繼踵其後兵馬倥傯地南征北討，敉平各處叛亂。而這批文士完成軍事綏靖後，便致力於恢復秩序和戰後重建，以儒家善治為依循規範的「同治中興」於焉出現。儒家價值遭受過西方蠻夷和太平天國的挑戰，使這些中興大員更加積極地投入於恢復其優越性。正是由於他們的堅持，在短時間內確實重建了秩序、貪腐匿跡、破壞修復，出現了氣象一新的局面。

在此期間，隨著亂事一一平定，清廷開始推動師夷之技的「自強運動」，企圖藉著富國強兵以安內攘外並維護國家的獨立自主。「同治中興」期間的主要政策方向，是在恢復傳統社會秩序和儒家價值的過程中引入若干西化措施，例如開鑿運河、建造火輪、翻譯西書、設置同文館等，這些西化措施均偏重於吸收技術，特別是軍備方面，因為先前幾次與西方國家交戰的經驗已然證明西方軍事的優越性。同治中興之後，洋務運動持續進行，但都只限於移植西方國家的科學技術而不及其他，保守派洋務大將湖廣總督張之洞提出的「中學為體，西學為用」[14]正好一語道出了這種核心思想。這些革新之策，藉由推動點點滴滴的事務，逐漸擴及到各個層面和領域[15]，同時也慢慢地侵蝕了一些原本應維護的價值。但由於缺乏系統性和全面性的整合、改造，這些作法並未能真正保障中國的長治久安。總體而言，改革成效不彰加上滿洲官員的顢頇，戮力現代化的改革者處處受到掣肘。這些改革派的代表人物首推曾受業並繼承曾國藩的李鴻章（一八二三年至一九〇一年）[16]。就某方面來說，曾、李等改革大員是成功的，他們使這個古老的系統出現新氣象；但深入而言，他們卻是失敗的，他們的作為並未能改變反對者的立場[17]，也不能改變體制的僵化，更不能改變中國的積弱不振，這些改革並未徹底改變中國。總之，中國在面對帝國主義擴張帶來的挑戰時，並未作出適切的回應。相對於日本明治時期的快速發展，中國的衰敗成了鮮明的對比。

*

如果要明確地說，應該說是歷史上曾經兩度催生中國巨變的鄰國——日本——將中國拖出停滯不前的泥淖[18]。一八九四年至一八九五年的中日甲午戰爭，是連日本都未能預料到如此輕易取得的勝利，完全暴露出這段時期中國好不容易萌發的現代化成果是多麼的羸弱。日本之所以能輕易取勝，是因為清軍將領過於輕敵和一連串的失誤所造成，他們在防禦時彼此無法協調支援，當日軍渡海登陸時也不能有效截擊，登陸後的日軍本來因遠離基地而無法有效取得補給，但是清軍撤退時卻將有用的輜重和裝備遺留給他們。更嚴重的是李鴻章創建的北洋艦隊根本不堪一擊[19]。戰後簽訂的《馬關條約》

迫使中國將台灣割讓給日本、承認朝鮮獨立（隨後即成為日本的保護國）、支付鉅額賠款、加開通商口岸並同意戰勝國在各開放口岸建立工廠和企業，這些特權因最惠國待遇而同時自動適用於其他列強。這些讓步較之對英國鴉片戰後的屈辱更為嚴重，更何況是對一個曾被認為文明程度不如自己的鄰國卑躬屈膝。

這次當頭棒喝將中國歷史推入前所未有的變局，這個國家開始以驚人的速度產生變化。從一八九四年開始的一連串變化之快速劇烈，是人類歷史上前所未有的。而這些變化帶來的亂局，有些人對這段歷史有極深刻的了解和體悟，一八九三年出生的毛澤東就是其中之一。

一連串的變化從一八九四年至一九一一年的十七年間輪番上演，列強亦如附骨之蛆般地在這個瀕臨解體的龐大軀體上劃定彼此的勢力範圍，這種局面居然激起了清帝國的反應，朝廷為了苟延殘喘，最終作出孤注一擲的大膽改革，但畢竟為時已晚，而且僅曇花一現就胎死腹中[20]，在皇朝末期短暫的改革嘗試後，革命隨即發生，這個全世界最古老的帝國在短短幾個星期內被迅速推翻。

我們可以將這一連串事件的發生分為三個階段：

危機（一八九四年至一九〇一年）、

苟延（一九〇一年至一九一一年）、

革命（一九一一年至一九一二年）。

危機（一八九四年至一九〇一年）

先不詳述帝國主義列強如何朋分中國的其他細節（列強中只有美國未參與瓜分），僅討論他們爭相搶奪的沿海地區，範圍包括西南（法國）到東北（俄國和日本），中間還有東南和長江谷地（英國）以及山東（英國和德國）。有的是被劃定的勢力範圍，有的是根據條約而在若干年之內讓渡主權的領土，例如香港就是這樣租借給英國九十九年後在一九九七年歸還。《馬關條約》簽訂後也帶出了另一個新局面，帝國列強開始加快在華的經濟控制，尤其是在幾個較為「現代」的領域中，例如英國稍後（二十世紀初）掌握了開平煤礦、日本則控制了撫順煤礦和鞍山鐵礦，而中國缺乏鐵路建設的情況也讓歐洲和日本資本有機會以直接投資或借貸的方式介入。西方國家產品（如棉織品、煙草等）和石油的輸入大增，而茶葉的輸出從一八八六年至一九〇五年之間反而減少百分之三十；在政治方面，租界由外國自行管轄，而且擁有自己的警察和軍人，外國砲艇可在長江上自由航行、傳教士和官員平起平坐等等，這些待遇讓中國淪為同時被六個列強「超殖民」或「半殖民」的附庸。凡此種種都加深中國人的不安，也給予激進的改革分子和仇外情緒充分的理由。

激進的改革分子指的就是「百日維新」（一八九八年夏）中那些生不逢時的悲劇英雄。相對於張之洞提出的中體西用模式，維新分子更表現出強烈的反傳統作為，所以被稱之為激進派。他們主張學習洋務不應僅限於技術工藝，而更應該進一步針對政治機構本身進行調整，甚至連內在價值、信仰和意識型態等，都應該取法西方先進國家。由於這些改革者仍然只是尋求讓古老帝國適應新時代的辦法，使帝制能繼續在中國施行下去，而非反對它，所以還不能稱之為革命者。這批維新分子以康有為為首，持續嘗試[21]、經營，最後在年輕的光緒皇帝信賴下，於一八九八年六月推動他的政策設計。然而，由於新政希望能將教育、經濟、行政、軍事等事務的改革畢其功於一役，疾風驟雨式地下達各項政令，很快就引發錯愕和反彈，最後造成保守分子甚至溫和官員的集體抗拒，使得頒行的各項新政形同具文。九月二十一日，一場戊戌政變[22]終結了這個僅持續百日的新政。皇帝更遭到囚禁，而且直到他死去為止都無法再行使職權。巧合的是，光緒皇帝與年齡約為其兩倍的慈禧太后在一九〇八年幾乎同時辭世。康有為和對其襄助甚力的高徒梁啟超逃往日本，六名維新分子同遭處死，包括康有為的弟弟康廣仁與年輕哲學家譚嗣同在內。無論是政變或反政變，並不只發生在光緒和將他送上皇位的慈禧這兩位主角之間，而是一場介於少數激進維新分子和整個保守官僚集團之間無可避免的鬥爭。但這場鬥爭仍只侷限於體制內部，或僅是「宮廷革命」，中國仍然無法擁有像日本一般的「明治維新」，所有的改變都只能另闢蹊徑——以代價更高的作法強行為之。局面演變至此，與其說是因為領導菁英和傳統士紳頑固拒變，還不如說是來自傳統中國內在的抗拒[23]。

戊戌政變餘波猶然盪漾[24]，傳統中國遺毒又以其他型式再度出現，那就是眾所周知[25]的義和團事件（庚子拳亂）。而這次是由傳統的中國起而對抗現代的禍害：帝國主義。拳民首先攻擊外國傳教士和信奉基督教的中國人，繼而攻擊西方外交人員，拳亂中發生的殺害德國公使克林德（von Kettler）和攻擊公使館事件，更在當時及爾後成為西方國家認知中國歷史、或拍攝有關中國的電影以及反華情緒提供了最佳素材。

中國大陸史家普遍認為，仇外情緒滋長導致拳亂發生，這項特質卻是戊戌變法時還不存在的。大部分拳民來自於山東省西北部，有的是因人口過多使耕地過度墾殖造成生活困難的農民，有的是大運河地區商貿活動萎縮的受害商賈、一八九八年間黃河泛濫區的災民、無力負擔因中日甲午戰爭造成稅賦和需索激增的人民，總之，一連串的災難使農民紛紛投入拳民之列，加之傳教士和其信徒對異教徒的排斥及傲慢，更升高了對立的情緒。大多數中國人改信基督教或天主教的動機，是因為可以托庇列強保護和取得教會發放的糧食[26]，但因為信徒必須移除家中牌位、不得祭祖、不再掃墓、不參加任何地方宗教慶典、嚴禁出席婚喪儀式等，這種改變遂被視為對傳統民間信仰的侵犯。簡言之，鄉村居民被一分為二，一邊是大多數仍遵從傳統信仰者，另一邊則是改從「邪教異端」者（基督徒在當時被視為異端），由是積怨和不滿日益加深。就個人觀點而言，我認為從自強運動以迄義和團事件，「前衛分子」和「革命分子」仍有所區別，義和拳運動古老的一面較之其現代的一面尤其令我印象深刻：迷信、幻術、附身、神拳（義和拳之民亦由此而來）、自信刀槍不入等等，在在都令人聯想到祕密會社的傳統儀式，尤其近似於傳統仇外觀念的「反帝國主義」。而另一項特徵——如較精確地說——應該是民粹的反現代主義揉合了知識分子的傳統主義。拳民因為受到頑固守舊官僚的支持、鼓動甚至指示，以致於在一八九九年秋與仇外官員結盟，轉而支持清廷，進而以「扶清滅洋」為口號，清廷甚至在拳民進入北京後即頒下一道皇詔，命其截堵從天津出發增援北京各國使館安全的聯軍部隊。在德國公使克林德遇害翌日（一九〇〇年六月二十一日），清廷即向列強宣戰。

事件演變至此，已不單單只是民變而已，一般而言，這已是中國與列強間的戰爭，而反對戊戌變法的一群傳統官僚及權力集團甚至滿心期待這場戰爭的發生，幸而有一群地方大員仍保有清醒的獨立判斷能力，全力將仇外敵意遏制在北部地區[27]並維護列強在華利益，說服列強相信義和拳事件為單純「暴亂」的說法，以支付鉅額賠款的方式讓清朝國祚又苟延了十年。

義和團事件在西方國家裡都是一面倒向負面評價，但在中國卻出現許多種僅從某一觀點切入的詮釋，彼此間甚至相互矛盾[28]。推動改革和現代化的知識分子認為拳民愚昧、迷信，國民黨的民族主義分子肯定其中表現出的愛國和反帝國主義成分，共產主義者則表彰起義的農民。至少在這個事件上大家都各取所需地吸取經驗教訓，列強亦開始了解不能再繼續以打擊清朝和簽訂不平等條約來肢解中國，同時節制對中國的蠶食鯨吞，但是仍未放棄對中國索取高達當時每年國家預算四倍之多的賠款，只是允許以三十九年為期，由海關關稅和鹽稅中連本帶利攤還[29]。中國在往後十年間的增稅卻不僅是因為賠款，也是為了推動改革措施，因為清朝終於從事件中學到教訓，所以當慈禧從避難的西安返回北京後，便開始推動一系列與一八九八年胎死腹中的戊戌變法相類似的改革。

苟延（一九〇一年至一九一一年）

百日維新與義和團事件都和先前的列強爭相奪取租界一樣，是引發清帝國危機的重要標誌。隨後的十年（一九〇一年至一九一一年），成為清朝國祚中最後且最晦暗的一段時日。因此，除了走向無可避免的覆滅之外，一般人較易忽略清廷在這段時間內銳意實施了為數甚多的改革（一八九八年變法時亦頒布過許多改革措施，但多半出不了宮門），彷彿是對外宣告帝國將開始進行真正的蛻變，而非結束……

在那幾年裡，清廷對行政、司法、財政進行了大幅度的改革，建立了現代化的軍隊，支持工業發展（如紡織、鐵路）。最重要的是廢除了科舉考試，同時建立了新的教育制度[30]，鼓勵成千上百的留學生赴日。日本在一九〇五年的日俄戰爭中取得勝利後，更刺激中國開始計畫施行像日本一樣的君主立憲體制：設立新的機構以鞏固國家（實際上在這些機構於一九〇九年成立後，反而削弱了皇權）[31]。其實日本除了提供足以讓中國參考的憲法和指導之外，還主動給予了許多顧問、西方譯著和各種形式的協助，只是前後兩次的侵略戰爭（一八九四年至一八九五年及一九三一年至一九四五年）使這些善意遭到掩蓋。日本因其與中國文化上的相似性（同文），足以成為中國與現代之間最佳的媒介[32]，即便發生過這兩次侵略戰爭，仍不能抹殺日本曾在清朝陷入困境、想取法明治維新時所給予的協助與善意。

清末新政推出了相當有企圖和實際的改革，大膽的程度堪與日後鄧小平的改革相比。這個世紀的開端和後來的尾聲竟然有著類似的場景：和封閉、停滯，被僵化的意識型態壓迫下的一潭死水徹底決裂。

但這次朝向現代化的大膽嘗試來得實在太晚，由一群曾否定維新分子的保守人士重拾當年對手所推出的種種改革，而且是在義和團事件之後再也無可迴避時，才彷彿是在輿論的壓力下不得不然之舉，更讓人看清了清朝的陳弊。在當時，革命分子根本還不足以構成清朝的威脅，而是這些改革措施幫他們創造了機會：改革帶來了影響深遠的改變，慢慢鬆動了固有的秩序。高等教育機構原本負責培養尊重權威的儒家知識分子，現在卻開始培育出革命分子。新軍和新建立的軍事學堂很快地造就了許多年輕活躍的愛國軍官，這些年輕軍官在民族主義的驅使下，迅速成為現代化的先驅和革命分子[33]。

國家投入資本並以特殊的方式發展工商業（如前述，本章注十五），開始培養出一批新商人階級，漸漸和知識分子及官僚鼎足而三，但商人階級的價值觀和要求都和傳統菁英階級不同。他們同樣懷抱愛國和現代化思想，視官僚程序和限制為權威主義及無效率，而新生的無產階級（一八九四年時全中國約有十萬名勞工，到一九一二年已發展到六十六萬人）除了偶爾零星發生一些破壞機器事件之外，他們還沒有發展出與資本家僱主對抗的傾向，反而參與這些資本家發起的抵制外國貨運動，顯示民族主義在當時駕凌於階級意識之上。

鄉村也和城市一樣開始慢慢產生變化，傳統的地方菁英並非完全食古不化和保守，因為中央在太平天國事件時向地方下放權力後，參與國事的意識開始在地方上滋長，士紳階層也開始產生部分的政治化（Rankin, 1986）。他們長期以來完全接受朝廷的目標和想法，這當然有利於朝廷。對於城市地區的現代化推動者而言，初期的改革措施都能滿足他們的想法，因此他們都抱持支持的態度，但是一九〇六年進入第二階段改革時，觸及了複雜微妙的政治（改革開始向日本式的君主立憲體制發展），同時由於賦稅增加，引發鄉村地區一波波抗稅風潮，局面開始每下愈況。當改革措施引發地方菁英與城市菁英對體制產生怨憤時，行政機構的改組給予他們前所未有的機會，向中央表達不滿與想法，尤其當一九〇九年設立各省諮議局之後，自然就成為醞釀風潮的溫床。

各地諮議局紛紛向中央要求變更為自由的政體，並抗議中央以推動進一步改革需要、強化中央權威為名，收回原先各省在過去十幾年裡握有的權力；很快的，民眾當中開始出現反滿的呼聲，原本清廷利用民族主義來延續國祚，此時卻成為攻擊自己的根源[34]。

自一九一〇年以降，從設立之初就開始發出異議的各省諮議局，被視為正式對體制表達反對之意的代表；那個時候，有幾份在外國租界——如上海等地——發行傳播革命思想的刊物，它們所提出的各種抨擊和宣告，還不太能算是真正的地下反抗運動；真正的地下反抗運動是已經在新軍和流亡東京的學生中籌謀的行動；此外還發生了幾次經過詳細策劃後執行的攻擊事件[35]。十年前還沒人談論的革命，現下已來到眼前。

革命（一九一一年至一九一二年）

真的完全沒有人在談論革命嗎？事實上還是有少數幾個人長期獻身於向近五億毫無意識的靈魂傳播革命思想，其中當然包括西方教科書所認知的中國革命代表人物：孫逸仙（生於一八六六年，歿於一九二五年）。姑且不論他是不是真的符合長久以來所代表的「國父」形象，重要的是當時的環境[36]和他的人格特質（膽識、眼光、自信和堅持），以及他投入革命的資歷，都使他成為一個不可或缺且具說服力的象徵性人物，以他的名聲和信念[37]聚合了一大批迫不及待要求改變的志士。

這些懷抱革命理想的志士大多來自於當時較具現代化意識的主流社會邊緣地帶，他們藏身於無論是社會意義上或是地理意義上的邊緣地帶裡，其中有學生、軍官和開放通商口岸的資本家，再加上留日學生和散居於印度洋、太平洋地區的海外華人社區在海外構築起發展革命的溫床。一九〇五年，由孫逸仙領導的革命團體和其他革命組織[38]共同成立的聯合體——同盟會——在東京誕生，同盟會就是日後國民黨的前身。同盟會成立同時發行機關報《民報》，大力鼓吹共和思想和革命路線，並和鼓吹君主立憲的保守改革者[39]進行論戰。日本不僅是反滿思想者的庇護所，還是各革命團體的媒合者（介紹孫逸仙和黃興會面者即為日本人[40]），尤其是日本在一九〇五年打敗了沙皇軍隊之後，更成為令共和體制推動者印象深刻的典範。而在與中國許多驚人的相似處和西方輸入技術支援的條件下，日本成為革命活動的財務、武器、思想之供應來源，更成為醞釀一個新世代的空間。

革命活動的財力挹注主要來自海外華人，尤其是富商，他們愈來愈難將民族主義和對滿清的忠貞視為一體，而由於身為「資本家」，在職業、價值、企圖的影響下，在他們看來，當時的中國大陸已成為凡事都要看宗主國臉色的多國殖民地，這些海外華人難以割捨對故土的思念，身在海外尤其加深了這份感情，於是當孫逸仙進行遊說爭取、指出他們對革命活動資助的重要性時，他們就開始將革命視為一種推動民族主義和現代化的活動。

一九〇九年時，由於接連的起事失敗導致革命活動受挫（從一九〇七年至一九〇八年，在南方省分就有六次起事因準備不足而失敗），孫逸仙遂遠赴西方各國尋求金援。但革命總是在突如其來的時候爆發。一般而言，黃興於一九一一年四月發動的起事算是第十次革命失敗。第十一次[41]則在六個月後於長江中游的武昌發生，這次起事計畫很快就被洩露出去，眼看著即將成為第十一次的失敗，但參與密謀的軍人為了保全性命而被迫提前行動，不料清帝國就因此役覆亡。從此，雙十（一九一一年十月十日）就成為慶祝中華民國誕生的日子。

革命分子很快就占領武昌，總督瑞澂與駐防新軍統制張彪遁逃，緊接著中部和南部各省在兩個月內紛紛宣布獨立，孫逸仙在美國丹佛得知消息後，並不急於返國，反而先前往倫敦設法籌款（未成），說服英國外交部阻止日本援助清廷，並在巴黎停留，最後才回到上海（一九一一年十二月二十四日），隨即被選為臨時大總統，一九一二年一月一日在南京就職[42]。

革命出乎意料輕易地成功了！在轉瞬間因萬眾歸心而造成難以逆轉之勢，難道清朝的覆滅只是這次匆促發動的起事（武昌革命）所造成的一場意外？

這麼多省分藉武昌起事之機紛紛脫離清廷統治，這麼多地方在隨後的革命行動中都未遭遇強硬的抵抗，這些顯然都不是偶然。急遽的革命局勢呈現出反清情緒的波瀾壯闊，就算不是直接源於對清廷的敵視，也是由對朝廷的失望、對國家的期許和對新局的期待匯聚而成，再由各個小規模革命團體和共和國支持者中洶湧擴散而成。社會階層中較為「現代化」（資本家、學生、軍官）的群體，已發展成優勢階級，紛紛投入、壯大革命行列。但並非所有的優勢階級都能參與反抗原本與其相倚共存的秩序，傳統的領導階級例如鄉村士紳、知識分子、朝廷官員、文武將相等；簡言之，這些人原本都是支撐帝制的基礎，而這批不容忽視的力量卻引發了一連串紛擾和失序，為革命製造了有利的條件。這類情況在武昌所在的中部省分尤其劇烈：各省諮議局成立後紛紛抨擊當道，最後由十六省代表於一九一〇年齊聚北京，大聲疾呼要求召開國會。有點像是法國大革命前夕，貴族和國王決裂後，前者要求召開三級會議，最後卻讓平民階級獲得召開國民會議的機會，點燃了大革命的火種[43]。

除了省諮議局所造成的情況之外，我們必須再次提問，一九一一年十月十日發生在武昌的革命起事，為什麼不是在當年夏天的四川發生？當時四川發生了極嚴重的騷亂（起初只是請願抗議，後來演變為武裝起事和抗稅，甚至於造成一個地區被「解放」[44]），正好提供了一個了解為什麼社會領導階層會起而反對滿清皇權的例證：維護並擴大省的自治權和利益是主要的動機，甚至是請願的目的。騷亂是由「保路運動」所引發：「川漢鐵路」原本由地主和商賈出資購建，但朝廷在一九一一年五月頒下一紙詔令，要求各省鐵路收歸國有[45]，嚴重損害地方利益並挑起敏感的神經，點燃了火藥[46]。雖然這次帶有保守和特殊利益性質的運動[47]起初只是要維護地方上鐵路公司的利益（公司受到投機、腐敗、無能官員和資本不足等損害），但運動的表現方式卻帶有民族主義性質[48]。雖然說是維護利益，但在意識層次上卻是反對清廷統治和反對「賣國」政府：所謂國有化意味著外國資本介入[49]原應僅屬於中國人和地方的事務；另外也帶有反腐敗性質：向一手促成鐵路收歸國有政策的盛宣懷表達抗議。由於朝廷鎮壓初期騷亂時引發了一場屠殺[50]，運動隨後更演變為反抗專斷、恐怖。接著農民加入抗爭，劫掠稅務局和衙署，繼之各祕密會社亦挺身參與，原本僅是川人的抗爭行動，迅速演變為民族主義運動（意識上反西方，實際行動上反清），不但反抗專制主義，更成為革命行動。

然而，革命是由許多涇渭分明的反對力量滙流而生，而且不見得都反對滿清王朝，如前所述，在平民階層就不是反清或是反帝制，而是因為許多「相近」的原因所造成的民怨滙集。就運動發生的場域而言，在清朝統治的最後五年（一九〇六年至一九一一年），尤其是最後兩年（一九〇九年至一九一一年），地方性的和特殊事件所造成的民怨，使得鄉村地區的騷亂大量擴散；就發生的時間而言，許多變化幾乎同時發生：例如推動新政時剛好遇上拳亂後對列強鉅額賠償，使得稅賦一再增加，接著發生規模罕見的天災（一九一〇年旱災肆虐北方省分，翌年夏天長江又發生水患）。

農民之所以對新政感到不滿，首先是因為負擔沉重。由於改革的需要，農民必需繳納額外的稅賦，但是從這些改革中得利的卻是原本就在城市和鄉村地區擁有優勢的群體，農民子女仍然難得接受現代化教育；警察固然保護農民及其收成，但也負有鎮壓地方民變和緝拿游民之責。新的地方行政體制不僅由傳統士紳把持，而且那些依靠增稅來支持的新計畫也只由少數人做決策。光是因增稅所造成的疑懼就足以引發紛擾。在新政中，一九一〇年實施的人口普查並非為了加稅，卻遭到農民抵制，因為他們相信這是為加稅所作的準備，目的是要掌握戶口數（計算房舍和清點居民人數）以開徵新稅。對稅賦不滿之外，還有其他許多造成對新政反感的原因，例如徵收地方廟宇和祠堂改為學堂，也成為民眾不滿的來源，除了因為祭祀場所被占用之外，原本供奉的神像或牌位常遭到學童破壞，對村民而言，這種事情會觸怒神祇，而且他們相信，就是因為神明發怒，所以一九一〇年至一九一一年間才會天災不斷。最後，迷信加上排外，造成對新政的極端排斥。他們稱新制學校為「洋學堂」，除了花費過高和祠堂轉作學校，新制學校如雨後春筍般出現更讓村民感到憤慨。負責執行普查的人員亦遭遷怒，農民認為這些人除了隱瞞徵稅的企圖之外，還可能將農民的房舍送給外國人，強迫他們改建為教堂。有些傳言甚至說所有被清點過的人都會被賣給外國人，將他們的軀體用來築堤或是當成鐵軌的枕木。這種情況讓清朝最後幾年所發生的農民騷亂與十年前發生的義和拳運動有些類似，但一九一〇、一九一一年發生在長江下游盆地的天災卻遠比一八九八年發生在山東的更為嚴重。這場災難的慘狀近世僅見，在一九〇〇年至一九五〇年間，沒有任何一年發生的劫掠和鬨搶民生物資事件比一九一〇年來得嚴重[51]。

一九一〇年至一九一一年發生危機和動盪的嚴重程度，讓人想起法國在一七八八年冬天到一七八九年間的情形。優秀的歷史學家蔡少卿對中國祕密社會研究甚為深入[52]，他認為一九一〇年農民抗爭的蔓延與一九一一年革命的迅速成功有重要的關聯。相較於Ernest Labrousse 對大革命前社會、經濟成因的研究而言，我個人對這段類似研究較傾向以之與Georges Lefebvre[53]的研究做比較，他主張法國農民在大革命前夕擔心貴族打算雇佣盜匪破壞農田收成，這種恐懼心理造成騷亂並迅速擴散，成為後續大革命成功的有利條件[54]。以中國的情況而言，近兩千年帝制王朝在最後迴光返照時發生的這些農民動亂確實有蔓延的趨勢，但整體來說，這種反應式的動亂（由現代化和嚴重的天災所引起的反應）對於終結清朝的作用還不及特權階級的不滿來得大。在帝國末期，許多鄉下地區並未受到動亂波及，依然維持著相對穩定的局面。

較之農民騷亂更令人不安的，是仍然停留在傳統步調中的農村社會和快速變化的城市之間的鴻溝變得愈來愈大，即便在騷亂中存在一些農工聯盟[55]的情形，但畢竟仍屬少有。在城市，電話、電報、報紙等，現代性不僅已進入到每日生活中，甚至占領了所有的精神領域。當然，城市裡仍然存在一些離農入城的貧苦弱勢族群，他們受影響而改變的步調仍然較慢，但是中產階級等較具優勢的群體卻對各種新鮮事物愈來愈著迷，迫不及待接受西方的器械、方法、觀念等。但是，將這些事物帶進中國的西方人卻將仰慕西化者視為次等群體，使他們愈來愈難以忍受，認為清廷應該為中國處處受列強欺壓負起全部責任，因而對清廷終於推動現代化不但沒有表示欣慰，反而利用推行新政的契機作出更進一步的要求。一八九〇年時還只是一小部分「激進分子」懷抱的思想、理念和願望，在二十年後卻廣為這些原本應支持傳統成規的特權階級所接受。

就社會學的觀點來看，這些特權階級在最後的二十年中也備受壓抑。自《馬關條約》以降，民族工業的發展就和外國資本的介入同時並進，使得沿海口岸都會裡那些早已和傳統士紳結合的中產階級「紳商」深受傷害。在此同時，新的知識分子群體已逐漸分化而出，他們不再接受傳統的經書教育，而是在外國傳教士創辦的學校或者船政學堂接受教育。教師、記者、醫生、工程師、律師等，這些新式知識分子並不認同傳統社會，而傳統社會也不見容新式知識分子群體。這批「吸收所有批判觀點」[56]的群體，理所當然地成為改革或革命的追隨者。實用主義、現代化思想和凌駕於其上的民族主義，都是他們公認和接受的價值，讓資本家、白領階級等等能夠彼此聯繫、結合，這些思想觀點逐漸在內陸城市中發酵，地方菁英階級不再認為被清廷這樣一個無法保護他們利益的政權統治是合理的——這就是一九一一年四川反抗運動形成的背景。

當關鍵時刻來臨時，這些由部分傳統菁英和現代化菁英結合的力量共同顛覆了歷史。地方菁英在帝國末期的新政中初嘗自治的滋味，他們雖然得以和地方官員共享權力，卻要求握有更多；並非拒絕繼續受清廷統治（因為考慮到要實施現代化以增強地方抗衡中央的力量，仍然得在國家的庇護下才能推動），但必須考量的前提愈來愈多，這正好說明了各省地方菁英為何不起而維護帝制的原因。他們同樣也不見得接受革命分子對未來不確定的承諾，部分地方菁英更和革命分子協商維持原有的秩序和分配官職，這也是革命運動以地方包圍中央的特色，透過裂解地方的方式去瓦解政權，避免強攻皇權中心，同樣的特徵在法國大革命、俄國革命中都可略見，中國革命亦然。

偏重特權階級在清朝覆亡中的影響、減輕平民階級的作用，以及重視城市中萌芽的現代文化和鄉村傳統氛圍之間的落差，加上部分領導階級受革命感召而迅速加入革命行列等等，皆屬於社會學的分析。集各方之力（由武昌新軍扮演的革命分子加上歸附的特權貴族）固然能一舉推翻滿清，但也可以說清廷是在接連不斷的重大打擊下威信盡失、愈來愈衰弱而自我覆亡：先是鴉片戰爭，繼之為太平天國起事（造成中央權力逐漸向地方轉移，以及社會愈來愈軍事化），再來是《馬關條約》，還有清廷利用拳民結果招致失敗後的羞辱，最後是試圖打造長治久安的局面，卻因過於急躁而推出不穩定的新政。辛亥革命成功後最初期出現的惡劣局勢並不令人驚訝，因為革命只是終結了一個行將就木的王朝，並未建成一片夢想的樂土，在這種情況下，它只是將反對力量串連起來。辛亥革命並未讓中國的社會基礎產生任何變化，卻開啟了改變的可能。孫逸仙在革命後一夕之間被各方奉為偉人，而他早在十年前就開始構思一個大膽的夢想。

革命行動也必須作出一定的自我克制，在其宣稱要掃除的障礙中，其實有一些是刻意的誤導，例如革命分子極力譴責滿人對漢人施加壓迫[57]。他們高舉的民族主義主張反對異族統治王朝，對諸如孫逸仙等一部分人來說，這麼做主要是想要爭取人們支持革命行動，或至少不要造成阻礙；但是對大多數其他人而言，標榜反滿的民族主義，代表著民族自覺的開端[58]，更可以避開深入剖析長期承受苦難的根源、避免挑動更激烈的反應。對長期存在的苦難而言，如果深究造成這個民族危機的民族性原因[59]，真正的對象恐怕會直指帝國主義。不論其名為何，中國第一次革命的核心就是民族主義革命，也就是因為具備這種特性，才能弔詭地結合懷抱不同目的的各路人馬。保路風潮之所以成為民族主義的象徵意義，是因為鐵路就是帝國主義介入中國最明顯的標誌。

辛亥革命並未建立新的秩序，只破壞了舊有的秩序，顛覆了天朝的合法性，在極短的時間內對國家一統造成傷害，必須在未來耗費很長一段時間才能彌補。另一方面，「封建」秩序仍然存在於鄉村地區，讓共產分子有機會利用其中存在的不公不義來提出控訴，強調傳統上層權威的腐敗並打擊他們的合法性，更因為革命在某些方面的影響還不如一九〇五年廢除科考來得全面。科考廢除後，許多鄉村子弟晉身上層階級的希望破滅，士紳特權可以將其子嗣送往新制學校接受教育，而農民家庭卻不能，使得一般村民和特權階級間的鴻溝更難填補，最後更在政治上和文化上造成前所未見的斷裂[60]。或許可以說，清末新政和其企圖體現的現代化作為所產生的影響和意義，都較一九一一年的革命行動來得深刻，那場革命注定只是一段插曲，標誌出中國無可避免地走向革命道路。

跌跌撞撞的民國

在隨後的幾年內，革命成果被一位前朝高官接收，此人為了個人利益甚至圖謀恢復帝制。這位謀篡者在當時卻是無可取代的人物，所有革命分子不論願不願意，都必須依附他來收拾殘局，某些支持他的西方媒體甚至尊稱他為「中國的強人」，這個人就是袁世凱。

袁世凱根本就不是一名革命分子，他甚至在一八九八年選擇倒向慈禧，並以自己控制的武力協助推翻光緒皇帝的變法事業，但在清朝國祚將盡的最後兩年，他卻非常幸運地失去朝廷的寵幸：慈禧死後，袁即在一九〇九年一月被解除所有職務，以致於免受朝廷牽連。

他究竟是個什麼樣的人？他的影響力究竟從何而來？以他的經歷來看，顯然是少年得志、事業順遂，當李鴻章派他前往當時正遭日本覬覦的朝鮮出任通商大臣時年僅二十六歲，隨後被日本驅逐離開朝鮮。幾年後，袁世凱出任山東巡撫，任內不顧北京的命令，大力鎮壓義和拳。李鴻章死後，他接任直隸總督，任內積極改革警政、經濟、教育等事務，更投入開辦新軍。由於他致力創建的北洋新軍[61]日後成為整個國家最重要的武力，統御這支新軍的將領和高階幹部均效忠於袁世凱，因此建立起他的名聲，並成為他逐鹿中原的主要憑藉。

袁世凱身型矮胖、毫無個人魅力和遠見，只是一個極富野心的官僚，處事不擇手段。讓他在一八九八年選擇倒向慈禧的解釋只有利益。在一九一一年至一九一二年的危機中，他旁觀一切，對局勢了然於胸，當滿清最後一個皇朝徵召他，並托付其最高的軍事指揮權時，他卻藉由談判手段安排清帝遜位並僭取民國總統大位。但因為沒有人具備和他一樣可確保國家完整和獨立的條件，只能遂其所願。

革命分子其實只是無力的弱勢團體，革命的意義和訴求，對大部分農民和他們所能理解的觀念而言都是十分陌生的。革命分子既缺乏大眾的支持，財務更捉襟見肘：帝國列強借錢給袁世凱，卻拒絕對孫逸仙捐輸[62]。孫逸仙讓位給袁世凱（一九一二年二月十三日，即清帝宣布遜位翌日）後，將全副精力投入一項大規模的鐵路發展計畫——身為一個空想社會主義者[63]的庇護寄情。

主張共和制度的人則寄望於中國從未有過的民主道路：一九一二年冬天至一九一三年間由納稅公民參與的國會選舉。四千萬選民（將近全中國人口數十分之一）將國會多數席位託付給國民黨（在一九一二年夏天由同盟會和四個次要政治團體結合組成）[64]，當多數黨的年輕領袖宋教仁（一八八二—一九一三年）可能被推選為內閣總理之際，卻於一九一三年三月在上海火車站遭袁世凱派人暗殺，因而引發「二次革命」，但是僅僅持續兩個月即遭鎮壓（一九一三年七至九月）。軍事上的勝利使袁世凱得以清除國會中的國民黨反對力量以及憲法所加諸的法理限制。一九一四年間，他更進一步強化專制統治，嚴控媒體、加強郵檢，緝捕、關押、凌虐，甚至殺害反對者。

相對於對內的殘酷鎮壓，袁面對帝國列強圖謀的回應卻孱弱無力。當時西方列強正忙於歐陸戰火，僅日本在中國獨占利益。一九一四年八月，日本對德宣戰，並將戰事帶進中國領土，迅速將帝國主義德國趕出山東半島並取而代之。日本隨後於一九一五年一月提出「二十一條要求」，這些要求和數年後列寧在第三國際提出的二十一項加入條件[65]同樣在中國廣為人知。面對日本的要求，袁世凱設法拖延並尋求與日本競逐在華利益的帝國列強支持，但未成功。當日本於一九一五年五月七日提出最後通牒時，袁也只能接受（不過日本最後還是將原先較具羞辱性的版本做了修改）。這次讓步使袁世凱遭到所有人的譴責，原本被他的嚴苛統治打散的民氣再度因為這次事件所觸發的愛國情緒而重新聚集。就像日後的蔣介石一樣，袁世凱太過在意於中國尚未具備對抗日本的力量，共和國甚至比因積弱而覆亡的前清更欠缺抵抗日本的決心。

似乎有感於日本加諸中國（或他的專制統治）的羞辱對自己的權威有所斲傷，袁隨後接受親信的建議，著手恢復帝制：一九一五年十二月十一日，他被「選為」皇帝。袁氏稱帝的圖謀很快就引發各地起兵反抗，這次行動較之一九一三年的二次革命分布更廣而且更有組織。不同於參與二次革命的起事者俱為革命分子，一九一五年至一九一六年起事的參與者還包括對袁世凱對外政策失望（西藏和外蒙的分離，以及日本的蠶食）的民族主義者，以及對專制不滿的憲政主義者（相對於真正的自由主義者而言，用憲政主義者一詞較為貼切）。反對力量集結成形，聲勢浩大，許多參與者在一九一三年毫無選擇地將希望託付給當時那個無可取代的強人，三年之後卻因這些事件而重新做出判斷。袁世凱於一九一六年病歿時，起兵討袁者已擴及南部及西部等八個省分。

就某些方面而言，袁世凱似乎預示了日後（二十世紀前半葉）出現的另一個「強人」蔣介石[66]。

兩人都在革命運動將他們推上權位後回過頭鎮壓革命；兩人都對無法掌控的組織抱持不信任的態度，並致力於推動中央集權；他們也都遭遇地方菁英的頑抗，也都不曾採取繞過地方菁英階層，直接尋求群眾支持的作法；他們雖然身為專制的現代化推動者，但在邁向權力巔峰時卻極少實現相應的改革，並且無法在面對帝國列強侵逼時作出很好的回應。不過，在兩個根本性問題上，由於困難度過高，使這兩人不致面對過多的苛責，這些遺留未解的問題——或者可以說兩人的失敗提供了值得參考的經驗——後來由共產黨人承接了。這兩個根本問題，一個有關國家（受盡威脅、積弱不振），另一個有關社會（災禍不斷、民不聊生）。

軍閥割據

雖然袁世凱稱帝失敗，卻完全不是民國重生的契機，反而加速了它的每況愈下。從一九一五年開始，使民國解體的許多因素就開始發酵。為了支持袁世凱稱帝而操弄的那場國民大會選舉，使原本與袁親近的部屬開始出現異心，這些部屬根本不尊重袁的兒子[67]，遑論考慮由他來繼承權位。袁世凱死後，沒有任何政治人物具備足夠的威望——或者更應該說是沒有足夠的追隨者和軍事實力——能接收他的權勢。表面上民國的共和體制仍然存在：依然有一個民國大總統，只不過有的總統是在選舉時行賄國會議員而取得權位（當時人稱猪仔總統）[68]，這個職位常需仰仗盤據於中央政府所在地（北京）的政軍集團支持，然而這個「政府」卻和其他與之抗衡的軍事集團一樣，實際上只有區域性的統治權，實際可行使權力的範圍不出毗鄰京畿的兩或三個省分[69]。各據一方的霸主之間雖非長年爭戰，但戰事仍然一再發生，而且彼此會視情況從事合縱連橫，經常是由許多軍閥聯合對抗一個實力最強的，主要是維持各方平衡，避免產生一個超級軍事強權，進而讓他有可能統一全國。或許可以把這些戰事比擬為「封建戰爭」，但是這些軍頭並沒有任何共同承認的封建君主，他們也不是什麼貴族後裔，稱之為「軍閥」則較為貼切，這個名詞一看即知其權力從何而來：原本受政客唆使而以武力介入權位之爭的軍人，逐漸坐大後即拋棄這些政客而割據自立[70]。

當阿富汗和黑色非洲的歷史剛邁入第三千年之初，也曾出現過軍閥統治的體制，但在一九二〇年出現的中國軍閥原型中，最壞的結果並非多如牛毛的武裝衝突，即便光是四川一省在一九一二年至一九三三年之間就曾發生大小近五百次戰役，但都是短暫而局部性的。對於像武夫張宗昌（於一九二五年至一九二八年盤據山東）這樣的軍閥而言，不需要拿戰爭當藉口就隨時可以殺人如砍瓜切菜（例如將加入祕密會社的農民砍頭，懸掛在電線桿上示眾）。張宗昌當然是極端的例子[71]，當時有人形容這位將軍是「軀如象，腦如豬，虐如虎」。有些軍閥為了準備與其他軍閥進行武力奪權，很早就開始推動一些改革和現代化措施，使其能壓榨統治區內的人民，為其武力提供滋養，因之而生的苛捐雜賦、強徵傜役、劫奪農產，使農村居民終日遑遑不安（城市居民境遇較好，尤其是處於外國租界區而受庇護者）。

有件事情——在兵法和軍事技術之外——倒是在此時出現長足發展：受軍閥保護甚至鼓勵的罌粟產業，或者更確切的說法應該是罌粟耕作捲土重來（經過清廷在一九〇七年至一九一一年間的整治之後，鴉片數量原本已經銳減）。如此看來，在這件事情上，阿富汗現在的實際情況倒是無獨有偶。再者，從一九二三年起，湖南和廣東兩省之間的蛋、禽、肉類的產銷受阻，僱人保護運送花費不貲，於是農民和商賈都以鴉片向當地軍人行賄。然而，不安和苛捐在當時對經濟的傷害遠不如運河堤壩缺乏維護、公共建設付之闕如來得嚴重，因為這些軍閥對於能否長期保有其勢力範圍毫無把握，因此更無心從事這些經營，對他們而言，自身所倚仗的是武力而非領地，所以當務之急是購買裝備和增僱佣兵。其中只有一個軍閥（閻錫山）能在一九一一年至一九四九年之間長期據有一省（山西），使他能對地方進行投資經營，並出資建造幾段各自獨立的鐵路線，以保持該省因群山和黃河屏障而獨有的地理戰略上的相對隔離（這也是他能長期保有根據地的原因）。

陷入戰國般四分五裂的中國，使民國共和與革命終究功敗垂成，更催生了之後的兩次革命（一九二六年至一九二七年的革命[72]和一九四九年的共產革命）。相對於前清，民國的最主要改變就是政治的地方化，使國家和中央政府愈來愈形弱化。有些人囿於中國分裂的實際情勢，或是對再度統一的絕望，遂開始主張聯邦主義：強化地方自治，以各省為範圍實施國家再也無法執行的統治。聯省自治在當時確實造成風潮，雖然沒有什麼歷史重要性，卻是在現代中國演進中吸引歐洲人注意的一項基本因素：地方力量和分離運動對一個像歐洲一樣大並和王權時代的法國一樣不統一的國家的作用。

然而，這個時代的新生事物不僅於此[73]，「軍閥」時期固然將中國帶向毀滅的邊緣，同時也將它帶向新生：新世界逐漸在儒教帝國的殘骸中浮現。在十年中，兩個促成重要轉變的因素迅速發展。

第一個是「新文化運動」，又稱為「五四運動」[74]，因一九一九年五月四日的示威遊行而得名。

第二個因素和第一個有部分關聯，那是在政治上一個相當大的改變：顯示出革命運動的創新和飛躍，不是回過頭去重拾一九一一年的行動，而是補充原本未能顧及的社會層面，使社會革命和政治、民族革命同時並進。這是一項時代的特徵，國民黨汲取了先前失敗的教訓[75]並開始進行自我改變，在孫逸仙的主導下，開始接近甫取得革命勝利的俄國（蔣介石於一九二三年奉派前往莫斯科），並取法布爾什維克的組織和運作方式。這名為自己的革命理念和道路堅持不懈的國民黨總理在逝世[76]前的一段時間中，剛好將自己創建的政黨改造完成：在一九二四年的全國代表大會上，通過決議支持農工運動，並和甫成立三年的中國共產黨進行合作；為了維持組織單一和完整，中國共產黨員均以個人名義加入國民黨。同年，經過改造的國民黨在黃埔創辦了一所軍官學校，以培養革命軍事幹部，兩年後（一九二六年七月）投入北伐，面對分據各地的軍閥，黃埔軍人勢如破竹輕易取得勝利，激起了另一場革命運動，為國民黨日後的統治開闢道路並讓其無後顧之憂。

不曾充分掌權的國民黨[77]（一九二七年至一九四九年）

北伐不僅只是贏得幾場戰役的勝利而已，而是大獲全勝[78]。它結束了軍閥割據，開啟國民黨統治時期。北伐成功奪回了一九一二年被篡奪的革命成果，完成了孫逸仙有生之年戮力以求，企圖向北征討以便將在廣東建設成功的革命果實擴展至全國的未竟遺願。孫逸仙的繼承者[79]——蔣介石將軍——擔任黃埔軍校校長一職後，進而擔任北伐軍總司令——在一九二七年迎娶了孫逸仙的小姨子宋美齡為妻，更穩固了他在革命事業上的合法性。

不過，這次革命卻將最具革命性格的共產主義者排除在外，蔣介石取得北伐勝利後，迅速開始打擊共產黨員。從一九二八年起由蔣領導的南京政府，給人的印象除了成功收復軍閥割據下的凋敝中國之外，就是對共產主義者的敵意（對工人及農民運動亦然）。雖然說蔣介石完成了孫逸仙未竟的遺願，但確切地說，他也同時背叛了孫逸仙。我們若將其強烈的企圖視為其政治理念，則或許可以更進一步說，如果第一次的革命（一九一一年至一九一二年）並未真正達成其目的話，蔣介石發動的第二次革命（一九二六年至一九二七年），其內涵就是在某種程度上落實了革命[80]。

落實革命的關鍵在於統一全國。從民國創建以來，這是第一次成功的政治統一，甚至延續了將近二十年（一九二八年至一九四九年）。在這段時間內，前期是不斷的征伐（一九二八年至一九三七年），繼之是拚命的保衛（一九三七年至一九四九年）：因此我們可以說，執政者在這段時期的主要目標就是征伐與保衛。

「正常」時期（一九二八年至一九三七年）

一九二八年至一九三七年：這恐怕是僅有的正常時期。所謂正常，指的是中國從一九一一年以至一九四九年間，僅有的和平有序的時期。雖然說這種和平有序僅是相對而言，統一在許多地方僅是表象而已，但相較於軍閥割據時期已是氣象一新的局面。

有些軍閥還是不斷地挑戰執政者或者彼此自相殘殺，蔣介石交互運用軍事或談判手段，耐心地將其各個擊破。但是另一個特別嚴重的內部威脅卻很難處理：共產革命。蔣介石仍然設法對其進行圍剿、削弱，甚至一度即將取得完全勝利，不料緊接著發生外患侵擾，將原本已勝券在握的局面一夕推翻：那就是自一九三一年占領滿洲里並著手蠶食中國、破壞民國體制的日本。不過，後來發生的中日戰爭卻給了日本致命一擊。

對日戰爭（一九三七年至一九四五年）及內戰（一九四六年至一九四九年）

對日戰爭剛開始的艱困時期（一九三七年至一九三八年），日本雖勢如破竹地將其計畫要掠奪的中國富庶之地和天然資源、工廠機具盡皆囊括一空，卻不知不覺地滋長了中國人民對蔣政權的支持和對領導人的向心力。儘管日本帝國主義幾乎每戰皆捷，卻沒能獲得決定性的勝利。國民政府先是退往漢口，繼而退向位於內陸腹地、難以入侵的四川重慶。而汪精衛叛逃至日軍占領區成立傀儡政府一事[81]，更增長了蔣介石統帥的權威，蔣的堅毅一時之間成為中國人民不屈不撓抵禦外侮的代表形象。在對日戰爭的最初幾年，全中國逐漸形成團結一致的氛圍，「倭寇」[82]可說居功不小。

日本攻擊珍珠港（一九四一年十二月）的行動讓中國獨力抵抗日本的態勢獲得緩解：獨力對日作戰使中國筋疲力竭，而此後可改由美國輕鬆接手。同時也讓中國有機會積蓄能量面對戰後重要的內部問題：共產黨。共產黨實際上在對日戰爭中逐漸壯大，終於具備逐鹿中原的條件。落在廣島和長崎的原子彈結束了第二次世界大戰，同時也開啟了國共對壘的局面，但雙方直到一九四六年才正式爆發軍事衝突。起初由國府取得優勢，但局勢慢慢轉向對共產革命有利的一面：美援、人員及軍備優勢等，在這場動員許多非傳統因素[83]介入的戰爭中，都不是最具決定性的因素。紅軍於一九四九年一月進入北京，四月渡過長江，再過六個月之後，中華人民共和國宣布成立。

國民政府成於軍事征戰亦敗於軍事征戰。此後，一場從古老儒教規範轉變為共產主義新秩序的漫長戰役這才展開。

第二章　中國革命的思想根源

前一章所介紹中國近百年歷史的片斷，只是先架構出這些不同事件的大概脈胳，讓不熟悉中國歷史的人有一個概念。這些片斷只是一些表象，所擷取的也僅是和政治相關的部分，然而可以由這些事件所提供的經緯作進一步探討。例如我在這些事件當中曾較詳細地說明袁世凱和軍閥統治下的情況，那大約是五四運動前後的事情。對中國大陸的歷史學者而言，介於被視為近代史起點的一八三九年直到對未來發展甚為關鍵的一九四九年之間，最重要的就是一九一九年，這一年可說是「現代」的發端。單是為了檢證這些歷史學者的觀點，就值得用一章的篇幅專門討論一九一九年五月四日。

什麼是五四運動？它是一場新文化運動，也有人稱之為「中國的文藝復興」。事實上，就像歐洲文化史中的十八世紀歐洲一樣，五四運動可說是一場中國的「啟蒙運動」，它將諸如民主和科學等理性觀念引進中國[1]。經過長久積累和醞釀而成型的五四運動，對其後一九四九年共產革命的影響，一如伏爾泰對一七八九年法國大革命的作用。五四運動挑戰支撐既有秩序的基礎教條和思想，相較之下，歐洲的思想啟迪和進步主要源於反思宗教的作用，而中國面對的則是一個沒有教條、僧侶和教派的宗教，即儒家思想。就這層意義而言，一九一九年較之一九一一年更為重要：它所要顛覆的不僅是奄奄一息的皇權帝制，更要打倒支持這個統治制度的意識型態基礎，這個意識型態就是經歷數世紀許多朝代而不衰的社會組織和思想體系。挑戰這個思想體系，等於是撼動中國社會的基礎。參與運動的年輕學子態度激進，堅持儒家思想是導致中國積弱不振的真正病灶，群起而攻之，甚至喊出「打倒孔家店」的口號。

中國共產革命的思想根源，主要開始於以西方文明質疑中國傳統文化的遺緒，而五四運動就是要徹底揚棄儒家思想這個中國傳統文化和歷史的象徵。

五四運動的前奏：遭質疑的儒家思想

這種對從基礎上對儒家思想的徹底揚棄，並非毫無預兆突如其來，五四運動的爆發亦非無中生有，而是經過一段醞釀過程的結果。早在運動發生前，儒家思想就已受到質疑，從一八四〇年以降，所有的點點滴滴逐漸作用，過程雖然緩慢，但無可避免，而且逐漸加速。中國人長期相信儒家思想可以放諸四海皆準且唯我獨尊，直到受到西方列強的打擊後，才赫然驚覺儒家思想的重大缺失：它只是世界文明中的一支，而且已不能讓中國在充斥先進科技及現實競爭的世界裡跟上潮流。

晚清採取了師法西方列強的改革行動，雖然未能使中國躋身先進國家之林，卻使儒家思想在對照之下成為顯著的目標。誠然，中國師法西方的方式（參照頁十五）充分暴露出夷夏之防的心態；先是引進追求船堅砲利的軍事，接著是著眼於富國增利的工業，最後再吸納總成前述這些先進技術的應用科學，但是無論怎麼做，總是小心翼翼地避免觸及儒家思想這個特有而不可動搖的思想基礎。更確切的說，就是維護形塑中國本質的那個核心要素：君王的教化。這和所師法的夷技大相逕庭，既非以功利為基礎，更不是從權過渡而已[2]，即使已到了實在不得不革新改變時，仍然固守基本價值不變。但是，隨著譯著和教育愈加普及，西方文化先是逐漸滲透，接著鋪天蓋地而來，原有的秩序早已受到武力衝突和鐵路建設等事端撼動，這下更是徹底被摧毀。在十九世紀末和二十世紀初，有一批人經年累月翻譯西方著作出版，例如嚴復和林紓，前者致力於哲學和經濟學作品，後者主要是翻譯文學著作，不再只限於數理或工程教材。加上二十世紀初設立的新式學堂開始推行「現代」教育，換言之就是西式教育。與此同時，前往歐洲和美國留學的學子亦絡繹於途，不斷增加；前往日本的學生也愈來愈多，日本長期受中國輸出的儒家思想薰陶，近代亦接受外來的西方文化以強化國力[3]。一九〇六年，當留學日本諸島的學生約達九千人的同時，中國也不再籌辦科舉，滿清政府已在前一年宣布取消（參照頁二十一）。接受傳統教育的士人皓首窮經後通過考試入仕，科舉向來是捍衛儒家思想最重要的制度。

當儒學開始受到質疑時，它神聖不可侵犯的地位和指引人類方向的崇高價值開始被瓦解；先是太平天國對它提出挑戰，而試圖對抗太平天國、恢復既有秩序的力量則高舉護衛儒家思想的旗幟。在此同時，也就是西方開始入侵中國之後僅僅十年間，許許多多導致革命的因素使滿清統治皇朝面臨儒家所說的「失卻天命」的可能，醞釀出更大的危機。

到了十九世紀末，挑戰儒學秩序者不再只是一些叛亂團體，而是換成飽學的宿儒。他們藉由請願、陳情等等可被朝廷接受的方式，使皇帝接受他們的觀點和非傳統的建議，而這些建議也曾一度被採納，那就是日後我們皆知的改革分子和百日維新。但儒家思想畢竟影響深遠，這些改革分子認為儒家思想只是被頑固保守的教條束縛住而已，而一個認同、支持、鼓舞他們所推動的改革、革新和理解大多數人憂國之心的「真」儒學仍然值得發掘。持這種主張者主要是康有為，至於譚嗣同則是部分認同。他們在一些新儒學的思潮輔助下，建構了一套綜合性的烏托邦哲學觀點[4]。相反地，嚴復和梁啟超則受到赫伯特・史賓塞（Herber Spencer）社會達爾文主義的影響，較傾向務實和世俗化的觀點。但是，無論這些知識分子各自堅持的觀點和思想有多麼不同，他們對民族主義的支持卻是一致的。主要一方面是因為民族主義清楚易懂（將中國的積弱不振和發展遲緩盡數歸咎於列強入侵），另一方面則是天真樂觀，認為只要中國一旦改革完成，就能迅速發展，並在和諧的世界中找到適合的定位[5]。

受到太平天國千禧年主義和維新改革分子藉先賢為名的新觀點影響，保守的儒學教條受到愈來愈多的挑戰。此處不一一詳列，僅以流行於清末年間的無政府主義思潮為例，這個思潮大約盛行了十年左右。無政府主義的信奉者和參與太平天國起事者同樣具備革命性、同樣反對儒家思想，也和維新改革者一樣都受到當時的菁英階層認同。而且無政府主義者實際上也是特權階層中的受惠者，因為他們都有機會前往國外留學，就是在法國和日本讀書時才接觸到巴枯寧（Bakounine）和克魯泡特金（Kropotkine）的無政府主義主張，進而受到影響。在法國，這些信奉無政府主義的留學生編過一份機關報《新世紀》。很快地，無政府主義者即設法在中國尋求實現這些主張的可能性。一些無政府主義社團陸續成立，其中之一為「心社」[6]，社員需遵奉十二條規約，大部分規約都是禁制性的[7]，包括戒除（第一至三條），排拒傳統風俗（第六及七條）、不涉政治（第八至十一條）、禁止社會剝削（第四及五條）、拋棄宗教信仰（第十二條）：一般相信這是受到世紀之交時一些歐洲極端前衛社團的影響。其實，這恰是對第一次世界大戰前中國無政府主義最好的注腳：以最極端的西方現代理論參與批判儒家思想的風潮。五四運動的精神就表現在這種棄絕傳統（雖然赴日留學生社團比巴黎的留學生社團較能接受傳統價值）、邁向現代（那段時期所說的現代化，幾乎很自然的就是西化）之中。不過，這些思想討論畢竟僅僅在知識分子的小圈圈裡迴盪，欠缺群眾的參與。由於五四運動是一場群眾運動，真正的五四呈現於各種思想觀念或口號交織的場域裡，無政府主義這種極端前衛的論調僅為其中一端而已。

五四運動[8]

如同前述，五四運動雖說是一場群眾運動，但實際上真正參與五四運動的「群眾」僅占全中國人口數的百分之五，都是少數一些受過教育者；也就是說，五四運動其實是一場知識分子運動，或是校園運動。由於這場運動首先發生在校園，使得學生和教師成為參與運動的主要成員。如狹義地僅就事件本身而言，五四運動指的是一九一九年五月四日發生的一場學生示威，抗議第一次世界大戰後戰勝國在巴黎和會中將德國在山東的權益轉讓給日本之決議；廣義地說，則五四運動是一場文化創新和革命的運動，在五四之前幾年就已醞釀、啟動，延續迴響到五四之後。就此而言，五四運動仍具備起碼的社會基礎[9]。其中較富色彩及為人所知的，就是初期僅由幾位作家和出版社參與的「文學革命」。但最後對促成整個運動影響最大的，卻是兩件原本應該只對知識分子有所影響的事件：其一是一份以知識分子為主要讀者的刊物之發行；其二是北京大學的改革。

胡適與「文學革命」

一九一七年一月，一名二十六歲的青年對全中國從事寫作者提出「使用白話文而不要再使用文言文」的倡議，於是開啟了「文學革命」[10]。這名首位提出倡議的人——胡適——此時剛剛在哥倫比亞大學寫完博士論文，他並未料到這個倡議竟然引起這麼大的迴響。長久以來，中國文人在寫作時慣用文言文，文體雖精簡絕美，但缺乏生氣，一般人用以交談的卻是另一種淺白易懂且活潑生動的白話文。白話文中通常用兩個字取代文言文中以一個字所表達的字義，而因為中國字中同音異字過多，以致於用文言文交談時會使人感到晦澀難懂，但所有的中國文學作品（除了一些不入品流，私下流傳的作品——如小說——之外）都是用文言文寫成的。從文言文轉向白話文，有點像是歐洲不再使用拉丁文而改用各國文字一樣。

胡適推動白話文運動，同時產生了社會意義：文學作品要讓所有人都能看得懂。這樣一來，同時也要求寫文章時應以貼近大眾的日常生活為考慮。在胡適看來，文學革命應該不止是語言的改革，更應該是文學、文類、文體[11]等等的全面翻新；也就是說，摒棄所有過時的、被文人所獨占的書寫傳統和文體鑽研，諸如過於精簡的用字、晦澀的隱喻和用典等等。一時間，支持胡適主張者紛紛抨擊文言文這種貴族式的文體是「學究式的、難以理解、愚民的」，應該要讓簡單、清楚、明白的白話文平民文學盛行起來。雖然某些被抨擊的「學究」們也曾起而大力辯護文言文的重要性，但終究徒然。胡適的主張比梁啟超等人在二十世紀初就已推動的簡易文體主張更快地被大眾接受。一九一九年之後，大部分文學作者和雜誌都已使用白話文。

陳獨秀和《新青年》

而在這些雜誌中，最值得一提的是《新青年》[12]，它是五四期間最重要的一份刊物，就是這份刊物登載了胡適對白話文的宣告（當時下了一個四平八穩的標題為〈文學改良芻議〉）。在刊登胡適文章後的次月（一九一七年二月），該刊創辦者兼主編陳獨秀署名寫了一篇大力推薦胡適主張的文論，此時距《新青年》創刊不過十八個月，而陳獨秀本人就是五四運動中的主要推手。陳獨秀和史達林、托洛斯基同樣是一八七九年生[13]，出身於知識分子家庭，自小受傳統經書教育，卻在考中秀才後不再往科舉求宦發展，改而接受西式教育。首先在杭州學習以法文授課的船舶製造學，二十六歲時因提出反清言論遭清廷通緝而逃往日本，在東京讀書。其後多次往來日本與中國之間，並在中國教書和編輯革命刊物。陳獨秀就是屬於本書稍早曾提過的催生中國變革極為重要的留學生群體中之一員，這些留學生在國外接受教育、有所見識後，再將這些體驗引進中國。

陳獨秀同時也主張徹底西化，有如現代中國的赫爾岑（Herzen）[14]。由於深信西化主張並排斥傳統價值，他認為孫逸仙的革命團體太過偏向民族主義，因而拒絕加入[15]。但在一九一一年的革命中他並未缺席，辛亥革命爆發後，陳被任命為安徽省教育專員。一九一三年參加討袁行動，「二次革命」失敗後逃往日本，一九一五年九月甫由日本返國，即於上海創辦《新青年》雜誌。他的激進和極端思想終於和時代合流，此後十二年間，陳獨秀始終站在文學和政治的舞台前沿。

《新青年》原本只由陳獨秀一人獨力編輯，但很快地其編輯部就吸引了一批思想前衛的知識分子，有點像是曾在法國發行的 *le Globe* 雜誌的味道[16]，《新青年》以前所未有的熱切浪漫，迫不及待地宣告諸神之死亡。雜誌發行之時，新聞自由管制甚為嚴格，時而遭強制停刊，時而因經費不足而中斷發行，但很多學生都以無比熱情讓雜誌上刊載的文章傳閱流通，並深受其立論影響。《新青年》極少觸及政治時事，陳獨秀認為積弊的根源並非表相的政治紛亂，冰凍三尺，非一日之寒，整個中國停滯不前的原因在於諸般傳統的長期束縛，而不是表面上那不斷動盪更迭的北京政府裡的爾虞我詐。

蔡元培與北京大學

另一個為這個時代注入新生命、既是這場新文化運動的成因亦為其象徵的，就是北京大學的改革，而推手就是蔡元培。蔡元培和陳獨秀一樣受過傳統和西式教育兩者的薰陶，赴法國和德國留學之前就已經是接受過完整傳統教育的知識分子。蔡元培很年輕就通過科考，被譽為「江南才子」，並擔任翰林院編修，在百日維新失敗後掛冠求去。他曾經是革命分子、同盟會成員，辛亥革命後出任孫逸仙所組成的臨時政府之教育總長，在袁世凱擔任總統之後辭去此職。幾年後，北洋政府又敦請他出任浙江都督，人在法國的蔡元培以電報回絕。但是，當一九一六年十二月被提名為北京大學校長時，蔡元培不再拒絕。蔡元培不僅是革命支持者，更是教育家，他在北京大學校長任內的成就，使世人稱其為「中國文藝復興之父」。

北京大學創立於百日維新之際，雖然是革新運動的產物，在其成立二十年後由蔡元培接任校長時，北大卻十足是保守分子的大本營。對大部分權貴子弟而言，北大與其說是受教育的機構，不如說是通往仕途的晉身之階。校內教師都由官員擔任，其等第待遇與教學良窳無涉，卻與官階高低有關，這些教師甚至被人稱之為「大人」，至於這些「大人」和其學生的道德涵養則是眾所周知的不堪聞問，有些人更稱呼北大為「賭檔」、「罪惡淵藪」、「龍蛇雜處之地」[17]。

蔡元培十分關心學生的品德，並於一九一八年在校內倡議成立以提升道德涵養為宗旨的社團「進德會」。他在北大的重要成就並非嚴控文憑授予，而在於提倡自由主義。他頂住來自政府的壓力，護衛學術的自由主義，讓各家言論都能盡情發揮，聘用教師兼容並蓄但重視素質[18]。北京大學很快就成為傳統文人和現代知識分子各種觀點針鋒相對的論壇，也因此聚集了一批現代知識分子，並培養出一群思想創新的人才。

也就是這批思想創新的現代知識分子深獲學生認同。所謂的五四運動，就是青年的運動，由一批三、四十歲的教師[19]帶領著學生參與，以年輕人無比的熱情，散播他們的價值。

五四運動的意義和影響

破舊立新[20]

如果說五四運動基本上是一場破除權威聖像的運動，則一點都不會使人驚訝；畢竟，在《新青年》中和陳獨秀筆下，都可以找到強烈抨擊傳統的例證，同時散發出青年人的狂熱。這裡引一段《新青年》創刊號裡標題為〈敬告青年〉文章的開頭：

> 竊以少年老成，中國稱人之語也，年長而勿衰，英美人相勗之辭也，此亦東西民族涉想不同現象趨異之一端歟。

接著陳獨秀以感性的筆調訴說：

青年如初春，如朝日，如百卉之萌動，如利刃之新發於硎，人生最可寶貴之時期也。青年之於社會，猶新鮮活潑細胞之在人身新陳代謝，陳腐朽敗者無時不在天然淘汰之途，與新鮮活潑者以空間之位置及時間之生命……[21]

陳獨秀接著建議青年人應抉擇「新鮮活潑而適於今世之爭存」思想[22]並拒絕「陳腐朽敗」者；最後對青年提出六項建議，這六項建議對西方人而言有些不易理解，但對中國學生則再清楚不過：

自主的而非奴隸的
進步的而非保守的
進取的而非退隱的
世界的而非鎖國的
實利的而非虛文的
科學的而非想像的

這剛好與儒學教化針鋒相對，儒家要求要敬老尊賢、遵從傳統、服膺禮法、自制謙遜[23]。但對陳獨秀而言，不應再憎惡自我熱情的表達和大膽進取，而應憎惡過份謙卑和因循壓抑。

禮教吃人

儒家思想、傳統文化和傳統社會在中國是融為一體的，一個內心清明的瘋子卻幫我們揭開隱藏在這個傳統文化虛偽文字表象底下的真實內在：一個患有有被害妄想的瘋子，以為他的家人、親戚和全世界的人都想將他殺而食之，他自問這個世界是否真是個吃人的世界？他翻看歷史，每頁都寫著「仁」、「義」、「道德」，但當他仔細看半天，才從字縫裡看出，整本寫滿了「吃人」兩字。這個瘋子是一篇一九一八年發表於《新青年》的短篇小說中的主人翁[24]。在這篇小說的最後一頁，作者魯迅——現代中國非常知名的作家——以最清楚的方式表達出這個故事的寓意：「四千年來時時吃人的地方，今天才明白，我也在其中混了多年。」他最後大聲疾呼：「沒有吃過人的孩子，或者還有？救救孩子……」

整個五四精神所要表達的就是這種深刻的批判，即便讀者僅能從短短字裡行間擷取，卻將所有人在日常生活中的感受充分表達了出來。人們隨即起而抗拒一切壓抑個人發展的禮法習俗（如媒合婚姻、纏足、論資排輩等），也不再接受當時作為社會建構基石的儒家「三綱」：君臣、父子、夫婦間的從屬關係。「三綱」長久以來一直是構成家父長專制體制的主要根源，而改革之首務就是倡導女權，女權一直是傳統束縛的頭號犧牲者，各國皆然。五四後期的文藝作品中，處處可見如性平等、自由戀愛、代間衝突、對家庭中壓抑和虛偽的憎惡等主題。

但由於儒家思想在家庭和社會中根深柢固，僅僅在文藝作品中提出批評，仍不足以將其完全推翻，應該如同十九世紀歐洲批判基督教一般，將其教條和「神聖的歷史」交由無情亦無禁忌的學者去批判。一些學者開始討論典藉的真實性、揚棄因這些典藉傳播所造成中國積弱的思想、質疑這些典藉是否真的出自孔子之手。這些對傳統文化批判式的重新評價，不僅表現出這些受到現代化教育的學者之作風與傳統文化教育的差距，更顯現出西方所發展的、以批判文本和詳研資料為根據之治學方法的影響（僅為影響，並非全盤遵從西式治學法[25]）。這種全面性的解構，從另一個角度而言，也是五四運動的一種「正向」[26]的特色。

西方模式

到底何謂「正向」的五四運動精神？是追求進取、是民主、是科學、是對掌握任何可能性的無比信心等等，簡言之，就是師法曾在十八、十九世紀歐洲產生的各種樂觀的思潮。師法和揚棄同為一體之兩面：所謂西化，就是建構在對固有的民族價值的批判上；因為當時大家都認為中國傳統毫無用處，想方設法另尋其他替代物。極力貶抑傳統價值者都是仰慕西方文化並全心為之辯護的一群人，前文曾提到有「中國的赫爾岑」稱譽的陳獨秀更曾表示「中國思想已落後西方思想千年之遙」，我們可以在他筆下發現反儒家和西化的顯著關聯性（他假借關於「兩位先生」的罪案——「德先生」與「賽先生」——進行答辯），在一九一九年一月出刊的《新青年》中，陳獨秀回應攻詰這本雜誌的人：

> 他們所非難本誌的，無非是破壞孔教、破壞禮法、破壞國粹、破壞貞節、破壞舊倫理（忠、孝、節）、破壞舊藝術（中國戲）、破壞舊宗教（鬼神）、破壞舊文學、破壞舊政治（特權人治[27]），這幾條罪案。

這幾條罪案，本社同仁當然直認不諱。但是追本溯源，本誌同仁本來無罪，但只因為擁護那德謨克拉西（Democracy）和賽因斯（Science）兩位先生，才犯了這幾條滔天的大罪。要擁護那德先生，便不得不反對那孔教、禮法、貞節、舊倫理、舊政治；要擁護那賽先生，便不得不反對那舊藝術、舊宗教；要擁護德先生又要擁護賽先生，便不得不反對國粹和舊文學。大家平心細想，本誌除了擁護德、賽兩位先生外，還有別項罪案沒有呢？若是沒有，請你們不要專門非難本誌，要有氣力、有膽量來反對德、賽兩位先生，才算是好漢，才算是根本的辦法。[28]

具備現代意識的知識分子還有許多象徵性的作為，可讓我們檢證這種西化與反儒家同時並進的說法：例如流行一時的口號「全盤西化」、參與反儒家論戰的雜誌多半使用西方文字作為副名（如繼《新青年》之後出現的另一本雜誌《新潮》，就使用「Renaissance」作為副名）、系統性地翻譯西方著作（當時大部分期刊都有兩個主要的部分，其中一個就是刊載譯作，有些作家——例如魯迅——就花費許多時間和精力翻譯英、法、德、俄語的論文和小說[29]），還有一些當代作家創作的小說大行其道，這也是對僵固傳統向來不將小說視為正式文類的反抗，而小說在西方國家被認為是非常重要的文體之一。留學生[30]也成為新文化運動的重要領導分子（例如運動中的三位重要人物：陳獨秀，一九一五年自日留學歸國；蔡元培，一九一六年自法返國；胡適，一九一七年從美歸來）。外國哲學家也有所啟發：杜威（John Dewey）在五四群眾示威發生前三天抵達北京，隨後在中國展開兩年的講學，相當受到歡迎；還有羅素（Bertrand Russell）也曾在一九二〇年途經莫斯科抵達中國，他的著作和講學，在五四後期對中國年輕知識分子較諸其他思想家產生更重要而深遠的影響[31]。

對民族文化和民族主義的敵視

極端的西化和揚棄前人遺緒，這兩者有時卻呈現出一些突兀和嘲諷的意義。陳獨秀和一些其他作家常常表現出一種對自己文化毫不保留的輕視，以及對西方文化中任何事物未經思考和修飾[32]的熱情。對自身民族感到羞恥，和盲目崇拜外國文化，表面上似乎已脫離五四應有的訴求，但是當我們回溯五四運動的源起時就會發現，一九一九年五月四日（這個日期賦予此運動「五四」之名）那場學生遊行的目的，是反對帝國主義和反對割讓國土的民族主義運動，這兩者事實上並不矛盾；五四運動是一場反對其原有文化而非反對其民族的運動，對前者的批判恰是為了保存後者，這批愛國的知識分子為了延續民族和人民的生命，才會設法揚棄累贅的文化包袱。前文曾引用陳獨秀表示中國文化已落後西方文化千年之遙的那篇文章中還寫著：「尊重二十四朝之歷史性，而不作改進之圖，則驅吾民於二十世紀之世界以外，納之奴隸牛馬黑暗溝中而已。」

他還這麼解釋：

> 誠不知為何項制度文物，可以適用生存於今世，吾寧忍過去國粹之消亡而不忍現在及將來之民族不適世界之生存而歸消滅也。嗚呼，巴比倫人往矣，其文明尚有何等之效用耶。皮之不存，毛將焉傳。世界進化，駸駸未有已焉[33]。

正是因為這樣狂熱叛逆反對中國傳統文化的作法，讓五四運動在中國現代智識發展中占據無可取代的地位，就在辛亥革命後不到幾年的時間裡，開創了另一個新局，讓全中國人看到中國所受的一切災厄的真正原因，也讓滿洲人不再是背負這一切的代罪羔羊，也因此這些抨擊和反對才會如此猛烈、激越。但無論如何，目標雖然不同，動機則一：使中國能夠強大，足以抵抗羞辱及侵凌。也就是基於這個相同的需要，反西方的民族主義和文化上的西化運動才能合而為一[34]。

因此，當五月四日那天被作為這場新文化運動的象徵時，也就不會令人感到驚訝。這場新文化運動的影響當然不僅限於當日，而是在這場學生示威之前的醞釀和之後的發展才能顯示出它的深度和廣度。那個時代的人，從北京那場學生運動中見證到從五四精神轉化而成的各種表現和影響，其中毀譽參半。隨後數週內，北京的學生運動迅速擴散成全國性運動，上海、廣東等地紛紛起而效尤並聲援北京[35]，後來更聯合了城市中的不同階層共同加入[36]。基於關心國家命運而誕生的五四運動，同時也感染了懷抱民族主義而生的政黨——國民黨及中國共產黨。

從五四到馬克思主義

從新文化運動到中日戰爭的二十年間，中國知識分子左傾偏向愈來愈明顯；明確地說，即愈來愈接受馬克思主義。這個偏向大約從一九二五年開始，過了兩年，在蔣介石轉而對付原先與之同盟的共產黨人之後開始加速（第三章將述及）。詳述中國自一九一九年至一九四九年間所有不同流派和複雜性的智識發展史並不困難，但此處僅簡要提及五四之後的部分相關發展，以及某些有爭議的哲學家及文學作家，然後再將中日戰爭前發生的思想論戰作個約略的總結。

＊

五四運動的訴求迅速得到回應，人們也很快地普遍使用白話文。教育部門在一九二〇年頒發了一道政令，要求初級教育採行白話文，但這不過是順應白話文已廣為應用的現實狀態。自一九一九年起就已有將近四百多份雜誌使用白話文刊行，隨後的短短幾年間，又有數百份雜誌加入這個行列，其中有許多是推動新文學運動的社團機關刊物。五四運動還有另一項影響：知識分子乘著新文學運動的浪潮愈來愈活躍，單是從一九二一年至一九二五年間——一九二五年後當然還繼續發展——就陸續成立了上百個文學社團。其中最早出現也是影響力最大的首推「文學研究會」，於一九二一年一月成立，主要聚集了一批從事語文改革的作家。同年另一個社團也成立了，成員同樣是在新文學運動中叱吒一時的人物，即「創造社」，兩者互成競爭之勢。

從這兩派同樣是現代作家的競爭中，我們可以略為窺見五四運動時期百家爭鳴、各擅勝場的豐富和多樣性。但是，不旋踵間，這些引領一時風騷的人物即各自分裂成不同的派別。五四運動以一些宏大的、風行一時的概念聚合起這批新時代的知識分子，例如民主、科學、人道主義、自由主義、理性等等，共同朝著推翻舊文化而攜手合作。但是當這個共同的目標達成後——而且很快的就達成——這些知識分子開始產生不同的意見，甚至因而對立。譬如有些人僅僅滿足於文學上和文化上的改革，另一些人卻認為改革運動應該延伸至社會和政治領域。無論如何，知識分子的聯盟合作一直維持到五月四日的示威活動及其後的鎮壓。隨後一連串的政策使這些文學作家產生分裂，將激進分子和溫和分子截然分開。這道分水嶺恰以兩位五四運動的要角為代表：一九六二年歿於台灣的胡適；以及往後成為中國共產黨創始者的陳獨秀。

陳獨秀為了發展群眾運動，在一九一八年和李大釗開辦了另一份較《新青年》更具政治性而且更為激進的雜誌《每週評論》。次年，胡適積極提出反對「主義」，所謂的主義，指的是關於價值和使命的思想系統，主要是針對社會主義和共產主義而言。他提出「多研究些問題，少談些主義」，建議不要作無謂的爭辯和空談烏托邦的夢想，多提出些實際的問題並設法解決。簡言之，如果容許我用「主義」去形容胡適的想法的話，那就是務實主義（pragmatisme），胡適在哥倫比亞大學就讀時就是跟隨以務實主義聞名的老師約翰．杜威。而陳獨秀主張愈來愈向共產主義靠攏的激進主義，兩人只能分道揚鑣。一九二〇年秋天，《新青年》雜誌社內部亦隨之分裂，自由主義者胡適和作家魯迅離開編輯部，而這份刊物也成為中國共產黨的機關報[37]。

隨後幾年的發展使這些分野更是涇渭分明，從一九二〇年至一九三七年之間，知識分子中發生了一連串的論戰，這些論戰更凸顯了知識分子對社會問題的關切，也更凸出其中部分人愈來愈明顯轉向馬克思主義的傾向。此處我以三個派別來架構出這些論戰的概略型貌，但由於論戰的主題隨著時間持續有新發展，所以這三個派別的彼此爭論並非同時發生。稍早之前已有一批「學究」式的老派文人持續發聲維護傳統文化，卻被人當作馬耳東風，絲毫不受重視，但隨後有一批年輕的新派知識分子取而代之，由於他們十分了解新文化運動批評傳統文化的觀點和方法，所以他們採用「以其人之道還治其人之身」的方式，以其對手所使用的分析方法來護衛傳統文化的地位。這批挺身而出站在文化前線的「新傳統主義者」，和他們的對手同樣都是年輕的知識分子，其中包括在一八八六年出生的張君勱（在西方國家較為人所熟知的名字是Carsun Chang），以及和毛澤東同樣於一八九三年出生的梁漱溟，他們也獲得擁有豐富論戰經驗的梁啟超聲援。梁啟超當時剛從巴黎返國，他去參加第一次世界大戰後召開的巴黎和會，梁以其觀察所得的經驗大力抨擊西方社會，正如同他過去以先見之明指出那樣的不完美。他描述西方社會像是達爾文主義下的殘酷世界，在個人、階級和民族之間充斥著競逐和鬥爭，他認為西方科學和進步萬能的信條在第一次世界大戰中已然破產，歐洲人長期服膺的實證主義和科學主義逐漸枯竭後，他們改以柏格森（Henri Bergson）[38]的創造進化理論為出路，並以奧肯（Rudolf Christoph Eucken）[39]的道德和精神重建為依歸，而這些都是儒家思想也可以達成的。

對立陣營的的現代知識分子則分為兩個派別：革命派以及非革命派，前者並未參與上述的論爭，其中有許多是參與新文化運動的知名人物。後者亦可稱之為自由派，或是就政治上而言的溫和派，大部分均同意進行溫和的改革並反對馬克思主義。非革命派人物以胡適為代表，但他對其中部分人的意見也並不贊同，例如在一九三四年提出「新式獨裁」的丁文江（一八八七年至一九三六年），丁氏對於一個四分之三人口是文盲的國家能否實施民主有所質疑，因而鼓吹「新式獨裁」，倡言應恢復十八世紀歐洲實施的開明專制[40]。

如另以時間為分期，相關論戰約略可分為三個時期：先是傳統[41]與現代之爭，接著是現代與現代之爭，最後是馬克思主義者與馬克思主義者之爭。首先是自由主義者打著現代的旗幟迎戰強調維護傳統者，胡適此時為西方社會辯護，而梁漱溟則在其暢銷作品《東西文化及其哲學》（一九二一年出版）一書中形容西方社會為享樂主義、自我中心和物質主義的社會。知識分子並未給這本書很高的評價，卻銷量奇佳，顯示新文化運動雖然影響深廣，但對於大部分「沉默的大多數」受過教育的人（指能識字閱讀者）看來仍是異端。緊接著是在一九二三年發生的科學與玄學論戰，主要爭論點集中在：中國是否應該持續地走科學、工業和資本主義道路（這條道路被認為形塑了醜惡、殘酷、不公的現代西方城市社會），而不再發展人道精神？在這場論戰中，一些革命派人士（例如陳獨秀）以及老革命派人士（例如曾倡議無政府主義的吳稚暉等）都加入胡適的陣營，為科學辯護。但其中最賣力奔走呼籲的是胡適的朋友丁文江[42]。像丁文江這樣的唯科學主義者在一九二〇年底還擁有某種社會地位，到了一九二三年則逐漸被接受歷史唯物主義的現代知識分子所取代。

當馬克思主義在一九二九年已逐漸擴大其影響時，又發生了一場新的論戰（此處略去中間的一些發展），顯示出論戰的內容已經轉移，參與其中的都是支持現代化的知識分子。由於受到歷史學家顧頡剛（一八九三年至一九八〇年，五四運動時期與其他知識分子共同創辦《新潮》雜誌）的影響，自由主義者不再攻擊馬克思主義，改而抨擊和馬克思主義共生又互斥、且受執政者支持的民族主義。按照當時「官方民族主義」意識型態的說法，國內的五族（漢、滿、蒙、回、藏）皆源於傳說中的三皇五帝。但是，同樣希望能達成全國團結但在作法上不應有瑕疵的顧頡剛無法接受這種欺民的政策，他甚至指責鼓吹這種意識型態的考試院院長戴季陶（一八九一年至一九四九年）。但政府的回應卻在他意料之外：查禁了他所編的初級中學教科書。當時這種爭論司空見慣（以實證歷史質疑政治宣傳），顧頡剛隨後再以唯物史觀的論點重新編輯他先前編好的書籍，依據顧的看法，當時的馬克思主義者由於覬覦權力，也和執政的國民黨一樣接受這種類似的狹隘想法。這種以唯目的論預設歷史發展方向所造成的後果，就是遮蔽了歷史發展原本應有的多元性和複雜性[43]。

顧頡剛對於學術專業的堅持，反映出當時存在於自由主義思想中的一股潮流，自由主義對於正在順利發展的馬克思主義和官方的保守主義（參見第五章）俱有所批評。也就因為如此，自由主義在教育和研究領域極為活躍也就不足為奇了。自由主義培育了許多徒眾——特別是生活環境優裕的城市市民——並在學術上成就了不少傑出成績[44]。而胡適和隨後的台灣政府，後來都轉而取法美國，美國的影響脫胎於古老的歐洲國家[45]，但不同的是，德國和法國強調革命神聖，美國卻致力於漸進式改革。

雖然大多數自由主義者都蟄居於學術領域中，但他們並未因此自外於參與公共議題的辯論。自一九二九年至一九三一年，胡適和一群自由主義者起而批評國民政府[46]的單一政黨體制，國民政府卻充耳不聞。當知識分子逐漸轉向馬克思主義，或是相信國家問題刻不容緩必須以革命解決時，自由主義者的光環隨之黯淡。辯論方向開始轉向中國社會的性質、中國生產模式的歷史階段及馬克思主義。意識型態板塊迅速移動，使得原本的盟友轉而對立。一九三四年在科學與玄學論戰中反對胡適等人科學觀的主要人物[47]和其他現代知識分子合作編輯的《唯物辯證法論戰》表達出反馬克思主義的觀點。自此這批人馬即加入支持自由主義現代知識分子的陣營，共同反對另一批信仰馬克思主義的現代知識分子。而五四運動以來出現的傳統知識分子和現代知識分子兩陣營之分野，在運動發生十五年後不復存在。

令人覺得諷刺的是，這些辯論爭奪的標的卻不是哲學，而是赤裸裸的政治。關於中國農村社會性質的辯論顯示出，這些原本屬於現代知識分子間的討論，已轉而吸引其他非馬克思主義者的興趣。在一九二八年至一九三三年之間，這場辯論分為針鋒相對的兩方，一方是分裂為蔣介石陣營及汪精衛陣營的民族主義者，另一方是分裂為托洛斯基派和中國共產黨代言人的馬克思主義支持者。到了一九三四年至一九三七年之間，就只剩下馬克思主義的支持者依然喋喋不休地爭論這個議題，只是為確定中國農村社會究竟是什麼性質？如同遵奉國際共黨決議的中國共產黨所說的半殖民、半封建社會？還是如同托派所認為的資本主義社會[48]？

文學的場域中也出現一些轉折：約在一九三〇年前後，白話文不僅受到一些食古不化的文言文支持者反對，就連曾任中國共產黨總書記的瞿秋白也同樣有所批評[49]。按照瞿秋白的觀點，白話文中充斥過多歐式和日式句法，反而製造了另一種社會差距。和以往的文言文一般，白話文變得對一般人晦澀難懂，反而成為曾受過西式教育之學院派的專屬語言；也就是說，成為這些曾在牛津、劍橋、哥倫比亞留學過的學者們獨有的工具。瞿認為應堅持的是：既然是屬於大眾的語言，就應該能被大眾理解及使用。瞿的批評強調這是資產階級蓄意製造一種讓大眾無法理解掌握的語言，使其能穩坐政治宰制者的地位[50]。

部分左翼文學作家也開始附和這種指責，直斥其文藝同儕蓄意愚弄不識字的人民大眾。由於文藝發展與觀念演變亦步亦趨，甚至更快，因此這種情形並不令人訝異。從借用不同文化的概念、名詞，到一九二七年的一篇文章〈從文學革命到革命文學〉批評所指，用來描述這些發展固有過之而無不及。在此我以一些不同文藝派別間的衝突來說明這段時期的發展。例如文學研究會和創造社所爭執的焦點，在於前者堅持文學應著重關切社會現象的現實主義，而後者則強調文學應為藝術而藝術。但大約自一九二五年開始，創造社突然轉向，走得比文學研究社更左，而其主要成員郭沫若在前一年就已轉向馬克思主義。他曾為此表示：「突然找到一把可以解決我矛盾難解問題的鑰匙。」「今天，文學的存在僅能以其促進社會革命實踐的能力為證明……我們身處宣傳的時代，而文學就是我們鋒利的宣傳武器。」文學雖是再好不過的武器，但畢竟仍然無法取代直接參與戰鬥：郭沫若於一九二六年至一九二七年間參加北伐，任軍團政治部副主任。

但是另有一些為數不算少的左翼作家卻拒絕將文學作為宣傳的工具，其中之一就是魯迅。時序先跨越到一九三〇年，中國左翼作家聯盟成立並吸收魯迅加入。魯迅在一九二八、二九年時，忙於和一些關在象牙塔裡的作家筆戰，同時未介入政治和社會議題，也未對熱情高於天分還滿腦子革命思想的年輕天真學子們有任何指導和照顧，卻突然加入左聯的組織成立工作，並被選為常務委員會委員長。

雖然如此，魯迅在左聯內部還是相當孤立的，因為委員會的七名委員中大部分都是共產黨員[51]。在一九三一年至一九三三年間，左聯的政策主要是共產黨員瞿秋白制訂的[52]，隨後接任他工作的人也是一名共產黨員，稍後將會與日丹諾夫（Andrei Alexandrovich Zhdanov）作比較。一九三六年時，中國共產黨建立抗日民族統一戰線，其目標之一是希望能拉攏所有反對日本侵略的愛國作家，左聯因而在此需要下解散，而事前既未徵詢魯迅的意見，決定之後亦未知會他。爾後魯迅及其支持者遂對擔任左聯領導的共產黨官僚展開一場最終的抗爭[53]。就這樣，左聯最終以一場論爭謝幕，如同不久前的五四一樣，勝利之日即分裂之時。至少自一九三二年以降，左聯內部由意識型態掛帥是毫無爭議的，但無論是它的爭論、對成員的指示或是批評，對文藝創作皆毫無建樹。值得注意的是，無論是否身為左聯成員（即便為左聯成員，他們的作為也像是畢卡索對待法國共產黨的文藝權威一樣，對左聯下達的文藝指示並非全盤接受，仍保持一些相對的自主性），此一時期大多數的文藝作家多具左傾思想[54]。

在一九三〇年至一九三七年間，共產革命和馬克思主義的發展，主要借助於知識分子的活動，而在知識分子圈中，馬克思主義者往往是最活躍且最具影響力的一群。在這段期間「新社會科學」類型的出版品中，出現大量關於馬克思主義的書籍，在一九二八年後，約有百分之七十的社會科學出版品受到馬克思主義的影響。被翻譯書籍最多的外國作者依序為：馬克思、恩格斯、列寧、布哈林。在文學作品方面，俄羅斯小說——特別是蘇聯小說——最為暢銷。

當時有一個很明顯的傾向，就販售者或推銷者而言，有關馬克思和蘇聯方面的文藝產品（主要消費者是學生）為銷售主力。根據一份中日正式開戰前幾個月在一些教會大學[55]所作的調查顯示，選讀社會科學的學生比例增加，且偏好使用有關馬克思主義的教科書；普遍不重視宗教事務；大部分學生不再追求個人發展，轉而參與集體競爭。出現了要求從根本上改變以解決國家問題的呼聲，中國社會的全面動盪就在眼前。

思想演變的原因

自由主義的敗退

這段時間中各種思潮和觀念快速的遞嬗往復。五四運動時引進了自由主義諸般觀念，像是理性、自由、進步、民主等，剛萌芽的自由主義顯得生機勃勃。而知識青年們在驚嘆於各種新思想之餘，更急切地在其中探索各種可能的運用方式。但十五至二十年過後，卻是馬克思主義勝出。其他的可能選項均被排除，而自由主義引領風騷的時日竟然只像是介於幾世紀來的舊儒學和馬克思主義這個新正統之間的中場休息時間。早在知識分子剛剛認識無政府主義、而其支持者正和馬克思主義信徒爭執不休時，胡適就曾斷言：「現在孔子和朱熹[56]的奴才少了，馬克思和克魯泡特金的奴才卻出現了。」我們不難理解自由主義者的酸澀感受，中國才剛被自由主義喚醒，旋即卻投入另一個新信念的懷抱。面對他們以心靈自由之名點燃的中國的啟蒙和淨化、一場美麗大火的努力轉眼成灰，這些自由主義者如何能不心懷哀怨？

這些變化不至於令人太過訝異。首先，在西方國家中孕育出自由主義的那許多價值和信念（自然權利、人權、法律至上等），對中國傳統而言十分陌生；再者，從破除盲從迷信演變為激進思想是合理自然的，而胡適和陳獨秀不過是順水推舟，而最後胡適選擇信奉自由主義。自一九一九年至一九四九年這段期間，對中國而言固然命運坎坷，但許多情況卻有利於廣義的自由思潮（批判精神、細緻的觀點差別、中間立場、漸進式的解決問題態度等）。較之於前四分之三個世紀，中國在這三十年間始終有一種已到危急存亡之秋的氛圍。由於這種心情，所有需要長時間、耐心檢驗和審慎準備的提議都難以被人接受，自由主義不過是在批評言論解禁、開始反抗教條主義之時，因為提供了一時的憧憬而得以在初期擁有短暫榮景。當曇花一現的發光發熱、一切障礙均被掃除後，自由主義就被其所協助孕育的其他新生思潮所超越而顯得停滯不前。

民族主義和馬克思主義

這些新生思潮中固然有左傾的，同樣也有右傾的。自由主義被左傾的馬克思主義超越之前，就已先被右傾的民族主義打敗。這段時期各種思潮紛來雜沓，觀念的變化目不暇給，就像前文曾提及[57]，現代中國的發展受到帝國主義和社會動盪的雙重壓力，使中間或第三勢力毫無作為，但是在理論上為社會和民族問題留下發展空間，這兩個原本對立的問題卻因為面對現實情況和既得利益維護者的作為[58]，得以合而為一，為了結束這個局面所發展出來的革命也就必須同時具備民族和社會兩種性質。共產黨因此在一九三七年至一九四九年之間，從五四運動中汲取大量的養分後，擺脫國民黨，開始發展其自身的意識型態[59]。

最後這一次意識型態爭鬥，其意義不是馬克思主義壓倒民族主義，而是後者吸收了前者。馬克思主義被認為是對保衛並爭取民族尊嚴和解決社會不公最有效的思想體系，加上當時列寧領導對抗帝國主義革命成功的訊息可做為典範，這就讓這個外來的思想信念成為對抗外侮的最佳武器。而這個思想信念可以讓中國不必受到先進國家頤指氣使的羞辱，並將中國帶向無可迴避的現代化道路。

作為一種哲學思想，馬克思主義更重新結合了一部分原本在五四運動中遭到全面批判的傳統文化。畢竟儒家思想已屬過去，任何人都可以客觀地重新審視其內容。在五四運動中極盡一切地批駁和嘲諷它，只是由於正值反抗傳統束縛的需要[60]，一旦其壓迫者的地位遭到推翻，再回頭重新以較寬容的態度看待，仍然必須承認傳統文化中也擁有部分進步的力量，因此沒有必要將其全盤揚棄。更何況，傳統文化是民族建構的基礎，在西方文化面前並非一文不值。

*

日本借取西方國家技術維新自強，但由切腹到神風自殺飛機等特徵都顯示出她仍維持原有的民族性，這種模式在一九四〇年代時被視為成功的榜樣。而中國在一九六七年時[61]出現的一些跡象，例如部分恢復孔子的地位和一些歷數百年不變的排外情緒表現等等，讓我們經常會聽到一種類似的理論：在一連串翻天覆地的變化後，今天的中國又回到那個恆定不變的過去。共產革命不過是兜頭繞了個圈子罷了。當維護和頌揚民族驕傲的口號再度四處充斥時，一九四九年彷彿和一八四〇年遙相呼應，不同的只是蠻夷列強的侵凌不再。新奉立的正統信條充滿了傳統觀念的影子。就像歷來改朝換代一般，歷史出現了驚人的延續性：在一陣兵荒馬亂之後，新的王朝成立，另一個新的循環重新開始。或者更確切地說，這個循環一而再，再而三的重覆，毛澤東所建立的不過是另一個王朝而已……

這種說法的確相當有說服力，就像史達林以「東方之光」[62]強調應重新回到俄羅斯固有文化價值時，是不是就表示這是斯拉夫傳統的復辟呢？這種說法完全忽略了五四運動帶給中國的現代性。現在的中國不可能再回到過去，因為他們所面對的是現在這個世紀的新問題。不論是一九六七年在北京盛行的「中國式共產主義」，或是國民黨的保守民族主義——就算後者的內涵是蔣介石所恢復的不合時宜的儒家思想和教條[63]，而前者是救世主式的狂想——都已完全不同於以往的「華夏中心主義」。經過近一世紀的試煉，中國的民族主義早已不再有睥睨一切、高高在上的倨傲，而是成為極力求生的機制。現在的中國已是在萬隆會議[64]上和亞洲、非洲等第三世界諸國平起平坐、共同討論合作事務的國家，而不是那個以天朝自居的帝國。中國知識分子以三個世代的時間檢證並成就了中國由天朝帝國思想轉為現代民族主義再變成馬克思主義的過程，這代表著一段思想上的驚異旅程，確切地說，就是思想革命[65]。

第三章　初試啼聲的中國共產黨

從一九二一年至一九四九年，中國共產黨成立後僅僅花了二十八年的時間就取得政權。這個迅速取得的勝利果實，卻帶來了一個具有兩種層面的問題：

首先，對於馬克思學說而言，這個令人訝異的成就有何意義？

再者，這個成果究竟是否真的與馬克思學說所闡明的發展路徑相互契合？或是相反的，中國的發展經驗反而成為豐富馬克思主義的主要內容？還是偏離了馬克思主義，成了另一個替代選項？

我們必須嘗試從事實中尋求這個問題的答案。首先得耙梳一九二一年至一九三五年間，即中國共產黨成立到取得政權的這段時期的前半段歷史。選擇一九三五年作為時間分界點，不僅僅因為這一年是中共開始其歷史中帶有傳奇色彩的長征年分，同時共產國際也在同一年要求其各國成員與所有社會民主力量及民主反法西斯力量組成聯合陣線。中國的情況和法國、西班牙人民陣線遙相呼應，當時正面臨日本帝國主義加緊壓迫，首要的策略就是投入民族保衛戰鬥。從一九三五年開始，中國共產主義運動化身為愛國主義運動，原有的傳統反帝國主義性質不復存在（但是「反帝」口號在各種活動中仍然被置於醒目的位置）。直到一九三五年，馬克思主義中最典型的部分終於浮上枱面，中國共產黨總算真正成為社會革命的執行工具。首先發動城市工人運動：此時為中國共產黨史中的正統馬克思主義時期；接著再退往鄉村發展：也就是農村時期。

正統馬克思主義時期：一九二一年至一九二七年

在中共成立的最初六年，他們自認為且表現得像是工人階級的政黨，因為其嘗試倚靠無產階級來推動革命，而武器就是城市罷工和暴動。另外還應該要加上對軍閥作武裝鬥爭，這點卻往往被中共的領導階層所忽略。這個以少數力量參與資產階級革命（至少在領導階層是如此）的作法，使得我們必須將這個時期的發展再劃分成兩個階段：

一九二一年至一九二三年，是共產黨初成立時期的發展，溫和且自主地推動革命活動。

一九二四年至一九二七年，和從事資產階級革命的最大政黨——國民黨——合作。

一九二一年至一九二三年

這段期間的中國共產黨，無論是能見度或是影響力都極其有限。雖然前面曾提到這段期間是屬於正統馬克思時期，但中國共產黨卻完全不是工人政黨，它就像大多數國家的共產黨初期發展一樣，是屬於知識分子的革命政黨；有時不僅信念模糊，而且還相當兼容並蓄。在一九二一年七月齊聚上海創黨的十三名代表中[1]，不僅有人主張馬克思主義，也有人主張激進主義和無政府主義。其中兩人日後甚至成為第二次世界大戰期間日本扶植下的南京汪精衛政府的部長，一人最後病死獄中，一人被國民黨槍決[2]。

共產黨的成立可說是接續五四運動而來，由一件事即可看出，與會的十三名代表共同推舉的中央委員會主席是未出席的真正的中國共產黨創始者[3]，即《新青年》雜誌主編陳獨秀。

這十三名與會者代表五十七名黨員——共產黨初期的組織規模確實小得可憐。即便在國民黨領袖孫文為了尋求蘇聯援助[4]而與之簽訂〈孫文／越飛宣言〉[5]時，都從未考慮過能從中國共產黨那裡獲得任何幫助（一九二三年時共產黨員人數亦僅剛達三百多人），更遑論進一步防範其日後竟然成為競爭者。國共合作——甚至相互結合——對剛成立的中國共產黨而言，開啟了意外且未知的發展契機。

一九二四年至一九二七年

一九二四年一月，國民黨在進行組織改造的第一次全國代表大會中，正式確認並接受共產黨員得以個人身分加入國民黨。共產黨員此後即能以國民黨員的身分進行另一階段的發展。中國共產黨迅即在這個日益順利壯大的聯盟中成為最活躍的部分，更成為最有能力組織罷工甚至工人起義的執行者。由一件事即可觀察出共產黨在這段時間中的成長：成員數目初期發展很慢（第一千名黨員在一九二五年春加入），接著突然間迅速擴大。促成共產黨快速成長的原因主要是一九二五年發生的「五卅事件」[6]。事件發生後，共產黨的規模在六個月之內一下子成長了十倍（一九二五年十二月，黨員數達到一萬名）。「五卅事件」餘波盪漾，持續了一整個夏天，對全體中國人的政治影響十分深刻，使真正的革命時代正式登場：首次革命從一九二五年至一九二七年[7]，結束了軍閥統治時期。值得一提的是，中國共產黨在這個階段活動積極，發揮出相當大的作用，其規模在八個月內成長為三倍（一九二六年七月達三萬人），接著更在一九二六年夏到一九二七年春之間再成長一倍（至四月初達五萬八千人）。此外，社會主義青年團[8]的規模亦大幅成長，其中學生身分所占比例呈壓倒性多數（五月三十日前占全部成員的百分之九十），其後由於年輕工人加入才使這個比例不斷下降（一九二六年十一月，工人對學生的比例為百分之四十對百分之三十五）。員額成長僅為其中一端，而特別在革命時期，動員能力才是共產黨力量之所在。在一九二六年夏天，當南方軍隊開始發起攻擊之際[9]，共產黨已然將一百二十萬工人和八十萬農民組織完成，相對於其盟友國民黨，儼然成為工、農運動的領導者。幾個月之後，一段壯闊的插曲顯示出由共產黨策動和指揮的工人運動之強大力量：上海大罷工在北伐軍抵達前就已經完全解放上海。罷工開始於一九二七年三月二十一日，到了二十二日，上海已經被罷工行動參與分子完全掌握。當北伐軍總司令蔣介石在二十六日抵達時，未遭遇任何抵抗即順利進入這個城市。

蔣的軍力卻保留下來對付其盟友：一九二七年四月十二日轉而對工人運動進行血腥鎮壓，這段插曲在西方世界較鮮為人知。蔣介石突然攻擊工會，解除其武裝並殺害工運分子。四月十二日只是這起恐怖事件的開端，而且不限於上海：在接下來的數月間，蔣介石四處追殺其共產黨盟友以及工、農運動領袖，藉此建立其權勢。共產黨因而元氣大傷並開始轉入地下。中國共產革命的第一階段就此結束，對中國共產黨而言，這真的就是「福兮禍所伏」。中共黨史裡的正統馬克思主義時期就此終結。

歸咎於誰？

由於服膺正統馬克思主義，中國共產黨才會想方設法組織和策動無產階級；但是和國民黨這樣的「資產階級」政黨結合，卻偏離了正統道路。在這起事件後，應該是檢討馬克思主義在中國實踐的成果，和國際共黨領導造成這場對中國共產黨災難性傷害責任的時候。

一九二七年的失敗，絕大部分是莫斯科造成的。莫斯科決定進行國共合作，要求中國共產黨執行。在某個意義上，這項決定是遵照列寧生前所作的論斷而形成[10]，他認為在革命的第一階段（反帝國主義階段），殖民或半殖民國家中的資產階級也是革命的，所以工人政黨和資產階級政黨的共同合作是可以理解。於是就有了一九二二年六月代表工人與貧農的中國共產黨和代表資產階級的國民黨之間聯合陣線的產生。但是，將國民黨僅定性為資產階級政黨的時間並沒有持續太久，因為莫斯科又有了另外的想法，並很快將之加諸於中國共產黨：莫斯科認為，國民黨實際上是由資產階級、知識分子、工人和軍人等四個階級組成的集團，中國共產黨不能僅僅自限於和國民黨合作，應該結合包括無產階級在內的所有革命力量。於是中國共產黨在一九二三年六月的第三次全國黨代表大會上通過了莫斯科對國民黨的定性——由四種階級組成的集團，並確認國民黨是「國民革命的中心勢力」。

中國共產黨不只遵奉莫斯科在馬克思主義上對國民黨性質的判斷，就連戰略上的國共合作——稍後甚至在戰術上應如何執行這項政策等——都鉅細靡遺地遵照辦理，如此一來，在一九二六年至一九二七年間，當革命大潮洶湧開展時，自然使事情發展變得更為棘手。

這段時期中有兩個主要的失誤。一個是輕忽蔣介石在國民黨中的分量（或者可以說是由於未擁有獨立的軍事力量，無法掌握主控權），另外是不願意——或者是因為不敢——更進一步地策動農民運動。早在一九二七年四月十二日事件發生之前一年，蔣介石的行動就已有了徵兆。一九二六年三月二十日，蔣介石突然在廣州整肅了由共產黨員領導的海軍單位[11]，並逮捕相關的政委、拘禁蘇俄軍事顧問。隔日，蔣介石即發布戒嚴令，廣州落入他掌握之中[12]。一九二六年五月十五日，在蔣介石召集開議的中國國民黨中央執委會中，通過任命蔣為「北伐軍」總司令。數月後北伐軍由廣州出發，克復全國。在北伐作戰期間，廣州國民政府成為蔣介石主導下的軍事專制政權。面對這個局面，中國共產黨仍然接受共產國際的指示，以少見的低姿態採取妥協，對蔣介石所提的意見和要求毫不爭辯地讓步。而鮑羅廷則將部分與蔣不睦的蘇俄顧問遣送回國[13]。

直到國民黨內的左派因為受蔣排擠而由汪精衛領導另行成立武漢政府[14]，共產黨才鼓起勇氣——或者可說是才獲得莫斯科同意轉而與左翼的武漢政權合作。共產國際曾有一段時間猶豫不決，究竟要和擁有軍權的蔣氏還是國民黨內的激進勢力合作？但最後還是指示中國共產黨依附於後者。

在與武漢政權合作的同時，中共大力策動的農民運動出現種種社會失序、暴力搶奪以及殺害地主等過於激進的情況（參照頁七十五）。革命武力中的軍官大多出身於地主家庭，這些行為讓他們感到憤慨憂心；同時農民抗稅、抗租的行為已影響到武漢政權的財務狀況。至此，究竟要繼續支持國民黨左派勢力？或是支持農民運動？到了必須作出抉擇的時候。

當然這個抉擇並不容易。但具體而言，在革命情勢瞬息萬變、各種狀況縱橫錯雜的情況下，必須審慎微妙地當機立斷做出選擇。但是遠在莫斯科的共產國際無法掌握快速變化中的具體情況，只能在馬克思思想教條的枝節中斟酌進行遙控，首先在戰略上自然大謬。更有甚者，許多關係到可能造成數以萬計支持群眾生命損失的決策，有時竟受到蘇俄內部政治情勢所左右。史達林和他當時的盟友（布哈林派）正共同對付托洛斯基[15]，根本無暇顧及推動中國革命。當一些事件發生後，顯示出判斷錯誤時，他們還能厚著臉皮硬說自己早已預見這些情況的發生，有的甚至乾脆否認這些事件真實存在。因此，在蘇俄完全聽不到關於一九二六年三月二十日事件（中山艦事件）相關的消息。而國際共產機關則利用路透社發布新聞，影射這起事件是帝國主義英國意圖分化革命陣營所為，實際上革命情勢「一片大好。廣西省馬上就要成立一個蘇維埃政權」（引自一九二六年四月八日出刊的*Inprecor*月刊）。[16]

諷刺的是，只關心結果的史達林，所得到的卻是一敗塗地。一九二七年七月，武漢政府展開分共行動，鮑羅廷倉皇出逃。鮑羅廷一手將國民黨成功改造成布爾什維克政黨，但改造完成之日，竟也是他離開中國之時，而這個他親手打造重生的組織，卻反過來追緝他並摧毀他棲身其中的共產黨。這就是共產國際執行委員會曾經認為是「同情革命組織」的國民黨……

持平而論，共產國際先後派出的人員確實給予中國共產黨人不少幫助，從創黨之前到後來這動盪的六年，他們逐步將共產黨從一個微不足道的政黨打造成群眾政黨，組織化和紀律性也愈來愈強。共產黨直到從一九二七年八月（指武漢政府分共）這場災難性的損害中學到教訓之後，才完成全面蛻變的過程[17]。此外，共產國際要求中國共產黨執行的國共合作政策，確實是後來造成一九二七年挫敗的原因，但中共卻也因為執行這項政策，在一九二五年至一九二六年間迅速壯大，其規模成長之快，在三年前剛開始國共合作時像寄生在革命巨木上一般的中國共產黨，當時的領導幹部連想都不敢想。更重要的是，無論是之前的成就或是後來的挫敗，以戰略思考而言，都說明人為的失誤加速了一九二七年潰敗的發展。但難道說當時各項客觀條件對一個代表——或聲稱其代表——工人階級的政黨而言已經到了取得政權的成熟時機嗎？更何況工人階級在當時僅占所有中國人口的百分之零點五。就算擁有相對獨立的領導權，不接受來自莫斯科後來導致損害的指令，就能將中國從軍閥混戰的局面轉變成為所謂「工人階級的國家」嗎？如果只依靠共產黨自己的力量，答案當然是不可能。即便加上後來中共認為也代表其利益的貧農的協助也還是不可能。而且，在這裡提到「協助」二字，其實剛好是顛倒了共產黨和農民在運動中所扮演的角色。

這是毛澤東所下的結論，而他則急切地要將共產黨帶往另一條道路。

農村時期：一九二七年至一九三五年

從一九二七年起，中國共產黨員開始了一段完全不同的經歷。一個共產主義政黨，捨棄他們據以發展、棲身的無產階級和城市這個溫床，轉往鄉村和偏僻的崇山峻嶺。為了繼續推動歷史進程，他們選擇較無人注意且發展較為落後的區域（像是江西南部）作為活動領域。相對於共產黨「工人階級」政黨的屬性，這個發展簡言之就是：由知識分子組織起來的農民，加上農村環境下形成的祕密幫會和土匪力量；活動方式由原本的罷工轉變成游擊，設立地方行政組織，依恃一批反抗武力，並以農民革命為運動核心。這就是中國革命最重要的嘗試。

中國歷史曾經有過幾次農民革命的先例。撇開不提長久以來在帝制時期就存在的、源於鄉村經濟問題而引發農民騷動和農民起義的傳統，共產革命中的特徵和策略的確也受到這個傳統的影響[18]，僅以現代而言，我就可以舉出江西蘇區出現之前就曾醞釀發生的兩個例子。在毛澤東之前，就已出現投身農民運動的兩位先行者，而這兩位先行者所反對的卻正是他們自己身在其中的特權地主階級。

第一位是沈定一，一九二一年，他在自己出身的浙江省杭州附近的衙前鎮（蕭山縣）成立農民協會。沈定一基本上是個改革分子，他所主張的三折減租吸引了許多成員加入，但也招致殘酷的鎮壓，他本人雖並未因此而退縮，卻在一九二八年被暗殺，可能是國民黨因其難以節制而下的手。沈曾於一九二〇年在上海參與發起共產主義團體[19]——或可以說是共產主義團體的前身，數年後卻加入國民黨「右翼」，就是主張將共產黨員逐出國民黨的「西山會議派」[20]。

另一位先行者的出身更右，卻同樣以悲劇告終。彭湃出身於極富裕的地主家庭，曾留學日本，一九二二年（僅較沈定一晚一年）於本籍所在的廣東省組織農民成立農會。一九二七年至一九二八年間更在廣東省東部的海豐和陸豐成立曇花一現的蘇維埃政權。一九二九年遭國民黨槍決，得年三十三歲[21]。

浙江和廣東的農民組織只是扮演先驅，而湖南的農民組織（一九二六年至一九二七年）卻隨後成為現代農民革命的起點。較之衙前和海陸豐，湖南發生的農民運動分布範圍更廣，據說參與的人數也更多（某些記錄顯示一九二六年年底時已達兩百萬人之譜），此外，它更是一場自發性運動，沒有農民身分以外的人參與發起，但外來的鼓動當然不會少：有些由國民黨在廣東成立的——實際上由共產黨掌握——農民運動講習所訓練的畢業生紛紛加入並擔任幹部，在當時的革命氛圍下，隨後北伐軍即抵達接應[22]。由於這場運動的爆發肇基於農民的不滿情緒，表現出極端的暴力和激進，發生數週後即震驚了全湖南省各種資產階級，同時激起一片對革命的熱情和嚮往，其中一位湖南富農之子——毛澤東——就為中國共產黨農民運動委員會發展湖南農民運動的情形寫出了一份調查報告。這份簡短的報告是毛澤東和參與運動的農民共同生活五週後完成，於一九二七年三月出版[23]，此後就在全世界所有革命經典文獻中占有一席之地。即便行文不甚流暢，辯證亦見生澀，仍可傳遞出青春的熱情。這份報告中不自囿於馬克思教條的討論，更不在乎地——或者是不經意——另闢蹊徑於推動理論上的創新。

報告內容直指一個簡單的事實，也直接衝擊毛澤東的想法：中國革命的方向在於農民革命，真正推動革命的力量就是廣大的貧農。這個明確道理中衍生出唯一可行的策略，它使共產黨內的學究所提出的成篇累牘論文、政策和討論都變得像是陳腔濫調。它也提出一個檢證誰是真正職業革命家的最佳標準：凡是反對「過激的農民」而只會在口頭上批評的，例如當時的中共總書記（陳獨秀），就是反革命；支持這些農民或加入他們行列的，就是革命者。

但是調查報告裡表達的對革命形式的樂觀很快就被摧毀[24]。一九二七年九月，毛澤東回到故鄉湖南，在當地策劃農民起事，該事件後來稱之為「秋收暴動」，不到十天就被鎮壓，毛澤東被捕後，僥倖在處決之前幾個小時透過金錢賄賂而逃脫。這時候的情勢和他八個月前進行調查時已大相逕庭，蔣介石倒戈相向、鋪天蓋地的白色恐怖已使革命退潮。早在毛澤東策劃起事之前不到四個月，湖南農民幹部就已遭到有計畫的殺害，這個徵兆卻絲毫未被注意。毛隨後聚集約一千名倖存部眾遁往湘贛邊界的山林中，並於一九二七年十月在井崗山建立第一個小規模的農村革命根據地。幾個月後，一九二八年四月，另一支遭鎮壓後倖存的革命武力殘部加入這個根據地。這支武力由朱德率領，在他摯愛的家鄉發生的連串災難使原先信奉軍國主義的朱德轉而投向共產主義，日後還成為紅軍總司令。不久後，第三支較不重要的武力也歸附了，那是一支國民黨軍隊響應其指揮官號召而來[25]。再加上兩支當地的土匪隊伍，他們的頭頭在中共日漸壯大後被處決。紅軍於焉成立。而誰也想不到，這支軍容殘破，平均五人才有一支槍的隊伍，日後竟然以共產主義征服了全世界最多人口的國家。

這就是農民革命時期，起初由共產黨人領導和策動，他們同時扮演農人、軍人和管理者，為的就是爭取「群眾」。這些群眾逐漸轉向共產主義，而造成這些轉變的，威脅利誘固所在多有，但朱毛[26]實施農村土地重分配的名聲不逕而走，也贏得不少農民自發性的支持。就是由於這些支持，讓他們得以三度成功抵擋地方武力的反撲。這段榮景[27]持續到一九二九年年底。同年和次年，南京政府軍忙著由南到北打內戰，給予共產黨經營扎根和穩定發展的絕佳機會。共產黨和其武力[28]在這段時期得以穩固地散布到各農村根據地，進行農民革命和共產政權的實驗[29]。

「中華蘇維埃共和國」和長征

一九三一年十一月，情勢有新的發展：由毛澤東擔任中央執行委員會主席的「中華蘇維埃共和國」在江西南邊的小鎮瑞金成立。當時共產黨控制的地區，除江西南部的「中央根據地」之外，另外還有十幾個農村根據地分布在長江中上游，各根據地的範圍則隨著不同的軍事進展移動，但都能維持存在。以中央根據地而言，前後就歷經了國民黨連續五次「圍剿」。第一次「剿匪」是在一九三〇年十二月，以失敗告終。第二次和第三次發生在一九三一年，第四次在一九三三年二月，全都功虧一簣。只有第五次才成功，除了因為圍剿部隊和前幾次一樣，所擁有的人員和裝備都超出紅軍甚多之外，主要是針對行蹤飄忽又無所不在的敵人採取了有效的策略。剿匪軍不再長驅深入蘇區，而是以修築碉堡的方式慢慢圍困，逐步進逼[30]。這就讓原本依靠靈活游擊戰法的紅軍毫無用武之地，並強迫他們面對實力完全不對等的作戰，或者直接棄守遁逃。當戰事轉向傳統作戰方法時，紅軍明顯一敗塗地，不得不放棄江西根據地。但由於政府軍僅在其所在的區域進行追剿，無法將紅軍完全殲滅，僅能取得有限的勝利。一九三四年十月十五日夜，紅軍利用部分兵力作餌，轉移敵方部隊注意，大股兵力從江西省西南方封鎖兵力布署較薄弱處脫逃：長征於焉展開。

第五次圍剿始於一九三三年十月，十一月時因爆發「閩變」[31]而暫時被迫中斷，最後以一年時間取得勝利。此後紅軍又花了一年的時間（一九三四年十月十五日至一九三五年十月二十日）才擺脫尾隨的追兵，在中國另一端的蒼茫之地找到得以棲身的避風港。長征實際上是一路從東南（江西南部）繞經西南（貴州、雲南）直到西北（陝西北部）的大撤退。剛開始只是漫無頭緒的竄逃，根本不知道該逃往何處重建蘇維埃政府，甚至一度想要返回江西南部。但日後的宣傳和傳說卻將這次逃竄描繪成壯麗的史詩。像是一部新版的雅典史學家贊諾芬（Xénophon）筆下《遠征記》（*Anabase*）[32]所描寫的「萬人軍團（Dix Mille）」從科納薩（Cunaxa，約在現今的伊拉克首都巴格達西郊）撤離到色雷斯（Thrace，黑海西南，現今屬保加利亞境內）一樣。長征人數或許不是萬人，但所走的距離卻是間關萬里，渡激流、越高山、挨飢寒、棄傷孳。或者還可以用拿破崙攻打莫斯科失利後橫越大陸的撤離來比喻，這些殘兵敗將必須從高加索山和安納托利亞高原（小亞細亞，現今土耳其境內）開出一條路才能回到巴黎，在這段路途中的別列津納河（Berezina，白俄羅斯境內河流，為流經白俄羅斯及烏克蘭境的第聶伯河 Dniepr 的上游支流。）就像是長征途中長江上游的金沙江和其他支流、次支流一般（如大渡河），而沿途追擊拿破崙軍隊的哥薩克人，在這裡卻成了國民黨的軍隊、受僱於地方軍閥的傭兵，和當地會攻擊擅入其領域者的少數民族部落。這些以往彼此敵對的武力，此時卻成為終結共產黨殘部的聯盟（拿破崙從俄國撤退渡過別列津納河遭到三路俄軍追擊的這段歷史為法國民眾耳熟能詳，就如同紅軍在「長征」途中渡過大渡河的故事在中國大陸也廣為人所知一樣，故在此用以對照）。紅軍部隊在這裡被視為叛軍，在那裡又被視為入侵者，反正都是被看作「匪類」。三百七十天的長征就是在三天一小戰、十五天一大戰的情況下度過。另外有個結果可以更清楚的說明：長征出發時人數為八萬六千人[33]，抵達時只剩七千到八千人左右[34]。當他們一抵達比江西更偏遠貧瘠的陝北，就建立蘇區，更精確地說，應該是加入並強化早先由當地共黨分子成立的蘇區建設。一個新的階段就此展開……

回顧這段在江西的發展，最重要的不只是發展農村戰略，而是軍隊組建和軍事經驗的獲得。這段時期在中國大陸中部和南部發展形成的游擊戰術和技巧，日後被阿爾及利亞、安哥拉、古巴、拉美，以及現在（一九六七年）[35]越南的無數武裝游擊武力學習應用（當然不見得所有游擊武力都一定完全遵照中國的「模式」）。在中國，共產分子建設起一個比江西蘇維埃更堅實的國度，在江西發展出的三項主要做法（組建軍隊、建立具自主性的農村根據地和動員農民）在程度上都作了一些調整，但其中第三項卻發揮到極致。當然，尋求農民合作的方法是該因地制宜，但競逐權力的手段卻仍堅持江西經驗所發展驗證而來的那一套。

共產國際和中國蘇維埃：革命的「新高潮」[36]

這段對中共極為關鍵的的發展經驗不僅與共產國際的指導無關，甚至在當時的中國共產黨內部，也只有少數領導幹部參與其事。從一九二七年至一九三一年，黨的正式歷史發展方向另有側重。首先是檢討一九二七年的嚴重挫敗，歸咎於當時的主要執行者陳獨秀所領導的路線是「右傾機會主義」[37]，隨後為了矯正陳獨秀的錯誤，於是採取不少左傾冒險行動。俄國於一九〇五年爆發革命，隨之在一九〇六年，甚至一九〇七年革命退潮時，社會主義工黨陣營引發過一陣對革命發展、策略和性質的爭論，這場爭論中曾預言「新的革命浪潮」已經不遠。這時候就是中共認為的「高潮」已然到來的時刻，也就是採取武裝暴動的時機。南昌暴動（一九二七年八月一日）固早由中國共產黨所決定（由共產黨領導和軍官策動，仍使用國民黨左派的名義）[38]，但成立「廣州公社」則不同，這是直接由共產國際指示，在情勢不利下發起，很快就被鎮壓敉平。在這次暴動中，中共僅占領廣州兩天，但隨後張發奎率領的鎮壓部隊對參與暴動分子的屠殺卻持續了四天以上[39]。當中共總書記瞿秋白向廣東省委傳達共產國際指示時，負責人張太雷[40]在電文中就曾回答表示「這個時候採取行動是不可能的」。但共產國際不但指示繼續堅持，還派兩位專員前來監督策劃組織作業，蘇俄駐廣州領事館更為策劃總部提供場地。雖然六千多名共產黨人和支持者在短短數日內遭到殺害，但這些作為並非毫無意義。在俄共第十五屆大會上宣布中共已在進行武裝暴動的消息，至少可以遮掩中國革命已經面臨失敗的事實。

冒進主義的第三項代表則是一九三〇年夏天紅軍攻擊湖南省會長沙的行動。這波暴動的目的之一，是想將在農村推動的蘇維埃運動置於無產階級領導下，於是要將主要由農民組成的紅軍結合工人階級領導的優勢，以奪取幾個大城市。紅軍確曾一度占領長沙（一九三〇年七月二十七日），但此舉並未如預期般引發工人階級響應，當一週後國府援兵抵達，紅軍無法固守，只得撤出，於是大規模的鎮壓再次重演。中共總書記李立三被譴責為「暴動主義」，並且不再受到共產國際信任[41]。同樣是這項左傾路線執行者，但主張比李立三稍微溫和的周恩來承認自己犯了「腐化機會主義」錯誤，因此仍留在新成立的中央委員會裡，一起譴責李立三。周恩來是中共領導人中唯一曾經歷過所有政策轉折的人，即便他的態度搖擺反覆，但仍保持政治局委員職務將近二分之一個世紀（自一九二七年至一九七六年）。一九三一年底，當江西蘇區發展得相當成功之後，他也抵達了江西。與他同時或是稍晚（到一九三三年年初），整個原本在上海祕密運作的中共中央也遷往中國蘇維埃的首都——瑞金。至此，名義上的領導中心和「實際權力」[42]終於合而為一。

第三國際起先並不重視這股在中國共產黨內部的少數「農村派」，後來則是容忍，但始終未將其視為鬥爭對象。由於缺乏相關訊息，他們對於這股自稱是全新「蘇維埃」經驗的意義和影響只能從點點滴滴中慢慢察覺。而共產國際對於推動這些經驗的主要人物——例如因「秋收暴動」而在一九二七年十一月被逐出政治局的毛澤東——也認識不多。共產國際的文件中首次出現毛澤東名字，是在一封共產國際執行委員會寫給中國共產黨中央的信件裡，信中措詞強烈地批評毛對富農所採取的政策太過溫和；簡言之，毛被懷疑有親富農傾向，而在當時就蘇俄的官方說法，富農階級就是反革命的化身。但單獨強調這份資料卻過於偏頗，事實上，共產國際根本不把毛澤東放在眼裡，因為毛澤東在一九二七年時還未列入第一線領導的名單中。一九二七年之後，他將行動深入中國地方基層，這才引起外界注意。直到紅軍初期的幾次成功行動為莫斯科知悉，共產國際還認為是某一位「彭朱毛」同志所立下的戰功，其實這個稱呼是在江西地方農村所熟知的「朱毛」基礎上再加上彭德懷，使彭德懷、朱德、毛澤東三人合稱為「彭朱毛」。更有甚者，一九三〇年三月十三日出刊的共產國際機關刊物中，還登載了一則悼念因長期患結核病而死亡的毛姓農民領袖（即毛澤東）的訃告。至少可以說，毛的實際領導是在第三國際影響之外獨立行使的。比較農村發展經驗的成果和在莫斯科影響下城市冒險行動的潰敗，兩者間的對照顯而易見。

一九三一年十一月之後，第三國際的領導們無法再漠視這位中華蘇維埃共和國主席[43]，並在提及如「偉大的中國共產主義政黨」、「在蘇聯之外最強大的共產主義政黨」等說法時，都對他行禮如儀地致意。但這種致意還是有些保留，大家一方面尊稱他是中國蘇維埃不容置疑的領袖時，另外對他和黨的關聯則諱莫如深，而且對蘇區的黨組織和白區的黨組織更是分得一清二楚[44]。這樣一來，要將毛譽為所有中國共產黨員勝利的領袖，或是將他視為不懂工人階級重要性的農民頭頭而棄之如敝屣，則完全視他的成敗而定[45]。

但至少先前他多半能按照自已的方式去摸索。然而等到黨的中央委員會移到中央蘇區後，毛和其徒眾就開始失勢，甚至在中委會遷入之前，周恩來就曾批評過毛（或至少針對受毛影響的中央蘇區政策），認為他不夠積極，並特別對未能奪取贛江[46]河谷沿岸城市感到惋惜。一九三三年五月，周恩來成為紅軍政委，而毛在數月前亦曾任此職[47]。為了反對毛澤東，周恩來和所謂的「二十八個布爾什維克」[48]中的幾位成員同聲一氣，這些人是曾經在莫斯科中山大學學習的學生，一進入江西中央蘇區後，馬上占據許多高層領導職位。面對這些外來者，毛必須處處算計，雖說以往他也不見得在行動上能完全隨心所欲，但這下更是處處掣肘[49]。

結果是，毛澤東必須等到長征時，才部分透過費心策劃、部分藉由現實助力，逐步取得中國共產黨的支配權。一九三五年一月，在遵義（貴州省）舉行的歷史性集會，因應現實召開的擴大政治局會議上，毛澤東獲推選為政治局常委會委員，並賦予他重要的軍事指揮權。而中央蘇區的軍事失敗，造成他所打造的農村根據地承受難以彌補的損失，最後導致撤出江西，更讓他有了得以批評黨在此前執行錯誤戰略的口實。由於各路軍事指揮幹部接受毛澤東的說法，甚至感受到他對紅軍的重要，在接下來的數月間，他們不斷強化毛澤東的權威，至少直到與另一股紅軍會合之前都是如此。這股紅軍來自僅次於江西的鄂豫皖蘇維埃，位在湖北、河南和安徽交界處，比江西更早遭到追剿（一九三二年），爾後在四川和陝西交界處再重建、經營一個根據地[50]。這個新的根據地位於四川省東北部，距兩軍會合處[51]不遠。即便才剛經過許多挫敗和曲折，這些部隊會合後不僅規模增大，氣象也為之一新，於一九三五年六月攜手共赴長征。這支後來增援會合的「紅四方面軍」由張國燾率領，他是對毛澤東相當具有威脅性的對手。張的狀況和毛類似，也是自一九二一年中共成立後再次攀升至權力高峰。由於張國燾對長征後期行進路線和重建根據地堅持採取不同意見，遂和毛為了爭奪黨內最高領導權開始齟齬。張國燾擁有較強的軍事實力，而毛澤東則掌握政治局和軍委會大多數支持。爭執激化到最終以雙方分道揚鑣收場，張國燾另立中央。往後的發展並非張國燾之罪，而是命運靠向了毛澤東那一邊。

到了長征結束時，毛已經掌握黨和軍隊的支配權[52]，但他的絕對權威卻直到第二次世界大戰時才完成，那時他面對了一個新的對手，就來自莫斯科。

亞洲的馬克思主義？

在中國共產黨這段動盪的歷史中，江西時期是一段既原始又神聖的階段，即便今天（一九六七年）看來仍是如此。中共的幾個主要領導人幾乎都有過這段披荊斬棘的經歷，這裡所指的經歷，與其說是空間上的，還不如說是時間上的參與較為貼切，也就是說包括長征和長征前那段輝煌且原始的歲月[53]。不過，如今（一九六七年）這些領導者能穩坐北京，是因為在江西的那些年頭之後（不要忘了，結束江西時期的是挫敗和逃竄），第二次世界大戰緊接而來，就在這段時間裡，中共取得了關鍵性的進展。為了完成這段進展，中共不自限於像在江西一般利用農村的苦難，他們發起的對民族情感的訴求更甚於社會革命[54]。

評價江西時期的發展，只下一個「它對中國革命沒有立即而明顯助益」的簡單結論是不夠的。更進一步說，農村戰略只是一個不完整模式中的一部分，至於組成整盤棋局的其他部分，例如主要武力的發展等，都在一九二七年至一九三五年間逐漸成型。然而我將不再以單一角度觀察這段中國革命中的特殊時期，因為這條莫斯科未曾介入、且與馬克思主義大相逕庭的農村路線，只靠它本身並無法獨力成就中共的成功發展[55]，卻成了改變馬克思學說方向的第一步。如果「亞洲的馬克思主義」這種說法能被接受的話，這個新興信仰的聖地將會是中國內地相鄰的兩個省分，一個是湖南，因為先知毛澤東在這裡受到農村的啟發；另一個是江西，在這裡他開始了移山填海的宏願。

這場農村革命之發生，部分原因是受到第三國際的鼓勵，實際情形雖鮮為人知，然而簡直就是納粹對猶太人「最終解決方案」[56]的富農版，除了被稱為「中央蘇維埃」的地區之外，位在更北和更西邊千里之外的其他「蘇維埃」地區亦隨之起舞。從馬克思、恩格斯和托洛斯基嘲諷農民為「文明中代表蠻夷的階級」[57]開始，一直到史達林使用武力殘酷鎮壓反對強制推動集體化政策的所謂「吸血富農」，這些看法和史實在在都顯示馬克思主義儼然是謳歌農民之死的樂章。尤其是，被視為上層建築之要素的馬克思主義是從社會城市化和工業化時期的理念中醞釀而成，因此不難想見它對農民的輕蔑之意。而中共對農民的態度似乎在某種程度上與其一脈相承。

在二十世紀後半葉，第三世界農民階級大規模地取代無產階級，給全世界的革命分子提供了希望和幻想。這種根本上的改變難道正是源自於中國革命嗎[58]？從毛澤東的《湖南農民運動考察報告》開始，最初是毛判斷中國革命之基礎在於農民[59]、後來有劉少奇肯定毛實踐的「馬克思主義民族化」[60]，最後到一九六五年九月林彪的「以農村包圍城市」宣言[61]，我們可以找到許多文獻闡明了相關理論的發展，顯示毛、劉、林這幾位曾經共同奮鬥而今反目成仇的革命夥伴們都接受這種看法。在一些中國大陸年輕歷史學者的研究裡，中國式或中國化的馬克思主義和「農民救世主學說」之間的關係並非那麼明顯。這些學者認為，由於中國以往農民革命的激勵，間接地引發了民族歷史自覺。對他們而言，農民成為絕佳的革命階級其來有自，因為中國農民參與鬥爭的傳統超越任何一個西方國家的無產階級[62]。他們甚至還可以找到中國在封建時代就存在著由農民領導的統一戰線[63]！所以，農民階級的責任，僅是在時代改變時將革命角色交由資產階級和無產階級接手。在馬克思原本的設想中，認為農民階級隨後就應退位，在革命成因或歷史進程中不再提供任何貢獻。以這一點而論，就是所謂的創新嗎？

那如果說中國的革命道路是異端呢？從江西蘇維埃到第二次世界大戰期間，中國共產黨的領導人一直在鄉村中生活和戰鬥，當時就有些人認為毛的經營方式其實就是馬克思的異端[64]。其中像是托派分子就直接表達不屑，例如陳獨秀曾以「山野馬克思主義」表示譏諷，或是托洛斯基本人既不看好農村蘇維埃的發展，更直指中國共產黨為「民粹黨」（narodniki）[65]。但也有人支持毛澤東，譬如被農民的苦難所感動的傳教士，以及一些記者，或是基於厭惡重慶[66]的獨裁作風、轉而將其對手理想化的人，或者單純只是想找到一個符合自己理想的對象。在許多記者或是受到周恩來（中共裡最擅長公關手腕者）影響的人們眼中，中國共產黨人不過是一群農業改革者。連史達林本人都有相似的看法，他更在一九四四年嘲弄似地表示：「說中國共產黨員是共黨分子？這就好像把乳瑪琳（人造奶油）說成是奶油一樣。[67]」

然而這些評論並不正確。不管是對中共懷抱憧憬也好，或是猶有疑懼也罷，中國共產黨人只不過像是失去了方向的革命者，這群改革者被動地走上一條蹊徑，以回應因中國社會面臨無可迴避的轉變所引發的問題。他們並沒有因為身處農村而自我限縮，也沒有因為只顧解決眼前的問題而忘記那份「宏大的藍圖」。史華慈（Benjamin Schwartz）[68]就曾指出：「即便身處江西農村，共產黨領導者仍自認為是『歷史為了引領中國走向工業社會主義道路的工具』……他們在中國共產黨獨自承擔救贖責任的歷史過程中，毫不保留地分享對黑格爾／馬克思的信仰。」以中共奪得政權後所實施的政策即足以表明，這些皆為忠實馬克思主義者的中國共產黨人，並不因為農民群眾的視野「有限」而有所遲疑，他們利用農民來強行推動革命進程，這種堅定的行動並沒有任何改變，反而表現出令人矚目的堅韌。

中共並沒有把自己變成農民，只是讓農民接受自己並被自己利用：過去是所有的不滿蓄積成浩蕩的浪潮傾覆了帝制，而今所有力量將集中成強大的能量進而實現革命資源的原始積累。

毛或其評價的重要性[69]

所以這段歷史發展既非創新也非異端？事實上，這些都不是問題的重點。我所要作的並不是為了中國共產黨人到底是不是馬克思主義的異端而辯護，也不會因為他們企圖為馬克思主義在中國的發展另闢蹊徑而高興，而是要了解這段發展的獨創性究竟達到什麼程度。一九二七年至一九三五年間，毛澤東並沒有發展出一套理論，他所作的不過是尋找一條可行的道路和方向。他的發想和實踐彼此關係密不可分。其內容非由理論家所建構，而是由政治領袖的敏銳直覺所產生。我們再一次參考史華慈在其著作中所使用的表達方法，一是「毛澤東策略」，一是「實踐的異端」[70]。所謂策略，強調其總結自競逐權力過程中所使用的鬥爭技巧，像是列寧主義式紀律嚴明和組織緊密的政黨；「實踐的異端」表示這個策略是從實際經驗中產生的，而不是出於空言妄論。它和一般宣稱的創新且可清楚論述的學說完全不同。如果是托洛斯基式的人物，大概就會急於為這套農民策略賦予理論意義，將實際經驗和所遭遇的具體情況通則化，然後迫不急待地公告周知他所獲得的新創馬克思學說。但毛澤東只擔心[71]如何將不符合馬克思主義的實際狀況套上正統馬克思的外衣。像是他所領導的蘇維埃共和國實施「工農民主專政」，其武裝力量就稱之為「工農」紅軍。而在民主專政的立法方面則甚為貧乏，只凸出每日工時八個鐘頭的《勞動法》，而以農民為主的蘇維埃共和國裡頭卻幾乎不存在可受惠的工人階級。所謂的創新存在於實際事務中，而非這些表面文章上，畢竟當一九三四年一月召開中華蘇維埃第二次全國代表大會時，在八百二十一名代表中，城市工人代表只有八名……

身為農民戰略的發起人，其實並不一定要長於思考。事實上毛澤東也的確不是。他只是在後期才成為一個還算可以的理論家。在他剛發展出並實施農民戰略的時候，他還不願意冒險——或者說只是以另一種較獨特的方式實踐——將之投入抽象思考領域中。唯有當他的行動都獲得成功，進而強化自信之後，毛才敢放膽一試。這確是信而有徵。

毛真正的重要性不在他文章的字裡行間，而在於他的行動實踐。他思想中的價值取向和他實際行為的關聯極為有限，僅只是反映或衍生自他每天遇到的實際問題，若沒有這些實際狀況，則這些價值無處著力。身為一名馬克思主義者，毛澤東看不起那種「漫天想法」和無法成為行動指導的教條。毛曾在一九四二年向黨內知識分子表示過：「馬克思列寧主義，並沒有什麼神奇之處，就是太有用了。」他還對那些將馬克思列寧主義視為宗教教條的人強調[72]：「你的教條沒有什麼用處，說句不客氣的話，實在比屎還沒有用。我們看，狗屎可以肥田，人屎可以餵狗。教條嗎？既不能肥田，又不能餵狗，有什麼用處呢？」

當我一再強調毛澤東長於行動的一面時，是否會刻意忽略一些負面的描述？選擇毛澤東作為歷史人物標的，主要是希望透過了解他進而解讀一場革命。毛在二十五歲時完成師範學校的學業，兩年後才接觸馬克思主義的一些基礎原理，而托洛斯基在相同的年紀時已經完成其著作《總結與前瞻》；同樣的，毛直到十七歲去了湖南省省會長沙才第一次聽到別人談論美國，十八歲時第一次看到報紙。毛較晚才受到文化教養而且也不完整，但並不能證明他完全無法在理論層次上有所貢獻。我只是以極謹慎而又切實的態度提出這些觀點。經過大量的檢證後，我認為必須提醒讀者的是，中國的情況相當微妙、細緻，和西方學者依賴經驗所能想像的幾乎是南轅北轍。

由於前面所闡明這些顯而易見的理由，中國革命需要的難道不應該是一個能夠實際投入的鬥士而不是坐以論道者？這不是其理至明嗎[73]？畢竟革命是一項不太要求思考品質的工作。相反的，氣慨、冷酷、膽識，無一不是一名窮寇首領投身於其「瘋狂」事業之所必須。毛的經歷證明他具備充分的膽識，至於他身為馬克思主義者竟敢於超越教條、關注現實，這一點相較之下並不重要——即便此舉使某些原本大家公認、接受的事理被重新質疑。

經過時間的沉澱，毛澤東的策略勝利似已成為眾所認定，事後再回顧中國當時的實際狀況更是清楚。就此而言，在形勢必然之下，還談毛的做法是創新或異端有什麼意義呢？恐怕也只有那些閒極無聊者才會汲汲於一再談論毛澤東或是他的策略發展意義之重要性吧！能夠明晰洞見事物本質者並不多，因而付諸行動者更少。一九二七年後的毛澤東和受他影響下的中國共產黨卻常常做到[74]。

馬克思和江西

馬克思似乎被他自己的勝利所嘲弄，雖然在名義上取得勝利，但實際發展卻完全不符合他的學說。當運動完成後，馬克思學說的相關教條不會仍維持原本的完整性而毫無修正，這在歷來的觀察中並非首見。無論是歸咎於馬克思的錯誤，或者斷章取義地以馬克思說過的某些隻字片語而大言不慚地認為馬克思早已預見這些情況，以及強調馬克思主義的精義以反駁書本主義的只重教條等，都完全沒有意義。在中國革命裡所出現過的各種馬克思學說中的「特例」[75]中，我只要再次清楚描述農民和工人角色互換的情形就已足夠。對於理論上有關農民階級是否可以取代工人階級這個更深入的問題，我保留不作明確的回答。只能說，為了符合各地方不同的條件，在策略上是可以爭取運用農民；但對於不同的社會、經濟體制，工人可以表現得更有效率。簡單來說就是這樣。不要再將這些可憐農民無法承受的要求加諸在他們身上。在中國革命中，作為傳說中彌賽亞的工人階級角色一旦幻滅，就再無可取代。

我也同意一點，相對於列寧[76]而言，毛澤東並未創造什麼基礎理論，但他的策略仍然符合列寧主義的路線。這麼說雖然準確卻不是重點。毛沒有發展出理論架構，但是他回應了客觀上的現實狀況。為了了解這個情形，也為了了解中國革命，我們不能僅停留在這裡。固然有必要將教條和實際作對照，或在人文觀念和現實情況中比較各項思想的發展，但是這麼做卻會因為置身於客觀現實之外而使討論缺乏深度，甚至扭曲了觀點。我在這裡並不是企圖為誰辯護，或是引歷史素材駁斥某些觀點，只是要提醒注意歷史學家們會有一種不自覺偏向的趨勢。在研究一個社會被某一種意識型態主導（甚至部分走向被強烈影響）時，他們會群起研究這個意識型態的各種不同變化，似乎好像這就可以取代對實際社會的研究。至少這在中國現代史研究中並不少見。在下一章我們就試著去深入探討這段實際的歷史。

第四章　中國共產革命的社會成因

農民與據有傳統支配地位的鄉紳豪門之間的社會衝突，使農村成為醞釀革命的舞台。由於發生在農民身上的遭遇和剝削之慘酷，加之農民所占人口數量之大，使得其他問題相形失色許多。這所謂的其他問題包括城市社會問題。城市社會問題雖然不及農村問題分布深廣，但也足見威脅和急切，其中以工人的境況尤其嚴重。

城市階級

中國的現代化工業發展雖然規模有限且多為地方型，仍然在二十世紀孕育出最早一批工人階級。初期中國工人階級生活的境況，幾乎是某些工業先進國家過去情況的翻版，就像一百五十年前的英國、一百年前的法國和五十年前的俄國一樣，每日工時長、休息短（週休例外）。紡織廠的情況最嚴重，他們以微薄的工資僱用女工或童工，工作意外或職業傷病層出不窮，肺癆肆虐、工資苛扣、管理嚴格、法令闕如，生活極端困苦，大部分人還長期負債：猶如十九世紀歐洲歷史的場景直接移植過來。

中國的情況，還可以加上一些在許多初期資本主義企業中工作的勞工所承受的特有境遇：

在一些製造火柴、地毯、景泰藍等手工製品的工廠，玻璃廠、紡絲或紡紗廠（舊式工廠）中，彷彿能感受到但丁描述的地獄。一些蒼白枯槁的生物在陰暗且充塞汙穢的環境中移動，那裡的氣味會讓剛從外面進來的人窒息。即便到了晚上十點，有時甚至更晚，這些人還在工作。油燈發出的昏黃燈光將工作間襯得更為陰森。休息用餐時，有的人在工作位置上進食，有的則在一個滿布溲便的空地上進食。終於到了休息時間，這些可憐的工人隨便找個地方倒頭就睡，好一些的可以睡在閣樓裡的廢料堆上，其他人就逕自睡在工作間的地上，像是被拴住的狗一樣……[1]

工人的待遇隨後一點一點的逐步改善。尤其是在一九三六年至一九四六年間，勞工薪資在這段期間顯著增加，每日工時縮短（一九四六年時仍有十個小時左右）[2]，幾乎不再看到童工，女工在薪資上所受的歧視也慢慢減少。到了共產革命前夕，工人問題已經不再那麼尖銳。而且影響僅及全中國人口的百分之一：此時工人總數已達二百五十萬人，相對於一九一九年僅有一百五十萬人。

工人階級的人口比例雖然不高，這並不妨礙他們成為重要的革命力量。而且他們主要集中在少數幾個工業中心，這些工業中心同時也是政治重鎮：如同一九一七年俄國革命時，聚集在聖彼得堡的工人，較之於千萬之眾的農民，不是扮演了更為決定性的角色嗎？在中國亦然。轟轟烈烈的展開序幕後（一九二二年的香港大罷工），工人運動在一九二五年至一九二七年發展得相當迅速，但此後直到革命的最後決定性階段為止，卻淪為配角，既不曾開展重要的罷工運動，也沒再像二十年前蔣介石率北伐部隊進入上海前夕，工人起事呼應相迎一般地替紅軍執行前導內應行動。紅軍部隊主要由農民組成，間或有知識分子，至於工人，則是少之又少。

即便在一九四八年春，號稱代表「白區」及「紅區」二百六十六萬工人和僱佣人員的中華全國總工會（傾向支持共產黨），在哈爾濱舉行全國第六次勞動大會時，重要的工人階級集中地之一的天津正深受經濟衰退之苦，儘管由於政府的嚴厲政策[3]造成商業和工業陷入困境、企業倒閉[4]、失業擴大，也儘管紅軍朝北、西、南逐步進逼，僅六十公里即兵臨城下，天津在罷工和顛覆活動上仍然悄無聲息。中國共產黨徒眾全都安靜地將期待繫於農民大軍的強大武力上，對城市工人不再抱有任何期望……[5]

吸引僱用大多數勞工（當時約有三分之一強的工人受僱於外資企業）的商人和企業主[6]支持革命的原因是民族主義，中國在這一點上與其他殖民或半殖民國家的情形相同。這些商人和企業主也時常——但沒能持續——參與反對帝國主義的行動，同樣也支持抵制敵國產品、加入愛國罷工等等。但他們仍會在其中算計著維護本身利益：例如他們在一九二〇年代時嘗試分化競爭者，使尚在觀望的美國商人和企業對抗日本與英國，但這個企圖很快就落空了，不久後，他們不再企圖分化這些彼此合作關係穩固的對象。縱然加入革行動意味著對資本利益的損失，但他們還是選擇加入革命行動，這是突破性的一大步，因為這一步一旦跨出就勢必無法回頭。更多人在一九二七年時以金錢支持蔣介石，而那時的蔣正轉而倒戈對付共產黨。

這些商人和企業家，在反對帝國主義時表現出的保守和猶豫，可以簡單地歸因於他們遭遇了如何在愛國主義和私人資本利益間取捨的矛盾。於是，當時有的商人以責任自許而義無反顧地完全拒絕和外國商家往來，但也有人在一面倒譴責外國企業的風潮中（或甚至是情緒性的叫囂謾罵排外口號）維持冷靜而未受影響。在當時大多數人云亦云的意見中，這些人的想法顯得格外凸出，他們希望能夠啟發、甚至激勵更符合他們期望的革命行動（更民主、更現代化、對國際貿易更開放、對自由企業更友善），而不是僅僅滿足於提供財務援助以重建一個官僚國家（參見第五章），他們所需要的不只是果斷的決心，更需要一股他們所欠缺的力量。

在第一次世界大戰發生後的十年間，以商人為主的中國資產階級的影響力，毫無疑問地獲得相當的成長，戰事阻撓了歐洲商賈進入中國競爭，於是中國商人趁勢造就了其後的一番榮景。這段時期的快速發展從無到有（最後，與依靠收租和佃出土地的士紳所形成的傳統菁英全然不同的商人資產階級開始出現，並和由農民群眾出身的工人階級之形成相伴而生），而且只在少數城市內的小塊區域內發展。由於資產階級在中國社會中仍然處於邊緣位置，他們並不能將自己困窘、不被重視卻獨特的地位轉變為優勢。其中大多數曾不顧一切可能的損失，兩度幫助他們認為比較不會太差的一方取得勝利。但因隨後而來的通貨膨脹和不得人心的鎮壓，將他們再一次不約而同地推向參與顛覆他們曾協助催生的國民黨政權的行列中。

另外還存在另一股資產階級力量，不僅限於工商資本家中，而是更廣泛地存在於包括小資產階級在內的大部分中產階級裡。這股力量在整個中國革命中始終扮演要角：那就是知識分子。然而，不論是對這些「現代」知識分子或是資本家而言，不僅是外在的社會因素推動他們加入革命，知識分子原本就是社會中較具優勢的群體之一部分[7]，但他們也有自己的問題：一是自一九三〇年開始，失業問題使擁有學位文憑的青年找不到工作[8]；再者，特別是在第二次大戰期間及戰後，通貨膨脹造成嚴重衝擊[9]。但真正驅使他們投入革命的原因，並非只是物質生活上的艱困，發揮更積極作用的是憂患意識和意識形態。這種憂患意識來自於對當時社會秩序的憂慮，特別是一些事件的發生，這些事件被認為是「中國危機」的一部分，而憂患意識首先表現在關切民族地位。至於意識型態的部分，雖然只是少部分群體關注的對象，卻首先著眼於社會影響。他們先是關注較其自身數量還要多出許多的城市貧困階層，隨後再逐漸擴展到農村群眾。

農村悲歌

山谷（在中國西部，四川和陝西接壤處）裡的農民，依著他們自己的方式養生送死……在其中一個家庭裡，父親死了，而他妻子也已時日無多，但這個家庭實在太窮，子女們決定暫不將他父親下葬，因為母親也許會在天氣轉熱且父親屍身腐臭前去世。如果真是這樣，他們就可以一併辦理兩人的葬禮以節省花費。在問過他們母親後，她也同意，於是他們將棺木暫厝在母親的病房裡，因為那裡是全家最陰冷的地方，只在棺蓋上堆了一些石頭，防止野狗啃食。

歷史學家的工作不是去記錄各種不同的事物，更不是玩弄矯情或是發掘悲苦、殘酷。要避免媚俗和從眾，必須理解的是，主要任務不是重建當時的生活樣貌：僅止呈現外在而未能觸及深入的理論和觀念者，只能說是貧瘠的歷史，無法藉之追因究果！

然而，我會大量引用這一類內容，敘述那些從報章材料和民眾的回憶、見聞中蒐羅到的各種軼事與傳聞，這種做法可以使讀者相信，較之僅討論中國如何詮釋、實行和運用馬克思主義，更能夠接近我所設定的目標（找出中國革命發生的原因）。革命的源頭、共產黨用之不盡的招術，這些才是研究各地農村生活情況時應發掘的主要問題，農村中的各種慘況、惡行和朝不保夕，是近五億人的日常際遇。

前面所描述的貧困情形[10]，就是當時殘酷的景象。在家族觀念根深柢固的中國人心中，最可憐的情況還不是像那位寡婦的遭遇，而是僵斃於道旁的無名屍身，人們認為他們因無法正式殮葬而化身為孤魂野鬼，有的屍身更慘遭野狗啃食：這種景象在鄉村司空見慣。饑荒時野狗不止啃咬死屍，甚至連虛弱而無力抵抗的活人也攻擊。魯迅曾經描述[11]，在一些偏僻山區，當媽媽因為太忙而暫時疏於照看孩子時，才一轉身的功夫，餓狼就把小孩叼走了。

從一對美國傳教士夫婦[12]的書信中摘錄出的一段文字，傳達出中國另一個角落的情景：發生於江西北部一間有外國人在接受治療的醫院中：

在我們所提供的義務治療中，另一個讓人感到絕望的例子……有一名骨瘦如柴的年輕男子，僅剩下一層皮包在骨頭外面而已……家裡因為過於貧窮而不得不把他賣給一個沒有子嗣的家庭，六年後，他終於為這個家庭帶來了一個男孩，而這個新家庭居然把他逐出家門。經過一個月的露宿乞討，他幾乎就徘徊在鬼門關前。

第二個例子：

一個還不熟悉部隊生活要求的年輕新兵，只是因為衛兵問話時回答稍慢了一些，就往他胸口開槍射進了一顆子彈。

最後一個例子：

有名男子在距離此地[13]十五公里處的牯嶺山被豹子咬傷了，這已經是我收治第四個相同病例，這個病人醫好了，但先前的幾個卻沒能從豹子口中活下來。

在這位醫生簡單記述的字裡行間背後，是由苦難和冷酷交織而成的生活現實。不過，像第一個案例那樣因為生活過於艱困而被迫賣兒的情況比較少，反倒是典賣女兒的情形較常見。而共同生活六年的養子，一旦完成了傳宗接代的任務，就如棄敝屣般地被逐出家門，其中透露出多麼的冷酷無情。那樣的環境已經使人負擔不起悲憫他人的寬容；或者用有錢人的說法，「人道」吧！而部隊生活也同樣嚴苛：軍隊以輕蔑、殘暴、粗魯的態度對待大部分從農村徵集來的士兵，這也是他們對待農村老百姓的態度之投射，普遍認為這些農民可供役使、剝削、施暴、掠奪。前面所提到的最後一個例子（被豹子咬傷的人），顯示生活之所以朝不保夕也受到其他原因的影響。生活在二十世紀的中國農村中，遭到野獸和盜匪威脅的不安全感，有點像是歐洲中世紀早期被森林、狼群和土匪圍繞的山間村落一樣。在中國，危險的地區往往是由一些未開發或很少開發的原始山地開始延伸，涵蓋一些道路、河流，還有鐵路。許多徒步者或乘坐公車、舟船和火車的旅客被攻擊、搶劫、綁架，有時甚至被殺害。

到處[14]都可以看到人們祈神乞雨、設壇焚香、祝禱龍王，最可憐的是一些農民為了求雨而以自己的生命做為獻祭……在寧波，十幾個農民爭相躍入龍潭，只是希望能夠平息龍王的怒氣。

前面這段記述[15]所描寫的就是中國農民遭遇長久以來的威脅——乾旱——時所作的反應。但這些反應和基督徒對千禧末世的相近心理如出一轍。就是這種愚昧的迷信造成他們投水的悲劇，只為了想請求掌管降雨的龍王至少能夠保全他們的家人。

這些在未來成為紅軍主力的當代農民，面對事情的思考方式經常和生活在中世紀的歐洲人類似：都反映出對自然的依賴和人類生命脆弱的感受。而生命的脆弱性更因為「封建」[16]的壓力而更加不堪。

一旦提到這類壓迫，另一個問題同時浮現。這些農民身上所承受的不幸，只是單單來自於不公、剝削或是一些客觀因素？難道不應該歸咎於資源分配不均？或是說當時根本就沒什麼資源可供分配？這中共的歷史學者們自然都將重點置於人禍，並毫不放鬆地譴責地主階級要為農民所受的剝削負責。這種譴責固然有理，但是並不能說明所有原因。我相信客觀原因——像是經濟、人口等——大部分是難以避免的災禍。但是讓人覺得更「可恥」的是一些人為的因素，才引起農民的公憤，甚至於反抗：一些好處或是剩餘的資源都被少數特權人士占用享有；專橫和壓迫，比普遍的物資匱乏更使人難以忍受。在這個尋找中國社會發生革命之成因的研究中，我相對地選擇將視角偏向於人對人所施加的剝削，而較不重視那些在革命前後都很少改變的「客觀條件」上。

人口負擔

在人口史上一些最令人矚目的事情中，有一項後果至今仍引人關切，就是高居世界之冠的中國人口數。在歷史上許多時期，中國的人口數並未像現在這麼多（約占全球人口的五分之一），直至最後兩個朝代（明、清），約莫在十七世紀中葉左右，才躍升為占全世界人口的三分之一強[17]。而最引人矚目的倒不是近代人口狀況的演變，像是從共黨統治後人口數目增加了將近兩倍，從大約五億四千萬成長至十三億四千萬（二〇〇九年）這種情形。對於世界上其他無論人口增長緩慢或快速的國家而言，在人口數量驟增的初期，同時都發生了死亡率快速下降和出生率緩慢增加的現象，而現代中國人口的增長率，由於連續三十多年的嚴格計畫生育管制，已經不再那麼驚人。相對而言，反倒是在開始產生變化前，中國人口經過幾世紀的發展就已達到的數量（一九二〇年至一九三〇年已有五億人）較值得注意。為了這個人口發展上所達成的獨步成就，中國農民付出了相當大的代價。

姑且不論造成那些老舊人口統計制度計算結果無法彼此符合的原因為何[18]，但在當代造成的結果確實是顯而易見的。在革命發生前夕，中國土地所背負的人口壓力空前嚴峻。根據一九三〇年至一九三五年間的調查顯示，中國平均每一戶耕種的土地面積為一至二公頃之間（一點三三公頃）。但其耕作情況因地區、氣候和地力肥瘠不同而差異甚大。根據一位中國重要的農村社會學者（費孝通）於一九四〇年在雲南某地所做的研究，當地農村每戶所能分配到的平均耕地面積約為零點四公頃，而整個村子的農地面積相當於當時美國中西部一個家庭農場所持有的面積。不僅面積相當，產量也相當：同樣面積的農地所生產的糧食，在美國僅供應一個家庭五到六個成員使用，而在中國農村裡卻必須供養五到六百個村民。

關於人口對農業和農民生活所造成之沉重影響的最後一點說明：乾旱造成的天災，較諸水災、蝗災及盜匪劫掠所引發的饑荒更為嚴重。地理和天候的原因自不待言，但人口壓力所造成的影響更重要：也就是因為這樣的人口壓力，才造成中國北方大平原上聚居的人口密度為世界其他同樣半乾旱地區所罕見。由於此地降雨量不足，才造成耕作密度增加。

經濟停滯

同一時期（一九三〇年至一九四〇年）的日本農家在經營規模上並不如中國，雖然他們同樣離小康還有段不小的差距，但日子過得不像中國農民那樣可憐，關鍵在於科技進步。這個情況引導我們設法檢視造成中國農民貧困問題的第二個原因：經濟停滯。

中國農業並非仍停留在原始的耕作型態，耕作技術之精巧和取之不竭的人力（中國農民唯一沒有想到要設法節約的就是自已的勞動）使中國農耕停留在以人力為主的小面積耕作方式，這種不追求使用科學技術的小面積耕作方式，在某些情況下仍然相當「可行」，但正是這種「可行」使得中國的高度勞動密集而笨拙的農耕方式一直無法有所突破。我們實在不想說，如果以每公頃投入同樣勞動力的狀況來比較，這種耕作方式的收益如何能與北美大草原上的機械化耕作方式相比？

科學技術的落後首先就表現在方法的層面，例如觀察中國農民如何播種，就知道他們通常只是接受現實而已：許多需要充足水分灌溉、必須種植在低平潮濕土壤上的穀類，卻幾無例外地被種在旱坡地上。他們或許對現代農藝的方法和做法都知之甚詳，但簡陋的工具和設備卻使他們心有餘而力不足，在某些省分所使用的犁只能淺耕；人們以竭澤而漁的方式耕作，使土地缺乏足夠的時間休養：人們只是不斷對土地提出要求，卻鮮少回報土地。往往一塊土地被迫一年要收成兩次，完全沒有休耕和輪耕，就這樣歷經好幾代人的耕作。收成之後，農人又把稻桿、雜草、落葉等有機物質搜羅一空，暫放一邊以作為燃料使用[19]。農民盡量想方設法滋養地力，卻仍然不夠。動物提供的糞肥極為少見，在人能不能吃飽都有問題的地方，往往不太會考慮蓄養禽畜。人工肥料無法填補天然肥料的不足，因為化學工業基本上不生產化肥，即便有生產且足以供應，農民也沒錢購買。農民總會想方設法去找一些可以勉強對付著使用的東西來補充肥料之不足，他們不僅節省地留下自己的糞便[20]並一勺一勺地澆在作物根部，還把所有能不花錢就找到和製造的、能用以滋養地力的方法和物質都用上。他們所擁有的就只是時間和勞力，這也是他們所能想到花費最少的方式。他們常常會因為需要而投入勞力從事一般人認為是荒謬的工作：例如將河床或行水地開墾為耕地，只因為那些土壤的表層會因為沖積沉澱而有一層薄淺但肥沃的積土。

雖然如此，中國的農業仍然繼續成長，特別是那些專門生產出口商品（如絲、茶）和國內消費（如棉花、煙草）作物的地區，而這些地區大部分位在東部。這種特別是從十九世紀末開始日益擴大的商業化趨勢，增加了收成，但投入種植的農民同時要面對外國競爭和國際情勢變化所帶來的風險。像是曾經一度因國際危機造成中國絲價大跌，在當時全國最富裕城市之一——江蘇無錫——的養蠶業者在一夕之間破產倒閉，因為先前他們決定傾其所有將稻田改為桑園，以致連買米下鍋的錢都沒了[21]！即便如此，中國愈向世界市場開放，對於種植出口農作物者而言，所造就的富裕比貧窮要來得多，但好景不長[22]。同樣的，地區性的農產品商業化並未帶動全面性的發展，相對於全國範圍而言，它僅僅剛好能夠養活貧窮地區增加的農業勞動人口總數。

無論是不是物質缺乏的結果，所有的心理學、社會學和文化上的實際情況和特徵，都經常使情況更加複雜，進而阻礙了新技術的使用或新品種的改良。由於宗族祭祀的習俗，使得原本已經狹小的田野間散見荒蕪的墳地，加上衛生條件極差，更導致作物疾病蔓延、蠶隻大量死亡。這裡要舉出另一種例子：由於家族分產，加之不獨厚長子的作法，長期下來，田地面積被分割得愈來愈零碎，不僅造成人力的浪費，也形成建構灌溉系統的障礙，更無法有效對抗病蟲害。

中國農民早就將貧窮視為自己的宿命。在重重艱難挫折接二連三而來的情況下，擺脫這樣的宿命難道仍然是無解的難題嗎？

農民在表面上亦接受另外存在一群有錢人的情況，這些人所過的富裕生活就建構在他們的痛苦上，農民也同樣無可奈何。

農村裡的階級

中國農村經濟面臨的是匱乏問題，而農村的社會結構亦限制了經濟的發展。大部分農村的墾地分割得太細碎，無法支持經濟需求。而且大部分土地是由不親自耕作的地主所擁有，這些地主坐收佃農繳付的地租，而農村裡真正問題的重心就在於此。這僅是問題重心，仍不足以道盡豪門權貴對農民的各種欺壓搾取。

在探討這個問題之前，我們首先要注意一些與當時情形有關之研究所指出的特徵。在共產革命發生前夕，中國其實並沒有太多大地主。農村裡最富有的人，通常也不過才擁有幾公頃土地罷了，持有超過十公頃以上的就更少見[23]。基本上是整個農村社會都貧窮，所謂的特權階層實際上僅是生活得稍微好一些罷了[24]，從農村革命公開展示由富農處沒收來的財物來看，就足以說明這種情況[25]。

再要注意的是：從事耕作的小自耕農為數甚多，約半數以上的農民或多或少都擁有一些耕地（在華北的比例甚高，而華中和華南則相對少一些，特別是在城市周邊、沿江和沿港這些商業和金融活動較為深入的鄉村，而且——就某種程度而言[26]——有利於租佃的擴大）。

大部分佃農本身同時也兼有地主身分，也就是在耕作自己的土地之餘，因不敷生活所需，就額外承租他人的土地來耕種。追根究柢，真正的「純佃農」僅占全中國農民總數的百分之二十（這個比例在華南的省分較高，有時甚至超過百分之七十五）。

利用某些調查所得的原始資料製表顯示，大致表明中日戰爭前夕的土地分配和持有情形，即一般據以區分農村社會階層的標準：

依據本表，占全部家戶總數九分之八的家庭剛好分配一半的耕地，九分之一（約占農村家戶數的百分之十一點零二）則分配另一半（占全部面積的百分之四十九點四）。在所取得的第一個概略值的部分，我們可稱之為貧農，約占農村家戶總數的百分之六十，每戶擁有土地面積少於十畝（即小於三分之二公頃），總共分配全國六分之一的耕地；而中農約占十分之三，每戶擁有土地十至三十畝（即相當於三分之二至兩畝之間），總共分配土地小於全國耕地總面積的三分之一。

<table>
<tr><th colspan="2">擁有不同土地面積的地主家庭數百分比
1畝＝1/15公頃</th><th>所占家戶總數百分比</th><th colspan="2">所占土地面積總數百分比</th></tr>
<tr><td>少於10畝</td><td>59.60</td><td rowspan="2">88.98</td><td>17.63</td><td rowspan="2">50.60</td></tr>
<tr><td>10畝至30畝</td><td>29.38</td><td>32.97</td></tr>
<tr><td>30畝至70畝</td><td>8.37</td><td rowspan="2">11.02</td><td>23.92</td><td rowspan="2">49.40</td></tr>
<tr><td>超過70畝</td><td>2.65</td><td>25.48</td></tr>
</table>

資料來源：依據Albert Feuerwerker, "Economic trends, 1912-1949"，收錄於《劍橋中國史》，第12冊，頁78。由當時國民政府中央土地委員會進行調查，調查範圍包括16個省分130萬戶。未列入省分為西部及東北各省（東北各省當時由日本占領）。

相對於前述的貧農和中農分類方式，很難定義富農和地主，這兩者的分野不在於所持有的土地面積大小，而在於他們如何處理所擁有的土地：富農仍然自行耕作其擁有的耕地，而地主則不同，地主將其擁有大部分的土地租佃給他人，然後僱用工人耕作剩下的土地。我們可以大膽估計：地主占全國家戶總數約三十分之一，卻持有全國耕地面積四分之一強；富農數約為地主數的二至三倍，持有總數五分之一的耕地。這僅是平均估計值，各地區的情況差異極大，這種不平等在華北所受的譴責就較之華中和華南要來得輕。

鄉村顯貴[27]

雖然契訶夫（Anton Pavlovitch Tchekhov）和博馬舍（Pierre-Augustin Caron de Beaumarchais）各自在作品中描寫的人物並不相同，但將沙皇統治末期的俄國顯貴拿來和法國王朝的貴族相互比較，並不算是太荒謬。然而相反地，千萬不要將中國革命所要對付的階級，與這兩位作家作品裡描述的，在一七八九年法國革命中或是一九一七年俄國革命中被打倒的對象作類比；更不要在中世紀西方國家裡隨便找一個世襲貴族來作為比較的對象[28]。我們所要了解的對象是一種中國原生的階級，它們在某些方面的條件較歐洲的相對應階級來得低下，但某些其他條件可能就要高一些。他們並非巨富，有的甚至連邊都搆不上（參見頁一〇二），使用「顯貴」這個詞，並非只著眼於這個階級成員的財力，而是因為除了財力之外（這是指在中國農村裡相對而言，因為他們能享有一些相當不同的待遇，像是休閒活動等，並且有時生活還有些餘裕），他們還有知識上的聲望，這是通常被認為出身高貴者才有權擁有，還至少掌握一些政治權力或是在地方行政上的影響力，通常這些條件都是被知識菁英所獨占。這三項特權（經濟、知識、政治）讓他們得以掌握和統治整個中國社會長達好幾個世紀。而最後幾十年間的動盪卻摧毀了他們原本的優勢地位。廢除科舉加上民國時期的紛擾，使原本可供晉身為菁英階級的康莊大道從此消失，並引發一些教育和知識程度不高的其他群體從而挑戰他們的地位，更造成許多原本在地方上落地生根已久的家族大批遷往城市。

當這些世家顯貴還住在農村時，是如何影響二十世紀鄉村的經濟生活呢？他們是土地擁有者，向佃農收取地租[29]；他們又是地方上許多行政事項的承擔者，收取許多不同的津貼或賄賂，但有時仍需負擔一些較重的責任，例如提前墊支土地稅款，卻很難從應納稅人處收回款項。另外，由於地租大多是以實物直接支付，他們會擁有大量多餘的米糧可以販售，所以又是米糧販售商；有時得大膽地扮演掮客和投機商的角色，因為這些地區——特別是西部省分——缺乏運輸設備，使生產者不得不任憑批發商擺布；最後，由於環境使然，他們還是地方上的高利貸業者，因為他們是唯一——或幾乎是唯一——有積蓄能夠分配給大批借貸者的人，因而利息也相當高。

但通常很少由一個人同時扮演這四種角色。高利貸一般由地方要人的兄弟或是叔伯來作，而米糧販售商多半是由無法經常親身視事的大地主所僱請的總管擔任等等。不過，這四個領域[30]確實是由這整個階級所掌控。

其他人

這些世家顯貴幾乎是農村中唯一不親自耕作的人。除了少數例外[31]，農村中的其他階級或多或少都參與一些生產工作。其中有某個稱為「雇農」的階級並未顯示在頁一〇三的表格中，原因很簡單，他們是未擁有任何土地的農村無產階級。就字面意義而言，其實雇農並非純粹的無產階級，他們大部分擁有一小畦約略庭院大小的農地（有些還稍多、稍大些），還擁有一些生產設備，像是工具器材，有的在耕作時還帶著自己養的驢（遇到這種情形，支付這些人的工資通常是兩份，因為養一頭驢的花費也差不多相當於一個人的工資）。這些雇農的工資在當時雖然已有提高，仍僅能提供溫飽而無法投入再生產，至於成家和養家就更不用奢望，所以大部分雇農都是單身。雖然許多家道中落的人最後都加入雇農的行列，但因為他們沒有子嗣繼承家業，雇農的數目就始終沒有增加。平均而言，雇農在農民中大約占十分之一的比例[32]。幾乎就像農民長久以來依靠著所擁有或租佃的耕地有一搭沒一搭地過活一樣，雇農也就一直為他人作嫁地付出勞力。雖然部分農民有時也會受僱為別人工作，但他們和雇農之間還是有明顯的區別。甚至於一些其他的農村居民常常會看不起那些擁有極少土地或是完全沒有土地的雇農，還嘲弄他們是個光桿[33]。

其他農村居民——特別是地主——很難分類。在富農、中農和貧農之間就極難截然劃分界線，其間的差異都是漸進且難以察覺的，或是僅有極微小的不同，但是這種極細微的差異就足以決定何者為上一個階層而何者為下一個階層。為了使這個觀點更為清晰，此處我稱之為「中農」者，指的是介於貧富兩端之間的農民群體，它們在農事正常年間既不僱工，亦不受僱於他人；而「富農」則是在收成期持續僱用家族以外勞工，並在農村中耕作土地面積超過一般農民所擁有的平均農地面積者，只要具備這兩個條件中的一項，就足以認定其為富農，例如其所耕作的土地面積為一般農民的兩倍以上；而「貧農」家庭正好相反，他們依靠家庭成員打工所得的工資過活，或者（並且）種植土地面積少於一般農民持有土地平均面積。

這個分類方式是陳翰笙[34]所提出的，和共產黨人據以推動土地改革的論據相去不遠。而爭論的焦點始終在於評斷標準過於模糊，不但眾說紛紜，而且既無法讓人滿意，也沒有定論。要從貧困的農民群體中鑒別出其中更貧困者，是既微妙而又專斷的工作。此外，這些類別又會因少部分成員的向上或向下流動而變動。雖然如此，從少數富農到絕大多數貧農，其間仍然存在著相當大的差異。像在廣東沿岸某鄉就是明顯的例子，在那裡每個富農家庭平均所擁有的土地為顯貴家庭的三分之二，或是十倍[35]於貧農所擁有的農地面積。

這種不平等的情況很少受到注意，但對於在生存線附近掙扎的家庭而言，一些小小的不同就代表著很大的改變。

地租、稅賦、高利貸

有一些可能要再細分的特定社會群體重疊於各階級分野之上：生活小康的佃農[36]；經常生活在艱困邊緣的小自耕農[37]。這兩者恰好提供了觀察農村群眾不可承受之苦的切入點。在這些難以承受的苦難中，尤以地租和稅賦最為嚴重。

要確定地租的數字確實有些困難，加上不同省分間的作法都不一樣[38]，而且支付方式各異，通常是以所種植作物的實物支付，偶而用現金（比例約為五分之一），以勞動折抵就較為少見。租額有時候是固定的，有時候是依實際收成比例收取。按比例收取的情況下，有的是以所有作物的收成量做為繳交計算基礎，有的則是只以主要作物的收成量計算。由於按收成比例收取的方式具有風險分擔的作用，一些收成不好或不穩定的土地較常採取這種方式。而採用這種方式的佃農往往不願對土地做進一步的投資，即便這對他而言較為不利，但畢竟他只能保有剩餘收成的一部分，再投資對他而言又是另一項花費。相反的，固定地租制較能使佃農致力於改善他所租佃的農地，以便獲得更好的收成。他們不必擔心額外的風險，因為不論是在習慣上或是律法上，歉收時都會有佃租減免的作法。

租佃期和支付方式一樣，情形各有不同，並沒有明確規定，租地續約都是憑默契按往例照辦。大部分租約期是從一年至十年不等。能長期擁有租地，甚至於是「永佃」，以及能用極低的金額租到耕地，對於佃農來說都是可遇不可求的好事。佃農甚至可以擁有「田面」，而地主則持有「田底」[39]，這種情形使得佃農問題的探討變得更加複雜微妙，畢竟擁有田面權的永佃戶，和租期不穩定而在年中隨時可能被解約的佃戶，兩者之間有絕大的不同。

同樣的，依收成比例收取地租時，比例的訂定和應付地租的數目，在不同的地區也有不同的租約訂定方式。就像中世紀的法國，各地的習慣可能隨著所在省分之不同而改變，甚至所有地區都可能不一樣。一小部分佃農的地租必須提前預付，另一小部分佃農則在年間分期支付，大多數佃戶則是在收成後才支付。更重要的是，約有三分之一或四分之一的佃農（在山東省少於百分之一，但在四川省則超過百分之九十六）在簽約時就得先支付保證金。保證金的數目有時約與一年的地租相等，大多數則少得多（例如約為一年地租的十分之一），偶爾也有較高的。佃農很少能事先準備好預付地租和保證金，地主就以借貸為名，從這筆根本不需要實際支出的貸款裡收取利息。有些地主會提供耕作農具、拖拉牲口、種籽和肥料，有些則什麼都不提供。對於自行準備耕作所需物品的佃農來說，租金通常不會太高。

這些例子只是讓我們對這些因不同的情況而造成計算平均地租和評估佃農情況的複雜化有個概略的印象。在雲南省，某些部落或宗族公有的土地都是被一些富農租走，這些富農寧可租地而不買地，為了擴大耕作規模，租用土地之後再雇用雇農耕種。這些宗族土地的租金通常都比較低，使得租用這些土地明顯的有利可圖。這些富農一旦認為買地所能獲取的利潤較高時，他們也可能會買一些。在廣東省西江三角洲則通行一種「再租佃」的作法：一些租佃集團租下幾千公頃由宗族擁有的土地，然後將之分割為許多小份，再以雙倍於宗族所收取地租的金額將這些土地轉租給其他佃農。

依據這些不同的情況（還有許多其他例子……），我們可以約略估計，平均而言，在一九三〇年左右，二分之一的佃農要將收成中的三分之一到一半繳交給地主；四分之一的佃農要繳納超過一半的收成；另外四分之一的佃農需要繳付的數目少於三分之一收成。平均而言，全中國佃農的總收成之中，有百分之四十至四十五必須用以繳納地租。這個概算少於大部分有關中國的著作中所記載的情況。但這已經足以顯示佃農的負擔有多重了。一旦繳完地租和一些無可避免的開支（種籽、肥料、租用耕牛的費用等等），佃農所剩下的不會多於收成的一半，有時候還更少。

在共產革命前數十年間，拒繳地租的情形愈來愈多（通常都是因為實在無力支付），甚至有人在支付期限來臨前棄佃逃走。但嘗試逃避支付地租不但困難而且要承擔風險，除了契約和地方上的執法權威都站在地主那邊之外（抗租的佃農很快的就會被關入牢中），地主有權[40]把土地收回，另行租佃給聽話的佃農。由於土地短缺情形嚴重，佃農間競相爭取租佃權的情況使地主的地位益形鞏固[41]，類似十九世紀初期時，在倫敦和曼徹斯特郊區等待謀求工作的人過剩，有利於手工廠的廠主。

在整個二十世紀，上海附近地區存在著另一種時代景象。大約在一九三〇年前後，昆山（江蘇省）有一處專門關押佃農的地方，僅依據地主簡單簽署的逮捕憑據，就關押了十五名人犯，事由只是因為欠繳或遲繳地租。這十五個人所欠的款項最多不過三十幾元，其中還有五名是婦女，因為欠租的丈夫逃跑就被抓來抵數。在江蘇省更北和更窮的地方，還存在一些地主私設的法庭。這些地主既是原告又兼任法官，一旦作出判決就算定讞：例如某佃農辱罵了地主（因為地主和佃農的老婆發生關係，而佃農想要討回公道）[42]，這名地主就可以判處佃農割舌的刑罰。有些比較不那麼粗暴的習慣和作法，與封建時期歐洲加諸在農民身上的工作和勞役有些類似，只是到了二十世紀就愈來愈少見了。到了熾熱的夏季，主人家往往要去外地山間避暑，有時候這些佃農就成為無償的苦力，幫忙搬運和安置。但這些習俗和類似的作法不應被視為是佃農受到的一種無可逃避的欺壓。除了西藏或是一些少數地區之外，佃農無庸置疑就是自由農民，沒有任何法律允許奴役他們，他們所遭受的情況純粹是經濟因素所造成的。

雖然地主應繳給政府的稅賦和他們所收取的地租數目相去甚遠，但他們還是普遍厭惡納稅這件事。這些稅賦並不高：約為農作收成的百分之五至十之間，一九〇五年以前少於百分之五，一九三〇、四〇年代初期也許稍高於百分之十。這些地賦和其他農作稅捐不但不高，尤其對一個正致力於統一和現代化的低度開發國家而言，甚至可以說很低。農業生產占中國經濟的主要部分（一九三三年，農業生產仍占國內生產總值百分之六十五），但是政府對於農業生產所徵收的稅額，在國家財政收入中卻是日漸減少，兩者完全不成比例。

賦稅雖然低，但在這段期間仍然逐漸調漲，前面也已約略提到。在民國時期的前十五年（一九一二年至一九二六年），稅賦都算溫和，而稅金最高的時候農產品價格也同時上漲，兩者都在可接受的範圍之內。北伐時（一九二六年至一九二八年）稅賦增加幅度極快，而剛好又遇到一九三〇年的世界經濟危機，以致農產品價格不斷下跌。中日戰爭期間，由於通貨膨脹，使得實際的稅賦負擔反而減輕，這種情形一直持續到納稅人被迫以實物繳抵為止（一九四一年）。從此之後，一方面是軍費增加，一方面是損失了海關收入（在中日戰爭發生前這是非常重要的，而原本稅收主要來源的沿岸富庶省分被日軍占領），在在都加重農村居民的稅賦負擔。

但即便稅賦漲幅達到最高峰時，其數目相對來說仍不算太重。農民對增加的稅額沒有太大的不滿，反而是對增稅的形式較有意見。農民比較不會注意真正合法的稅率，地方官員對之也同樣漠視。這些地方官員不停地巧立名目超收、超徵，最後造成實際繳交的數目為應繳數目的兩倍甚至十倍[43]。為收取額外稅費所巧立的名目有：開運河、修道路、辦學校、查人口、剿土匪等等。一旦這些超收稅費的理由不復存在之後，地方官員卻完全不承認有這筆額外的財政收入[44]。

除了收取額外的稅賦之外，另一個最明顯的濫權就是預收稅款。依帝制時期所形成的習慣，尤其當黷武好戰的君王統治時更常發生，行政官員為了支付他們僱用武力的軍餉，或供應前往征討鄰國的軍事經費，會提前收取未來數年或數十年的稅賦。最嚴重的案例發生在四川，當地軍閥間頻頻衝突：有的地區在一九三二年一月就已經開始收取一九七一年的稅款，另一個地區在一九三三年四月就收取一九七四年的稅款。還有其他地方在一年半之內（從一九三一年十月到一九三四年三月）就收取了未來十一年的土地稅款。

這裡要提到的最後一個濫權行為（畢竟在這章中不需要鉅細靡遺地描述這些情形），就是這種提前徵收行為的執行方式，有時是被一群特定集團所壟斷的特權，他們往往在收取完成後登載在自己的私帳上，不讓縣長知道。一九三二年在南京鄰近的一個縣中，一些壟斷徵收行為的人員所上繳的款項不到他們從納稅人處收取的三分之一。這些包收稅賦者就是這樣維繫著他們的利益。

最後，就像在法國舊王權時期一樣，除了將這些行為視為不公平、不公義之外，更要放在當時紛亂、無秩序的大環境下來看：某塊地被課了兩次稅，只是因為清查時這塊地被重複登記了兩次；由於地籍登載未更新，以致鄰近地主不用繳稅或只要繳他所有土地的一部分稅款；地區與地區之間的稅率、繳納時間和繳納次數都各自不同。

不平等不僅是地理上的，也是社會性的。大致而言，稅賦既不是遞增的，也不是遞減的：它是依收成量抽取一定比例，而收成量則是依照土地面積和地力肥瘠來估算。在這種情形下，有錢人擁有的「黑地」（指未納入課稅的土地）——不僅是土地價格，而且是指納稅人所擁有土地的比例——比窮人有的「黑地」要高出很多。而收稅者也不敢直接到大戶家登門收取，因此這些大戶得以藉機拖延繳交。一九三三年間，在江蘇東部南通鎮的大戶拖欠未繳之稅款就高達七十萬元（對於一個鄉級地區而言是一筆鉅款），地方行政機關對收回這筆欠稅也完全不抱任何期望[45]。有些大戶家中有成員正在當官的，還會認為繳稅對他們而言是件丟臉的事……稅務員對這種事會謹記在心！有些地方或鄉鎮要負責完成定額的徵稅任務，當大戶避不繳稅時，不足的稅額常常就會轉嫁到較馴良的納稅人身上，因而加重他們的負擔。

在這種不公平、避不繳稅的情況之外，稅務人員利用納稅人的無知和心理上不設防而遂行舞弊的行為，使社會不公愈發嚴重[46]。受害的納稅人完全沒有地位能和稅務人員爭論，這些負責稅務的行政人員權力很大，可以逕行逮捕或懲處弱勢的納稅人，他們也經常這麼做。這種權力的模糊、濫用和權責不分（這讓我們不禁又想到了一七八八年法國大革命前的那一陣混亂的情形）使得很多比稅務更嚴重的問題亦因而發生，包括行政上的毫無效率和專橫，以及在行使職權時選擇性地執行[47]。

債務負擔問題雖然不像稅務和地租那樣常被討論，但它所帶來的不安卻與之不相上下：一開始時是為了取得貸款而搜腸刮肚、絞盡腦汁，之後卻是為了清償債務而求助無門、不知所措。受到債務問題影響的家戶數幾乎和土地租佃問題一樣廣泛：依據一九二九、一九三四和一九三五年不同的調查，約有百分之四十四的農村家庭受到影響。但每個家庭的情況又不完全相同。數量最大的借款，多是富農為了購買工具等設備而欠下的，甚至有的是地主借得現款後再以更高的利息貸給不同的借款者。小額借款的債務人大多是窮人，但鮮少是極為貧困者，因為除了基於親戚關係或是交情很好的朋友而難以拒絕之外，沒有人會借錢給這些人。佃農或是按收成比例繳交地租的耕種者則較少借貸，或借貸金額低於那些半佃農，當然也低於自耕農，因為他們連一小塊可作為抵押的土地都沒有。

雖然大多數的大額借款者都是屬於生活較為寬裕的家庭，但仍然有一些收入微薄的家庭負擔了大筆債務：有的是因為一些額外的開銷（如婚、喪等），要花費幾乎一整年的收入，有的是無力償還數筆小額借款而愈積愈多。這些債務有時候由父親傳給子女之後，光是利息積累就高出本金甚多。除了一些由短期借貸轉為長期借貸、甚至幾乎是永久借貸之外，很少見到一開始就訂為長期償還的債務。在訂定借貸期限時，鮮少超過一年，而借貸旺季通常在冬天（為了打平年終帳目、支付地租需求、過年慶典花費、償還到期舊債）和春天（為了度過季節轉換青黃不接的日子和新一年農活的需求）。期限通常是到下一個農曆新年之前，有時是在秋收之後。

在前面提到的冬季和春季借貸中，只有後者用於生產活動：新一年的農活需要播種、肥料、農具，以及養蠶用的桑葉等，這些都可能要靠借貸來支付。完全用於生產的借款約占所有借款的四分之一。投入生產後的獲利很少足以支付借款的利息，但這並不阻礙許多農家全力投入手工副業：他們多半在淡季時從事家庭手工，即便不符效益，但總好過光吃飯不做事。對農村民眾而言，與其區分生產性和非生產性的借貸，還不如區分為急需性（因為播種或是果腹需要）和非急需性的借貸。絕大部分投資構想所需的貸款都是屬於非急需性的，但貸款利息的高昂使他們望之卻步。

除了家族成員彼此間的小額免息借貸，以及即使最高峰時（在中日戰爭爆發前，或剛爆發時那段時間）也頂多僅占所有農民貸款百分之一的信用合作貸款之外，對農民而言，信用貸款的利息仍然太高，但不會像許多資料來源所描述的那麼離譜，這些資料來源想要以誇大的方式混淆實際情形。習慣上，對於以數月為期的短期借貸，月利率一般介於百分之二到百分之三之間，較接近百分之二[48]。實物借貸的利率較高，通常比現金借貸高出四分之一到三分之一。同樣的，短期借款的利率較長期高、小額較大額高、借窮人比借富人高，因為富人較具清償能力。利率也因地而異：沿海地區利率較低，因為沿海現金流通較頻繁，風險也較小，在江蘇南部的利率比在北部發展程度較低地區為低。在河南和山東這兩個鄰接的省分，農產品商業化的程度最高，但相對的利率也最高，主要是因為種植煙草需要大量肥料，連帶使得這個地區裡的貸款需求提高。由於沒有全國性和地區性的貸款規範，只得任由各地不同的供需狀況決定利率。

單單以大批借貸者無止境且迫切的需求，和貸出者所承擔的風險，就足以說明利率會這麼高的原因。但因為缺乏全國性信貸市場和農村所需資本不足，使得農村裡的資金需求所面對的是供給者稀少的狀況。既缺乏認為在農村中可以投資獲利的現代化銀行，亦不存在手續較簡便但也日益減少的傳統錢莊，也沒有可以借給有辦法提供保證人的村民的養老儲金，更別提原本就不多而分布又不均勻的信用合作社等，它們可以像當鋪（通常利息較高）一樣隨時借錢給農民。總的來說，這些不同的組織或機構所借出給農民的款項，只不過占所有農民借款的五分之一。至於其他可提供借款的個人還有很多，像是專業高利放貸者、店家、穀物收購商、地主、富農，甚至於手頭較沒那麼拮据的親戚或鄰居，但這些不見得都可以解決需款孔急者的問題。

對窮人來說，借錢是極其困難的事，有一位作家就曾描述過這種景象，當這些窮人在乞求高利貸業者時「就像個孩子般地哭爹喊娘，老實卻無助」，他們拿出米、桑葚、蠶繭、豬、牛、果實等所有他們可以提供抵押的東西，甚至於衣服、傢俱和他們所賴以棲身的房子[49]。等欠款到期，一旦債主不肯寬限，就可能逼使這些欠錢的窮人在債主家門口自殺，他們認為自己的鬼魂也許有一天會替他們報仇，而債主也有可能馬上就放棄追討這筆債務。像威尼斯商人般苛刻的債主雖然失了面子，但債務人卻丟了生命。

愈滾愈大的債務漩渦使許多小自耕農變成佃農，在原先屬於自己的土地上為先前是債權人然後變成為實際地主的人而耕作。中間的過渡期就是先將土地暫時押給債權人（債權人將田地交由債務人耕作，以耕種所得取代利息），等到債務人實在無法償還後，土地所有權才真正確定讓渡。為了怕失去土地，許多農民寧可典賣自己的孩子也不願典賣土地，這種情形在作物歉收、利息高漲時最容易發生[50]。加上穀價高漲，為了購買糧食，造成許多家庭失去土地。雖然債務是造成失去家產的主要原因，但農村內無產者增加的速度並未因此像許多研究（主要是一九三〇年間的研究）指出的那樣，之所以如此，是由於許多貧困家庭的男丁無法娶妻，因此絕嗣。

這些農村地區的問題和悲劇在此處無法盡書。但我們至少要再次提到（因為先前曾約略提及）另一個禍患，其為害和高利貸不相上下：惡劣的治安狀況。軍隊或盜匪的強取豪奪時常發生[51]，雖然表面上這種事情的本質是屬於政治面的，但是進入眼廉的景象卻和社會經濟情勢相互聯繫。饑饉的農村成為提供地方軍頭招募武力的來源。至於盜匪劫掠的成因，可以從一位身處福建的美國領事的描述中看出一些端倪。他在敘述完福建省兩個縣發生饑荒的影響後，接著評估餓死和自殺的約略人數，最後在同一篇文章中概括了倖存者的命運：「強者為匪，弱者為丐。[52]」

部分地區的社會情況或許可能不同，但這些情況不就是類似的原因歷經幾世紀以來一代接一代不斷積累，始終無法讓所有人在穩定統一的政治秩序下過著有規則可循的生活所造成的嗎？

每況愈下？

這種反思同時也提出了兩個問題：一個在於社會狀況本身的演變，另一個在於社會和政治的聯繫。就第一個問題而言，我個人有兩點意見：中國農民在二十世紀前半葉的處境較之他們十八世紀的祖輩更不安定，而且不是源於人口增長的壓力[53]。相對的，這些情況在共產革命前幾十年裡並不見得有惡化的傾向。農產品商業化在政治動盪期間仍然繼續發展、佃農繳交的地租數目維持穩定甚至還有些許下降、雇農的待遇也約略增加。若不考慮季節性和偶發性變動起伏的話，十九世紀甚至十八世紀末至一九三〇年間的平均借貸利息並沒有太大變化[54]。就長期而言（從十九世紀末到一九四九年），並未發現土地有特殊集中的現象。或許在生計受威脅時才會偶爾發生土地讓渡集中的情形，但是在這段時間裡，某些地主所賣出的土地恐怕較買進的土地還要多些：原因是政府稅賦負擔加重、地租收益不佳、被劫奪勒索、在城市投資商業或工業，以及送子嗣到國外讀書等。

提到稅賦負擔和治安問題，就必須開始談到政治環境。和前述的這些情況恰好相反，在國民政府統治下，政治環境的確是每況愈下。非預期的氣候變動是一回事，諸如一九三一年的長江水災、一九三四年的嚴重乾旱和一九三六年的地方性（尤其是四川）旱災。當然，有效率的行政可以減緩這些災害在短期內所造成的影響。這些災害的反覆發生，被認為似乎是命中注定的，但在一九三八年人為造成的黃河決堤水災又是另一回事——蔣介石認為阻礙日軍推進較之造成幾百萬災民流離失所的危難更為重要[55]。明確地說，戰火頻仍（包括日軍侵華和無休止的內戰）、軍隊肆虐、劫掠處處、治安惡化，交織成國民政府期間四十多年的國家景象，一如三個世紀前歐洲陷入三十年戰爭時的情況[56]。較之不明確的經濟惡化和並非大規模的嚴重社會剝削，已經眾所周知的地方行政體系效能不彰和濫權[57]，自然就是應該譴責的對象。

當然，經濟和社會問題同樣不能略而不提。雖然經濟和社會問題尚未達到全面性惡化（我也並未假設其存在），某些區域性和地方性的危機（如社會治安問題擴大、在混亂時期的衝突具有和戰爭同樣嚴重的影響）仍造成了許多悲劇，也引發了許多不滿，使共產革命得以自其中汲取養分。或者由於外國產品競爭，以及距中國千里之遙的國際市場商品價格起伏所造成的衝擊，或者僅是一項地方政治決策所造成的影響，一些原本極為興旺的小規模農產經營者——像是養蠶業者和種茶、菸、罌粟業者——也無法置身事外。這種情形所造成的不只是物質上的影響，而是意味著波及國民政府時期農村民眾的整體生活：平均而言，農村整體生活並未比前一個世紀更惡劣（其中一部分人——在某些觀點下還幾乎是全部——甚至過得還比以前好一些），卻更不穩定且生命財產更沒有保障。我們不必誇大社會變化的節奏（此時雖然比過去快一些，但依然非常緩慢），也不必誇大新生事物深入中國及擴散所造成的衝擊，這裡應關注的是，昔日那種並非恆定不變卻被認為理所當然的生活秩序開始被撕出了一些裂口，換言之，原本早已為人熟悉接納因而被視為安身立命之道的社會結構被動搖了（如一些機構組織逐漸衰退、一些風俗習慣也不再那麼被重視），這同時造成了心理上和物質上的影響。甚至於連那些生命財產並未受到這些「厄運」波及的人（不然這些人還能如何詮釋？），從今而後在面對偶發的生存威脅時，也開始感到少了遮蔽與屏障。

在討論第二個問題之前，我要特別提出當時所謂「新生事物」的其中一項，這項事物不見得比許多其他新生事物更值得憂慮，卻與這一章所討論的問題有直接的關聯，因為它攸關地主和佃農的關係。在儒家思想推波助瀾之下，帝國時期的地主／佃農的關係有如家父長制[58]。而這種關係在後來卻變得愈來愈疏遠，「人性」也愈來愈少——或者說愈來愈沒有人情味。地主無法在地管理佃農的情形愈來愈普遍，由於在城市中受到其他價值觀的影響，地主也愈來愈沒有意願去關照自身對佃農的「責任」，於是將管理工作交給負責總務的人打理。某種職業性的中間人階級於焉發展起來，他們對待佃農的態度比傳統的豪門還要苛刻[59]。到最後佃農變得不再認識他的「主人」，地主和耕作者之間的合約，也愈來愈倚賴文字契約而不再是簡單的口頭約定。在長江河谷的一些縣分，土地權利可以變成城市中一般商業買賣的標的物：公司可以購買土地並繳納應負擔的賦稅後從中賺取利潤。

傳統世家豪門的沒落並不讓人驚訝，即便物質條件沒有變差，以往形成這些世家豪門的支撐條件卻開始有了改變。

難道如此就會讓長久以來的規律遭到挑戰嗎？對於前面提到的第二個問題的回答就比較簡單，但是更為關鍵。農民起事在中國歷史上並不罕見，其中某些還獲致成功，但所得到的結果僅僅是改朝換代而已。當代一些重要新生事物中的一項，就是出現了一個有組織的革命運動，這個運動不但方向明確，而且知道要運用、導引和轉化社會的不滿。我們已經看過它的形成（第三章），後面將會再回頭討論。如果說「組織性」是革命動力不可或缺的部分，表示僅只依靠社會弊病本身，仍不足以啟動革命。

農民問題及農民運動

農民問題雖然嚴重，但無論在意識上或行動上，農民並未因此形成相應的革命力量。由於鬆散而無章法，缺乏協調機制和確定的方向，農民運動始終採取被動守勢：只是偶爾起來反抗那些對他們造成侵害的現狀，但從未針對造成剝削和苦難的深層原因進行追究[60]。在第二次世界大戰前夕，那些日後被納入革命隊伍的中國農民仍未作好準備。社會問題雖然嚴重，社會運動卻十分疲弱，這種強烈的反差在當時的中國並不令人意外。在長達四分之三個世紀裡，只有極少數對中國情勢保持嚴謹態度的觀察家會認為：農民問題的嚴重性已到了非動手解決不可的地步，而且若不予以翻天覆地之作為不足以徹底解決。即便如此，仍不足以推動革命。中國農民究竟在革命中扮演什麼樣的角色？他們所扮演的就是不斷供給共產主義成長養分的後備力量，這股力量雖源源不竭，但如果沒有中國共產黨的引領，他們也不過是一股盲目的力量。

第五章 改革或是革命？

南京十年

要檢證改革是否猶有可能，自然就要討論國民黨的執政時期，但並非因為國民黨以往曾經具有改革構想或是主張。早在二十世紀初期，東京的僑民和學生團體，就曾經在代表蘇俄社會民主思想的孫逸仙和繼承康有為理念的梁啟超之間發起一場論戰而導致分裂，在這場對舊世紀又一次的衝擊中，孫逸仙是革命路線的代表，國民黨爾後亦藉由暴力革命才成為執政黨。然而一旦執政，直到下台前的最後一刻，國民黨並沒能以其所作所為讓一般人感受到它具備改革精神。

換言之，國民黨基本上已經與那種能扮演旋乾轉坤的角色漸行漸遠，反而由其對手共產黨取而代之，成為具備這種力量的象徵。因此，一九四九年的共產革命，就成為這個時代唯一總綰中國革命的代表，別無他者能出其右。基於這個認識，以及了解中國情勢已難容妥協和圓融多元政治的發展空間，國民黨統治時期似乎成了漸進改革最後一搏的機會。儘管南京政府的能力不足且弊病叢生，但這個政府已經是美國學者費正清所說的「中國僅見最現代化的政府」——一個具有真正專業的財政部、鐵道部、工業部等等部門的政府。中央行政部門作出各種調查、規劃、構想，一些有見識的年輕官員投身其中，他們鑽研外國經驗並從中借鑒。南京醞釀出來的氛圍讓當時各方印象深刻，其中不乏有些原本完全不看好中國人的外國觀察家。他們公開表示，這個原本有如一灘死水的國家開始有了改變：終於出現一個決定跳出陳腐積習的政權。

就由於這樣的說法，使我們有必要好好檢視這段時期的發展。特別是對其未關照到的部分，就是國民黨究竟有沒有能力為蹂躪這個國家已久的苦難帶來正面且進步的解決方案。為了持平而論，我們以一九二八年至一九三七年之間為斷限，觀察國民黨對於中國人民迫切的需求提出了什麼樣的解決方案——或者企圖提供什麼方案[1]。這段期間也就是費正清所稱的「南京十年」。到了一九三七年之後，戰火已不再容許它從容地從事長期改革[2]。

改革失利

要使中國現代化、使中國的各種社會關係中能存在最起碼的公義，這個任務不論對以往或是現今的國家統治者而言，都是說來容易但做來異常艱鉅的挑戰。歷史學家明白這個任務的複雜度前所未見，在考量到各方情勢逐漸緩和之下，固然承認遽下論斷可能過早，但仍認為面對這些艱困挑戰時，國民政府的能力仍然不足。

拒斥土地改革

我不打算逐一檢討每個領域，也不會在此鉅細靡遺地臚列所有事項之後做出總結，後面僅就社會、經濟、政治秩序中幾個重要的問題進行思考或再思考。先從我認為最基礎的社會問題開始，即農村情況。針對農村領域而言，改革幾近全面潰敗。

這麼說並非表示我們感受不到任何努力過的跡象或是結果，事實上政府為了推動農村經濟和改善農民生活，陸續設立各種組織機構[3]，特別是在一九三三年之後，由於受到中共在江西[4]活動所形成壓力，因此著力更深。這些機構和其他組織合作，主導推行各項社會經濟調查、推廣相當數量的技術改良[5]、實施水力或造林工程、關心農民的健康和衛生等等。但作為都太有限，且局部性傾向明顯。實際上這些努力相對於真正的需求僅如杯水車薪，這個情況可以由投入「農村建設」的預算中清楚窺知[6]：

一九三一年至一九三二年僅占全國預算的百分之零點二
一九三二年至一九三四年為百分之零點五
一九三四年至一九三五年為百分之三點九（幾乎都由經濟委員會用在江西省）
一九三五年至一九三六年為百分之三點七

而這些微薄預算裡的大部分都放在發展農業經濟，並未著眼於調整社會關係。好像把所有農民問題的徵結都放在農業現代化上，甚至於完全看不出一個清楚的方向：只看到零零落落的改進措施而缺乏整體的概念或觀點，更看不到明確的目標。所有作為各自為政，卻備多力分。對於保護農民免於武裝軍人的暴力需索、改革和發展農業貸款以對抗剝削、改善土地稅率、降低地租等幾個最基本的問題，卻完全沒有提出解決方案。

這裡僅對地租和土地產權問題進行探討。農業改革是國民黨長久以來的訴求，在達到孫逸仙所宣稱的「耕者有其田」目標之前，第一步就是限制收取地租。也因此國民黨在一九二四年一月的國民大會上就曾倡議限制地租在百分之二十五以下的議案（二五減租），而執政後（一九三〇年間）更實施以主要作物全年總收成的八分之三（百分之三十七點五，三七五減租）為收取田租上限的政策。但這項一九三〇年所通過的法案——除極少數例外——從未付諸實施[7]。

一九三四年至一九三五年之間，在江西中共占領區的紅軍撤離後，國民政府隨即將土地發還原地主，使一切恢復原狀，這項作法對社會政策走向造成相當大的影響，隨後更為各地所效尤。然而，許多地主在中共占領期間早已遁逃不知所終，地契也大多毀損，這正是在江西嘗試實施「復興農村」運動的好時機，剛好可以推動土地重分配和所有權改革，畢竟連國際聯盟的專家在受中國政府委託所完成的調查結論中，也對此提出積極建議。而且，在國民黨內有許多像胡適一樣對共產主義沒有任何好感的有識之士，不是早就對土地改革一事大聲疾呼好幾年了嗎？

但這些人的意見碰上蔣介石的執拗時就不得不偃旗息鼓，當時的蔣氏對這方面產生關鍵性的影響。他曾經一度有所躊躇：一九三三年當他發起「剿匪」時曾確切地表明，這項任務是三分靠軍事，而七分靠政治。（這項主張是正確的，一旦農民不滿的原因消除了，共產黨就已敗了六、七成）。同年，蔣介石接受——或者可以說受到其夫人的推介而接受[8]——一些美國傳教士所提的計畫，將一項大規模的江西農村建設工作交給他們，並由南京政府負擔費用。但從一九三五年起，這項熱情開始冷卻。紅軍開始逃竄（中共說法為長征），看到眼前的勝利，這位最高統帥似乎不再急於將重點放在「政治」上，因為「軍事」作為即已足夠[9]。

此舉看來固然短視，但就某些方面而言，這種反應卻很自然。我們會在稍後試著了解蔣氏固執己見、不解決根本問題的原由，而現下只要記住他這種難以動搖的執拗態度就夠了。關於最嚴重的社會問題，與其說南京政府不知或不能解決，倒不如說它不願解決[10]。

進展有限的經濟

由於「農村復興」運動重經濟而輕社會，因此以農業現代化取代農業改革。但即便從經濟角度觀察政府施政，所看到的卻是工業持續成長、農業停滯不前，結果既不徹底亦不公平。工業部門在第一次世界大戰期間和戰後已經獲得了相當快速的發展（Bergère 1986, Rawski 1989），但國民政府仍在參考孫逸仙宏偉（且理想性十足）的實業計畫下，想在短時間內完成更多建設（Kirby 2000）。孫逸仙提出的是在多方面可實現的和前瞻性的建設構想，但是未針對當時窘迫的預算多加考量。像是圍繞首都（南京）和上海的現代化公路建設、全國實施初步電氣化、絲織工業現代化、整治淮河、工程人才養成（理工和技術教育受惠甚多，反之文學和社會科學部分就受到排擠）。就像半個世紀後中共領導幹部中的「改革派」一樣，當時的國民政府意識到，中國想要達成工業化，就必須對外「開放」，亦即設法利用外國資金和技術挹注建設。當時還沒有像今天的國際貨幣基金會這類管道可以獲取資金，於是國際聯盟設法撥出一筆資金，協助包括衛生、健康等等那些以國聯名義所能影響的領域，同時亦投入協助發展大部分前述的工業建設。隨著國聯而來的還有一個國家，中國與其維持相當緊密的合作並從中獲得不少益處，這個國家就是納粹德國（Kirby 1984）。

弔詭之處不只如此，日本戰勝德國之後隨即占領並殖民東北，中國為了維護國家利益，還曾在國聯中慷慨陳詞、據理力爭。然而，就在面臨日本日益進逼的威脅時，中國卻要在德國的幫助下加快工業化的腳步……不久之後，德國和日本聯手，共同簽訂反對共產國際的協定，到了一九三八年，德國在戈林的要求下，停止運送武器軍備供中國對抗其日本盟友。於此期間，德國在威瑪共和的最後幾年，仍提供一些專家和物資協助中國發展能強化軍備的工業。於是原本多角化發展的工業化讓位給以國防為主的工業化：強調礦務、鐵、鋼、化工、軍工、卡車和飛機、電氣設備等發展，並且因戰略考量，以及原重工業重鎮東北各省淪入日本手中等原因，將所有工廠設備均建置於內陸（特別是湖南省）。

中國工業在一九三七年時實際上已然建立並群聚於沿海一線，然而中國經濟的兩極化情形仍然持續存在，現代化只是區域性的，無法進入停滯不前且貧困的廣大鄉村地區。現代交通道路的發展僅限於東部地區，面積比法國還大的富庶省分四川，全境在一九四九年連一公里的鐵路都沒有。西部各省和絕大部分的中部省分，面對的就是孤立隔絕。商品價格各縣不同，耕作者通常都是文盲，也無法取得足夠的資訊（無論是市場價格或是耕作技術方面）。整個國家的農業似乎以極為緩慢的速度在增長，只比人口增加率稍高。

雖說國民政府推動過一些建設並實施改革，也獲致了不容忽視的成果，有些甚至成為後來中華人民共和國接續發展的基礎。一九三一年夏季，在長江和淮河沿岸發生造成數千人受災的水患後不久，當局就著手疏導淮河，使一九三五年發生洪澇時只造成輕微的損害[11]……但這些建設卻在對日戰爭初期盡數毀損——因為蔣介石為了遲滯日軍推進而炸開黃河堤壩——更賠上無數百姓的生命。

更嚴重的是養蠶業面臨了全球性的危機，即便付出許多的努力，仍遭遇到相當的困難。人造絲織品開始上市，加上日本加入競爭，尤其後者造成中國絲織品出口銳減。經由國聯一位專家的建議，國民政府當局採用了在日本被證明行之有效的對策。技術上的改革相當明確：為了改善絲的產量和品質，對養蠶場所進行消毒，在高度受到控制的環境養殖經過品種選擇的蠶隻。但是在政策上則是徹底失敗：養蠶農家較多是用感情而較少以理性的技術知識去看待他們飼養的蠶，而且這些知識和技術還得要是免費的。一些以原價向國家購買這些技術知識的人，就心懷不滿而群起抗爭。一九三三年，這些人放火燒了培養品質較好蠶卵的實驗站、搗毀研究室，並逼迫改革者退出，使得淘汰本地蠶繭品種的計畫被迫向後推遲。幾年之後，這項改革改以較不再帶著那麼強烈「專業傲慢」色彩的方式捲土重來（不再只靠一些從省立蠶業專門學校出來的學生去推動，改為在鄉村地區建立據點，先說服一些主要依靠舊方法養蠶的大戶豪紳），改革最終仍有斬獲——或是至少獲得了某些成果——相關生產質量俱進。但紗廠老闆由於擔心情勢不穩，收繭時將價格壓得極低。技術方面的改進只能做到篩選蠶種，而這只是整體產業的一小部分而已，雖說確實因而解決了一些問題，但是管不到市場。就是在這種情況下，才會讓茅盾筆下的主人翁在費盡心血後仍然入不敷出[12]。

所有對那段時期國民政府經濟上表現的評論，都應該將當時所受的限制和如江河日下的局勢考慮進去。除了農民的抗拒之外，讓我們再回頭談談面對日本步步進逼下的情勢：這項情勢在南京十年結束之前，就如同我們先前所提到的，其影響不只使得整個改革方向偏向加快發展國防相關的現代化產業，更使得這些建設不得不匆促上陣且必須舉債因應。平均而言，這些建設加上軍事支出占據了絕大部分政府預算，而那些年的總收入僅能滿足支出預算的百分之八十。同樣以平均而言，約有四分之一的支出是被用來支付給國庫券持有者，利息高達百分之十五到二十。

最後再回到世界經濟危機，雖然它的負面影響來得沒那麼快。首先是銀價貶值，當時採用銀本位制[13]的中國貨幣雖受影響，卻有利於出口和吸引國外資金。從一九三一年起，一些政治——或更應該說是軍事——事件紛至沓來（日本入侵東北及在上海發動松滬戰役。參見頁一五七），加上各國紛紛為了因應經濟危機而採取了財政作為（例如英國和日本相繼放棄金本位制），使得中國失去日本市場。美國在一九三三年發生貨幣貶值，隨後於一九三四年通過《白銀採購法案》，銀價止貶回漲，使中國白銀大量流失，不僅使出口額下滑，也不利於吸引外資，更加劇了通貨緊縮和危機[14]，許多工廠倒閉，農產品價格下跌，迫使中國政府放棄銀本位制貨幣政策。同一時期（一九三五年），政府透過所掌控的幾家大銀行發行信用貨幣（法幣），帶來短暫的榮景（此事在日後引發極為險惡的通貨膨脹），卻在中日大戰爆發時戛然而止。

在經濟危機為禍最烈時（一九三四至一九三五年間），鄉村的景況最慘。兩極化發展的問題倒可以先放在一旁，單是農村經濟蕭條就足以對整體經濟造成相當大的影響：在一九三三年，農業生產產值仍占全國國民生產總值的百分之六十五，其結果造成全面性的社會衝擊（那時從事農業工作人數占有全國工作人口的五分之四），悲劇隨處可見，許多農民被迫離鄉遠走。相較於鄉村的蕭條，工業部門由於仍有增長，景況相對要好一些。即便如此，仍然比不上在這段時期之前的生產情形（一九一四至一九二六年間），由於全球經濟危機和白銀價格高漲，南京政府主政後期比起前半期遜色不少。總括而言，中國工業生產雖有增長，但偌大的中國在一九三七年的工業產值仍不如一個小小的比利時。

雖然南京政府確實推動了一些改革，但經濟上和財政上的成就非常有限。雖然他們的作為較之前任（北洋政府）確實付出甚多，但我們不僅以此來做評斷，還要考慮到農業改革的部分。南京政府為這個國家建立了現代化的起點：後來的共產黨人才能在這個已經打好的基礎上，依據他們自已的方向建設這個國家。但由於缺少必要的稅制改革（參見第四章），南京政府所能動員的資源十分有限，又因財政上入不敷出，使得預算赤字不斷增加。此外還有一部分儲金被投入投機事業中。

從訓政到專政

「世界民主潮流的趨勢，好比長江……無論怎麼樣都阻止不住的。」孫逸仙曾經以如此堅定的語氣表達出他對民主的信念與樂觀[15]。但即便民主如長江，在東流入海之前，「水流的方向或者有許多曲折，向北流或向南流[16]」，按照他的想法，中國的民主總要經過一段顛簸起伏的過程。為了使中國達成民主，他預設了兩個階段：先是武力統一階段（由國民黨完成「軍政」）；然後是「訓政」階段，藉由「訓政」逐步引導人民和國家走向成熟的民主。

一九二八年，全國統一基本完成，依孫逸仙的規劃，這個階段的勝利開啟了訓政時期。但訓政時期的最終目標卻始終沒能完成[17]。

而且，我們唯一可以觀察到的發展趨勢卻是朝向專制。或者應該更清楚的說：是日益強化的專制。照南京政府的詮釋，所謂訓政，就是由國民黨對全國實施專政。因此國民黨無論是對外或對內的控制都因此逐漸加強，原本只是掌控大方向，隨之發展為對個人的控制，而且不斷加強。國民黨取法的是布爾什維克黨的民主集中制，在形式上和發展上都照搬布爾什維克黨那一套，實際上呈現的卻是重集中而輕民主。國民黨同時也保留了布爾什維克的活動、組織、管理等技巧，這些不久前才由蘇聯顧問鮑羅廷引進的技巧，卻反過來用以打壓共產黨。蔣介石的祕密警察不僅追捕共產分子及有親共嫌疑的敵人，更以暗殺手段對付因批評政府而獲咎的自由主義者，例如上海一家主要媒體的主編，和中國民權保障同盟總幹事[18]。簡言之，即便在一九三六年就提出組織草案，並於一九三八年成立一個諮詢性的議會（國民參政會），由國民黨主導的訓政並未走向民主。在對日開戰之前幾個月，一起事件的發生幾乎將中國帶上內戰的邊緣，更以一種悲劇的形式凸顯中國的缺乏民主。

一九三六年十二月，西安事變[19]發生，時任西北剿匪軍副總司令的張學良扣留蔣介石，因為他認為這是迫使當局改變政策的唯一手段（事實上也確實達到目的）。在蔣介石被留置期間，由於新聞管制和官方新聞機構放出的假消息四處流傳，一般老百姓對這起與他們性命攸關的事件之真實發展過程一無所悉。如此一來使得情勢更加惡化，讓一些軍人和政客得以藉國家之名做出帶有私利考量的決定。

雖然南京政權的威權統治難容異見，其內部又充斥許多腐敗無能的官僚，但它也確實建立了一些現代化的機制[20]，使得後來的中華人民共和國能夠承襲其後。持平而論，畢竟它架起了一座橋梁，試圖將中國自古老帝國過渡到當時希望取法的西方國家。

不夠格的法西斯

南京政府想要取法的西方對象，只怕不會是民主國家，而是極權政府。民主闕如、一黨專政，南京政府在第二次世界大戰前後的這種政治氛圍，我們無法在舊世界的成例中找到能與之對照的極權國家。國民黨主政下的中國，與法西斯治下的政權和史達林治下的蘇俄仍有千里之遙。至於蔣介石對中國的統治能否算是極權專制？恐怕這只是他的企圖罷了。希特勒還是在萬方擁戴之下登上大位，尤其獲得政治領袖的明顯支持，但知識分子亦不落人後：這就是當時的中國所企望學習的榜樣，一種能團結「一盤散沙」般的中國人（孫逸仙語，參見頁二二七）以及使中國現代化的仙丹妙法。陷於絕境的國民黨人最後不得不重拾前人牙慧，向列寧主義靠攏：他們認為，在蘇俄能行得通的方法在中國也一樣可以，唯一的不同點是，與國民黨為敵的是共產黨，因為他們被認為危害到了神聖的統一大業。在歐洲法西斯分子的眼中，馬克思主義和一些林林總總的其他什麼「主義」，例如自由主義、個人主義、資本主義、物質主義等，都是分化和削弱國家的禍端。爭議遭到壓制、寬容不再，民主亦被棄之如敝屣，對國民政府而言，它所要面對的選項已不是專制和民主，而是要在專制和分裂中作出抉擇。他們認為中國要以歐洲專制政體為師，團結在單一領袖的周圍，無條件對其服從，使他能鑄造出一個受世界其他國家尊崇的強國：「我們正需要中國的墨索里尼、中國的希特勒、中國的史達林！[21]」

但是，成就一個中國希特勒的願望，只是心照不宣地存在於蔣介石的跟隨者心中。一個仿效墨索里尼黑衫黨的組織成立了，日本人名之曰「藍衣社」，其成員全心全意奉蔣為領袖。這個由蔣氏所領導的軍事化組織是黃埔系內部的一個分支，吸收黃埔軍校畢業的軍官而成立，這些藍衣社成員主導公民組訓及推動軍事化精神教育。「力行社」是另一個黃埔系的內部組織，它更是菁英中的菁英，其性質更接近法西斯主義。這個組織滲透到政治、大學和各個青年組織之中，在各處推動個人紀律和軍事化要求、民族思想以及對「領袖」（即蔣個人）的服從[22]。

究其實際，這是一個刻意由精簡的成員所組成的祕密組織，可能有推動法西斯運動的企圖，但終究未能實現，卻轉而進行群眾動員工作。這就是蔣政權與歐洲法西斯主義最大的不同處。另一個相異之處則更明顯，在國民政府治下的中國，無法實施如同義大利一般的極權統治，更遑論與德國相比。這個政權因派系惡鬥而癱瘓，更無力使地方順服。在中央層級，不只有蔣氏勢力和國民黨內其他各派

（左派的汪精衛和右派的胡漢民）相爭，蔣氏勢力內部各軍事派系為爭寵亦彼此爭鬥，文人派系間也同樣惡鬥不休。

這個政權在飽受各方勢力拉扯下，更加無法推動政令，也無法維持各省治安。只能說這是個「虛弱」的軍事專制，凶狠有餘但效率盪然。而地方行政機關的行徑更是矛盾處處，鄉村民眾只把它當作無可避免之惡，並不奢望從那裡獲得任何安全保障。這些機關無法保護他們免於盜匪劫掠，只會徵稅和要求他們從事修築道路等的徭役，而所修築的道路卻恰是建在這些服徭役者的田地上。即便在這種情況下，鄉村民眾也很少和地方行政機關打交道，或更明確的說，和地方行政機關的所屬機構有所往來。地方上像是鎮、村、堡（通常是由百餘戶組成的聚落）的負責人並未向地方行政機關支領薪津，都是自行負擔徭役所需的獸力，甚至於負擔上繳的稅收、負擔徭役者的費用和無用的工作。剛開始時，國民政府還企圖藉由將縣再細劃為區的作法，將行政觸角擴展到農村各地。但絕大部分新派任公務員的品格卻不及他們派任地的「準行政人員」一般正直，這些準行政人員包括村長和類似地位的人，也包括地方武力指揮者和其他地方頭人，而這些人通常都不具備法律所賦予的權力。但是區級領導人及其隨從與這些地方上的各種頭人們不同，是從縣預算中支薪。地方稅收常常不斷加重，卻看不到應提供服務的相對改善。蔣介石曾經想要將掌控力量更細緻地延伸到區級負責人，甚至於到準行政體系，卻沒能將鄉村行政機關變得更有效率和減少貪婪。

雖然較高階官員（鄉長和其直轄官員）無法那麼明目張膽的撈取好處，但也有足夠的油水，以致賣官鬻爵的行為仍時有發生，這種作法當然不合法而且應該要加以查緝，但至少有一名省級首長視這種作法為稀鬆平常，更進而在職務出缺前將之明碼標價。一九三一年至一九三三年間，江蘇省一個任期三個月的縣長位子就要價三千元[23]。

由於令出難行，南京政府發出的政令漸漸形同具文，加上朝令夕改十分頻繁，更沒人將之當作一回事。例如《農業法》[24]，政府公布之後卻很快地宣布停止實施；此外，執政者希冀付諸實施的許多法令和措施，僅僅停留在紙上談兵。例如政府下定決心廢除「釐金」後，三令五申嚴禁地方以其他名目借屍還魂，但許多地方仍然不顧反對而擅權強收[25]。根據上海一家報紙的觀察，許多曾經熱烈討論的改革計畫，在當局猶疑不決且未立即採取行動的情況下，往往就無疾而終[26]。

無法使人民服從的威權政府，這種弔詭現象不是中國所獨有，而國民黨之所以失敗的原因也不能完全歸咎於此，我隨後將會試著再探討，但此處所要談的只是其失敗。中國的實際情形，我們可以從一個案例窺知一、二：某個兼任省主席的將軍，在天津的義大利租界設置私人牢獄，並派了二十一個制服警衛看管他個人的仇敵。發生這種事情固然諷刺誇張，但足以反映真實的圖像。在義大利租界當局發現並釋放這批囚徒後，這位將軍的兒子還針對其事以反對「帝國主義行為」[27]率眾抗議。照此看來，這場抗議是不是可說是以另類的方式反映了當時中國的現代性？

保守獲勝

非常時期的選擇

前面所提到的各種困境，不一而足地反映出當時中國政府面臨的深層問題，這些問題都是複雜難解且需要時間才能解決。但有些更急切的其他問題，卻是某人窮其畢生之力就能完成，就是將桀驁的各省統治者馴服於一個強大的中央集權政體之下。簡言之，就是統一全國。明確地說，這就是蔣介石自認為最重要的任務和「使命」。在這位軍人的行事、講話和文章中，從未表現出他對現代經濟生活具有真正的理解，從不曾提及他理解現代經濟遭遇了哪些問題。但他是否確實是當時中國所亟需的政治人物呢？或是說當時中國是否真的需要一個具備鐵腕、決斷力和固執的軍事領導者？我們可以試著回想當時的情況：分崩離析、內戰不斷、日本覬覦、國無寧日。有些人以某人（如汪精衛）或某項政策的名義聯合地方軍閥反抗中央。即便在南京十年這段暫時止戈息武期間，地方軍頭仍不停地挑戰南京政府，例如一九二八年十月時，山東東部的一個軍頭就將蔣派去要求其承認國民黨政府的七位專員刺傷[28]。

蔣介石與其敵手周旋時，總是意志堅定且全力以赴，以時而狡詐時而冷酷的手段一一將之擊潰或瓦解。無論在黨內或在國內，他被公認的長才之一就是分化其對手。

他重視軍事和政治鬥爭更甚於社會發展問題[29]以及農民的苦難，這種態度並不令人意外。這位中國媒體稱呼的「超級軍閥」具備開創全新王朝的個人特質和實力[30]，而他以罕見的意志力為一個目的全力以赴——或者就他看來可以同時達到兩個目的：建立其個人以及國家的力量。隨著他的作為，中央政府對各地方的權威確實被強化了，儘管仍然有限[31]。如果要問國民黨尚未受到中日戰爭牽制的這十年間有何成就？基本上就是統一全國（雖然未竟全功）。

為了完成這項首要任務，國府犧牲其他一些認為沒有那麼急迫的工作。而同樣為了這項要務，更動用國家財政或是所有它可以動用的財源來支持。一旦了解國民政府亟需建立一支現代化的軍隊以對付日本，以及急於獲得財源以征討軍閥（更不用說更耗費更甚的「剿匪」遠征軍了）之後，對於國民政府取得國家四大銀行資金卻未投入生產，或是軍事支出占用全國財政預算幾近二分之一等作為，也就不會太令人訝異。銀行現代化的首要目的也不是為了改善經濟，而是為了建立政府的金融霸權，以作為遂行軍事和政治統治的工具。蔣介石將政治統一作為優先目標，是他輕忽經濟和社會問題的主要原因。而因此所造成的後果卻不僅止於此。

思考邏輯

這些曾是「革命之父」（孫逸仙）的夥伴和門徒，且受其託付未竟遺志者的首要任務，就是保護得來不易且需全力維護的成果。但他們卻以自已的想法去維護權力。由於擔心動盪，原本的革命分子一變而為保守分子[32]，在某些事情上更是成了反動分子。

我要先特別謹慎地說明這一點。國民黨採取保守態度發展的原因，不能單純以「政軍任務（安定和統一）需求優先」這個理由來解釋。原本用以取得權力的方式卻用來作為未來的擔保。如果說北伐（一九二六年至一九二七年）的成功在於人民的支持和同志們的革命熱忱，那麼稍後（一九二七年和一九二八年）成功的原因則在於和軍閥武力取得妥協，部分軍閥甚至被吸收為國民黨的一分子[33]。和中共決裂這件事，有助於國民黨更容易與更多軍閥結盟。即便國家的新體制早已成形，但國民黨在內部的合作重心卻有所轉變，使這個新體制成為一個由傳統武裝力量組成的集合，其外圍由軍閥們協助鞏固；國民黨排除了原本的革命盟友（中共）之後，由這些軍閥取而代之。

然而，國民黨的激進分子和其中仍懷抱革命理想者，在南京政府執政的前幾年仍有一定的影響力，一直等到一九三〇年至一九三一年間，他們才逐漸被溫和派甚至保守分子取代，完全失去了陣地（Geisert, 2001），其中也有一部分人是被和鄉村菁英合作的省級政府所排擠（Miner, 1973, 1980）。這批鄉村菁英已不再是清朝時期的那些鄉紳，而是在民國成立之後才發展成形的。傳統鄉紳的地位已經由於一九〇五年廢除科舉而式微，或因為鄉村地區不再安靖、受到都市文明的吸引而漸漸遷往城市，他們原本在鄉村的位置和擔任中央政權與農村之中介的非正式角色，也因此不復存在，這些空出來的位置卻被一些文化程度不高甚至不識字的新貴所填補，依照杜贊奇（Prasenjit Duara, 1988）的說法，原本那些致力於成為傳統儒家知識分子和地方民眾「保護者」的舊式地方菁英，其所擔任的「中間管理人」角色，漸漸被「寄生掮客」所取代而變質。

而這批和鄉村民眾利益有所扞格的新興菁英，在國共合作對抗由地主和軍閥組成的「地方割據」力量時期，曾經遭到國民黨的排斥和打擊。但隨後卻由共產黨重新舉起這面大纛來對抗其以往的盟友國民黨。剛開始會誤以為國民黨已然放棄這塊陣地，但實際上它並沒有完全棄而不顧，只是以符合自身利益的方式來控制這些地方菁英，它限縮了地方菁英的包稅和行政權限，以實行其官僚系統的中央集權（Kuhn, 1979, 1975）。江西的地方菁英因為從未感到受到政府的關照，因此一開始時不太願意投入剿共事宜；也由於未獲地方菁英的支持，剿共行動進行得並不順利，致使國民黨不得不改弦易轍，設法拉攏他們，那是在一九三三年進行「第五次剿共戰爭」[34]之際。當然，地方菁英最後選擇和政府部隊合作，不只是因為南京政府對他們的態度變得較友善，更是由於共產黨過激的農村革命使他們別無選擇。雖然有德國軍事顧問協助提供裝備，並制定了圍困共黨根據地的戰略建議，當然使第五次剿共戰爭的勝利來得容易許多，但如果沒有地方菁英的協助，該戰略也難以實現。不過，正因為地方菁英提供了協助，使得原本還有些猶豫的南京政府，不得不同時寬容他們對農民的支配權，甚至恢復當初共產黨將他們趕出江西時沒收的土地（參見頁一二四、一二五）。

至於其他方面的問題，倒不至於牽制蔣介石的行動，對於這些被他視為較不重要的問題或是禍患，他一概敷衍以對，而不設法徹底解決。在此情況下，各種派系鬥爭此起彼落，雖然造成國家弱化，卻將他塑造成為仲裁者。或者，原本應該執行禁絕鴉片政策的機關，卻轉而獨占鴉片交易市場，只因為其利潤可以資助這位最高統帥的軍事財務；同時，按照類似的原因，南京政府不遺餘力地追緝那些不受節制的地方軍頭所主持的鴉片買賣。而當這些桀驁不馴的地方軍頭彼此攻伐時，中央政府卻冷眼旁觀，坐視交戰軍頭們鷸蚌相爭，例如一九三二年在四川發生的軍閥混戰，因為如此一來，南京政府不是正好成為得利的漁翁嗎？

意識型態：反映南京政權的膚淺和保守

南京政權所持的意識型態顯示出它的膚淺和保守，由其中可以看出這個正在衰敗的政權想要追求的自我定位，或者同時可以看出，蔣介石的個人影響力和頑固性格表現得愈來愈明顯。最能凸顯他個人影響力的例子就是「新生活運動」，蔣想藉由這項運動來抵制馬克思主義[35]。按蔣的想法和誇飾的文宣資料表示，所謂新生活，是道德紀律和國家復興的體現，賦予人民新的精神，以達成中國的再生。事實上，深入了解運動中極力宣揚的那些關於道德紀律的訴求後，就可以看出，這其實是根據蔣介石的個人經驗、帶有清教徒式及禁慾主義色彩的軍事訓育方式[36]，期待以此解決一籮筐諸如社會弊病、經濟滯後及行政效能不彰等問題。如果我們再詳細深入到新生活宣傳小冊上所提到的九十六條事項（其中五十五項是關於「行為」，四十一項關於精神淨化。）[37]，其實就是將部隊的紀律要求和淨化精神的作法提升到哲學層次，例如：「整齊清潔、禁止隨地吐痰、扣齊鈕扣、穿戴莫歪、飲嚼無聲」等，還有「不准酗酒、跳舞、狎玩，避免奢華、逸樂」等等。警察和運動狂熱分子將吸煙者、行止不端的女人，以及將果皮丟進滿布老鼠[38]及餓莩的溝渠者均一視同仁。對知識分子而言，儘管這些要求和須知讓他們不好受，卻也給了他們大批茶餘飯後戲謔的材料，也讓他們評論執行公務者的行為時有了明確的參考資料。至於農民群眾，就像《大公報》所寫的一樣，只要生活無虞就已經很滿足了，根本顧不到運動中再三訓誡的那些情況[39]。

除了要求生活簡樸和認為道德精神重於食糧的想法之外，新生活運動還有復興儒教的意義[40]，要求恢復固有道德。在這層意義上，表現出南京政權和其領導人有意凸顯其對固有道德[41]、民族傳統、儒教哲理三者互為表徵之推崇。蔣介石鼓勵其官員閱讀四書，將孔子誕辰列為國定節日，並恢復（一九三四年）[42]官方的祭孔儀式。在蔣所撰寫的《中國之命運》一書中，亦有一段文字肯定表示「中國固有的人生哲學，經孔子的創導、孟子的闡揚、漢儒的訓釋，自成為崇高的體系，比之於世界上任何派別的哲學實有過之而無不及……中國學術的興盛和悠久，當非現代西洋任何強國的歷史所能比擬」[43]。這本於一九四三年出版的書籍，被視為繼孫逸仙的《三民主義》之後最重要的著作，而且很快就列為高等教育考試的教材。但在其中除了反帝國主義之外，看不到其他與孫逸仙的主要革命思想有關的東西，而此書呈現的反帝國主義思想，更是帶有相當的沙文主義色彩，它將造成中國所有不幸的原因——從內戰到饑荒、從鴉片到自私自利再到腐敗——簡化歸咎於不平等條約、治外法權和租界等等同一個源頭。這些對帝國主義侵凌中國的描述和譴責，雖然不能說完全不對，卻讓人馬上聯想到中國版的《我的奮鬥》[44]。

將兩者作一番公允的對照，除了同樣反對民主與自由外，在蔣氏的「思想」和南京政府的意識型態裡，其中心就是基於神聖理由而高舉的民族主義。總而言之，對於蔣氏和其他國民黨領導幹部而言，納粹主義多少具備相當的吸引力。但無庸置疑，並非所有人都懷抱這種仰慕之意。蔣氏徒眾中最能認同此道的應該是黃埔系的兩個支派：力行社和藍衣社，但長期對軍方有所怨懟的文人派系卻不存此想。文人派系中最保守的當屬ＣＣ派（以陳立夫、陳果夫兄弟為首），這一派與視傳統如無物的藍衣社誓不兩立。一九三四年，這兩個派系終於爆發激烈衝突。這次衝突固然源於爭奪黨內權力和對蔣氏的影響力，但也肇因於彼此的民族主義觀點明顯南轅北轍：猜忌心甚重的ＣＣ派主張發揚中華傳統，而醉心法西斯精神的藍衣社則粗暴躁進地排擠民族文化遺產，兩種作法水火不容。

蔣介石照例繼續以曖昧態度同等對待所有派系，讓他們持續彼此鬥爭。在宣揚傳統倫理道德的同時，他亦傾心於以法西斯的方式實踐國家復興。實際上，相對於納粹思想，他對普魯士軍國主義同樣感興趣，而且猶有過之。即便就希特勒的作法而言，蔣也較偏好組織群眾而非僅是動員群眾而已，因為後者的風險較大。換句話說，他的方式並非像法西斯一般，僅藉由煽動群眾以奪取權力（更何況當時他早已大權在握），而是建立法西斯組織，不論群眾同意歸附與否，均以鐵血般的紀律加以編組及控制，以為其用。也許這就是新生活運動遭致失敗的原因，因為它太官僚化且限制過多而難以讓人接受。再者，南京政權的無能使其政令難以推行，其施政效率不但無法和歐洲的極權政體相比，甚至連伊比利半島上的西班牙和葡萄牙曾經出現過的極權政府都不如。

第三條道路

南京政權實行的改革比當今共產政權的改革更早實施，追索其改革軌跡是歷史學者的任務，但在當時所要面對的實際問題，卻是究竟應該選擇改革或選擇革命（中國曾面臨這種困境，如今或未來其他地方也將會面對）？如果政府中是由保守分子掌權，對所有問題仍然於事無補。讓我們試想一下，如果有一批真正的改革者——一批認真、開明、勤奮的人——投入承擔解決中國問題的工作，將會發生什麼樣的事呢？

然而這樣的一批人確實存在，而且為數不少，例如其中一批人投入由紐西蘭人路易・艾黎（Rewi Alley）發起推動的「工業合作運動」[45]，致力推動工業分權經營的經驗，協助各種類型的工業組織訂定適合自己提升產量的經營方式[46]。另一個例子更早，且以更多樣化的形式發展，主要在投入解決大部分鄉村地區民眾的急迫性問題。隨後的敘述[47]將會呈現，在那個時代，要堅持走一條不偏向任何一方的中間道路有多麼困難。

在一九二〇年至一九四五年間，一批又一批的鄉村改革者前仆後繼地投入各項經濟、社會、教育、衛生等等工作且奮戰不懈。這個現象並不令人意外，它顯示了至少一部分人——像是知識分子——對社會深層問題愈來愈憂心。在對日開戰前，相關嘗試不斷增加，我們在此處不必一一細數，僅舉其犖犖大者即足以代表：

- 一九二一年成立的「華洋義賑會」[48]，它協調各種組織的救濟資源，使其能長期運作，以降低華北饑荒（一九二〇年至一九二一年）對生命的威脅。此處將這個組織歸類於改革運動中，主要是由於它推動此工作時的視野和觀念，較之一般的救災更為開闊深遠。它並不自限於一般性的施粥賑糧，更從事掘井築堤、開設農業信用合作社，以及修建道路，以便於在下一次災害發生時得以疏散災區倖存的民眾。
- 發起於北京近郊定縣的「平教會」運動[49]。發起人晏陽初很快就察覺到，當時最迫切的事務並非教導農民識字閱讀，他因而將在定縣的運動加以擴展，隨後另以「鄉村建設」為名而取得相當的成功[50]。

- 在河南及山東由知名學者梁漱溟推行的「鄉村建設」[51]運動。
- 最後要提到的是由基督教傳教士所做的相當廣泛的各項工作。這裡提到的傳教士，確切地說是指新教傳教士而言，因為大部分天主教教士對於如何思考救濟其所接觸到的社會弊病並不太在意。在各個基督教組織中，最積極的當屬「基督教青年會」（ＹＭＣＡ），該組織甚至堅持將從事社會工作置於傳道任務之前[52]。
- 包括其他未在此處提及的更多類似的活動，都蘊含些許重要但未必為人所知的意義[53]。

即使這些活動是憑藉著「外國勢力」之便才能深入中國社會，或者有人認為美國基督教傳教士僅僅是為了達成傳道的使命才表現出如此善意，人們並未因此而排斥這些改革事業。在這裡，這些善行所表達的不僅是單純的好意或是天真的熱忱，更表現出工作者對問題的了解、認真的態度和忘我的投入。一九三二年，某位傳教士觀察工作狀況後曾表示：「基督教教會開始變成處處以鄉村為念。」同時，美國公理會海外傳道部也將這個年度（一九三二年至一九三三年）定為「鄉村和中國工作年」，代表這些工作的付出成果和深入耕耘受到肯定。除了我們提到的這些人物之外，還有一些人物（例如胡本德〔Hubbard〕、沈定一、張福良等），都值得在歷史上占有和法國早期社會主義者相同的地位。他們或許不是像法國空想社會主義者傅立葉那樣的理論創造者或是先知者，但他們可以說是我們這個時代的康西得弘[54]，致力將其主張付諸於社會實踐。愈來愈多外來者選擇前往鄉村生活，他們或者是和梁漱溟一樣的知識分子，或者是美國傳教士，其景況較之於當年聖西門主義[55]信奉者，或服膺其學說的法國綜合工業學院學生前往城郊所謂「蠻荒之地」居住的運動更盛。

在某一層意義上，某些人投入這些工作的個人動機，呼應了長時期的中國傳統。在帝制時期，地方豪紳會從事修堤鋪路、經營農田灌溉、管理義倉以便在荒年能放糧賑濟等等工作，他們主要以此獲取群眾支持，同時維持社會秩序、保障自己的既得利益、維護政權的穩定和合法性。然而一九三〇年代出現的改革工作就很不一樣，並不是在配合統治的基礎上發展；在這些充滿改革理想的人眼中，傳統豪紳的作法就是不公不義，並且亟欲去之而後快，他們受到無私使命感的召喚，使他們深入鄉村基層；他們急切地想避免——如果時間還允許的話——即將來臨的災難[56]。他們並未因其付出的努力有所成就而歡喜，反而擔心做得不夠多。隨著其工作的進展，他們發現還有更多的工作猶如無底洞般的需要去完成。相對於疾風驟雨式的革命，他們的所做所為才是真正有心要推動循序漸進的改革。

就某方面而言，這些改革者當中有一部分可說是西方國家的代言人，他們代表的是西方民主、樂觀的那一面，因為他們「個人」當時已從中國長期背負的困頓宿命中解脫、或者說他們已將之擺脫。無論他們承繼的傳統經濟產銷模式和地方活動型態為何，都不能改變他們所懷抱的初衷理想；美式的「典範」已深植在他們大部分人的心裡，在這些人當中——不論是美國人或是中國人、不論是不是像晏陽初[57]一樣曾經在美國留學——他們在教育及指導工作中所表現出的精神，都和各種宗教教義中的要求若合符節。這些人的所做所為，可說是西方國家在中國最後的機會：最後一個讓西方文化融入中國的機會。

但在他們毫不懈怠且思慮清明[58]下所做的努力奉獻，結果卻幾乎是一場徹底的失敗[59]。對於他們如此的付出，確實讓人不忍作出這樣的評論。但我還是要在這裡按照爭議性高低的順序列出幾點理由。

首先，如同法國空想社會主義分子所提出的，這些改革者相信他們所建立的獨特經驗可以向外擴散、複製。然而，接下來並未看到如他們預期的模仿學習風潮發生，他們的工作就這樣湮沒在中國無垠的鄉村中。

再者，他們畢竟只是理想主義的知識分子，而許多農村知識分子早就認清根本問題在於心理和文化層面。理想主義者卻只對付農村困頓的表象而非其成因。因為這樣的偏差，他們更重視骯髒、健康、陋習問題，而忽視了土地分配、賦稅和田租[60]。例如有些像俄國民粹派分子般天真的學生，對河北農民鼓吹衛生的重要，並用彩色宣傳單教導他們如何刷牙，卻不知道這些農民家裡連一支牙刷都買不起，更不知道這些農民因為住的屋子太冷，整個冬天都不會脫下他們所穿的衣服[61]。此外，在一些牽連甚廣的問題上，改革分子可能暫時不會那麼急於解決[62]，並不是因為他們不知道問題的重要性，而是避免和地方上既存的勢力公開衝突。

第三，基於這個原因，我認為部分從事農村改革者由於過於畏縮而與當權者（或地方軍頭）妥協，結果徒然使改革胎死腹中。位於四川東南部黎川縣的改革實驗就是最好的例子。基督教新教教會於一九三四年發起「黎川實驗計畫」，原本僅著眼於單純實施鄉村建設而已，但最終仍必須與當政者合作[63]。有時這種基於政治考量的合作可以發展得較為長遠，某些改革者因此仍抱持著幾分幻想，認為仍有某些官僚能理解並且不致於破壞他們的初衷……而執政者為表示其合作誠意，也接受由改革團體所推薦的人擔任區長及縣長[64]。至於其他堅決不與當局合作的改革者，當局對其獨立性深感不安，也對他們所提出的批評覺得不耐煩，進而實行打壓甚至祭出制裁手段對付[65]。各地改革成果固然隨著應對態度和選擇的不同而有所差異，但一般而言，這些殉道者付出生命所爭取的成果，亦隨之人亡政息。最後我們仍不得不說，對這許多不同改革者所付出的努力，其所能實現的成績仍然有限[66]。當然這些工作多屬實驗性質，推動者的期待在於能發揮長期性的影響，但日軍侵華扼殺了原本百花齊放的改革生機。時間短促，國脈民命懸於一線，加之以不民主的國府政治體制，在在都迫使改革走向窮途末路……

總之，我們對改革者的評論或許不盡公允，但就如同歷史演變一般，除了在國民黨和共產黨之間選邊站之外，並未留給改革著第三種選項的空間。像是黎川實驗計畫的負責人[67]隨後投入新生活運動宣傳工作[68]，而「工業合作運動」的推動者路易・艾黎從一九五三年至一九六七年都還定居於北京，並為許多著作掛名。這些鄉村建設和工業合作運動推動者後來的發展，此處只舉出其中兩個代表而已，我們還可以舉出一些因出於誤解或因保守心態而選擇依附政治勢力的例子，像是胡適依附國民黨和魯迅倒向共產黨；我們也可以嘲諷或憐憫那些隨後組成民主同盟的民主派、自由派、溫和派和非守舊派人士的不幸，這些人在國民黨政權下備受折磨，而中共建政後卻被迫提出彼此批評和自我批評。不是被迫害，就是做樣板，難道是他們命中注定就該如此？

這些改革工作者的命運，就從鄧演達在一九三一年遭受處決開始，鄧是當時第一個決定策劃建立國民黨和共產黨之外第三條中間道路組織（當時被稱為第三黨）[69]的創辦人和總書記[70]。

這章接下來的內容，主要是將我早期對這段歷史的理解以及後來所得到的認知作一番對照，這裡將捨棄理論鋪陳，主要以夾敘夾議的方式行文。例如以下就是藉著描述鄉村建設中的兩項主要工作來提出評判，而相關描述的重要依據來自兩本相當傑出的傳記（Alitto, 1979; Hayford, 1990），這兩本傳記的主人翁——梁漱溟與晏陽初——就是擔任兩項工作推手的靈魂人物。

先講述他們生平的一些有趣巧合：梁漱溟和晏陽初出生月分相同（一八九三年十月，較毛澤東早兩個月），兩人也都相當長壽（梁於九十六歲辭世，晏九十五歲），更巧的是他們最重要的鄉村建設工作地區剛好位在華北相鄰的兩個省（晏在河北，梁在山東），也最早遭到日軍陵夷。晏陽初於一九三五年被迫將平民教育基地遷往南方（湖南），在日軍侵華期間，其平民教育運動仍在接近四川省會成都附近的新都持續進行；但山東的鄉村建設工作卻因受到中日戰爭的牽連戛然而止。梁漱溟在山東的鄉村建設範圍，原本因受到省主席韓復渠支持，而從剛開始實驗的鄒平縣擴張至全省近三分之二的縣分，連最後三分之一也因韓復渠的一聲令下而強令實施。但可惜的是，韓復渠因為違抗蔣介石的命令，棄守領地，遭蔣氏處決，山東的鄉村建設運動也因此無以為繼。

再進一步深入比較兩者。身為「自由的跨文化者」（Hayford 對晏陽初的評語，表示晏身受中美兩地文化浸淫，具備隔太平洋相對的兩種異質文化在他身上交會融合的特質），晏陽初對現代化和外來文化較為開放；相較而言，梁漱溟則較為傳統保守，對外來影響持抗拒態度；晏視美國為學習的榜樣及庇護者，他可以為了爭取財務支援，毫不猶豫中斷在定縣的工作，赴美停留整整一年（一九二八年至一九二九年），在日軍侵華期間，他又回到美國（一九四三年至一九四五年），接受賽珍珠的訪談，內容並出版成書[71]。晏陽初在定縣的工作吸引了一些曾在美國留學養成的研究人員參與，像是社會學家李景漢（李景漢在美較廣為人知的名字是C. H. Lee），他以尋求最適當的鄉村發展策略作為研究方向進行現地調查。在推動平民教育運動時，常利用分發一些說明資料和宣傳小冊來教導弱勢和低下階層許多事務，包括農業發展、鄉村工業化、推廣衛生觀念和改善健康狀況等。雖然整個運動一直維持低調並僅僅限制在其所實施的地區內（並無任何跡象顯示鄰近地區受到該運動的影響），晏陽初推動的平民教育仍受到各方矚目，考察者亦絡繹於途。反觀梁漱溟則自豪於其獨立推動鄉村建設工作，未接受任何外國援助及影響。

定縣不止是對外的櫥窗，更是從事改革和自由主義分子回應共產主義最佳的示範和答案。平民教育運動能在維持鄉村現狀而不做巨大變動之下運作推動，但晏陽初的努力仍然不免引起部分地方菁英的反彈，甚至有一份地方重要刊物竟稱他為「定縣的史達林」。除了挑戰既得利益者之外，他對中國傳統也多有撻伐，其對橫亙中國五千年歷史的祭祀文化批評甚力，一如五四運動中的激進分子。他和胡適一樣，被一些人認為是跨越一切國籍，還想將中國美國化的人，但兩人間最大的不同是，晏想要改變的是鄉村地區，而在胡適的想法中卻完全不曾關切鄉村地區的發展。

如果說胡適和晏陽初分別代表城市和鄉村、菁英和平民對美國的開放接受，那麼梁漱溟就是堅拒美式物質文化和價值的標竿。對晏陽初而言，雖然外國作為夥伴向他伸出援手，和他一起致力於提升農民的教育和生活水準，但並不意味著中國就應該轉變為一個完全現代的國家。而且，工業化社會的制度和習慣，與中國人民的觀念價值格格不入；不惜任何代價保存中國從農業中發展出來的文明，不僅對中國十分重要，對全體人類亦然，因為中國農業文明會是解決西方工業化社會亂象的良方。

晏陽初以行動見長，梁漱溟則致力於理論建構。梁規劃要推動的目標宏大，執行後結果卻不若預期。首先是在經費方面就因為拒絕外國資助而捉襟見肘。在他推動工作最久的山東省鄒平縣，貧無立錐之地的家庭根本無力將他們的子女送到設備貧乏，甚至有時連課桌都沒有的學校就讀；再者，梁所標榜的傳統價值和他所要推動現代化的目的相互扞格。以他受人共同肯定的許多相當成功作法中的棉花運銷合作社為例，其所依靠的除了以美國進口的棉種和「現代」耕作技術大幅度增加產量之外，還有建立信用貸款機構（城市中才有的機制）提供——這一點最重要——受到利潤吸引而投入耕種者所能承擔的利息，藉以培養他們彼此間的利他觀念。但實際上最大的獲利者仍然是富農，特別是參與鄒平合作社者，合作社出借大筆低利貸款時不會追驗使用情形，使得這些地方豪紳在取得款項後，再以高利轉貸給貧農。這就真應了共產黨所說的「階級無處不在」，即便在這位奉孔孟思想為圭臬，並諄諄教誨其弟子的學者所致力打造的夢幻大同村落中亦然。

這些掌握特權的既得利益者，是當地受過最高教育且唯一受過教育者，擁有相當的資源和力量，在推動工作上不可或缺。如何與這些既得利益者合作進行改革，甚至重塑農村社會，以對抗這些掌握特權者的短期利益，確實是個矛盾難解的問題。關於要與農村以外勢力建立何種關係？是另一個更棘手的問題。梁漱溟曾擔任兩屆鄒平縣縣長，晏陽初在定縣也曾提名過縣長人選，以及在對日戰爭時期提名了實驗區新都縣縣長。除了必須與農民不太看得起的地方官僚合作之外，他們的作法仍然受到相當的限制，所建立的局面亦十分脆弱。梁在鄒平的工作依靠韓復渠的庇護，韓遭處決後即無以為繼。而晏所提名的縣長亦在改革作法引發反彈下，只在位一年即去職。其他一些像是傳教士牧恩波（George William Shepherd）之類的人，和國民黨政權緊密合作，也享用其提供的資源，但最後卻完全為國民黨所用。

晏陽初在一九四九年後，既不歸附北京政權，亦不理會台北政權招手，仍然繼續在非洲、拉丁美洲和東南亞等地追尋其濟助貧苦的志業，他後半生對這些地區的奉獻時間，遠超過他在自己國家曾投入的四分之一個世紀。梁漱溟則選擇留在中國，也許他私心以為可以讓毛澤東接受其理念。或許這裡應該提一下，梁曾在延安和毛當面詳談過六次，有時更長談竟夜，毛對梁執禮甚恭，並尊稱他為「老師」；當梁以訓誡式的高姿態向毛指陳外國思想——所指的自然是馬克思主義——不適用於中國時，毛也不以為忤。不過，毛想要將馬克思主義中國化，對梁的中國特殊論觀點倒不覺欽羨。相對於許多受到西方化和城市化影響的知識分子而言（像是如胡適般的自由主義者或民族主義者和共產主義者），毛與梁這兩個人，一為革命者、一為保守者，對於中國未來命運的看法最為貼近。所以當毛澤東任命梁為中國政治協商會議委員時，也就不那麼讓人意外了。隨後在一九五〇年至一九五三年間，毛和梁之間仍然維持著私人會談，直到梁在政協會議上當著所有與會者直言批評，譴責蘇聯的工業化模式使工人和農民的生活有九天和九地之別。毛一向獨裁專斷，連和毛一起打天下的同志都不敢觸怒龍顏，梁的舉動可說是孰可忍孰不可忍，毛當即表示：「梁漱溟是個偽君子，還自認為高高在上於無產階級，膽敢批評他們（未明說的弦外之音是：他能有現在，還不是因為我給了他政協委員這個位子）！」但是毛在公開場合並未明言他對梁的不滿（毛只有在私下場合才表達他的忿怒），或許就是因為毛的猶豫，使梁在隨後幾年仍能表達自己的想法。但在這段期間，中共展開了一陣大規模的批判運動，矛頭對準了自由派及現代化學者胡適，並認定梁漱溟就是胡適的同路人，更稱梁為「封建反動分子」。

在所有改革者推動的工作或是「鄉村建設」運動中，梁漱溟最欣賞的就是陶行知一九二七年在南京市郊曉庄建立的曉庄師範學院。這兩人彼此惺惺相惜，因為在所有留美返國的學生中，陶被公認是保留中國傳統風範最多的人。陶和晏陽初合作從事平民教育多年，但後來很可能陶認為平民教育太具西式教育傾向，因而在一九二七年與晏分道揚鑣。他認為不論是仿西式教育課程的現代學校，或是藐視勞力工作的儒家傳統菁英教育，都不能解決農村問題。他認為這兩種教育只能教出野心家。他曾在取得哥倫比亞大學博士學位一年後，對自己妹妹表示「十二年的教育把我教成了個洋貴族」[72]。他要重新回到平民的行列，於是不論是吃的、穿的都像個農民，並且和農民們生活在一起；他和梁漱溟一樣，期待一個沒有階級的社會。

正如其名，陶篤信「知行合一」。他所創辦的曉庄師範並不是一般的學院，但所教授的內容卻遠超過一般學院所能提供的課程，他主張「生活即教育」、「社會即學校」。曉庄師範既沒有教室也沒有教材，只有一座門楣上寫著「書呆子莫來館」的圖書館，一個名為「食力廳」以要求學生自食其力的食堂，以及一個名為「犁宮」供學生在工作後學習的禮堂。曉庄師範當然也有入學考試，所有學生都一樣：一篇評論孟子所說「勞心者治人，勞力者治於人」的作文，每一個學生都要在一塊荒地上著手開墾、施肥。一旦錄取，學生必須像學長們一樣，每天早上五點起床，參加一天課程的準備會議，接著在早餐前做早操，簡言之，就是為了改變社會而學習和鍛練。這使我們聯想到毛澤東的反智，因為陶行知過於重視實踐而輕蔑理論知識這一點，和毛有些若合符節。但這一點並非陶的事業未能完成的原因，而是因為其反抗及不服從的態度，使蔣介石在一九三〇年強令關閉了這所距其南京政府所在地僅數步之遙的學校[73]。

這些不同的運動或在當政者手中遭到扼殺[74]，或被侵略者所終結，而在那些地處偏遠，運作成效甚佳者，雖尚未受日軍威脅，但也遭遇到一些內在的困難。所謂「內在的困難」，純粹指說服和教導農民方面。農民對於「平民教育運動」所推動的現代教育仍有疑懼，而當這些人對他們提及「平民教育運動」的問題時，他們就更不知所措。當李景漢和他的團隊在當地進行調查時，更加深了農民的不安，他們認為這些調查人員可能是想要抓走他們子弟的徵兵員、想要搶走他們財產的稅務員、想帶走他們女兒的共黨分子，或是一些傳教士為了不被認出而藏匿在這些人當中。男性調查人員不能和婦女交談，有些農戶不願意透露他們家裡的確實人口及未出嫁女兒的年齡，甚至害怕將子弟送進學校。清潔和衛生工作可能是其中最難完成的。當他們開始執行水井消毒的工作時，有些人甚至會以食物都因此沾到毒物，連蒼蠅都不吃的說法來反對這些工作。平民教育運動中最急迫的任務，是降低生產過程中產婦和新生兒的死亡率；要求年長農村助產婦遵守最基本的衛生要求顯然難度甚大，應該儘快訓練一批新的助產士，或是對吸收學習能力較好的年輕女婦施教。但不論如何，這些作法仍是徒然，因為村民們對這些二十五歲左右的年輕婦女根本不信任，更何況她們還不是住在本村的外地人[75]。

晏陽初並未因此而放棄，智識和教育最後仍然戰勝了冷漠和猜疑。隨著平民教育運動所付出的時間和努力，晏陽初察覺到，農民由剛開始的冷眼以對，慢慢轉變為親切接納，有時候還會考量並顧及調查人員的面子。其實農民原先的猜疑，是因為長久以來面對外來官僚、軍人、盜匪，甚至於行商、走方郎中、術士所產生的自我保護的謹慎對應態度。

*

改革事業固然遭逢困難，舉步維艱，但國民黨也不會輕鬆到哪裡去。我們如果試著作出較為公正的評價，將會發現，與其認為這個政權的無能是導致其失敗的原因，不如說它所要承擔的工作太過艱鉅。畢竟國民黨政權為了想將混亂的局面恢復秩序，已盡力完成了許多工作[76]，這些成績也應該受到肯定。容我們大膽地下一個這樣的結論：這個政權一度曾經是現代中國積極發展的代表。但對其總理孫逸仙所提出的三民主義，國民黨政權僅重視民族主義，而輕忽民權、民生。可惜的是，即便如此，它仍無法完成民族主義所揭櫫的目標。為了達到民族主義的目標，歷史也只能容忍這樣的政府[77]：一個保守而不受人民支持的政權，既無能亦無意願解決一些深入而根本的問題，只是藉由控制各種交錯分離勢力的手段而穩坐其位。

過度強調民族主義的結果卻是凸顯出了它的負面作用，很快就掩蓋了它的正面意義，國家需要國民黨政府和強人蔣介石的時代已然過去。日軍侵華及隨後發生的內戰，讓懸而未決的社會問題所蓄積的能量一下子爆了開來[78]，也讓中國實行漸進式改革的契機毀於一旦。

第六章　民族主義與革命

這一章要討論一個大家都耳熟能詳的問題：民族主義課題在中國共產革命中的重要性。不論是共產革命成功後報章上連篇累牘的報導中，或是中國問題專家們在革命前添枝加葉的說法裡，中國現代史似乎在某種形式上都表現成「對抗危及中國生存的帝國主義侵凌」。對於新生的中國而言[1]，這段歷史有點像是痛苦的分娩過程。

而其中最後也是最艱辛的一段過程，就是歷時八年的中日戰爭。我在這一章中也會特別聚焦於此時期。而這八年中日戰爭的另一個面向，則是第二次世界大戰。

在進入討論之前，我必須再一次說明，帝國主義及其所引發的民族主義，是這個天朝帝國自歐洲入侵後那一連串悲劇中唯一不變的主旋律。

帝國主義及民族主義

白人帝國主義，引發革命的火種

開頭第一章我曾提及，突如其來站上國際舞台這件事，使當時的中國倉皇不知所措，其肇因即為帝國主義（鴉片戰爭）；隨著「不平等條約」而來瓜分中國的，也是帝國主義；同樣的，由當時世界上最富庶的國家對一個窮國強制要求的鉅額「庚子賠款」、海關代理權、外國勢力長期對財金及重要工業領域頤指氣使、對中國百姓毫不掩飾的蔑視（當時曾有人看過掛在許多公園入口的牌子，上頭寫著「中國人與狗不得進入」，這是眾所周知的例子）[2]。這些廣為人知的歷史例證不勝枚舉。

在十九世紀中，中國不是唯一受到傲慢白人荼毒的地方。其他受害者所受到的經濟剝削更全面、政治迫害更赤裸，但這些被稱為「原住民」的人，不像中國人對於其優越文化具有強烈的自覺和自尊。更有甚者，中國人認為這些歐洲蠻族僅有堅船利砲而無文化根柢，並不值得尊重。有些國家——像是鄰近的日本——就將被激起的民族主義導向積極振興的動力。而在中國，如果說民族意識曾經像日本明治時期一樣，成為師夷之長技的動力來源，而這股同樣的民族意識，在驅動現代化工程功虧一簣之後，更成為助長革命的第一股力量。從一九一一年開始，許多投入革命的學生就喜歡傳唱某些在清朝最後幾年中流傳甚廣的歌謠[3]：

怕只怕，做印度，廣土不保；怕只怕，做安南，中興無望。

……

這中國，那一點，我還有分？這朝廷，原是個，名存實亡。

替洋人，做一個，守土官長；壓制我，眾漢人，拱手降洋。[4]

人民將所有罪愆歸咎於只會向洋人卑躬屈膝的清廷身上，而清廷因為深知自身的積弱，只能暫避其鋒而不考慮起而反抗[5]。雖然他們同樣察覺到這股民族情緒並感同身受，但清廷的濤天大錯就錯在面對侵略時束手無策，以及面對羞辱時忍氣吞聲。這也是清朝遭到推翻的原因。對於一九一一年情勢的成因，與其說是為了要反抗滿清統治或是擺脫外國宰制，不如說是為了換上一個能讓中國更強大的政治體系。在二十世紀初，如果中國人打算引進共和民主，絕不是為了熱愛自由或是憎恨專制，而僅僅是想要變得強大。他們之所以願意花時間詳讀《民約論》，是因為盧梭正是法國大革命的啟發者之一，而法國大革命使法國得以進入世界強國之林。所以，對此書的興趣，既非因為《民約論》有何歷史價值，也非因為景仰盧梭的先知先覺，而是著重在想要了解書中如何解析法國當年那種與眼前中國相似的心理氛圍，以及如何動員相信這套說法的青年知識分子。

由於一九一一年的革命未竟全功，隨後實施的憲政亦無法凝聚足夠的革命力量，孫逸仙於是將其所創政黨改組為大型的布爾什維克學校，因為惟有如此，才能讓他早日取得勝利。雖然其繼承人——蔣介石——所用的手段有極大的改變或是看起來與其原意有所出入，但所藉以動員的基礎仍然不變。孫逸仙回答為何要進行革命這個問題時曾表示「我們沒有團體，沒有抵抗力，是一片散沙」，所以才會受帝國主義的壓迫，惟有革命才能讓中國重登世界強國之首。「如果中國學到日本，就要變成十個列強。現在世界之中，英、美、法、日、義大利等不過五大強國，以後德、俄恢復起來[6]，也不過六、七個強國；如果中國能夠學到日本，就要變成十個強國。到了那個時候，中國便可以恢復到頭一個地位。[7]」

身為民族主義的鼓吹者和驅動者，孫逸仙於今日同時受到台北和北京所尊崇，也就不那麼突兀了[8]。

日本帝國主義及中國的國族建構

孫逸仙的繼承人，緊接著面臨如何抵抗日本侵略這個悠關國族自衛和愛國情感的問題，從一九三一年以來，這個威脅日益嚴重。在這個時刻，侵略者不再只是威脅中國存續的白人帝國主義，還加上了自己的鄰國日本。這些「倭人」從帝國列強處學習得十分成功，成為帝國主義最好的學生，也仿效列強的模式將手伸向中國。這一次，輪到他們以迂迴的方法引發中國國族建構的動力。

我們在這裡僅列舉一些日本帝國主義的壓迫事件，但並不探討其成因[9]：

- 一九一五年一月，日本趁第一次世界大戰的機會，排除歐洲競爭者干預，提出「二十一條要求」，並很快地以「最後通碟」方式限令中國接受。此時的日本，早已將中國視為其臣屬。
- 擴大在中國的勢力範圍[10]。日本在中國擴張勢力範圍的行動，於一九二二年的華盛頓會議上暫時受挫；但是接下來，似乎是因為眼看著中國在南京政府主導下即將邁向統一，反抗日本野心的實力也可能逐步加強，旋即於一九二八年捲土重來，並且變本加厲。此後先是占據東北、繼之華北，加快了入侵的腳步。自一九三一年起，日本每年——或幾乎每年[11]——都會設法炮製出一起衝突事件，或是更進一步的蠶食。

- 一九三一年九月十八日：發動「瀋陽事變」（九一八事變）並入侵東北，成為一九三二年建立「滿洲國」的先聲。
- 一九三二年一至三月：上海一起中國人愛國主義的反抗事件，轉變成為一場戰而不宣的戰爭[12]（Jordan 於一九九一及二〇〇一年曾對相關情形做過詳細的研究）。
- 一九三三年至一九三五年：日本以滿洲國為基地，開始向西持續進逼（一九三三年三月進占熱河），並轉而向南，企圖建立包括華北五省在內的第二個傀儡政權[13]。

面對日本這樣有系統的蠶食，蔣介石選擇暫不出手，伺機而動。這種堅持以談判取代宣戰[14]、約束民族主義者、對敵人讓步的作法，令人覺得有些諷刺，卻是痛苦但不得不然的決定：蔣明白當時的中國並未做好對日抗戰的準備，他只能退讓，避免和日本公開發生衝突，並利用這段時間耐心地打造一支現代化軍隊。他採取的是一項兩路並進的策略：先消除內部敵人完成國家統一；然後以暫時的忍讓，利用外在敵人的威脅促成全國意見的整合。他喊出「攘外必先安內」[15]的口號以表達這項決定。

為了維護這項政策，他壓制大眾言論的做法（而且隨後有變本加厲的趨勢）卻飽受爭議。由於這點牽涉到民族主義與中國革命關聯性的研究，在此暫不討論。從日本入侵東北（一九三一年九月）到中日正式宣戰（一九三七年七月），其間數年成為中國公共輿論養成及國族建構的重要發展時期[16]，而這兩者的發展彼此相關：當時的輿論挾著莫之能禦的愛國情緒沛然成形（有點類似五四時期的情況）。但相關的論爭已不像十或十五年前那樣以意識形態為內容，而是轉向政治。其所面對的問題更為具體和迫切：怎樣才是抗日最好的方法？

如同五四時期一樣，在這股風潮中，知識分子扮演最重要的角色，他們不自限於僅在一旁搖旗吶喊，更進而積極投入，成為數量最多且最熱切的參與主力。商人和勞工幾乎只是執行者，卻採取了十分有效的行動：抵制日貨[17]。至於從事貿易的富有資產階級，在學生的壓力下只好加入行動，例如燒掉他們手上的日本商品。對於農民，這些動盪說實話對他們而言還太遙遠[18]。

這股民族主義運動中還滙流著學生運動。如一九三一年秋，超過一萬五千名大學生和中學生紛紛搭乘前往南京的火車，參加街頭運動及示威，要求政府停止對日談判並立即宣戰[19]。四年後，一九三五年十二月，北京再度發生學生示威，抗議日本企圖將華北五個省分自中國分開[20]，參加這些學生運動的人數遠超過一九一九年五月四日的規模。最後在一九三六年五月，由學生和記者發起成立「救國會」，嚴詞抨擊政府立場，隨之發動大規模的愛國運動。在孫逸仙的未亡人宋慶齡的支持及幾位知識分子領導下，「救國會」高聲呼籲政府停止內戰、一致抗日。所謂「停止內戰」的要求，基本上就是指國民黨對中國共產黨員的追緝，和對紅軍的持續圍剿而言。而「救國會」大聲疾呼的「統一戰線」，則是取自共產黨使用的詞彙。一待人民陣線建立，就是共產黨命運轉折的關鍵時刻：在「長征」後不久[21]，中共開始號召共同抵抗民族敵人。

就在這種情況下，卻發生了一起特殊事件，事件爆發那一天，成了中國民族意識形成史上最重要的一刻（同時也是現代中國命運發展中的重要時間點）：一九三六年十二月十二日，蔣介石被張學良挾持，後人稱之為「西安事變」。

在中國進入現代以來將近七十多年的時間裡，將領倒戈反叛並將挾持其主的事情並不罕見，但這次卻有不同的意義。蔣介石為了將甫自「長征」中倖存的紅軍殘部一舉就殲，派張學良前往陝西首府西安[22]。此前，其父張作霖因不合作而遭日本暗殺，年輕的「少帥」張學良在克紹其父後僅三年，即因「瀋陽事變」而失去了東北最富庶的省分。他所領導的部隊不但思鄉心切，而且對於和同為中國人的共產黨作戰已心生厭倦（當時有「中國人不打中國人」的說法[23]），急切地想要從日本人手中奪回家鄉土地。

十二月十二日凌晨，張學良囚禁蔣介石，強迫他改變「先安內再攘外」的政策[24]。在張提出的八項要求中，有七項是在事件發生兩週前就已由中共擬就，針對的就是當時國府不抗外侮、光打內戰的做法。但這起事件的結局更令人意外：就在蔣介石被囚禁十三天後，眼見一場新的內戰山雨欲來之際[25]，蔣被釋放了……當時周恩來還曾前往西安為蔣殘殺共黨分子一事緩頰說項[26]。不過釋蔣似乎是有交換條件的[27]：即應允建立統一陣線，共同抗日。不論當時在西安討論的內容究竟為何，一個不爭的事實是：中共承受國民黨十年的壓制和武力攻擊後[28]，就在這起事件結束後幾個月內，逐漸形成國共統一陣線。而更重要的是，就在西安事變結束後不久，南京政府轉而對日本的侵犯行動採取強硬態度，並迅速走向戰爭。一九三七年七月，日本又炮製出一起事件，就如同以往數年間所做的一樣，但這次事件後，中日戰爭正式爆發。內戰結束了，全國性的對日抗戰開始了，這個由西安事變引起的結果[29]，正符合發動者的初衷。

而蔣介石卻從西安事變中獲利。事變後，蔣成為全國統一團結的重要象徵。問題是這個結果是源於他被迫改變政策，他當得起這樣的聲譽嗎？我們必須了解，蔣需要相當的勇氣才能堅持執行西安事變之前推動的政策。他明知會不得人心，卻義無反顧，身為民族主義者卻必須拋開中國民族主義的花朵和渴望[30]；蔣證明了他比大部分年輕的反對者更有見識、更務實；反對蔣先前政策的人，對日本的實力和中國的孱弱並未評估清楚。無論蔣當不當得起全國團結象徵的聲譽，雖然蔣取得了暫時性的勝利，讓其對手不得不在共同抗日的神聖口號下與其結盟，但對他而言，怎麼說都是付出極大代價的慘勝。因為眼前的這場戰爭將會持續擴大，進而成為日後蔣失勢的主因。

共產主義等於民族主義？

日本當時正在發展閃電戰法，這戰法在中國的土地上不費吹灰之力就迅速取得一連串勝利，但就像一百二十五年前深入俄國作戰的法國軍隊一般，日本軍隊終究未能克竟全功。在深入中國廣垠的土地後，他們反而深陷其中，只能占領一些城市及聯絡道路。

在八年戰爭中，日本的主要戰略作為僅有兩項，而第二項戰略作為只是為了鞏固前者的戰果。在第一項戰略作為於一九三八年十月完成後，接下來還有什麼目標要占領？理論上，日本已經占有了中國人口最多且最富庶的地區，即從北京，經漢口，到廣州一線以東地區。在那之後，中國仍待日本征服的土地所剩無幾。中國所有要地皆盡淪入日本之手，大型港口、大型工商業中心和首都等俱然。從一九三八年至一九四四年春，日本進一步實施第二項戰略作為，致力於將主力由北向南推進，以鞏固其自北京至廣州的占領基線[31]。

但真正的戰役卻是在這條戰線後方進行的。面對無論是經濟或軍事實力都占有壓倒性優勢的敵人，中國所能依恃的只有廣土、眾民和無形的精神戰力（在中國居住的西方人，長久以來對中國人是否真具有愛國情操都有所懷疑並譏諷以對，但在這次的試煉中，中國人愛國意識的表現卻遠遠超過人們所預期），而外援只會在日本帝國主義的行動影響到其他列強的利益時出現。對中國而言，最重要的是必須撐到外援到來之日。為了發揮僅有的優勢，中國必須拖延戰事，因為速戰速決意味著擁有優勢武力的一方將取得勝利，蔣介石對此了然於胸，於是他喊出了「以空間換取時間」的戰略思維，以其一貫的頑強個性，放棄東部重要地區予日本，轉進到發展程度較低而外人不易進入的內陸[32]。但他忽略了[33]長期抗戰戰略中最有效的作法，就是利用游擊戰在敵後實施襲擾。

無論在任何方面都沒有實力與日軍在傳統戰爭上一較長短的共產黨，卻能比較靈活地運用游擊戰，這種情況與其說有利於全國抗戰，不如說更有利於中共自已：中共從原本藏身的陝西逐漸滲透到華北，並且在山西、河北和山東等省分的日本戰線後方占領了廣大地區。一九三八年一月，中國共產黨甚至建立了一個地方性反抗政權[34]，並與所成立的第一個游擊基地分進合擊。日軍直到一九四五年戰敗時才發現自已必須向十九個中共游擊基地的指揮官投降，大部分位於華北及華東。紅軍在一九三七年只有八萬人，到了一九四五年時已發展為九十萬，還要再加上二百二十萬的自衛隊和民兵[35]。一九三七年時，中共在荒涼的陝北僅統治一百五十萬農民，但是到了一九四五年，在華北平原及各山區，已有將近九千萬農民遵奉中共頒布的法令。一九三六年時，共產黨員們幾乎走投無路，較之江西蘇維埃政府時期還要朝不保夕，到了一九四五年，壯大到擁有一百二十萬名黨員的共產黨，已經企圖問鼎執政權。中共在抗日戰爭時期的發展，使一些觀察家們不禁自問，中共是不是在一九四四年初就提前贏了這場內戰？

在這樣動盪的情況下，怎麼會產生如此的結果？

中國共產黨的統一戰線和民族保衛工作做得十分精到。它以退居二線作為代價，換取國民政府正式承認其合法地位，在戰爭中尋求各種機會作出最好的運用。為此它放棄了部分的社會政策，也不再沒收地主的土地（畢竟華北的地主較之華中和華南還算是小的），並且同意實施法律規定的地租收取率——不超過收獲作物的百分之三十七點五——這足以使其吸引佃農，保持其溫和、遵守政府要求的形象。對於為數眾多的小農，則一開始時公布實施較低的利息（一年固定收取百分之十八）並降低賦稅，爾後再逐漸調升。這些做法讓所有觀察家都認為是相當傑出的改良主義。

當重點置於民族生存問題時，社會問題自然被置於次要考量。中共持續高舉「救國」的大纛，毛澤東甚至在一九四〇年發表〈新民主主義論〉，大方地自承是孫逸仙的忠實信徒和真正的傳人。他認為孫只忽略了一點，而這一點在當時的環境下是正確且合宜的，就是關於「群眾動員」的考量。在凸顯民族抗爭的同時動員農民，成為中國共產黨得以迅速發展的第二個原因。農民們不但支持「邊區政府」，還支援紅軍[36]，更成為紅軍的最主要兵源[37]。這是如何辦到的呢？首先是因為國民政府官員在自身安危考慮下棄職潛逃，而由中共掌控的地方性抵抗政權剛好填補這權力真空。這個新政權嘗試實行「新民主主義制度」[38]，雖然和真正的民主還有段差距，但確實建立了一套對農民們而言已經是相當新奇且富革命性的制度。此外很特別的一點是，日軍竟然成為中國共產黨最好的盟友！這麼說是因為日軍的殘暴使得絕望的農民別無選擇，只能棲身於紅軍羽翼之下。日軍對付游擊、攻擊和破壞的方法，是對農村實施盲目的燒殺和有系統的摧毀，更以「三光政策」（燒光、搶光和殺光）對待受侵擾的地區。把毒氣灌進難民躲藏的防空洞內（一九四二年夏天的某個晴朗日子，河北省一個村落中八百多名居民就這樣窒息而死），屠殺、強暴，兄弟和父子在刺刀的脅迫下被迫為異族軍隊服務等等，在亞洲戰場上發生的這些慘況，有待日後文筆秀異的作家將之重現。我們在這裡之所以簡要提及，是因為如此一來可使我們更能設身處地理解當時游擊作戰隊員的心情：與其惶惶終日地逃命，不如武裝自己。加上所謂的前線實際上已無所不在：前線已經不再是劃分中國西南部「自由地區」和東南部「占領區」之間的地理線，而是費正清所說的「無所不在的人民反抗社會戰線」。

人們在白天和晚上分別被兩個不同的勢力管轄。在晚上為游擊戰士挖掘戰壕，到了白天則接受日軍的命令將之填平。經歷過阿爾及利亞戰爭及越南戰爭的法國人，對這種情形亦不陌生。農民們兩頭繳稅，並且在村子裡以兩套不同的領導班子應付白天和晚上的主子，還要忍受兩方面的報復行動。如果說剛開始時這些村莊視中共為入侵者，有時候還會用武力對付他們，但隨著戰爭爆發而催生出民族主義，這些共產黨員很快就成為民族主義的代表。對於農民本身，起初並沒有意願對抗日軍[39]，他們寧可如以往一樣躲起來，不讓這些新來的統治者注意到他們。不過一旦受到中共的游擊襲擾，被激怒的日軍就會加倍以屠殺和劫掠報復，激起村民同仇敵愾憎恨日軍的情緒。仇恨，難道是通往民族意識最短的捷徑嗎？

以上分析主要參考自詹鶽（Chalmers Johnson）精要且大膽的著作[40]：這本著作是有關當代中國最早的幾本著作之一，我認為十分值得一讀。我不時未經修改地引用作者所舉的實例分析和一些個人觀點，因為這是一本直指中國革命核心問題的著作，我相信，將此書的結論稍作摘整並加以討論，會對理解相關問題有不錯的助益。

對詹鶽而言，促成共產革命成功的，不是這些處境悲慘的農民，而是第二次世界大戰；是基於民族因素，而非社會亦非經濟所造成的結果。戰爭發生後，連帶產生了許多效應：

- 引發了農民民族主義。農民民族主義和戰前五四時期在知識分子間產生的民族主義截然不同，後者的特色與十九世紀歐洲資產階級的民族主義相似，而前者則較為原發性，最後產生決定性的影響，是破釜沉舟的民族主義。
- 戰爭使共產黨得以轉披上民族主義的外衣，更由此贏得農民的支持，同時成為農民們抵抗敵人的當然領袖。依據詹鶽的說法，這時候的共產主義已經等同於民族主義，它表現出像是民族主義的另外一種變體（從民族運動的角度而言），也由於這樣，共產黨才贏得了政權。

詹鶽同時也注意到統一戰線存在某些問題，並隨著戰爭時間拉長而愈來愈多也愈來愈危險，並且出現共產黨將獨占主導愛國抗日運動的趨勢。對於這些問題，國共雙方都得負一些責任，不過，一旦出現一些像是一九四一年一月間新四軍[41]被國民黨部隊包圍甚至繳械的事件後，更是讓紅軍戴上了忠誠受難者的光環。而日本為了離間抗日民族陣線所作的反共宣傳[42]中，試圖藉「反布爾什維克」來合理化自己的侵略，這麼一來卻反而跟國民黨的作為一樣提升了中共的形象。在延安的中共中央，聰明地在媒體和口語宣傳中運用這些材料[43]，讓農民相信「共產黨員」的新意義等同於「抗日」，再加上遷往重慶的抗日政府和汪兆銘與日本合作成立的南京傀儡政府都叫做「中華民國國民政府」，就更強化了這種效應。

詹鶽以嚴謹的比較和歸納，將中國這段時期的發展和南斯拉夫作類比，他舉出南共的鐵托也同樣利用南斯拉夫反納粹運動，逐步取得革命的勝利。這種「民族共產主義」不在莫斯科掌控之中，而是在這兩個並非由蘇聯紅軍賦予政權的「人民政府」裡滋生。（逸達）

戰爭與革命

前述的這些分析和討論相當具有啟發性和建設性。我們亦因此形成一些基本的小結：

- 第二次世界大戰扮演決定性的關鍵角色。由於第二次世界大戰的發生，才將中國農民和中國導向共產革命。
- 僅靠經濟因素不足以動員農民投入革命。這點我們也曾在第四章的研究發現中注意到並嘗試說明（參照頁一一九）。我的感覺是，直到戰爭前夕，都還未到達農民們投入共產革命的成熟時機。
- 最後，概括言之，在權力鬥爭中具有無庸置疑重要性的民族主義因素，最終引發了共產主義革命。

也就是說，當我們重新思考「農民民族主義」的同時，也要重新審視抽離民族主義的抗日戰爭的影響。

農民民族主義的侷限

詹鶽的研究主要聚焦於華北地區及共產游擊部隊，並未涵蓋非日軍占領區的農民和國府軍間的關係，難道他所觀察到的就是所有農民面對戰爭的態度嗎？

如果不先了解國府軍如何徵用士兵，以及農民們遇到這個問題之後如何因應，我們將很難窺見這個問題的全貌。如果不談理論上的相關規定，實際上徵兵只會落在那些貧農或中農家庭頭上，因為較富裕的家庭可以用金錢代替，如果錢不夠還可以私下賄賂負責徵兵工作的官員。部隊的糧食供應極為不足，甚至有些士兵還因此餓死；由於衛生條件不佳，傳染病肆虐造成士兵死亡的情形更是時有所聞。大部分新兵的教育程度不佳，無法提筆寫字，其支領的薪餉又不足以請人代筆寫家書，對他們的家庭而言，一旦這個孩子進入軍隊，就等於是失去了一樣。對他們的親人而言，「看著入伍的孩子和同伴們在行伍中列隊前進，消失在道路的轉彎處，這一天，他的人生等於就此結束」[44]——除非他能夠在部隊尚未移防到離家很遠的地方之前逃跑。但部隊對此防範甚嚴，甚至還曾經發生過以下狀況：有一列運送新兵的火車遭到日本飛機轟炸，軍官因為怕士兵逃跑而不肯把裝載新兵的車廂門打開，使兩百多名新兵被活活燒死[45]。

對老百姓而言，經常性的強徵和豪奪，使農民對「我軍」[46]的憎惡更甚於日軍[47]。農民因為反抗饑餓的士兵搶糧而被開槍殺害，以及打敗仗的軍人為逃避日軍追殺，於是將村民殺害後穿上他們的衣服當作偽裝等等[48]，這類情事時有所聞。而為了遲滯日軍推進和保衛鄭州，政府在一九三八年炸開黃河堤壩，迫使黃河流向已廢棄近一世紀的古河道。這個「壯烈」的決定，卻是以溺死或餓死成千上萬條人命為代價……

軍隊的行為和戰爭的發展，不難讓人預測農民的反應，他們總要尋求自保和生存。他們將沙礫摻入國民黨軍隊徵收的米穀中、企圖將村中的愚弱者[49]送往部隊以應付徵兵、並因為日人提供較好的待遇召募勞工去修築戰略所需的鐵路，而大量遷移到日本占領區。有時候他們嘯聚成群，攻擊落單的國民黨部隊，或是擊殺負責徵兵的官員。在河南省，由於當地官員的冷漠和顢頇，使得屯積糧食和投機買賣十分嚴重，導致一九四二年至一九四三年發生的饑荒更加惡化[50]，這一來卻使日本在一九四四年再次[51]進犯該省的戰事進行得異常容易，因為隨著戰事的進展，農民們會攻擊、虐殺和解除國民黨部隊的武裝。

鄉村居民們如何看待這場戰爭的發展呢？充其量不過是和法國作家司湯達爾（Stendhal，為法國十九世紀知名作家Marie-Henri Beyle的筆名）在其著名小說《帕爾馬修道院》（一八三九年出版）中主人翁法布里斯（Fabrice）對於滑鐵盧戰役的看法一樣——只能看到眼前發生的事，卻看不到整場戰爭的完整面貌。這些村民們原本對於日軍侵略不以為意，直到戰爭打到家門口，帶著槍械的日軍已近在眼前時，他們才驚覺這場戰爭對自己的威脅。但即便身處危險之中，村民們未見慌亂而依然從事著日常工作，因為他們知道，如果不按時令播種和收割，他們一樣沒辦法活下去。一九四一年五月的某個夜晚，在河南省會洛陽西郊的路上，就出現一幅奇特的景象。一群城市居民為了逃離遭到轟炸的城市，爭先恐後朝山裡走避，卻不斷碰上一批批同樣在逃難的人群，使他們的行進速度不斷被延誤；但與此同時，附近農民們每天收割作物後，還是一樣回到自己的村莊去。雖然有炸彈的威脅，但城市裡並不是毫無人煙，可以看到的是成列的農村老嫗們，持著飛舞的紅色布旛，挪動她們纏過的小腳蹣跚地走向洛陽城中最大的幾座廟。她們要去廟裡燒香求雨。看著陰沉的天空，城市居民期待的是能保護他們免於空襲，雖然農民們也以同樣急切的心情仰望天空，但他們心底清楚的是，對於耕作，乾旱才是真正的威脅。

然而，我在此謹慎討論農民民族主義如何形成時所引用的事例，大部分都發生在國民黨控制區內。這是不是可以用來質疑詹鶽的分析，批評他僅著重研究農村群眾被動員參與反抗侵略者的華北游擊區？並不盡然！在我看來，觀察重慶的部隊和官員的態度，就可以推論出紅軍和共黨幹部的行為是社會性與民族性兼具的。對於農民而言，任何政權都是壞政權，軍隊猶有過之。這時突然出現一個新的叫做共產黨的政治力量，而且他們對待農民的態度相對而言還算比較好些；共產黨表示這時候不再進行土地革命，也不再隨意沒收土地充公，而只對付土豪劣紳。在以往，縣長的「官威」難測，百姓在他們跟前必須卑躬屈膝；現在卻改為所謂的「代表」，這些人隨身帶著自己的鋪蓋，他們的舉止裝扮讓人很難分辨出和周遭的農民有何不同。特別是八路軍對待農民的行為，和以往他們所見過的軍隊完全不同，八路軍會付錢買東西、離開時會打掃曾經占住過的房子、對待農民態度友善，甚至不排斥幫忙做農事[52]。

當然，以上所描述的情景，尤其是八路軍親民的部分，共產黨宣傳手法的斧鑿痕跡斑斑可見，真實的景象沒那麼美好。但不論如何，紅軍三令五申嚴格要求的一些規矩，和以耳提面命的方式灌輸的軍紀，八路軍多少能夠遵守一些。八路軍士兵很快的就像農民一樣發現，新政權所發布的要求和禁令都不能不認真對待。就在這些持續性的掌控、約束和強制之下，黨國體制伴隨而生。無論農村居民是否真的轉而滋生出民族主義或真心投入反侵略活動，他們一定很清楚不服從這些要求的後果，更何況，在順從與不順從這兩者利害權衡下，後果是顯而易見的。結果農民只能任由共產黨納編成伍，加入共軍的新兵只有極小部分是被說服並認同中共的信念，其他大部分中，由於利益使然者占較小的比例，被迫參加者占的比例較大[53]。總之，共產黨較之其對手更著重於了解人民，便於進而利用他們。

戰爭的試煉

如果主張中共就是在第二次世界大戰期間占到了打贏內戰的先手，這說法是正確的，但不夠完整；還應該加上：國民黨在第二次世界大戰期間就已經先輸了這場內戰。戰爭是對所有參戰國的考驗，所有不合時宜政權的體質都會在戰爭中暴露無疑。日本在一九〇五年打敗沙皇尼古拉斯二世的艦隊，列寧當時就曾說過：「對馬海峽一役，就是日本資產階級對沙皇統治的批判。」

以中國的情況而言，戰爭更加速了原本已氣若游絲的政權分崩離析。即便如此，在責難國民黨政權之前，我仍必須強調，在對抗日軍侵略方面，國民政府軍的貢獻遠超過共軍，也因此付出了十分沉重的代價。在一九三七年八至十一月間，中日戰爭初期的上海保衛戰中，蔣介石損失了大部分精銳部隊，這些精銳部隊隸屬於效忠蔣個人的「中央軍」，無論是訓練和裝備都比其他軍隊精良。開戰半年後，蔣即陷入劣勢，他被迫調用和倚靠一些鬆散且不可靠的一般部隊，這些部隊隸屬於各省軍頭，不見得對蔣效忠。此外，是蔣介石的而非共產黨的政府必須負責處理將近九千五百萬名流離失所的難民，這個數量堪稱史上最大幾波難民潮之一。

在珍珠港事變為中國帶來盟軍之前，中日戰爭持續的時間已經比第一次世界大戰還長。當然，在美軍即將戰勝日本的情勢一旦明朗之後，蔣就想要保存一些原本用來對抗日軍的部隊，轉而對付來自內部的對手。毛澤東當然也在作同樣的打算。就在一九四四至一九四五年間，雙方的對立愈來愈明顯。紅軍「奪取」了許多新的領地，但並不是因為共軍驅逐了原本占據這些地方的日軍，而是日軍轉去應付其他壓力：一方面是因為華北已成為太平洋西部戰場的一部分，占領此區的日軍亦成為美軍的打擊目標之一，另一方面是日軍將主力調去對付華南的蔣介石。日軍為了向南打開被侷限於中國境內的戰場格局[54]，而把南方的蔣軍視為唯一首要攻擊目標。蔣也確實遭受了日軍最震撼的攻擊——「一號作戰」——整場戰爭中最令人嘆為觀止的作戰行動。此役再一次使蔣軍受到重創，在八個月中造成約七十五萬兵員失去戰鬥力，使蔣無法在內戰全面爆發之前獲得重整和喘息的機會。這次軍事潰敗所引起的社會效應和政治效應一樣嚴重。長期飽受戰事折磨的民眾，進一步看到政府和文武官員的無能、失德及腐敗。知識分子、無黨派政治人物和地方軍頭間形成一種推翻現行政權的詭譎共識，而日軍令人震驚的進擊更讓大家相信，改變確有必要而且唾手可得。

情勢持續惡化，早已證明了國民黨政府無法稱職地運用其擁有的資源，日軍的一號作戰只是為它下了一個總結罷了。戰爭很快就赤裸裸地暴露出這個政府有多麼缺乏效能，並使其矛盾愈發尖銳。混亂、漫不經心，重新成為中立和原本對政府友善的觀察家筆下用以形容國府的常用字彙。當時國民黨軍力本就不強大，而領導統御又横遭政敵及其本身的無能所干擾，美國一位將領因此嚴厲批評：「和我們結盟的戰友簡直是具行屍走肉。」在這裡我們要回過頭去觀照一下我們前兩章的小結：國民黨的無能固然有之，但亦應考慮到原本就非常嚴重和複雜的社會問題。簡言之，戰爭狀態遮掩不住中國現實社會中的緊張關係。

而且戰爭反而強化了統治政權中的保守部分，特別是引發了有史以來最嚴重的通貨膨脹之一。通膨的深層原因當然可以溯及承平時期的財政和稅務運作[55]，但更直接的原因是財源流失（例如海關稅被占領東半部的日軍截收）、因為戰爭而不斷增加的預算只能依靠幾個內陸貧困省分[56]的財務來因應，以及熟知中國弱點的日本不斷對「自由地區」的物價穩定採取破壞手段。通膨現象直到一九四五年為止只不過是最不起眼的開端[57]，其持續惡化要一直到一九四九年政權易手才停止（參照頁一九五至一九八）。但當時已經可以看到商人去銀行時最起碼要帶好幾個工人，將領出的鈔票裝進一個個大麻袋裡。這問題一直未獲解決，並且就像德國威瑪共和時一樣，使白領階級墮入貧困。領取固定薪資的政府僱佣人員及公務員，只能眼睜睜看著他們的收入瞬間貶值，必須依靠月配米糧、打黑工和收賄才能生存：中國社會中有些現代弊端是由於戰爭的影響而不得不產生的，而且往往發生在受到最大衝擊的人之中。

通常伴隨著通貨膨脹而來的是投機買賣和貪腐滋生，在戰爭所提供的各種有利於上述行為的條件中，通膨更起了推波助瀾的作用。一九四〇年，在未受到戰火波及的四川省，即查獲有糧商囤積居奇獲取暴利[58]；但從未調查由軍方提供交通管道走私日製商品，以及高層軍官運用職務之便從事走私和謀利[59]的行為。對於較接近地方政權和行政官員的部分領導階層而言，美國盟友提供另一個難得的合法但有利可圖的來源。他們藉由經手建造機場——或只是幫忙尋找並租賃美方人員住房及辦公處所的簡單工作——美軍後勤部門都會先支付一筆可觀的經費，使得經手人不需要為搾取他們的錢而費盡心思。這筆天外飛來的財富突然之間傾注於一個極度缺乏物資的國家中，在道德人心上引起各種後果，就像一九六七年南越的西貢所發生的例子一樣，其情況可以想見。

還有兩個因素更加劇了這場道德危機：厭倦戰事長期不決，以及感到戰爭的結束不是中國可以左右的。在開戰後初期的慘烈激戰過後（有些城市居民飽受蹂躪，像是一九三七年至一九三八年的南京[60]，以及一九三九年至一九四〇年遭到轟炸的重慶），愛國的張力逐漸鬆懈。珍珠港事變後幾年，在企圖逃避的個人焦躁心態，以及在想在這場集體風暴中保全家族利益（當然，在有可能的機會下還可從中取利）的意圖作用下，抗拒的想法接著登場。

日本於一九四四年春發動的最後一場進擊，造成宛如煉獄般的末世景象：觸目可見的不只是混戰後對待戰敗者的兇殘暴行，還有聲嘶力竭的呼救聲，取代了原先的抵抗意志。

戰爭所帶來的深刻影響還不僅於此，城市和農村社會在幾年間發生劇烈且影響深遠的變化。前面曾提及重慶承受日軍轟炸的情況，重慶大轟炸的知名度不及二戰期間的倫敦大轟炸，但我仍要再次提及此例。這個戰時陪都所要克服的恐懼似乎來自於另一個世界：對於遭遇旱象時仍篤信求雨儀式的農民而言，他們怎能想出方法反抗從天而降、噴射出死亡和惡火[61]的機械巨獸呢？

重慶原本是個大市集，充斥著豬叫、雞啼，以及苦力和晨間水肥工的歌聲，但是突然間意外且戲劇性的晉身加入曾為首都的城市之列[62]。二十世紀的文明必須藉由汽輪[63]循長江而上才能抵達的這個古城[64]，市內人口原本只有二十萬，就在一九三八年冬天至一九三九年夏天的幾個月內，人口增加了五倍。新到的居民原本只想暫時安身，不料一待就是六年。重慶或許在當時的短暫歷史時空裡是中國的象徵，也是各種成分交錯混雜的綜合體，沒有人真的把這個混雜的都會當成自已的家。但不論是從沿海省分來的流亡者，或是將這些外來者[65]稱之為「下江佬」[66]的本地人，都不曾經歷過這種日復一日的轟炸和高漲的物價。六年的時間仍不足以化解居民們彼此南轅北轍的互不理解和憎惡，卻足以顛覆各自心中原有的一方天地。試想一下這幅景象：一個城牆外有稻田圍繞的城市，「民利路」順著「七星溝」沿伸，一條「三中街」直衝向「慈佛崖」……

即便原本的重慶只不過是與上千個小農村共生的市集性聚落，由它供應這些村莊衣物、油品，以交換米糧、肉品，甚至鴉片，但仍然是個城市。位於四川省東南的雲南省就真的只是鄉村地區，漢人在那裡從事農耕以提供糧食給周遭鄰近的山區原住民部落，這些部落曾經驅趕首批前往墾殖的漢人[67]。在這樣的世界裡，或者可以說，在這樣幾近遺世的天地中，戰爭突然之間帶來的，除了難民之外，還有聯外道路、機場、一所大學和美國大兵。社會學家費孝通曾於一九四二年在雲南負責進行一項調查，他在那邊發現「從獵人頭的原始部落到最先進的城市，完整的文化發展軌跡」。在天際時有虹彩妝點的雲南首都昆明，有些學生在評論柏拉圖的《理想國》，另外一些則在討論「相對論」；在郊區則可以看到一些軍火廠，圍繞著「飛虎隊」[68]的基地；一旦離開了昆明盆地，可以同時見到新使飛機炸彈落偏和驅逐疾病惡靈的儀式；如果碰巧可以跟著幾位剛趕過市集的山地原住民一起回到他們的村落，會受到他們用「單身住所」的禮遇接待，曾師從人類學家馬林諾夫斯基（Malinowski）的費孝通認為，這和他老師所研究的特羅布里恩群島（Trobriand）上的原住民部落習俗十分類似。他認為在這裡「光是用走的，一天之內你可以從玻里尼西亞經歷到紐約」。

這樣的兩個世界接觸時還真具有相當的爆炸性。戰爭本身就是一場革命，經由戰爭帶來的痛苦和騷亂，讓群眾看到革命行動的必要和急迫，大大提升了它的可能性。就像以前的阿爾及利亞農民一樣[69]，在一九三七年至一九四五年間的中國，有上千萬群眾迅速發展、醞釀出讓人難以想像的局面，更作好了徹底改變的準備。沒有其他事物能像戰爭這樣將世界置於一場革命中，讓世人難以忽視。兩次世界大戰分別形塑了我們父執輩或祖父輩那一代的人生經驗：在相隔一個世代的時間中，這兩次戰爭分別催生出兩次歷史上最重大的革命事件[70]。但是，任何時代都會出現像著名法國文學作品《帝博家族》中的Meynestrel[71]一樣的人物並不足為奇，這些人不顧生靈塗炭也要發動革命……

民族主義，「無產階級民族」的意識

中國民族主義的勝利，在戰爭威脅下依然破繭而出，日軍侵略不僅形塑了中國的民族意識，更迫使白人帝國主義者組成的同盟國承認中國享有平等地位，而他們過去一直不願承認。美國和英國於一九四三年宣布放棄「治外法權」[72]，這是中國民族主義努力奮鬥將近一個世紀才爭取到的結果。同年，邱吉爾、羅斯福在開羅與盟友蔣介石見面，這是不是代表著一個長期做為白種人「半殖民地」的國家就此獲得了國際間的認同？而一九四五年則有另一起事件更確認了中國的國際地位：中國被正式列為「四強」之一。

中國民族主義真正的勝利，究竟是一九四五年或是一九四九年？這種問法本身就先給了答案。一九四五年的勝利，即便在官方大事記中記錄著戰爭的勝利，但這個勝利很明顯是屬於別人的。落在廣島的原子彈結束了中國曾參與提供部分貢獻的海空戰鬥，但戰爭本身卻直接拆穿了中國原本在戰後所能獲得的虛幻外交成果。治外法權才剛取消，中、美間就在同年（一九四三年）簽訂了另一份條約，讓中國境內的美國軍人享有司法豁免權。當時在中國的美國軍人遠較不平等條約時代還要多得多，但曾經寫過《中國之命運》[73]的蔣介石，卻低頭要求這些不討喜的外國駐軍應該擴大規模[74]。在國民黨的民族主義者[75]運作下，中國民族主義獲得了認同，卻沒有真正的被尊重。

反觀共產黨，剛開始時，他們在理論上所堅持的國際主義成為發展的障礙[76]，隨後他們卻能表現得比國民黨還像民族主義者。甚至最後成了唯一的真正民族主義者。姑且不論國民黨和共產黨在這場民族戰爭[77]及其後的內戰[78]期間彼此的私心盤算和真正意圖為何，有件事倒是顯而易見的：最後是由共產革命——而且只有共產革命——成就了民族主義。能不能說是共產主義利用了民族主義？可以這麼說；但緊接著要說的是：民族主義亦是藉由共產主義才取得了勝利。實際上，起初中國共產主義只不過是民族主義的迴聲，而民族主義隨後日益壯大，既具攻擊性亦具激進性，深入人心卻簡單明瞭。接下來自然就要問道：如何以不同的觀點想像被壓迫者的勝利？階級的或是人民的？

第七章　紅軍奪取中國

舞台上的最後一幕是軍事對峙。整個中國革命最終仍由一方取勝作為結尾。然而，不論是就人員數量（紅軍與國府軍隊比例約為一比四）或是雙方各自配備的武器裝備上看來，共產黨似乎很快就會被消滅。受戰爭滋養而高漲的民族主義，現下更是站在支持執政者各項作為的一面。輿論也承認中國在國際折衝[1]方面贏得了不少成果，而為了要讓這項成就更加鞏固，輿論很自然地出現團結支持政府的傾向。對國家的榮譽感也同樣地投射在領導人身上，使蔣介石成為抵抗侵略的代表：蔣的獨特地位讓他的聲勢扶搖直上。十幾年前至少還有一部分輿論認為，政黨支持他取得權力之後，他卻背叛了黨的革命理想。當時有一批黨員——如汪精衛之輩——則以更具說服力及更無私的態度堅守這些理想而與蔣相抗衡。這段紛爭現在塵埃落定：汪精衛才是賣國賊[2]，真正愛國的是最高統帥蔣介石。

然而在三年半之後，同樣的蔣介石，卻變成大家口中墮落的獨裁者，不但辭職下野，更急於準備遁往台灣，紅軍此時已列隊進入北京城中。難道是靠革命本身的力量造就如此勢如破竹般的勝利嗎？還是因為原本的政權已病入膏肓而自行傾毀？亦或就某方面而言是反映出中國的衰弱本質？

徒然卻無可迴避的談判

國共內戰的徵兆早已出現，只是洶湧的暗潮被民族戰爭掩蓋了。戰後重獲的和平也並未讓這些爭端那麼快就被發現。首先上場的是一場又一場的談判，這些談判似乎只是歷史的一些點綴材料而已，卻讓人忽略了幕後正在發生的事件和鄉村裡蔓延擴大的、走向革命的轉變。

當雙方都還在盤算彼此間的敵意時，瞬間，衝突已經迫在眉睫：雖然對日受降和接收工作應該由官方正式為之，但國共兩黨卻競相爭奪仍在敵人手中的土地和戰敗部隊的武器裝備[3]。一九四五年八月十一日（八月六日在廣島投下第一顆原子彈，九日在長崎投下第二顆），兩道命令在同一天下達：

- 最高統帥蔣介石對八路軍司令朱德將軍下令：「就原地駐防待命，不得接受任何日本軍隊的投降。」
- 朱德將軍對所有解放區[4]抗日武力下令：「立即解除日軍及偽軍的武裝，占領並管制當前仍在日、偽軍控制下的村莊和道路。」

雙方的矛盾在這兩道針鋒相對的命令中顯現無疑。日軍投降當天，盟軍太平洋戰區最高指揮官麥克阿瑟（Douglas MacArthur）立即任命蔣介石將軍為全權處理中國戰區[5]日本投降事務的唯一代表。同日（一九四五年八月十四日）中蘇間簽訂了《中蘇友好同盟條約》，莫斯科在此約中也承認國民政府[6]是中國唯一合法的政權。

在這些條件下，國民政府軍隊在接收速度上取得先機。但盟軍的勝利來得太過突然，蔣介石一時間還是反應不及：他所有部隊都分布在西南部，距離接收區一千至兩千公里遠。不過這並不是問題，美軍很快就提供運輸機支援，將整個建制的國府部隊運送到華東和華北重要的前日軍占領區[7]。還派出五萬三千名陸戰隊員登陸山東及河北，替國府陣營占領港口和機場（包括青島、北京、天津等）。戰事結束三個月後，從廣州到北京所有沿海富庶地區，已盡為國民政府掌握[8]。

在關外的前滿洲國轄地，國府的接收工作就沒那麼容易了。亦為同盟國的蘇聯軍隊已經在那裡接受日軍投降。蘇軍依據《雅爾達協議》在一九四五年八月八日對日正式宣戰，並在為期一週的「作戰」中，占領整個東三省。蘇聯紅軍放手讓共軍拿走大量的日軍作戰物資，並協助林彪部隊[9]從其原本在華北和察哈爾的根據地迅速推進到東三省平原。在一九四五年十一月，包括許多經日本精良訓練的前滿洲國軍人在內的十三萬紅軍已在東北伺機而動：他們趁美援還沒在當地國共對抗間造成太大的軍力差距時，即掌握時間完成部署。

幾乎全中國都在上演雙方瘋狂瓜分掠奪日軍物資戲碼的同時，戰時陪都重慶卻成為蔣介石和毛澤東之間四次會談的舞台。國共談判早在戰爭結束前就已經開始計畫，但遭到長期拖延，就在獲得和平後一個月的時間內，談判的層級突然拉高：毛澤東於八月二十八日抵達重慶。接受國府的談判安排，對中共而言並不會有所損失，如果不能拖延談判，最起碼也要爭取一些時間讓內戰晚一點爆發，也讓自己能有多一些時間準備。而且，這場談判無論如何都很難躲得掉。中國輿論對於戰爭已倍感疲倦，國共間只要任何一方表示出將要再一次以戰爭作為解決問題的手段，都將成為被譴責的對象。共產黨人聲稱已準備好加入一個「民主聯合政府」：這種說法的主要作用是很快地表現出他們的態度是理性的，目的在於爭取第二次世界大戰結束後的影響力，更何況就另一方面而言，除了他們之外，還有其他人也認為重慶政府代表的是一黨專政的專制政權。

但是，當國民黨一心只想對這些部分官員稱之為「共產匪幫」的叛亂分子算總帳的時候，為什麼要接受談判呢？原因是它沒有選擇的餘地：中國國內輿論的一致要求不容其違逆。它尤其不能不顧慮其不可或缺的美國盟友的態度。在日本投降後，美國對中國不遺餘力地提供了寶貴的後勤支援。然而在這段冷戰初起時期，美國擔憂的是，個性毫不妥協的蔣會將中國共產黨推向莫斯科的懷抱。另一方面，他們不太憂心亞洲會再發生一場戰事，只是急著想儘快撤軍回國。這兩個原因使得美國也希望國共兩黨能簽署一份協議並維持和平。

在重慶的國共談判進行期間，美國大使同時設法施壓，希望使談判有所結果。雙方也至少在表面上從善如流達成要求。一九四五年十月十一日，一紙共同宣言結束了毛蔣間的多次會談。這紙宣言以四平八穩的詞藻堆砌出雙方均懷抱善意，卻對解決問題毫無助益[10]，僅達成一般性原則的共識，至於如何達成的具體方法則付之闕如。

為使國共雙方認真看待談判，原本居中牽線的美國不再坐視，決定介入調停，這個任務交給了馬歇爾（George Catlett Marshall）。馬歇爾於一九四五年聖誕節前夕抵華，直到一九四七年一月才離開。他以毫不懈怠的堅持，尋求將中國共產黨納入聯合政府的所有可能辦法。如果說馬歇爾最後仍未能克服蔣介石執拗的性格，至少他成功地使國共雙方停戰，並在一九四六年一月成立了一個國、共、美三方共同運作的機構，對各地呈報的軍事衝突事件進行調查及調處。所有無法以和平手段解決的衝突，於是都交由重慶的「三人委員會」（成員為馬歇爾、周恩來及國民黨的將領張治中）進行最後裁定。

馬歇爾的任務固然在初期進展順利，但最後仍以無可避免的徹底失敗告終。首先遭遇的是美國本身的曖昧態度。當馬歇爾要求嚴守中立時，美國仍然持續提供國民黨政府武器、彈藥和裝備。所以當共產黨用愈來愈強烈的態度譴責美國以兩面手法干涉他國內政時，也就不太令人意外了。再加上美方參與談判的人員設定了一些近於苛求且不可能達成的目標，甚至有些目標彼此相互扞格。他們要求蔣介石推動一些可以鬆動革命支持基礎的改革，卻為時已晚，革命已如箭在弦上，這些改革所能產生的作用，只是進一步削弱美國拚命以其物資支援的專制政權。

不過，調解者本身的缺陷及矛盾，對談判所造成的負面影響還不及雙方陣營的缺乏互信和猜疑心。若想追究那些零零碎碎的違反約定事項及破壞停戰協議的責任歸屬，不但困難而且意義不大，國共雙方都知道內戰已無可避免，而且也都知道必須要演好一齣「和平善意大戲」（J. Guillermaz 語）以爭取輿論支持。內戰爆發已迫在眉睫，根本沒有讓疲於戰爭的百姓休養生息的空間。中國從半個世紀前就開始的轉變，並未因為向前發展的道路再也沒有阻礙後就戛然而止，尤其是在最後一次劇烈的變動後。十年前，「西安事變」強將國共結合成一道脆弱的統一戰線，一個同床異夢的結合。但是從一九三七年以來勉為其難維持「聯合陣線」的目的是為了對抗民族敵人，到了一九四六年再組成的聯合陣線是要對付誰？而原因呢？日人已被驅離，國共合作變得毫無目標。百年來第一次，中國眼下不再有外來的威脅或被別人當作俎上肉，要面對的最重要問題也不再是帝國主義的侵略，而是國內兩股相互敵對且抱持不同政見之政治勢力間的對抗。這兩股政治勢力間各自的政治企圖心完全無法調解：一邊的目的是要奪取權力，而另一邊則全力維護；一方在鄉村推動社會革命，另一方則積極防堵。

至於由馬歇爾將軍勉強達成的協議會在何時或何地破局就不是很重要了。再說，很難指出內戰是在某一個特別的時間點或因某起事件開打，我們只能說一九四六年春天時，雙方在東北的摩擦和衝突事件發生得愈來愈頻繁，也愈來愈嚴重[11]。

東三省可以說是中共在內戰中反敗為勝的地區，也是中共唯一成功截奪日軍遺留重要裝備的地區，這個地區在蘇軍占領期間儼然成為蘇聯領地。因此有些人就認為，中國共產革命的勝利，是由於蘇俄的策劃和《雅爾達協議》的錯誤所造成的。這種說法真確嗎[12]？

蘇聯占領軍當時的指揮官是馬林諾夫斯基元帥，他任由中共在東北農村地區擴張並奪取日軍的武器裝備，但是他有沒有同樣將東北的城市和大量工業設備留給中共以彌補共軍在內戰中的部分劣勢呢[13]？這些原本由日本人建置的工廠設備是建設現代中國和建設社會主義所不可或缺的基礎建設，最後仍然被蘇聯拆解成零件和機器，取道西伯利亞鐵路運走了，就和他們在東北各銀行所找到的黃金一樣，被蘇聯視為戰利品。

至於城市地區，蘇軍將它們全都留給國府軍。辦理相關移交事務拖延了一些時日，除了要將中共勢力安插進入東北之外，也由於國府軍並未準備好接收事宜。蔣介石原本要求蘇軍撤離東三省，但這時卻請求蘇聯稍微延緩撤軍行動。

但由於蘇聯紅軍撤離的動作比蔣介石所希望的時間還晚，加上蘇聯撤軍時亦頗富心機地將北部地區交給共軍，國共雙方陣營經歷初期的幾次軍事摩擦後，國府軍勢力僅能停駐在東三省南部。也因此共軍能在三十萬蘇軍撤離東北後迅速取得大片領地。除了先前提到蘇聯曾將日本留下的武器和裝備交給共軍之外，不論在內戰前或內戰期間，蘇聯對中共的協助都不容忽視。但蘇聯並非僅僅想要協助中共而已，史達林盡力保持多種開放的選項，他的想法是：不論是誰取得了內戰的勝利[14]，蘇聯都還能維持其在中國的影響力。

內戰[15]

在最後一次停火協議到期時（一九四六年六月三十日），雙方仍無法達成都能接受的共識。中共旋即於七月分宣布「人民解放軍」[16]成立：內戰烽煙就此點燃。中共永遠的談判代表周恩來於十一月九日頭也不回地離開重慶。

國府軍攻城掠地（一九四六年七月至一九四七年六月）

與大部分觀察家預期及可見的軍力對比相符合，國府軍在初期進展順利，在東三省及華北都有所斬獲（至於中國其他地區均早為國民黨所掌握）。一九四六年下半年，中共丟掉了十七萬四千平方公里的土地（相當於三分之一個法國）及一百六十五個村落[17]。國府軍接著在一九四七年三月——即便在毫無戰略指導下——取得一次具有象徵意義的勝利：占領中共的革命聖地延安。即便只是攤開地圖來看，這些進展也同樣令人注目。在共軍避開正面爭奪據點的策略下，國府軍的推進顯得異常容易。共軍有系統地將一個又一個的城市放給國府軍，並主要以「消耗國府軍有生力量」取代「占領地理位置」。國府軍的占領區漸漸擴大，超過其能力所能負擔的範圍，並且駐地都分散在全國性運輸道路的沿線上[18]，共軍則在這段期間於「後方」重拾他們成功對付日軍的方法：分散到各個農村去，化整為零，蓄勢待發。

共軍蓄勢反撲（一九四七年中至一九四八年中）

約自一九四七年中起，共軍在東三省主動發起攻勢，這種態勢就這樣一直維持到內戰結束。林彪配合破壞東北主要鐵路線，並以軍事行動孤立封鎖國府軍主要支援兵力的駐地——長春、吉林和瀋陽，迫使國府軍採取所費不貲的空中運補。不到一年（從一九四七年六月至一九四八年三月中旬），東北地區的軍事情勢已然完全逆轉：林彪成功完成初期的戰略目標，而國民黨只占有零星地區。紅軍以同樣的堅持和耐性切割華北國府軍的兵力，再行南下[19]。及至一九四七年年底，共軍已取得河北省大部分地區和幾乎整個山西省（省會所在地太原市除外）的控制權。毛澤東在一九四七年十二月二十五日召開中央委員會，他在會上的一份重要報告中信心滿滿地表示：「中國人民的革命戰爭，現下已經達到了一個轉折點……這是一個歷史的轉折點。[20]」

決定性的戰役（一九四八年九月至一九四九年元月）

在一九四八年間，共軍取得了幾場主要的勝利，同時也決定了內戰的結果。一九四八年四月，共軍重新奪回延安，並開始收獲在前一年大規模進行滲透的成果：先是成功取得河南兩個大城市（四月拿下洛陽，六月再取開封）[21]，接者九月攻下山東省會濟南。對開封的大規模圍城戰意味著共軍已準備好將攻勢推進到收尾階段：為了切割國府軍各主要部隊軍力，開始對大城市展開攻擊[22]。

共軍兩次成功的奇襲造成國府軍和國民政府致命的重創。先是由林彪於東北發動的攻擊，其規模之大超過共軍此前所有的攻擊行動。在兩個月之內，共軍掌握了整個東北並造成了國府軍將近四十萬人的損失（俱為國府軍的精銳部隊，部分還接受美國的訓練和裝備）[23]。但即使受到這麼嚴重的打擊，國府軍仍然保有數量和裝備上的優勢（縱使共軍剛在東北戰役中奪得了二十三萬枝步槍亦然）。而此時國府軍的空中武力和裝甲兵力更是令共軍難以望其項背。

但隨著戰事的發展，這些優勢卻接二連三地失去。國府軍最後寄望於第二次世界大戰結束後最大的戰役，也是現代史上大規模戰役之一的「淮海戰役」（一九四八年十一月至一九四九年一月）。蔣介石力排眾議，不顧其所屬優秀戰略幕僚們的意見，選擇在距離南京西北約一百五十公里處的徐州周邊開闊平原處迎戰共軍[24]，但此處卻成了他的「滑鐵盧」[25]。蔣在此役投入了五十一個師的兵力[26]，卻被共軍的陳毅和「獨眼龍」[27]劉伯承迅速切割為數段，再進而各個擊破。等到支援兵力受命要和被圍困的四十六萬國府軍會合時，大部分部隊已就殲。為了突破中共的圍困，這支援軍配備了重裝備（美式重型車輛和美式火砲），另外還有隨軍的軍官家眷和女眷。而共軍很快地挖掘了三道路塹阻絕這個「行動遲緩的軍事巨獸」（Clubb語）。當時的國府軍指揮官是杜聿明將軍，他得知南京方面為避免其配備之重裝備落入共軍之手，考慮下令將相關裝備就地炸毀，這位飽受自己政府威脅的將軍，不久後即戰敗被俘（一九四九年一月十日）。這一天同時標誌了淮海戰役就此結束，歷經兩個月零五天，國民政府損失了維繫其命脈的部隊五十五萬人（依據中共資料，其中三十二萬七千人被俘）。而這天之前的四個月以來（自一九四八年九月十二日至一九四九年一月十日），國民政府在大大小小的戰役中總共損失的戰力約達一百萬人。此後，不論是在數量或裝備上，國共間的優劣之勢就此逆轉。

中共取得勝利（一九四九年）

最高統帥蔣介石再次發現，要解決共黨問題得用政治手段（參照第五章，頁一二四），比軍事鬥爭更合適。他在一九四九年的新年文告中提起孫逸仙[28]，以及自己對三民主義的信仰，以便合理化自己向對手提出政治談判的要求。一月八日，他敦請美、蘇、英、法四強擔任中間人，但均遭拒絕。一月十四日，共產黨提出結束內戰的條件，其中特別包括要懲辦「戰犯」蔣介石[29]。而中共所謂的「戰犯」蔣介石不久後即在一月二十一日宣布下野，由主張與共產黨談判的副總統李宗仁負責談判事宜。

在此期間，天津於一月十五日陷落，北京隨後亦於一月二十二日失守。次月，共軍即已兵臨長江。國民政府組成新的代表團前往北京，要在中共指定的最後期限——四月二十日——之前達成協商。然而，協商仍無法於該日完成，人民解放軍隨即於二十一日拂曉渡過長江，兩日後攻克首都南京[30]。五月，上海及不少大城市和各省省會亦相繼陷落。但就在此時，一路潰敗的國民黨仍演出了使自己更形分化和孱弱的最後一場內鬥。代總統李宗仁以他先前據廣西以對抗南京中央的經驗，提出「經略西南」[31]的戰略，對抗蔣積極布局退往台灣的企圖。然而，蔣在表面上雖然下野了，實際上仍利用他分布廣泛的親信掌握著對政府重要部門的影響力，並主導將財務資源送往台灣的行動。到底是因為他的英明遠見（國府最後在西南也沒能固守多久）？還是因為他剛毅性格中最後一搏的決心？讓他選擇為自己保留最精實的力量而不願放棄。無論是何者，他在繼位的代總統還未試著實行經略西南的策略之前，就擅自越權將兵力和財務資源全部運往台灣[32]，僅此一舉就足以受人謗議。十月中，廣州易幟。國民政府最後在重慶作了短暫的停留，儼然是在流亡前對這個戰時陪都做最後的敬謁。

同一時間，一九四九年十月一日，卻有一群人在北京興高采烈地宣布中華人民共和國成立。這一年距離帝制覆滅不過三十八年，距離蘇聯革命三十二年，距離中國共產黨成立不到三十年。

中共獲勝的軍事因素

中共如何使勝利成為可能？如果我們要求的是一個簡短的答案，那根本無法說明任何事情。要得到清楚的解釋，則既要包括軍事上的，也要涵蓋社會和政治上的原因。

「以劣勢裝備勝優勢裝備[33]；以農村包圍城市；以無外援的政黨戰勝有外援的政黨」，這些原本用來激勵共軍戰士的誇飾之詞，在一九四八年的最初幾個月，被共軍官作為鼓舞士氣的口號而熱切地反覆傳誦，或許可以作為一種結論，如今卻反而比真正的事實還更為大家普遍接受。因為這畢竟是由一支起初裝備甚差的部隊——甚至一無所有——取得一個幾乎橫亙整個大陸的廣大國家，而且還是以一種令所有專家[34]瞠目結舌的速度完成。從占領瀋陽（一九四八年十一月二日）到占領廣州（一九四九年十月十五日）只花了不到一年的時間，也就是說，共軍在一年之內從東北打到東南沿海的熱帶地區。

不論這個結果多麼非比尋常，但如果先知道國民黨的缺陷，共產黨的戰績也就不那麼讓人訝異了。最高統帥身邊的美軍顧問（即本章注十八所提的巴大維）在東北陷落後隔日曾經提出一些說法，其中一些就呼應了共軍軍官的分析，他寫到：「從我抵達中國伊始，沒有一次戰事的失敗是由於彈藥或裝備不足所造成的。依據我的了解，所有（國民黨）的軍事失利，都是由於人為或是其他原因導致的指揮失當所造成的，這些原因斲傷了官兵士氣[35]，進而失去所有戰鬥意志。[36]」

國民黨陣營不乏優秀將領，但其中聰明進取者往往被孤立甚至被冷凍[37]。更有甚者，由於蔣介石的疑心，使這些將領各自形成集團派系彼此敵對[38]。一般而言，蔣的私心讓他多半晉用黃埔軍校的畢業生占據高位，蔣出於政治上的考量（參閱第五章）而拔擢這些與其有關的將領，至於那些在仕途或是權勢上不依靠他的，就任其自生自滅不施任何援手。這些政治上的考量是不是同樣地能夠解釋，最高統帥為何會對距其京畿[39]百里外的軍事任務橫加干預呢？也許蔣和這些將領之間因師生關係形成的尊卑結構較之其個人特質（驕傲、疑心病）對其作出這樣的考慮影響更大。基本上不會超出兩項因素：蔣的個性和他內心的憂慮——這解釋了部隊指揮官和某些軍團的司令官為何更迭頻仍的原因。由於指揮的不連續（在部隊作戰期間，經常出現調動、免職及更換指揮官的情形）造成極度混亂的局面，也因為一直存在的不確定性，使得部隊的積極性盪然無存。

國民黨的戰略從未出現過因為過於主動攻擊而造成的失誤，他們只是著重於保持初期（一九四七年春）的戰果。而在一年後，當共軍軍力已然優於國民黨軍隊時，又從東北撤守。眾人所知最嚴重的戰略失誤，就是國民黨在日軍戰敗後盡其可能地接收其遺留的廣垠占領地，以致備多力分。要從華中地區供應補給布防在比長春或吉林等大城市還要遠的守軍，還必須要分兵把守綿延長達數千公里的鐵路。隨著時間流逝，國民黨軍隊遂分散在各處，有的在交通沿線，有的則在各個城市。由於過於重視固守要塞陣地和貯存食糧、彈藥，並節省使用以備面對隨時可能遭遇的攻擊之需，使他們漸漸失去了戰鬥的技能和意願。

如果能夠維持防衛固守的精神，至少還算好吧？但更糟的是接二連三發生叛逃。尤其隨著局勢發展到內戰後期，整個團、整個建制地變節投共更是愈來愈頻繁。一整個師帶著武器裝備投向人民解放軍，這樣的事並不令人意外，因為國民黨部隊不知道為何而戰，但至少知道敵方士兵的處境不差。國民黨只能繼續向農民徵調士兵，有的農民為了讓徵兵官知難而退，不惜將自己的手指剁下。有些家鄉在西南省分的士兵被編入「外省」官兵眾多且具敵意的部隊，還被送到離家甚遠的地方參戰。共軍則相反，他們將同是北方出身的人編入同一部隊，使得他們能夠同仇敵愾保衛家鄉。

在內戰的最後階段（自一九四八年夏開始），國民黨一連串的戰場失利更加重了對士氣的影響。像是「共產黨的勝利是無可避免的」、「國民黨防守的城市終究還是要落入共產黨之手」、「這種殘暴的政府不值得犧牲性命去延續它的執政」等等的氛圍逐漸瀰漫開來。這些都是駐青島美軍顧問在濟南失守後所做的分析報告中提到的說法[40]。報告中還提及，大部分守軍在沒有反抗的情況下就潰散了，少數有意堅守的官兵卻不知道哪支部隊可以信任。一些約在一九四七年中旬負責國民黨戰俘改造教育營的共產黨員認為，改造教育根本沒有必要，因為許多前國民黨軍人僅在被俘當晚接受政治教育後，就轉而加入共軍。

在部隊中四散傳播的悲觀主義——如果不願把它說成是絕望或是厭戰心態的話——反倒使許多將領表示願戰到「最後一刻」的盲目樂觀益發詭譎。最高統帥蔣介石曾在一九四六年宣稱，將在八到十個月內消滅共產黨；兩年後（一九四八年四月九日）再次重申共產黨絕對不可能獲勝，「即使再給他們十六年的時間」也不可能，然而卻在話講完不到十六個禮拜內，中共就取得了這場內戰的勝利。這種判斷上的盲目，在內戰剛開始時並不令人驚訝，許多記者、政治人物和專家們都和最高統帥一樣，只在乎以傳統因素衡量軍事成就。當中共在一九四七年夏天展開反擊作戰威脅華中時，南京和上海完全沒有人感到驚駭，因為沒有人相信這是真的，甚至連親眼目擊者的說詞都被懷疑，直到所有的事證讓他們不得不信時，卻轉而嘲諷率軍遠離農村根據地作戰的劉伯承，指其人品無恥不堪等等。

國民黨政府不僅低估了它的對手，而且也無法適應這場戰爭的打法。即便國民黨的戰略家們亦然（就像一九三九年至一九四〇年的法國軍隊一樣），應該說他們都跟不上戰爭的情勢。為了對付日本的威脅和國內的敵人，蔣介石亟於打造一支現代化軍隊，而這個目標可以說完成了一部分：在第二次世界大戰前夕，他的部隊不只是中國最好的部隊，這批由德國軍事顧問組織並配備歐式裝備的精銳部隊，在為數眾多無法面對現代戰爭的軍隊中（像是大部分屬於各省的部隊不曾面對過戰爭，他們缺乏效率，卻坐擁長久以來傳統軍隊享有的威望：就只有來來回回的分列式、假想一些狀況作作紙上談兵、時時對外發表強勢宣言但怯於戰鬥，更遑論負傷流血，要說流血的話，也只是流老百姓的血），還成為這個政權符合時代潮流且正蓄勢待發的象徵。然而，除了日軍在開戰頭幾個月就使這支精銳部隊蒙受相當大的損失之外，這支備受蔣介石關愛的部隊似乎還沒準備好面對等待著他們的情況。不止如此，因為這些擔任顧問的德國國防軍將領們固然在第一次世界大戰中獲得豐富的作戰經驗，但這些經驗全是來自陣地戰和壕溝戰，相較於他們對裝甲部隊、空中轟炸和閃電戰的貧乏經驗，對於人民解放軍在革命戰爭中所使用的戰法還知道得更少。

我們開始試著將國民政府的弱點和共軍的力量作對照：首先，不只是在最後這一場內戰，而是自長征到「抗戰」的歷次戰鬥中，共軍的指揮具有一貫的連續性（從朱德、彭德懷、林彪、陳毅到劉伯承），他們的戰略簡單而大膽，他們所追求的目的不在於一城一地的防衛或占領，而是消耗敵人的戰力。再者，他們擁有極大的機動性，更確切的說，始終保持彈性和飄忽性（共軍在撤離時，除了留下倒楣的老百姓之外，會把所有東西都搜括帶走，讓敵人得到的只是一座空城和戰勝的錯覺），更凸顯出國府軍只會堅守要塞的戰術欠缺機動性。另外，共軍也避免打可能得不償失的會戰和消耗戰，相反的，他們多半以「圍點打援」的戰術吃掉小股兵力，用局部壓倒性優勢兵力彌補整體數量上的弱勢。

經過無數次游擊作戰，等到實力彼消此長，共軍漸漸坐大後，才開始採取攻城掠地的傳統作戰（參閱頁一八二）。最後，老百姓看待國府和共產黨控制基層之強制力量的態度更是差異甚大：以徵兵為例，受國民黨徵調被認為是不幸，但在「解放區」內被共產黨徵調卻是被認為是一種光榮[41]。共軍的士氣因為接連的勝仗而愈來愈振奮，這一場又一場削弱國民黨的無名遭遇戰和小規模戰鬥，讓親身經歷過的共軍更加壯盛。

以上這種說法是簡化了些，實際情況並沒有那麼涇渭分明。國民黨軍隊的弱點確實比人民解放軍更明顯一些，然而共產黨也犯過一些戰略上的錯誤。毛澤東也曾因為不滿林彪的小心謹慎而胡亂插手干預，更何況毛手下的將領們所率領的只是一群步兵混編在一些異質性甚高的部隊裡，也不熟悉空戰和海戰，毛澤東對這種侷限完全無能為力。當然也可能是共產黨突如其來且如此快速的勝利使大家印象深刻，因而誇大了其軍事能力，卻忘了它的對手的逐步崩解同樣使這個勝利來得如此容易。而且，革命分子所採取的社會政策也加快了這段解體的過程。

社會及政治因素

眾望所歸的勝利？

民眾對共軍的支持並非一蹴即成，中國才剛從日本侵略者的手中解脫，民族議題並不是那麼容易操作。然而中共仍試著以美國帝國主義替換日本侵略者，作為民族主義的投射對象，這麼作或多或少都要靠些運氣。共軍人員以見證者的身分到處宣傳，說他們擄獲的敵人裝備上都有「美國製造」的鋼印，至於那些沒有類似標誌的裝備，或者他們所取得的砲彈是中國本地製造的，共產黨有得是時間和方法在展示這些物品之前寫上「美」（代表美國）這個字。對於未能取信的游擊隊和民團人員，他們則散布一些歌謠，例如：

蔣介石好依賴，美國就是他爹娘[42]

煽動民族情緒的題材永遠用不完，誰在乎整套編派的謠言[43]裡到底有哪些東西是真的？不管有沒有，謠言同樣有效。

至於社會資源，現在更是沒有理由不用。統一戰線此時已不復存在，更不需顧及為了維持統一戰線所設的自我限制。但共產黨倒不急於馬上收獲這些資源。在第一時間，甫就位的共產黨幹部認為，他們在東北實施的土地改革的結果並未落實。地方農村團結對抗外來者和外部威脅（像是土匪、徵稅等）所共有的自衛意識，較之共產黨鼓動的階級仇恨更加根深柢固。大部分農村似乎還未作好準備揪鬥地方菁英的準備，更別說是要推翻他們長久以來的威權地位，但打破傳統地方菁英的權威卻是共產黨最終的目標。共產黨從一九四六年開始就一改抗戰時期較為溫和的土地改革作法（減租減息），而以更激進的沒收和重新分配的手段進行土改，以達到「耕者有其田」的目標[44]。一九四七年十月通過的《土地法大綱》則將這些作法形成法律，包括廢除一切地主的土地所有權、廢除團體（寺廟、祠堂、學校等）的土地所有權，以及廢除一切鄉村中的債務。土地由鄉村農會負責公開分配，有些地方甚至由僅有的貧農團負責執行。

這種激進的土地革命同時也沒收並分配地主的其他家當（房屋、牲畜、農具和家具等），實際上早在一九四七年十月正式公布《土地法大綱》之前就開始推動了，執行狀況依據地區的不同而有所差異，從一九四六年直到一九四八年春天為止，已經如火如荼地進行了十八個月。而從一九四七年冬天到一九四八年，中共領導人卻由毛澤東和其接班人劉少奇帶頭開始批評「左傾錯誤」，也就是說，隨著內戰的進行，他們開始擔心這些激進政策所產生的過激行為可能對動員群眾造成負面影響。

當時確確實實發生了一些過激行為。依據一份紀錄，山東僅一個縣就大概有超過一千人在土改中被活活打死[45]；但是，在華北和東北，中共就是靠著這種作法製造出暴力和恐怖的氣氛，才能完成其推翻傳統鄉村士紳的目的。在「訴苦」的過程中，群眾情緒一旦被煽動起來，農民——或者應該說是部分農民——最後也會加入這場兇殘和屠殺的鬥爭大會。這些鬥爭大會都是由中共組織而成，讓一些積極分子發言鼓動，當沉默和順從的堤防一旦被打破，每個人——至少是好一部分人——就會開始毫不保留地將自已所經歷過的苦難融入集體怨憤之中。村民大會提供了接受村民哭訴的場合，讓這些怨憤不斷被提出和被放大，這種一而再、再而三的作法，結果就會使得結局更加情緒化，一旦這種情緒到達頂點，被揪鬥的地主愈發處境堪危。在憤怒的衝擊下，一旦破除原先對士紳的尊崇，村民的畏縮就會瞬間轉變為狂暴。成功鼓動之後，原先煽風點火的共產黨也無法控制村民的反應。最後他們只能儘快處決這些地主和相關者，以免村民會用剪、叉、鎬、棒進行更殘酷的凌虐。

當然，受害的地主士紳一旦掌握機會，也會遂行報復「反攻」，另一種說法是「白色恐怖」。國民黨軍隊收復一些地區之後，由地主們組成的「還鄉團」對那些在共產黨土改政策中的積極分子或是得利者肆行報復殺害。受害的地主除了使用像是刺殺等暴力手段之外，針對共產黨幹部，他們還常使用其他間接方式來保護自己的財產，而這些方式往往更為有用。例如將女兒嫁給地方上的共產黨領導，或是支使兒媳婦色誘他們，或者將土地暫時分託給一些不太富裕的親戚，而將其他資財寄存在家族成員或其他冒名頂替者那裡，把他們當成「防空洞」。這些傳統地主士紳畢竟能讀能寫，他們會用宣傳、耳語、威脅，特別是滲透的方式對付新政權組織。中共也因此對一些曾接受地主示好，或有事證證明對地主過於寬大的幹部，進行整肅或調整職務。

當大量有文化的地方菁英被農民出身的幹部所取代後，這些農民幹部對待階級敵人的作風更為強悍，使得一九四六年至一九四七年間，過激過火的行為延燒到所有的「解放區」，甚至有燒到共產黨自己的危險。不只是已被打倒在地的舊統治階級想要作困獸之鬥，還有因為嚴格的平均主義要求，或是因為私人恩怨的打擊報復，以及因為鑑別社會階級的標準不夠明確，使一些原本應該是中農的人卻被歸類成富農，進而被剝奪部分資產者，這類人也出現消極、不滿和拒絕合作的態度。這些過於「左傾」的行為，加上新獲權力的幹部腐化濫權，享受特權、魚肉鄉民、作威作福的程度較之以往的傳統豪紳尤有過之，但又沒能像這些豪紳懂得以儒家禮教的外衣作為他們行為合理化的基礎。凡此種種，都是造成土改政策在一九四八年春天終於轉向溫和的原因。不只是政策變得比較緩和，特別是在新解放的地區，共產黨員被要求向群眾作報告，凡有對群眾做過惡劣行為者，群眾有權對之懲罰[46]。

不管是激進或是溫和，中共的土改政策都只是為了達成一個特定目標的操作工具：獲得內戰勝利。透過土改，共軍從而獲得所需的兵源、勞力和給養。僅僅在東北，中共就補充了一百六十萬人的兵源，名義上這些人都是自願加入共軍，但實際上，即便土改沒收地主土地後再分配予農民，許多家庭在分配到這些「鬥爭果實」後仍然難以支持日常所需，最後只得將子弟送入人民解放軍，畢竟，除了可以獲得表揚之外，村子裡的其他人也會前來義務幫軍屬耕作田地。

以其他方式來替代也是可行的；此外，如替代方式無法達到要求，強制手段依然少不了。這些手段在執行上較之國民黨統治時期更為有效，他們對積極分子和順從配合者予以獎勵，對頑抗不從或是潛逃藏匿在「白區」以逃避共軍徵用者的家庭予以懲戒。土改政策還是達到了中共取傳統地方統治菁英而代之的目的，使自己可以在許多地區遂行統治並提供內戰中的助益。共產黨接收了地方菁英的權力，並將之交給群眾，接著重新分配沒收來的部分財富。由於土地革命損害了一部分人的利益後，又提出妥協以換取他們的合作，使得人們對它還是有所期望。此外，在人民群眾為取得勝利所提供的重要貢獻中，基於利益交換的心理成分要比自覺服從來得多，而在土地革命方面主要是靠強制推動，較少自動自發。所以，中共取得的這個勝利是否真的「眾望所歸」？應該還有值得討論的空間，至少要等到與其對手陣營的情況比較之後才能作出定論。

國民黨「失其天命」？

共產黨的成功，與其說是靠其自身的號召力，不如說要感謝國民黨失去民心。在最後的五年間（一九四四年至一九四九年），篤信傳統歷史文獻的知識分子有一種愈來愈強烈的感覺，感覺到天命似乎正在背離現任的統治政權。政府的弱點和缺陷被第二次世界大戰暴露無遺，內戰使其更加惡化，使所有人都認為這個政權已經回天乏術，甚至不值得一救。政治上、經濟上、財政上、最後是精神上，一步一步加速瓦解。

反抗首先由位於邊疆的東北和海外的台灣開始。兩者都剛脫離日本統治，但中國的貧困更襯托出這兩塊土地的肥美，讓帝國主義者反悔將之交還給中國，更引來一群投機冒險政客的覬覦。但當各種枱面下的動作都不得其門而入時，這兩塊地區卻被粗暴地交到一批外來官員手上，而這批官員在心態上根本就看不起在台灣受日人統治的順民，以及在東北和日人合作的附敵分子。但這種輕視的感覺卻不是單方面的，從台北街頭牆上一再被複製的嘲諷漫畫就可以看得出來[47]，尤其是當一些任人唯親、靠關係、荒唐放蕩的事情一再發生，更讓「幹中國人」有了另一種新的解釋。台籍菁英認同一部分日據時代的正面統治作為（像是政治穩定、經濟發展、教育、地方自治等），在他們眼中，總覺得這些前來接收、統治的大陸同胞，在各方面都比較落後[48]。

當國民政府在台灣公然執行專制鎮壓的同時，東北也沒能倖免，尤其在內戰前的一九四五年及一九四六年間。先是在蘇俄占領期的頭六個月，伴隨著的是破壞、劫掠和姦淫，隨後而來的是共產黨對付地主和漢奸的運動，再來是國民黨帶著一部分急著發戰爭財的人和腐敗官員班師回朝，重新占領東北一部分地區（尤其是南部）。至少在東北，這些在國民黨官員貪腐濫權下受害的人就成了參加共產游擊隊的潛在力量。台灣孤懸海外，只能獨力抗爭而無任何奧援，甚至有時只要發生一次霍亂傳染——當然也是由大陸傳過來的——就使大家束手無策。但是台灣的抗爭很快就遭到血腥鎮壓（一九四七年二月至三月的二二八事件）[49]，數週後才為外界知悉並關注。緊接著的鎮壓行動持續了約兩年時間，綏靖後的台灣島仍然為潰敗的國民黨提供了一個庇護之地。

二二八事件發生之際，正值國民政府在大陸的支持度每況愈下，著實在大陸引發嚴重的憂慮。知識分子如同十二年前一樣，開始鼓動反蔣（參照頁一五七至一五八），雖然知識分子間這兩次的爭辯議題在表面上看來有所不同（在一九三五年至一九三六年是要求蔣對日宣戰，而一九四六年至一九四七年則是要求國共和談），但其實質卻如出一轍，仍然是一堆愛國者圍繞著如何救國的問題各說各話，只不過抗議的對象由反日變成了反美。如同十年前的翻版，抗議人士呼籲，為了反抗外國和防止分裂，國民黨必須和共產黨進行協商[50]。中共對這些抗議活動的滲透之深，超乎想像。政府則不願就範，反而運用恐嚇手段進行鎮壓[51]，驅使部分學生投入共黨陣營，使其聲勢日益壯大。

枱面上的政治盤勢反映出效忠對象的此消彼長。很快的，連國民黨都開始分裂，而政府也漸漸無法掌控這些如同雞肋般食之無味、棄之可惜的政治支持者。一些知識分子、大部分的自由派政治人物和一些小黨，先前曾共同組成了鬆散的第三勢力，其後被整合進「民盟」[52]。一九四六年十一月，這些「中立人士」和共產黨共同抵制南京國民政府召開的國民大會。大部分民盟人士心中早有立場，這也使得民盟在一年後的一九四七年十月廿七日被國民政府宣布為非法組織並勒令解散。三個月後，一九四八年元旦，一批前國民黨軍政高官在香港成立「中國國民黨革命委員會」（簡稱「民革」，現亦為八大民主黨派之一），並呼籲共同反抗國民政府。而國民黨本身則宣稱，國家建設已遵照孫逸仙的設計，由訓政時期進入最後的憲政時期（參照頁一二九），在一九四七年底著手組織國民大會代表選舉，隨後在一九四八年四月舉行總統大選，由新選出的國民大會代表選出中華民國總統及副總統。蔣介石毫無意外再度獲選為總統，但他卻無法阻止李宗仁選上副總統[53]。在政治圈中有傳言，蔣曾威脅時任國防部長的白崇禧不要支持李宗仁，白與李同為桂系要角，兩人共事合作多年，白並未遵從蔣的指示，致使李宗仁成為僅次於蔣的全國第二號人物，蔣為此也僅能撤了白崇禧的國防部長了事，畢竟當時已經沒什麼人願意服從蔣的專制了。

通膨之害觸及社會各層面，造成公務員這個本應最支持政府的群體都要棄它而去。飽受通貨膨脹之苦的公務員選擇和知識分子同聲一氣，成為國民政府日益惡化的政治處境中最關鍵的影響。在重慶時期就已發生的通膨問題一直延續到戰後（參照頁一七〇），而和平的降臨讓這問題獲得了短暫喘息的機會。由於沿海的商品突然大舉進入內地，投機商人急著釋出屯積的貨物，加上勝利讓大家對未來有了信心和樂觀的期待，這些原因都讓物價暫時下降了一些。樂極卻容易生悲，過度的樂觀讓國民政府高估了法幣——當時在國民黨統治區所使用的合法貨幣——的幣值，以一比一的固定比例兌換日本占領大陸期間在東部各省發行的紙幣。收復南京和上海後，難民們在被剝削和壓抑八年後突然間重獲消費能力，一時之間紛紛湧向商店購買物資，造成消費需求不正常的遽增，而堆積在商家處的法幣數量也瞬間暴增……於是通膨再度復燃。接著國民黨和共產黨之間的敵意日漸升高，更助長物價推升[54]，使已經為這場勝利消耗了大量金錢的政府，難以再面對另一場軍事行動[55]。為了填補預算缺口，政府瘋狂地印製鈔票。通膨讓商人攫取更多利潤，但政府卻沒採取任何配套的稅收措施來轉移商人賺取的財富並增加國庫收益。而獲利的商人因為預期物價仍會再度攀高，即以所獲取的現金購貨屯積，或投入購買貴重金屬和外幣。由於政府直到一九四八年夏天之前都沒建立有效的外匯管制及進口貨物限額等措施，造成國家資本嚴重外流。一九四八年八月中旬，美元對法幣匯率約為一比一千兩百萬左右[56]。

為了打破這種惡性循環，政府打算施展極端手段，一九四八年八月十九日，頒布《金圓券發行辦法》，以金圓券取代法幣，並規定一元金圓券兌換三百萬元法幣，開始嚴厲管制外匯，不過為時已晚。政府也著手限定最高物價，取締投機分子。蔣介石派長子蔣經國前往上海，賦予他無上權柄，雷厲風行整頓當地經濟。他向那些乘機發國難災的人宣戰[57]，警察直接進入商鋪後進的儲物處搜索，用手槍威脅他們把藏起來的物貨拿出來賣，並強制交出黃金、白銀和外幣，兌換成新發行的金圓券。強制政策果然奏效，在九月底之前，上海成功地穩定了物價。但只有上海一地的物價維持不變，反而造成更糟糕的問題：由於其他各地物價仍然繼續上漲，於是商品貨物開始流出上海，造成物資缺乏。這種情形更因為政府突然在十月分宣布要提高稅賦而雪上加霜，這個錯誤的政策不但造成民眾恐慌，更使原本就已匱乏的市場上的瘋狂搶購行為變本加厲。到了十月底，政府終於了解上海物資匱乏的程度，連在中日戰爭期間都沒這麼嚴重，遂廢止了物價管制，通膨於是再度發生，而且很快就因為超量印發鈔券而加速惡化。為了遏制通膨，中央銀行於十一月二十三日開始拋售黃金和白銀，而欲購買的民眾得花費比三個月前政府強制收購兌換金圓券時高出十倍的票面價格才能買得到。一個月後，在一間銀行門口擠著洶湧的人潮，其中許多人為了要出清他們手上毫無價值的鈔券而徹夜排隊，最後造成了七個人被踩死、四十五個人受傷的慘劇[58]。一九四八年秋天的軍事失利，使原本對政府還算支持的稍有資產者開始離心離德，而金圓券的失敗[59]，對於人民而言就等於直接宣告了政府的失敗。

通膨的發展速度和廣度引起大規模的所得重分配[60]。由於變動如此巨大，不但造成相當程度的社會影響，更造成了關鍵性的政治結果。城市中產階級受物價飛漲之害尤烈，比一般大眾更深。在債務和地租改以稻穀價格計算之前，四處肆虐的通膨倒是讓一些農家原本得花上一輩子才能償還的債務，在一眨眼之間就解決了。甚至那些比小自耕農收入更不穩定的雇農和城市工人，也比領固定薪水的公務員和軍人更能適應這場風暴。到後來，按時或按日計酬的苦力和除草工人的三餐飲食水準，幾乎與按月領薪（有時還延遲發放）的大學教授不相上下，不過至少他們都還是老實本分地賺取應有的酬勞。貪腐的政府官員（他們領的薪水僅為戰爭結束前——一九四三至一九四四年間——的十分之一再多一些）[61]和軍官，為了養活他們的家庭，會設法盜賣原本是軍隊補給品的白米、衣物和彈藥。這種種情況顯示出造成壓垮政權不可忽視的因素：這和大批部隊倒戈投共的情形一樣，都是純粹的經濟因素使然。在一九四八年夏天之前，相對於受薪階層，只有老派財主和新崛起的富豪因為受惠於在變局中所獲取的利益，得以免於這場風暴。而先前那些藉由通貨膨脹獲利的投機分子、數量日益減少的商人和工廠廠主，這些階級由於被強制要求將所持的資產兌換為金圓券，在一九四八年秋天的嚴厲整頓政策[62]及金圓券崩盤後，也因而意外受到波及。備受破產威脅的資本家在慌亂中有時會作出一些可笑的舉動，例如廣東的某間大造紙廠，為了造新紙，買了八百箱鈔票作為原料。列寧曾說過，共產世界裡會用黃金建造廁所，在那一天來臨之前，如果這些兩千元面額的金圓券真能還原成黃金的話[63]，我們應該可以實現這句話向列寧致敬。這種形勢釀成許多人絕望自殺的悲劇，感到受騙上當的資本家絕少繼續追隨蔣介石前往台灣，最有錢的人則以非法手段將資產轉移到香港，其他人有些就留在原地戰戰兢兢地面對可能的勝利者。因此，當「獨眼龍」劉伯承的部隊進入華中時，就有一些紗廠廠主突然關心起共軍士兵的衣服夠不夠穿，組織車隊送布料過去。同時，在中國沿海，成列船隊朝向「解放區」駛去，其中有的載油料，有的載零件或是化工製品，這些船隊顯示出中國資本家已然棄國民政府而去。另外一批人走空運，在一九四八年十一月，一個禮拜就載運了約五萬難民去香港。但對於隨後幾個月發生的事，這些只算是微不足道。

當國民政府自已出手毀掉支持基礎時[64]，民眾的心情並非深懷悲傷，而是滿心厭惡。這種厭惡情緒是被政府腐敗無能所誘發的，而通膨又使腐敗變本加厲。此外，國府習慣性使用的謊言也加深了憎惡。就像是國府努力想要填平出現在自己腳邊的深溝，卻不知道這條溝就是自已挖的。官方的中央通訊社對淮海戰役進展做出不實報導[65]，政府厚著臉皮為台灣二二八事件找代罪羔羊[66]，這些都可以做為例證，到頭來沒有人會再相信政府的權威，也沒有人知道事情的真相到底是什麼[67]。群眾對政府的蔑視和看穿政府作為之後的憤世嫉俗，都是國民政府自己造成的，這樣的心態使人民對任何事情都只看到它的黑暗面，以致於貨幣改革對他們而言只是一場預先精心策劃的竊盜罷了[68]。

慢慢地，資產階級開始認為：共產黨還能再壞到那裡去？人民帶著既期待又恐懼的心理等著共產黨到來，不論他們來了之後是屈從或是解脫，總之只有等待，至少所有的不確性最終將要告一段落，戰爭會結束，每天所面對的荒誕痛苦日子也會結束。一九四八年十二月，有人做出了一份精闢的報告，作者為了撰寫這份報告在華中及華南五省進行調查研究[69]，他反覆聽到群眾口耳相傳：「一切都將結束」、「不論將發生任何事，都不至於更糟糕」的說法。

然而我們應該注意，這些期待和看法中仍有誇大及渲染的成分。在沒有任何人能對未來做任何保證的情況下，大多數人只能在兩害之間相權衡，而由於對現行政權的厭惡，使得他們不得不轉而投向共產黨。國民黨政權之所以潰敗，通貨膨脹和自身的腐敗固為原因之一，但仍不及軍事上的失利來得重要。而今（指二〇〇七年時）共產黨政權的腐敗程度比日薄西山時的國民政府猶有過之，但其權力似乎依然穩固。中國大陸的情勢仍在持續發展，但還有許多其他比腐敗還要嚴重的問題和矛盾亟待解決。

*

就表面上看來，可以得到兩個結論：

- 共軍贏得了中國，這場革命像是難以遏制的趨勢。
- 並不是共軍贏得了中國，而是國民政府被自己的謊言、信用破產和腐敗給推翻。即便單純從軍事層面來討論這個問題，也必須承認，國民政府部隊戰力贏弱的影響更甚於共產黨的革命武裝實力。

這兩個觀點雖不足以說明整個問題，但是可以作為進一步思考的起點。我將會先就第二個觀點進行討論（頁一八五至一八九），然後再回頭檢視第一個觀點。即便是在某些前提條件下（例如，在奪取政權的過程中，中共同時進行土地革命，並藉此動員獲得助力），但直接說「中國共產黨靠武力征戰取得政權」似乎讓某些人感到困惑。難道這種說法當真太過武斷了嗎？在軍事對峙之外，當時中華民國的政治態勢是否也為革命助了一臂之力？我們只要看看哪些個人、黨派或團體的背後擁有武力支持就很清楚了。國民政府第一次分裂時，汪精衛和蔣介石相互敵對，汪精衛空有懸河口才和較高的支持度，仍只是一個手上無兵的秀才。稍後由民主聯盟和其他意見領袖組成的「第三勢力」也有同樣的致命弱點。再以國府軍和共軍這另外兩個勢力的作為來比較，答案就呼之欲出了。

雖然很少有其他國家像中國一樣有反軍國主義的傳統，甚至民間還有「好男不當兵，好鐵不打釘」的說法。但就一般看法而言，以純粹的軍事武力實行征戰是一回事，在某些情況下採取民主辯論比武裝鬥爭更有利是另外一回事。其實這些情形不是當時的中國所獨有，即便在現今的非洲或是一些第三世界國家也會發生，絕大多數的政治勢力——不論是左派的或是右派的——都和軍隊或是軍方事務有所關聯[70]。毛澤東在總結江西經驗時就曾表明：農村蘇維埃就是武裝農民[71]。一九二七年，毛總結失敗的教訓並告知他的同志們：「所有共產黨人須知『政權是由槍桿子中取得的』。」對於毛和他的同伴們而言，手中沒有武力而想要逐鹿中原，根本是緣木求魚，這點是再清楚不過的事了。

結論[1]

「革命這件事的發生，在一個像中國這樣的社會中……是很自然的事，這種需求來自於人的生命深處，其醞釀過程難以遏抑。」格雷厄姆．佩克（Graham Peck）的這個陳述[2]有些誇大（他也許像事後諸葛，在事情發生之後，做出這件事必然會發生的結論，卻忽略參與其中的人和思想所扮演的角色），但一針見血：他大膽地提出，早在一連串事件陸續發生的過程中，已經出現了結局。不是中國人主動選擇革命，而是實在沒有其他的選擇。

雖然革命的醞釀過程難以被遏止，但是其孕育者仍能設法加速推動完成。在解放中國的過程中，這些獻身於孕育革命的人究竟做了哪些事？

首先要問的是，他們所扮演的角色是不是任何人都能取代的？或者他們的初衷就是協助、催生出這樣的革命成果？有些學者認為，在國民政府統治末期，中國已經混亂不堪，任何一個有組織的反對勢力都能贏得權力，而當時有組織的反對勢力就只有共產運動，所以共產黨只不過是剛好填補了這個真空罷了。我在前文的討論中也提到數次，國民黨是如何提供機會讓共產黨取得勝利。有點像是國民政府的領導人刻意留下了空間一樣。

這種看法看起來有些弔詭，其實不然，反倒是充分說明了中國共產革命最後階段的景況。但隨後應該要進一步說明產生這個空間的原因，以及為何到最後只有共產黨能成為唯一有組織的反對力量。換句話說：中國共產革命的深層原因究竟為何？而共產黨是如何掌握、運用這些因素的？這個問題需要作全面性的探討。

然而，對於先前提出的詰問（即革命分子的作為是否真為革命成就了一些事），應討論的重點在於，對異常沉重的歷史遺緒和共產黨輕易贏得政權之間的關聯。使國民黨政權變得如此脆弱的問題，對當前的新政權而言同樣是難以解決的困境。在清朝覆滅後一連串的權力爭奪中，人民所感受到的就是無休止的內鬥帶來的積弱不振，更成為當時整個國家的景象。不論是俄羅斯帝國、帝制中國或是國民政府時期的中國，在這些被視為「落後」的國家中，既沒有足堪領導的階級引領反抗力量，社會矛盾又尖銳異常，形成革命得以輕易獲勝的機會。但也正因為如此，一旦革命力量取得執政的機會後，反而極難堅持在革命時期所提出的承諾。所以，一旦執政後，真正的問題才要開始。毛澤東對這點倒是很清楚，他在一九四九年七月就曾表示過：「（經過二十八年）我們取得了革命戰爭的基本勝利，但是過去的工作只不過像是萬里長征走完了第一步。」

原因探討：「模式」和其限制

如果認為「權力真空」這個觀點無法全面解釋中國革命，那麼究竟什麼是革命的主要原因？讓我們回過頭來討論，在面對本書中所描繪的那些糾纏往復的悲劇時，究竟哪些觀點才是應該注意的。何者擔任催化作用？中國革命的「模式」又是什麼？

傳統上做研究時為了表示引用資料廣博，常出現在一些不重要的論點上打轉的情況，或是在一些次要的問題上投入過多，有時候還會有提出「假問題」的傾向。更何況，在做當代革命研究時，有時不見得會遵循廣泛徵引資料以求客觀的研究傳統。像有些研究者——指並未排除個人觀點好惡者——就會對一些涉及其中的人物強加肯定或是抨擊。中國共產革命者的勝利，在胡適筆下就成了莫斯科策劃的陰謀和「史達林大戰略」的一部分；而一些美國作者則認為共產黨之所以取勝，要歸咎於美國的失誤，甚至於是國務院背叛了中國[3]。外在的觀察極少能達成清楚解釋的目的，有些解釋則流於表象，例如精神層面的（裙帶關係盛行、統治者腐敗等等），或是政治層面的（不容許合法的表達反對意見）。對共產黨之所以取得成功的詮釋則尤有過之（軍事觀點：以戰略及戰術觀點看待革命；財政觀點：從通貨膨脹及其對其他各層面的影響切入討論），即便其中有些不錯的研究，但提出的解釋也僅能滿足他們列舉出來的個案。

不論是對執政團隊的揭批（腐敗、不民主）、辯解（史達林的陰謀策略）或卸責（日軍侵華使蔣介石沒有機會將需要長期推動的改革做好），大部分類似於此的解釋都圍繞著國民黨的弊病和運氣不好。檢討時將矛頭指向失敗的政權是很正常的，然而，就算國民黨政權確實徹底腐敗、怠惰、跟不上時代，但是將所有的罪衍都歸咎於統治者並不能說明一切，也難以解釋根本的問題所在。冰凍三尺非一日之寒，問題種因於更早之前。

對於這個毫無前例可借鑑，卻造成整個國家動盪不安超過一個世紀的危機，共產黨早就以「反封建、反帝的革命」這個定義做出清楚的表達。容我們先暫時不討論「封建」這個字義的濫用問題，這個定義讓我們認為應可概括出這個衝突的重點：和外在敵人及對老舊中國的抗爭。

按照共產黨對革命定義，「封建主義」的代表（我的理解是[4]：傳統社會的既得利益者、依賴者和維護者）有地主、官僚和軍閥。更進一步說，如果我們選擇以地主作為這「三座大山」的代表，那就表示有兩個問題是我們認為較為重要的：民族問題及社會問題（實際上，即農民問題）。

在眾多因素中，我們認為這兩者特別重要，但兩者中何者更為重要？社會問題嗎？痛苦磨難和不公不義並未驅使農民起而成為革命的力量（參照頁一一九），必需等到外來侵略和戰爭降臨後情況才有所改變。它們並未直接喚起農民，卻給了革命政黨動員的能量，並在最後得以贏得政權。

但為什麼不是民族問題擔任決定性角色？因為我認為由純然的民族觀點（帝國主義壓迫）來解釋革命的發生太過薄弱。但主張革命的催化劑是民族問題而非社會問題倒是可能的，因為帝國主義者發動了戰爭（日本侵華），才給了共產黨絕佳的歷史機會。列寧在〈共產主義幼稚病〉中曾提出：「任何革命的產生，都是隨著一個同時影響被剝削者及剝削者的民族危機而來的。[5]」這個列寧定義的「革命基本原理」雖不見得放諸四海皆準，但至少在中國和蘇俄得到了印證。先前我們討論詹鶽的論文時指出，在革命的「民族」關鍵階段中，社會因素的重要性亦不容忽視（參照第六章，頁一六二）。

這就像是，如果一定要用一種模式來表現中國革命曲折複雜的誕生過程，我認為所謂的中國模式就是由帝國主義壓迫和農民受的苦難所構成。讓我們回顧一下這兩者，不是為了要強調它們的影響力，而是要做更進一步的檢視。

先談談帝國主義。帝國主義的侵凌當然是這一連串災難的開始，但我們不應認為帝國主義必須擔所有責任。我們也不會斤斤計較其惡行的程度，但仍應問一個簡單的問題：使一個國家在十九世紀中至二十世紀中經歷翻天覆地的動盪，最終造成一場悲劇，這首先應歸咎於商人的貪婪、西方工業帶來的不平等競爭、炮艦的凌辱，甚至於是「真神」的傳教者毫不掩飾的優越感嗎？但我認為，比難以衡量的剝削惡行及顯而易見的種族歧視更為關鍵的，是一個國家突然從沉睡中被喚醒，並開始進行現代化的過程中引發的一連串反應：已經被自身在十八世紀繁榮發展下產生的政治、社會和生態危機的傳統社會，開始走向混亂、解體。追究這是白種人的錯還是黃種人的錯？這樣的問題毫無意義。動盪源於在技術發展層次上有所差距的兩個文明的接觸。十九世紀登陸中國的西方冒險家和海盜們，只是挾西方科技革命而來的一群人，而這些人僅能代表整個歐洲的極端一角。而且，將中國描述成由一群學識淵博的知識分子輔佐朝政，且擁有先進及早熟的科學技術[6]，也不全然真實。難道認為中國恆定不變、與進步絕緣，甚至為了維持它的穩定而停滯不前，這種刻板印象的普遍說法是可接受的嗎？

或許我必須在此再次強調，馬克思曾讚嘆英國資產階級成就了孟加拉鄉村革命這件事：「這是在亞洲從未發生過最大規模且唯一的一次社會革命。」其中所呈現的通則性，或許中國人將來會了解，但現下[7]對他們而言卻像是一廂情願似的豁免了帝國主義惡行（這是自然反應，也可能具有療傷的作用），這雖無礙於他們仍遵奉馬克思—列寧主義中對帝國主義是「歷史工具」的教條式論點，但仍是一種矛盾衝突。等到稍後中國一旦被從枷鎖中釋放時，民族主義的出現就自然跨越了這個矛盾。

我們既然對帝國主義迷思沒有任何好感，就不應該再隨之起舞。能對昨是進行反省，才能自在地說明今非。

實際上，我們應要避免落入自以為是的窠臼中。這在許多事情上都可以做到。例如首先要研究清楚帝國主義的實際影響之後（例如對農村手工業者的影響），再斷定它們究竟是怎麼回事；在特別關注帝國主義者的「責任」時，也要記得分析中國領導階級的責任；嘗試了解在蔣介石著作《中國之命運》裡所流露的反動、沙文式民族主義，到獲勝的共產革命者的民族主義之演變。嘲弄蔣介石並奉承達成共產革命者，是極其容易的事，畢竟共產黨做到了許多對國民政府而言夢寐以求的願望。共產革命同時承受了所有的歷史遺緒，其中也包括古即有之且歷經蔣介石時期以來的排外思想[8]，這也沒什麼好驚訝的。另外還要注意，在帝國主義入侵之前就逐漸使中國傳統社會趨於崩解的內部因素（例如人口問題）；以及不要過度「理想化」中國傳統社會「奇蹟似」的穩定。我們可以認為，中國社會能維持這種穩定平衡是很巧妙的，卻不一定合情理。

接下來要討論農民問題。首先要釐清的是農民問題和農民運動不同（參照頁一一九）。在尋找革命形成的原因時，農民問題在一開始就引起了我們的關注。當然我們不應誇大它的重要性，但農民的階級屬性為何？所扮演的角色和他們的態度又是如何呢？

農民的參與，是革命之所以能夠成功的基礎，這點自不待言。但他們在心理上並沒有想要成為馬克思所說的史上最大「農民革命」的主角。沒有任何一件事情可以讓人認為農民就是想要取代在革命運動中每下愈況的工人階級[9]。馬克思的信徒感到中國的表現（當文革如火如荼的推動時）愈來愈正統和堅定，進而逐漸產生轉移心理，取代令他們失望的蘇聯，但他們要如何在理論上找到合理化的辯護說明呢？史上最大的「農民革命」居然發生在這個國家和這個時代，對馬克思以下的論斷既是補充也是反駁：

> 這些位於田園中的農村公社（在印度，但馬克思以革命的觀點將之投射於全亞洲）長久以來始終是東方專制制度的堅實基礎。它們還將人的精神侷限在極小的範圍內，成為迷信的馴服工具，成為傳統習俗的奴隸，表現不出任何偉大的、能夠創造歷史的精神。更不要忘了，就是那種本能的自私，讓人死抱著一塊小得可憐的土地，靜靜地看著整個帝國崩潰、難以形容的殘暴罪行和對大城市居民的屠殺，就像觀看自然現象那樣無動於衷，而只要任何侵略者低頭看他一眼，他就自己束手成為侵略者的俘虜[10]……

在這段精闢的文字中，讓我們感到困擾的倒不是字裡行間的嚴峻苛責，更不是馬克思沒有看出農民的革命潛力，而是他對農民毫無——或是說有意地排斥——同情。如果是排斥的話就說得通了，如果馬克思懷抱婦人之仁，受到這些他覺得會妨礙他超越人性的障礙物所影響的話，馬克思就做不到他所想要的革命。同情心對高貴的靈魂而言是奢侈的，無法與實踐革命的承諾相容。要求農民放棄馬克思所說的「自私」，也同樣是一種奢侈，也和英雄主義一樣荒謬，所謂「英雄主義」是只有吃得飽飽、整日冥思空想的知識分子才能去「滋養」的一些無根無據的念頭，對於農民，唯有生存才是道理，一般人能活個七十歲已經很好，能活到八十歲，就是值得受人欽羨的長者了。

我們該如何觀察這個即將成為農民革命典範的中國呢？一方面我們看到因戰爭而迅速擴大的混亂局面，加上中國共產黨的推波助瀾，喚起了農民的階級意識；另一方面，在大規模社會革命（一九四六年至一九四九年）發生的初期，在一些鄉村，當紅軍來時，佃農對地主說：「你現在把土地分給我，等國民黨回來後我再還你。」而地主則對佃農表示：「你現在保護我，國民黨來的時候換我保護你。[11]」這些在地主和佃農之間交換利益的例子，讓我們隱約看出，也許農民的階級意識是被高估了。這種同夥間的利益交換，完全不具備任何共產分子所謂的革命意義。

手段：行動者和工具

在檢討帝國主義的作用時（或拒絕接受中國革命完全是受帝國主義影響一說），我們一直停留在討論造成革命的原因，但是當討論主題從農民問題延伸到農民所扮演的角色時，就開始進入到對革命行動者的檢討。由於我們在歷史上完全沒看過有什麼革命是源於群眾「難以再忍受」，因而產生自發性、自我複製的革命，這個問題就變得難以迴避。由於混沌的局面可能延續極久，難以忍受的折磨也可能因之持續數十年，卻看不到革命浪潮洶湧而至。中國的情況跟俄國很像，「革命的組織者」就成為在背後推動這種混亂局面的力量。或者更確切的說法應該是，他們利用既成的混亂局面，當情勢曖昧或是可能趨於消散時，組織者便按照自己的需要去推動或使其外顯，以引導或是加強影響。在討論「客觀因素」（民族、社會）之外，我們也要談一談促成革命的「主觀力量」（工具和行動者）。這些力量可以從有組織的、經過長期發展的戰略思想所武裝起來的革命運動中概括出來。這個戰略思想可能不是自始至終謹慎周密，但總能引導理智做有效的發揮。

有一批人一開始就參與籌劃醞釀這項戰略，爾後又在曲折的革命道路上不斷修改原先的規劃，他們是促成革命成功的首批行動者。而農村群眾固然扮演革命中不可或缺的角色，但若沒有具備革命意識的知識分子引導組織，農民始終無力改變任何事情的發展走向。就像剛剛說到的「曲折的革命道路」，這批知識分子為了動員農民費盡心思，由於他們的頑強，加上在事前就打造好爭取勝利的武器——革命政黨，讓他們終究達成了目標。如同俄國，這支革命的先鋒隊一步一步地轉向群眾運動；但中共更勝於俄國的是，它不只是個被武裝的政黨，它還使自身成為一件武器。隨著革命的進展，它原本只作為工具（政黨）的角色，和附屬的武裝力量愈來愈難區分，也因此讓自己從而愈來愈使人畏懼。政黨創造出來的紅軍，由一批職業革命家所指揮，這批人在造就革命的各項因素驅動下也使自己成為軍事家，這一點造成中國革命與俄國革命有明顯的不同[12]。中國在一九四九年的結果雖然是透過軍事征伐取得的，但是並不意味著它打破了列寧主義。在我的認知中，中國共產黨人只不過在一個適於軍事行動的國家或情況中實踐了列寧主義中較極端的原則（軍事）而已。在這點上我們和卡謬

（Camus）不謀而合，他也同意「革命武力」是職業革命家不可或缺的重要倚仗[13]。

和列寧一樣，中國的「布爾什維克」基本上也是緊緊依靠著自己的軍事戰略。這個觀點讓我們更便於分析中國跟俄國的這兩個「馬克思主義」革命，這兩個革命並未驗證馬克思主義[14]，而是利用了它。它們的成功也證實了馬克思主義的工具價值[15]，尤其加上列寧對它的補充完善。馬克思主義終究走向式微（任何工具皆如此），但我們仍有機會恢復它的地位，畢竟它曾一度相當有貢獻。對於「馬克思的理論是萬能的，因為它是真理」這句列寧曾提出的詭辯之詞，我以毛澤東的實用主義作為回應：「對於馬克思主義的理論，要能夠精通它，應用它，精通的目的全在於應用。[16]」

後記

自本書第二版後，由於對相關問題資訊的了解與時俱進[1]，使我著手修正自己的認知[2]以及和初版中一些不同的觀點。除了舊版中所提及的一些看法之外，從一九八七年以來陸陸續續出現的新認知，還有嚴謹學科訓練下的點滴累積，比起我開始撰寫此書的年代（一九六六年），今天對於中國革命的認識已經超過不知凡幾。在隨後的幾版中，我雖然陸陸續續做出修訂，仍難以跟上研究發展的腳步，將每一段、每一頁修改到令人滿意的程度。這本書可能因為這樣而不再全是我自己的觀點了。但如果回到這本書的寫作初衷，它是第一部試著從記者報導、親眼目擊者的證詞和參與性的社會學研究中取材，多過於當時十分少見的歷史著作的一篇綜論。

接下來的是歷經將近四十年的研究之後，讓我能修正自己最初的一些觀點。首先要談的當然是：什麼事情使我不再像四十年前寫這本論著時那樣地推崇中國共產主義者。

第一個要說明的重點由於在最後一篇論文中另有詳述，這裡只做簡要的陳述：中國革命真正開始的時間約在一九〇〇年[3]左右，並非我之前暗指的一九一五年以降。在這個新的試論中，我確切地認為，民族主義以及由知識分子刻意傳遞推動的種種促成革命的因子，有重要的影響。然而，最戲劇性的變化卻源於更廣泛的層面，廣義文化層面的影響更甚於知識層面。我所想到的是狄德羅（Denis

Diderot，十八世紀法國哲學家，曾編纂名為《科學、藝術及工藝解析詞典》的百科全書）之類的哲學家，還有像是羅伯・丹屯（Robert Darnton）和侯瑞・夏提葉（Roger Chartier）等人的著作[4]。而一些「啟蒙的火花」更散見在許多城市的讀物中，即使人們沒辦法一一接觸到革命思想家，仍然可以在為數不少的報紙、期刊、手冊和通俗讀物中看到革命思想的一些輪廓，更摻雜在一些經常出現的「新玩意兒」說明小冊中，這些小冊象徵著便利的現代生活。即便沒讀過這些文字的人，也會從一些演說者的口中聽到揭批纏小腳、鴉片或是帝國主義者的情形，或是宣傳電器用品、照相術和抵制外國貨等等。對於民族主義的急迫需求一旦碰上這種日常生活興味和現實狀況的快速轉變，很快就會被其吞噬和超越，這種轉變關係到商品、消費，也關係到政治，但在思考如何建立公平正義的社會之前，最能被接受的還是如何獲得利益。然而，過快的改變節奏（一九一〇年，平均每個中國人收發的信件、報紙及期刊數量比一九〇一年多了二十五倍）卻成為不穩定的因素[5]。就像有些人喜歡新事物，也有人暗自擔心這些新事物動搖了傳統習俗和價值，甚至在某些地方——尤其是鄉村地區——引發了特別強烈的反對情緒。

此外，風俗、精神領域對於催生革命的影響——和思想領域一樣——比我想像的還要更早形成，也因此使得中國革命在思想上的起點，和其達到高潮的一九一九年五月四日並不一致，這一點必須區分清楚。在本書初版問世五年後，已開始有人試著摘除五四運動的光環（Schwartz edt., 1972），接著，針對以往對五四過度讚譽的解構行動持續擴大（相關著作中請參考Lin, 1979），然而如今回過頭再度推崇五四的程度，較之以往甚至猶有過之[6]。按照解構五四光環者所言，五四運動不值得在史書中被置於如此重要的地位，第一個理由是五四運動中反覆主張的議論，在帝制時期的最後十年間早已被提出辯論過；再者，五四還將之灌注於激進的傳統破壞運動中，真正的自由主義與之毫不相容，後來的失敗有部分要歸咎於此。

第一個理由最充分。五四運動的確不是憑空出現的，而是代表十九世紀最後十年間即開始孕育的思想運動在五四時開花結果。我會在最後一篇討論中詳細說明，在此我先舉一個例子就好：相較於另外兩個自我退縮的民族：土耳其的衰敗和印度的依賴，中國民族主義的先行者以其睿智決定向先進國家取經，其所參照的是彼得大帝時代俄國和明治時代日本所展現的銳意復興。陳獨秀以巴比倫人在歷史中淪亡為鑑，在二十世紀初的第二十年創辦《新青年》雜誌，在其中諄諄傳達的觀念就是「要學習西方」（參見頁四十七）。陳獨秀就像是想要成為時代警鐘的雨果（Victor Hugo）一樣。然而，胡適引領的思想革命則不像我原先所認為的那麼具有原創性：在他引發「文學革命」之前十五年多，梁啟超就已經不排斥書寫後來愈來愈多報紙、宣傳小冊使用的「白話文」[7]。胡適更是只自滿於將白話文運動侷限在文學領域內。

第二個批評則更需要討論。我們可以區分開打破傳統的先驅與五四運動以降的傳統破壞者。那些率先主張破除傳統的先驅，感於確實有需要徹底改變，但這個改變仍需顧及文化承傳的連續性，不能冒然決裂。和下一代的破壞者有所不同，先驅者受傳統典藉的薰陶甚深，而下一代則是在廢除科舉之後成長的。先驅者認為中西思想之間並非扞格不入，甚至多有交集，這就和五四運動裡「激進的傳統破壞者」截然不同[8]，後者認為，當帝制和其賴以建立天朝思想的宇宙觀崩解後，整個傳統都應該被丟棄。就這點而言，我認為這種將傳統整個捨棄的做法有些太過。自信滿滿的陳獨秀就激起了激烈且精彩的論戰。李歐梵在這點上合理地將五四運動與其後中國知識分子的激進化聯繫起來[9]。但形塑五四運動的宣揚者和其繼承者的背景對於激進化應更具影響力。在這些五四運動的宣揚者和繼承者之中，激進派較自由主義占優勢的原因，並非因為他們比較機靈或奸巧，而是當時的情勢似乎偏向他們所主張的極端解決手段。易言之，我們不能排除這種知識本身之外的考慮，我在這方面基本並未改變當初分析的論點。當時中國所面臨的問題經緯萬端又迫在眉睫，造成自由主義者主張的漸進改革完全沒有任何吸引力。在難以忍受的現實情況驅動下，愈來愈多人被焦躁的革命分子感染，加上國、共兩黨的操縱，自由主義者完全沒有任何空間。他們在沒有其他選擇之下，只得違背自己身為自由主義者的原則（胡適為自己曾經批評過的政權服務，而後許多人則歸附中華人民共和國）或是對自己的無能自怨自艾。對這筆錯綜複雜的帳目，曾做為啟發者的五四運動只能負上連帶的責任。

為五四運動中的知識分子辯護之後[10]，我要回過頭來再次強調，我先前對五四運動的確是過譽了，特別是沒有充分討論到五四在引導進入現代化的道路上並非先驅，以及它並未形塑多元化價值的責任。而對於五四運動的後續發展也過於簡化，且太強調馬克思主義的發展。

關於革命的社會成因方面，我仍然將農民的苦難視為重要的因素。雖然這是屬於民國時期整體歷史的一部分，甚至是現代中國的一部分，而不完全只是中國革命研究範圍裡的問題。但我們所提到的這些研究，曾經有一段時期，在城市社會或是上海研究的領域有特別驚人的進展[11]。而最近這一陣子和我的研究對象有些直接相關的勞工運動，也開始有新的成果出現，這些研究都列在後面所附的書目中。其中G. Hershatter, E. Honig, E. Perry及A. Roux的著作，一方面再度驗證了工運研究先驅尚・謝諾（Jean Chesneaux）所描述的勞工情況，同時也反駁了謝諾有關積極的工運分子和共產黨合流、共同進行抗爭、戰鬥的詮釋。由於工業無產階級彼此過於分散及異質性太高，無法凝聚成有自覺的、具共同利益的階級。他們深感痛苦的倒還不是來自於僱主的剝削，而是完全控制了招工事務的幫派，這些幫派對待紡織廠工人就像是向他們父母買斷的奴工一樣。即便工人在後期（自一九四六年開始）開始發展出些許戰鬥觀念，仍不足以成為革命運動的重要一環。更關鍵的是，工人參與的反帝示威行動，在中國革命上所顯示的屬性則是民族主義成分多過於社會因素成分。

農民、他們的苦難和反抗仍然是基本的問題。我在一九六七年所描繪的農民景象，是植基於我曾提及的當代實際情況調查和研究，而這些調查和研究大多集中於一九三〇年代左右。而現今我們可掌握的資料比當時更多，但同時也對我曾做出的結論更沒有信心，因為這些最新著作相互反駁著彼此的觀點。一方面，經濟學及經濟史學者Ramon Myers 在其一九七〇年所出版的開創性著作[12]中，曾質疑一九三〇年盛極一時為人深信的說法，這個說法認為：由於土地分配的不平等、中國加入全球性市場以及還有其他種種原因，農民的生活從十九世紀末開始就每下愈況。但他發現土地的集中化現象並未隨之惡化、商業的發展對農業而言有益而非有害，而受到食品價格長期居高不下的影響，使農產品產量增加率高於人口成長率，農產品進而朝向多樣化發展並使許多農民的收入增加；另一方面，這種成長在東部極少數相對發展得非常好的地區特別顯著。黃宗智（Philip Huang, 1990）發現，其中一些發展得最好的地區，出現產量增加但農業技術和生產方式卻沒能隨之進步，他稱之為「內捲化的成長」。黃將之歸因於人口壓力，由於人口成長得愈來愈快，使得農民不得不生產更多作物（包括經濟作物）才能確保生存。我不太認同黃宗智的研究結果，因為他研究的區域曾發生太平天國大屠殺，經過長期發展後，人口數量到民國時期才剛剛恢復過來，而且那裡也沒有遭遇過一世紀前發生的、由於人口成長過快而導致糧食不足的馬爾薩斯危機。

一些人口統計學者[13]也反駁了黃宗智的說法，不僅如此，對我之前引以為據的何炳棣（Ho Ping-ti 1950）的觀點也相對提出質疑。他們認為，中國並未有過因人口過剩而影響到經濟供給的情形。相反的，中國藉由婚姻繁殖人口的情形比歐洲還低，此外，大約在一七五〇年之前，五個或十個女嬰中就有一個會被殺（弱勢男性無法成婚的原因被歸咎於此）的情形下，人口成長率要來得比歐洲更緩和。

人口增加雖快卻不致於損害到生活水準，相反的還推動經濟成長及帶動向周邊省分進行密集的墾殖。馬爾薩斯的錯誤在於認為中國和歐洲國家不同，死亡率和饑荒都能夠獲得「有效的控制」，卻沒料到中國因「成婚率」不同所造成的「預防性控制」情形。

由於我本人既非人口學者亦非經濟學者，以至於我也無意在這些彼此相左的研究著作中作出清楚的判斷[14]，但即便如此，也不容許我避而不談自己對於這些研究的意見，若避而不答，就只是誤導讀者陷身在這些各說各話的研究中打轉。我個人並未被前面所提到的人口統計學者Lee和他的研究夥伴所提出的這些學術性、具有重建歷史論述之企圖的研究說服，我認為他們太過樂觀，而我相信中國當時的經濟發展（到一九三七年為止）比這三、四十年來一些專家們所認為的「幾乎停滯」的看法要好得非常多。但經濟上相當極端的二元化依然存在，且農業也並未蒙受工業和城市快速發展之福，隨著離城市的距離愈遠且愈深入內陸和西部那些只能依靠成本高昂的傳統運輸工具的地區，農業受惠的程度就愈少。因此，民國時期的農民依然普遍苦難，只有沿海省分的情況舒緩得多。我認為既不能照單全收「將近半個世紀以來農民皆受盡愈來愈重的剝削和磨難」這個論點——這是長久以來的主流看法，也不能盡信修正派的觀點。修正派認為「如果沒受到日本侵略的阻撓和破壞的話」，共產革命發生前的中國已經開始建構具有現代意義的經濟體系。老實說，我們永遠不能確定。雖然我們對當時情形的了解愈來愈多也愈來愈清楚，但這些修正派——或是說樂觀派——學者的推論依據卻只來自一些區域性的、可信度不高的統計資料。

和我當年撰寫本書時相較，有個感覺愈來愈鮮明，就是政治的影響。法國年鑑學派和我所受過的學科訓練，促使我針對「表面上」的動盪或引人注目的事件進行經濟和社會成因的探索工作。從那時起所瀏覽過的資料，讓我高度認同以下這個有關一九四九年共產革命的老生常談、眾所周知的原因：

自一九一一年第一次的革命後，原本完整的中國被打散，民國又未能將之重新整合，公共秩序亦未能廣泛地重建，經濟只掌握在少數人手中，無法使之徹底的改變，只有在某些時候做些修補改善。朝不保夕、盜匪橫行、兵勇殘暴、烽火連天，接著又是異族侵略，使「農民群眾」在民國時期增添了難以忍受的新苦難。然而我不曾質疑過自己在第四章中所提出的論點：農民受苦的嚴重程度並未相應地催生出農民運動。我的研究證實了一開始時的預測：如果沒有共產黨，農民自身既缺乏意願，也無法好好實現革命（Bianco-Hua, 2005）。

但對於我對國民黨政權的嚴厲批判就不是那樣了（參見第五章）。在初期，許多西方專家學者對於這個政權的觀點倒沒什麼瑕疵，但其中易勞逸（Lloyd Eastman）對於蔣介石的嚴厲比我更有過之。後來的研究者開始認為國民政府是個推動經濟改革的政權，對其在現代化的道路上所完成的措施應給予肯定的評價：先是經濟現代化（Kirby, 1984），再進而對政治和制度的現代化（Henriot, 1991；Strauss, 1998）。姑且不論實現的程度如何，或是這個政權常常被人提到的利用警察進行箝制或專制（Wakeman, 1995；Fung, 2001），但今天在評斷這個昔日政權的優劣時，大家已經不再表示對這個政權的好惡，改成對整個民國時期而非只針對當時政權進行研究。對那個時期的研究分支出許多不同的研究方向，對任何一個方向的研究，不論如何合理，都會造成見樹不見林的結果。回過頭來談，如果我對自己強調蔣介石所面對難題的論斷不做任何質疑的話，在第五章中我所作的綜合性描述就顯得言之過早了些。

我在第五章最後所討論的，是如今被稱之為非政府組織的部分，就某些方面而言是有些過時了。當時的每一個或是幾乎每一個組織，現在都已經有專書論述了，其中有兩本傳記令人眼睛為之一亮（Alitto, 1979; Hayford, 1990），讓我們能夠比較兩個主要的鄉村建設運動。我對這些值得讚揚的努力付出非常感動，其成效如何就不需多說了。

至於共產主義運動，較之其他我所提及的議題，更是各方爭相研究的對象。相對於較經典的研究，像是布蘭德（Conrad Brandt）、史華慈（Benjamin I. Schwartz）和費正清[15]等我在第一版時曾引用的典籍而言，托尼・賽奇（Tony Saich）在一九九六年出版的著作大幅地提升了我們的認知，但只是對這個領域的專家學者而言，而非一般大眾，因為必須先對共產黨歷史有相當程度的熟悉，才能了解這本一千四百多頁的書中所討論問題的深度。在對共產黨人的認知上，第一個影響我的是伊羅生（Harold Isaacs）著名的《中國革命的悲劇》（*The Tragedy of the Chinese Revolution*, 1938）這本書，我將之定位為「巧妙包裝偏見的著作」。後來我發現他比我所認為的還要更偏頗。共產國際下達的錯誤指示對中國共產黨造成難以彌補的傷害，之所以如此，與其說是因為史達林為了反駁托洛斯基的觀點和保護蘇聯的對外利益，不如說是莫斯科的戰略思考中根本不在乎中國的情況。莫斯科代表（吳廷康、鮑羅廷、加倫）彼此間的矛盾較之史達林與托洛斯基之間的鬥爭對中國影響更大，而托洛斯基並未反對國共合作。無論如何，這些蘇聯顧問的影響力一樣是有限的，因為中國共產黨並非完全是莫斯科在中國的附屬組織，莫斯科的意見還要經過中共的考慮研究後才能決定是否被接受。但在這些顧問的努力之下，這群如烏合之眾的知識分子組合終究成功地轉變成列寧式的政黨（方德萬〔Van de Ven〕，1991）。在莫斯科強力要求下的國共合作統一戰線，強化了中國共產黨的組織，也使當時還微不足道的共產黨得以藉由依附亦敵亦友的強大國民黨逐步增加其分量。

還有其他的修改，特別是有關下一個階段的發展：毛澤東對共產國際並不總是抱持著敵意和懷疑，雖然共產國際自限於僅向城市和工人發展，但毛花時間調整出可致勝的策略。在湖南進行農民運動考察報告期間，他只不過發現了未來發展模式的一角：利用農民的不滿。在一九二七年四月十二日蔣介石於上海發動對共產黨的鎮壓後，很快就讓毛了解到擁有強大武裝的必要。於是他在江西那幾年裡著手創建了一支軍隊，並在長征的風雨飄搖中不惜用盡一切代價將之保存下來。此後在他腦中只剩一個揮之不去的想法：「以軍事鬥爭奪取統治全國的權力，此外別無他求。[16]」於是他清楚地表示出最後的一步棋：動員弱勢群眾固然重要，但軍事鬥爭尤有過之。

毛主持江西蘇維埃期間就開始的「動員弱勢農民」，在第二次世界大戰期間有了重要的進展，而二戰的爆發也提供了助益。在這點以及與愛國抗日的關係上，我仍然堅持當初的看法（參見第六章）。如今我們對農民與共黨分子關係的了解能夠較以往更多，主要是拜大約二十多份針對日軍占領區內或是戰線後方星羅棋布的共產黨主政區域所做的專題研究所賜[17]，這些細緻且深入的研究，證實了在毛傳記中被強調的「動員農民群眾」是精細的工作。這些資料也打破了共產革命是基於結構性原因而達成的說法，進而重建了在地行動者的角色。但由於這些行動者是靠著偶發性因素（指日本侵略）才獲取成功，所以我們對於一切「目的決定論」的說法採取保留態度，至少對於強調帝國主義——引發世界各地革命的導火線——在中國革命發展過程裡扮演重要角色，或是帝國主義造成全面混亂以致革命發生等論點，理所當然不會盡信。我們對於延安表面上的嚴謹刻苦所隱藏的一些原本不為人知的情形也愈來愈了解：像是利用愛國主義讓知識分子俯首貼耳，以及用「整風」運動對付不服從毛的人、製造對毛澤東的個人崇拜等。日後「黨國體系」的創建即始自延安時期，這個剛開始時曾受到質疑的體系卻對取得最後的勝利有極大貢獻。

我在第六章和第七章特別強調，當時的國府政權必須應付日本侵略，這一點亦成為共產革命的重要助力。這是一場實力懸殊的戰爭，所面對的敵人之強大，既非國民政府亦非全中國所能承受。中國人撐住了，國民政府雖然並未像日本軍官向他們天皇承諾的一樣「像紙紮的牌樓那樣倒掉」，但再也沒從這次試煉中站起來。大戰一開始，蔣介石在上海及周邊地區慘烈的保衛戰中犧牲了最精銳的部隊和幹部，此後只能依靠裝備精良卻不甚團結的部隊，或是重新與忠誠度堪慮且裝備欠佳的地方軍隊合作。國民黨的抗日行動實際上較之共產黨所宣傳的還要重要，但仍然起不了太大作用（熊玠、梁思文〔Hsiung and Levine〕, 1992）。而國民政府本身的力量迅速削弱並大量失去民心，其程度超過我所能料想（齊錫生〔Ch'i〕1982；易勞逸〔Eastman〕, 1984；易勞逸於劍橋中國史第十三冊第十一章）。

接下來發生的這場內戰是飽受苦難折磨的人民所不願見到的，但在抗戰結束前即已清楚感受到它正在醞釀。人民群眾對這兩個僅有的、依恃武力的政黨都沒有好感，換句話說，這兩個都是專制政黨。有關內戰部分，文安立（Westad, 2003）的書是最好的導讀。這本書尤其在衝突的政治和社會背景上引據蘇珊．佩珀（Pepper, 1978）的經典著作（該書於一九九九年修訂二版）以及同作者在劍橋中國史第十三冊第十三章中所提供的內容。本書第七章處理內戰部分，有關共產黨土地革命部分較為陳舊，而討論國民政府失其天命的內容則稍好一些。有些聲稱依據第一手觀察資料的開創性著作——像是傑克．貝爾登（Jack Belden）的《中國撼動世界》（*China Shakes The World*, 1980）——描述並讚揚「農民革命」，認為這是一場由農民自發性發動的土地革命。我窮畢生之力都在設法求證這個假設，後來發現並非如此。革命應該是由中國共產黨發動而非農民所為，目的是為了要顛覆鄉村傳統菁英的政治勢力，以及利用分配利益給貧窮群眾來動員他們反抗國民黨軍隊。為了達到這個目的，他們毫不留情地攻擊地主，即便是在抗日統一戰線時與其配合過的愛國地主也不放過。此後，共產黨幹部努力灌輸給農民的觀念就不再是抵禦外侮，而是階級和階級鬥爭的信念。共產黨於一九四七年開始執行激進的農業宣傳和政策，但很快就察覺到租佃行為在主要根據地（華北地區）並不普遍，沒收土地和重新分配田地的平均主義作法反而造成中農離心離德。這也是為什麼中共在一九四八年開始放緩推動這些作法，韓丁（William Hinton）所寫的《翻身》（*Fanshen: A Documentary of Revolution in a Chinese Village*, 1971）中對前後變化有生動的描述。這種事後修正僅是許多例證中的一個，反映出中共念茲在茲的是土地政策對其軍事鬥爭的影響，並依據其結果而修正。梁思文（Steven Levine, 1978）的著作分析了東北的相關情形，他們真正所關心的是內戰戰場上的勝負，而土地革命僅為次要，土改只應為軍事鬥爭服務而不能成為阻礙。重新分配土地仍然有可能妨礙共產黨的利益而非助益，減緩取得政治和軍事勝利的速度而非加快。

雖然結論部分和本書第二部〈解讀中國共產命〉不甚一致，但我並沒有修改。原因是第二部固然是我現在最新的觀點和詮釋，但保留我當年撰寫本書時成型的結論，正可以凸顯出自己在這段時間中探索的轉折，更也許可以反映出歷史反思的歷程。我曾經受惠於美國漢學界，且我撰寫此書主要是因為對「中國回應西方」[18]這個模式的解釋力深感不足，而正是因為我發現，相對於自己致力投入研究找出的社會因素而言（這個觀點和我的美國老師有所不同，我認為促使革命發生的原因應為內在而非外來），以純粹的民族主義觀點作為中國革命的成因並不充分（參見頁二〇四）。我並不會以這個因素替代「對抗帝國主義」的觀點，但應該作為補充，我們不需要強調其中任何一方較為重要而貶低其他因素的作用和價值。而今在我看來，民族和社會兩方面的現象代表兩個不同的範疇。就內在而言，農民的苦難是最重要、最嚴峻和最普遍的問題，革命的繼承者在第三個千禧年的開端仍要受此長期未解的問題所糾纏；但在革命動機上，就不是因為這些苦難了，而是因民族羞辱感而驅動一大批年輕知識分子投身革命，這些知識分子遂以將群眾工具化為手段，成就這場革命。這是我之所以認為，就基本上來說中國革命仍是一場民族革命的原因。

第二部
解讀中國共產革命

從本書第一版發行以來，關於中國革命的歷史書寫，已有長足的發展，這點倒不令人覺得意外。就像是某種製造業一樣，每年都會有新產品問世，就中國研究而言，也會有新的模式產生。而當前以「貶低革命重要性」的模式占主導地位，認為中國革命沒有那麼重要，不應該再強調中國革命，應該跨過一九四九年，展望其後發展的連續性。這種顛覆性觀點也是正確的：畢竟革命分子並沒有把所有事物都摧毀殆盡，這個世界不是僅限於他們腦袋中所知的那樣，一九四九年亦非如他們所想像的是所有新生事物的黎明，古老的一切仍然以各種不同面貌一再出現。我們不能忽視這種強調延續性的觀點，就這點而言，民族敵人亦可被視為驅動的力量[1]，因為民族敵人的所做所為，反而成為共產黨推動這個落後國家追求現代化時的無形助力。同樣的，也沒有人有權利將革命當成憑空突然蹦出來的事物，可以隨意地一下子從推崇革命跳到批判革命：共產主義的行動就是一種黑格爾所謂「能控制衝動的自由意志表現」。但若非揉合了現代中國歷史的複雜性，中國革命所能體現出的就只有悲劇了。

而這齣悲劇的開頭就是這個以民族主義為起點的共產革命，它為了獲取勝利而以馬克思列寧主義為工具，但取得權力後卻無法將其擺脫。

民族主義革命

革命分子所追求的目標是民族的尊榮，而不是百姓的福祉。他們的初衷與列寧和馬克思大相逕庭，反倒是跟希特勒比較接近。這麼「說」並不是想貶損他們（「說」是Déroulède之語，這樣解釋不知會不會稍稍好些[2]），而只是要很快地站在他們的觀點上來理解，他們的目的和馬克思及列寧相去甚遠，卻是在中國才獨有的世界觀，是一種對自己的根源有所自覺的文明。他們確實在護衛一個受壓迫的民族[2]：與其說是民族主義，他們寧可稱之為「反帝國主義」。這就是他們的負擔，在之後的發展中緊緊糾纏他們不放。《帝國主義是資本主義的最高階段》這本書確實是列寧對馬克思做出的最終注解，是列寧為了磨利鬥爭的武器並使之順應時代之需所寫的，而且就在中國共產黨成立前五年。

在鴉片戰爭時期，帝國主義尚未成為議題，民族主義還要再過將近半世紀後才浮現，當時長期抵制開放通商之衝擊的是稱之為「文化主義」[3]的觀念：與其說是中華民族，不如說是一種涵蓋世界的文化觀，就是以中國為中心的「天下」觀。在這種世界觀制約之下，架構出一種「中國與『她的』世界共存，並維持著由宗族的象徵關係所確立的系統，由臣子歸附於天子而成」。這種宗族觀固然只是一個較大的象徵性關係，但是在強勢中華文化影響下，卻是一種對東亞形成支配的架構。這種情形一直持續到英國戰艦帶來的災難降臨為止。

但帝國主義並不是現代中國苦難的唯一原因，甚至還談不上：早在鴉片戰爭之前半個多世紀，就已經有一場嚴重的災難打擊過滿清帝國[4]。即便帝國主義引發的後果好壞摻半：在經濟秩序上，長期而言相當可能是正面作用大於負面作用，而負面作用中還要包括將以往就存在的貧富差距更加深化的責任。但帝國主義對於心理的衝擊卻更令人畏懼：羞辱比剝削更令人難堪，中國突然間不再是世界的文化和政治中心（僅指對東亞而言，這是它一直持續接觸的世界），而在一個以歐洲為中心的世界裡，中國從崇高的寶座上跌落，成為邊陲的弱國。排山倒海而來的「不平等條約」，讓中國成為所有其他國家的藩屬，甚至包括小國比利時（就是革命分子稱之為「超殖民」或「次殖民」的情況）。這種持續的羞辱感就是現代中國民族主義產生的根源，也是革命的根源。

就如同我剛才所說，即便孱弱，但託天之幸，中國仍然是一個民族；可惜的是它仍是孫逸仙所說的「一盤散沙」，必須馬上運用一切方法去面對前所未見的挑戰。但中國需要一段時間才能達到可以接受挑戰的程度，方法是在建設之前要先破壞（已不適宜的世界），而大多數人卻不太能接受這種做法。我在這裡所思考的和某些人一樣，認為應該向「洋鬼子」學一些他們的要訣，但所有的中國人——不論是主張現代化的或是支持傳統的——都是民族主義者，而他們之所以成為民族主義者是理所當然的事，因為他們念茲在茲的都是想方設法對抗那些企圖消滅獨立中國的帝國主義。但中國落後的差距實在太大，即使是最銳意進取者都難以克服：因為不論是他們或是他們的追隨者，都一再受到限制，不得過度質疑自古傳下且「理所當然」的制度和價值。但就在這個難以填補的罅隙中，質疑的最後仍發展為革命。

在此可以稍作整理：中國民族主義以及稍後的革命，首先所針對的目標是改造一個有迫切需要的國家使其現代化，這基本上是防衛性的行為；但並不僅止於此，因為隨後就成為「爭天下」的局面；最後一個特點是，所謂中國民族主義是菁英式的民族主義，也就是說，這種民族主義只存在於我們之前所說的「仕」之中而已。在二十世紀，知識分子享有許多特殊的待遇，但所謂知識分子的指涉範圍很大，包括思想家、評論人、記者，當然還有教師和學生。縱然我們還可以謹慎地加上工人，但這些都只不過是「一盤散沙」裡的一小部分，並且要將之納入——試著納入——革命運動中。

先驅者

我們可以說中國革命的歷史是由思想革命開始的，思想革命在中國革命裡的影響力，不亞於法國啟蒙運動之於歐洲。前文曾經簡短提到思想革命醞釀期遭遇到的困難，以及隨後所要接受的前所未有的挑戰，顯示這個運動在演變成風起雲湧之前，啟動得過於遲緩：那是約在一八三九年至一八九〇年間，西方的文化衝激還只停留在表面層次和一小部分開放的口岸。這時雖然和日本還沒有太大關係，但日本從一八六六年福澤諭吉的《西洋情事》一書付梓開始，銷量迅速達到二十五萬冊。反觀中國，江南製造局翻譯館所譯西書的總銷售量，從一八六五年至一八九五年的三十年間，也沒有超過一萬三千冊[5]。但在這個時候，發展開始加速。

在這個時代裡（十九世紀的最後十年間，甚至是最後五年間），中國革命發展歷程中也出現過像是孟德思鳩、伏爾泰、盧梭、狄德羅等等這些在莫爾奈（Daniel Mornet）所著《法國大革命的思想起源》一書中提到的思想先驅人物。一八九〇年時，其中年紀最長的嚴復不過才四十歲，最年輕的梁啟超還是個青少年。還有另外兩人則是一八九八年百日維新的要角（參照頁十八至十九）：開啟朝廷激進改革的康有為，以及在反改革的戊戌政變翌日選擇以死殉主的譚嗣同。和啟蒙運動哲學家不同的是，這些中國思想先驅都懷抱著民族主義。他們同樣是要對抗專制主義和宗教，也同樣關切推動理性和科學，但是心心念念縈繞不去的是要解救處於帝國主義威脅之下的祖國，為了這個目的，他們要加快趕上這段落後的差距。

更詳細的說，康有為和譚嗣同不僅是民族主義者，他們的志向還包括解救全體人類。康有為夢想著實現一個難以令人抗拒的「大同世界」，一個新的發展，乍看之下讓人想起馬克思的歷史進程，但康卻從未和馬克思的歷史觀點有過對話。和康一樣是烏托邦主義者的譚嗣同更是如此，他對於宇宙和諧的關切還超越了年輕時的愛國主義。出於對「傳統秩序墮落淵藪」的憤慨，譚終究會寬恕日本及西方的侵略。就像馬克思讚嘆英國資產階級在孟加拉的革命行動一樣，他稱侵略者為上天所施「人道及公正之力」給予中國應有的懲罰[6]。但是對於他那個時代和下一代的人而言，譚嗣同是一個特例：不論是和他同時代的人，或是五四時期的摧毀傳統者，即使批評自身文化不遺餘力，在面對異族侵略時都無法像譚一樣處之泰然。

另外兩人就沒有這樣的情操。嚴復接觸到史賓塞的社會達爾文主義時——認為只有通過自然的考驗才能取得生存優勢——深感震驚卻沒那麼憤慨，最後受其影響甚深。那時清廷已呈衰敗之象，他不再致力學習西學，而改以向國家直陳諫言。嚴復確實是一位民族主義者，對中國愛之深、責之切，總希望能使國家重生再造，而不像康、譚兩人抱持著拯救世界的烏托邦理想。就是這股想要將第一等國家的活力灌注到中國人身上的念頭，驅使嚴復焚膏繼晷地翻譯並評論孟德斯鳩、亞當斯密及其後從密爾以降的維多利亞時代繼承者等人的著作，他帶出一個與所有中國人切身相關的研究課題：西方有什麼是我們缺少的？要如何獲得？這使得他終究要和現在的中國人（或是其他如亞洲人及非洲人亦同）一樣，帶著對西方文明的疑惑——而非怨懟——投入了解西方文明的基礎究竟為何。就像馬克思，他認為西方的發展就是人類的發展，而「當前的」結果是正面的，其他國家會追隨這個發展過程，而中國正要開始追隨。深諳道家思想的嚴復，雖然相當清楚社會達爾文主義無法滿足他精神上的渴望，但他不會讓任何形而上的憂慮取代對國族現實的重要思考：「如果我們要繼續生存並恢復我們的優越，就要朝這個方向走去。」

這些先驅中最年輕的梁啟超受其他人之助益甚多，他是康有為的學生，受業後成為康的左右手，隨後深受嚴復和譚嗣同所作文章影響。梁啟超少年早慧並為文多產，很快就出類拔萃、嶄露頭角。他在一九〇二年（時年二十九歲）發表〈新民說〉，當時在日本尋求發展的學生將其奉為經典。在盧梭的影響下，所謂「新民」是對一個民主政體及其國民的設想，但梁啟超卻將民主和自由工具化，僅將這兩者看成是治療當時國民所受傳統專制主義和「役於人」奴性的藥石。

易言之，民主和自由只是為了達成國家強盛的手段：「新民」更甚於民主，是對民族國家的謳歌，而打造這個民族國家和救之於帝國主義的虎口則為當務之急。這項首要使命不能有所旁騖；所謂旁騖，指的就是以改善群眾生活為主軸的社會主義目標。在這個時期，社會主義的理想必須讓路給所謂的「資本的原始積累」，這種「資本的原始積累」之說，是在梁之後很久的人所用的，而梁當時所表達的只是認為：相較於全世界富國與窮國間的衝突而言，一國之內的貧富衝突並不是那麼重要。面對與帝國主義的救亡圖存之戰，中國不能有所旁騖，歷史也沒有給它分心另闢社會主義蹊徑的空間。

不只是反對直接發展社會主義道路，梁啟超從一九〇三年開始對抗以推翻滿清、創建共和為目標的革命運動，當時革命運動剛剛萌芽。我認為很久以後才出現的共黨分子中有一些人承繼了梁啟超的想法，主要原因是梁所寫的文章——關於將帝制去神聖化和為其傾覆預作準備——對他們發生影響。這些情況完全沒有影響到梁繼續向其讀者倡言改革，然而，對這些言論沒有耐性的讀者則轉而成為批評者（很快的他們就不再奉〈新民說〉為至理），而他仍繼續倡言指責所謂的「小」民族主義（以反滿為主調），相對的，他認為有建設性的「大」民族主義才是應該全力投入的方向[7]。即便梁啟超文章的論點比孫逸仙的口號還要有道理，然而在孫逸仙號召成立要向執政者發起鬥爭的革命機關後，大多數人紛紛加入。

這時候就到了該撇開知識史討論的時候了。回溯有關中國革命知識源頭的發展，在一八九五年至一九〇五年這段期間非常精彩，但從此時開始，前面提到的那四位傳統破壞者的革命理念（反傳統）開始闢出另一條路，形成革命的驅動力（反現存體制），這個變化是四人中所倖存的三人——譚嗣同已為戊戌政變殉身——始料所未及。關於這一點，可以由一段嚴復及孫逸仙之間——這兩個人同樣輕視傳統中國文明，都迫切想使國家走上現代化的道路（明確地說，就是成為像英國一樣的國家）——

於一九〇五年在英國的對話中窺知。嚴復對孫逸仙說：「中國民品之劣、民智之卑，即有改革，害之除於甲者，將發於乙，泯於丙者，將發於丁，為今之計，為急從教育上著手，庶幾逐漸更新乎。」孫則反駁：「俟河之清，人壽幾何？君為思想家，鄙人乃執行家也。」換句話說，就是「先做了再說」[8]。但對於嚴復而言則不然，他無意推翻當時的既存體制，尤其當它終於要推動改革的時候[9]，嚴復認為人類的進步是一段漫長且需多方嘗試的過程，這個觀念得自於他在英國那位認同進化論的老師。

對於革命結果的看法（共和制比帝制更沒有能力抵抗帝國主義），使嚴復更加確定孫文是瘋狂莽撞的。在我看來，重點倒不在於兩人間對於改革和革命觀點的差距，而是兩人都具備了民族主義的狂熱。嚴復在一九〇四年曾表示：「一旦中國了解不能再執著於過時的宗法……淪亡的風俗，並能一掃其腐敗並建設成強權，則五大洲的所有國家將難望其項背。」孫文在二十年後有一段話與之相互呼應：「如果中國能夠學到日本，就要變成十個強國……中國便可以恢復到頭一個地位。[10]」

民族主義是大家都能認同的目標，至少在市民和受教育階層中是如此，這批人數量不大卻代表中國將近一世紀以來的公共輿論（至於明顯排外的義和團運動，則是提供另一群人發洩的管道）。另外有少部分人則表現出對其他國家事務的興趣，像是報紙和期刊反覆報導印度在英國殖民下的不堪處境，以及波蘭被併吞而從地圖上消失的不幸，以做為警惕，他們所要表達的是：殖民主義和帝國主義的威脅無所不在，如果我們還不發奮而起，這些遭遇就將會發生在我們身上[11]。在民族主義者中，少部分人準備追隨孫逸仙宣揚的革命道路，這些群體發展得十分迅速；但有一些更「左」的競爭對手出現：無政府主義者敵視孫文所提倡的強國論，以及採取「英雄式」暴力攻擊行為的革命黨人；這些人認為，一旦他們殉身，將能引起同情並喚起群眾[12]。青年土耳其黨人在一九〇八年發起的行動讓革命分子深感振奮，在他們眼中，這次革命顯示出「倒戈的武裝部隊」扮演重要角色，亦為學習典範。中國傳統文化一向輕視軍事所代表的意義，甚至排斥。然而，在二十世紀初的十年間，軍事突然重新被重視，一來是因為中國確實需要一支現代化的軍隊（日本艦隊在一八九五年不費吹灰之力就摧毀了李鴻章培育的初具雛形的現代艦隊），再來就是軍事教育中傳習的精神（團結、服從、紀律）正是中國人民所欠缺。就像土耳其一樣，新軍的軍官成為一九一一年革命的要角。

首次革命，首次失敗

我先前曾經提過，這次革命完全失敗，它只是讓中國在面對帝國主義時更加自暴自棄和分崩離析。民族主義和革命仍然是未來的選項：要再進行一次革命讓民族主義得以彰顯。

一九一九年發生的五四運動，乍看之下其目的似乎有些不同，主要是推動民主及科學作為矯枉（當時認為是迂腐的儒學）的良方，而那些欲矯之枉正是使中國在現代化富強道路上遲滯不前的絆腳石。這段發展讓我們想起前一代人也希望引入共和政體以「幫助」中國這件事，因為共和政體在當時是先進國家所施行的最新政治型態。在一九一九年五月四日北京的愛國遊行之後三十年的發展中，中國的和革命的重要歷史指標就此和民族主義匯流。此後我們可以陸續觀察到的是：一九二五年五月三十日的反帝國主義運動、一九二五年至一九二七年以成立民族主義政權為目標的民族主義革命，以及針對當時被認為面對日本威脅時躊躇不前的蔣介石（如果不用沙文主義者來形容他的話，他也是民族主義者）的示威抗議等。在那段時期，特別是自一九三三年以後，政府領導人以及部分知識分子對於法西斯主義和納粹主義都有些著迷。他們認為那是團結這「一盤散沙」（孫逸仙語，指中國人）的神奇處方。他們亦視共產主義分子為神聖國家統一的破壞者，卻沒發現他們自己已受到列寧主義的影響而悄悄轉向，列寧主義在當時正是最受矚目的革命典範：若有人不走此道即驅之別處（更何況是在當時的俄羅斯）。經過十五年的追尋而毫無所獲之後，窮途末路的民族主義轉而宣稱：「我們無需隱瞞，我們正需要中國的墨索里尼、中國的希特勒、中國的史達林。[13]」

也許有人不贊成這種說法，但民族主義和革命就此分道揚鑣。因為醉心於法西斯主義[14]的領導菁英或接近權力圈的人，斥責主張無產階級國際主義的革命分子為分離主義者。我對這點的觀察是，一方面如蔣介石之流的民族主義者確實有意推動革命（至於其失敗則是另一回事），另一方面，想要發起革命推翻蔣介石的共產黨人也是民族主義者。如果有人對這種說法有所懷疑，我建議他們可以看一下朱德值得一讀的回憶錄[15]，以及青年周恩來於一九二〇年代初在巴黎刊登的一些文章，這些文章對帝國主義和與帝國主義妥協的軍閥們多所撻伐，但絲毫未提及工人及罷工情況。在周恩來以及後來轉向馬克思的知識分子眼中，看到了列寧正在使一個落後的國家走向現代化，這才是他們要向馬克思取經的理由，而並不是真的認同馬克思的理想。

政治學者詹鶽比較過毛澤東和鐵托之後，認為共產主義之所以能在戰爭中贏得勝利，主要是靠著他們戴上了「民族主義」的面具（參見第六章）。如果說民族主義是一副面具的話，它所代表的卻是共黨分子在諸般謀略中返璞歸真的那一點「真」，共產黨人（以及那些因為外族侵略而大批加入他們陣營者）很自然就穿上了抗日分子的外衣，其實就是對他們這點初衷的回應。在詹鶽頗具爭議的論文中最無可置疑的部分，就是日本侵略所扮演的關鍵性角色：正是因為有日本侵華，才使得共產黨聲勢大漲，中國共產革命是由第二次世界大戰所催生，一如俄國革命誕生於第一次世界大戰。

這場戰爭讓愛國者們鬱著的那口氣終得舒展，正式開戰後（中國在前次的中日戰爭裡敗給日本，這次中日戰爭卻結束了中國的分裂局面，團結一致對抗侵略者），對中國人而言，如同展開一場難以形容的試煉。在珍珠港事變讓中國得以加入同盟國之前，中國以一己之力獨自對抗軍力極為強大的日本，其所經歷的時間較之第一次世界大戰所耗費的時間還要長。期間發生過一些鮮為西方所知的大型會戰，更引發了史上少見的大規模移民潮（自一九三七年至一九三八年間）：為了逃離交戰地區和殘暴的日軍，約產生了將近一億的難民。這場戰爭也造成許多村莊渺無人煙，讓從來沒看過飛機的人經歷了「天火」焚身，造成許多家庭四散分離，也讓某些人受盡折磨後變得更為強悍，但也讓人和人之間的關係變得更為粗暴。到了一九四三年和一九四四年，希望破滅和絕望取代了原先的民族主義情緒，大家心中所想的只是希望噩夢趕快清醒，儘快回到正常的生活軌道。廣島的原子彈終於為中國盟友帶來了勝利，中國人民也興高采烈地慶祝這個他們經歷長期的痛苦和頑抗後應得的勝利。不論是在台灣或是在大陸，到現在都不太有人提及美國人協助中國人民抵抗侵略者取得勝利的貢獻。

一位對中國軍隊的無能感到失望的美國將領曾經說過一句話：「我們的盟友是一具行屍走肉。」雖然只是隨口說說卻貼近事實：在戰爭中或曾發生過一些值得讚揚的表現，但中國軍隊還是被證明了缺乏對抗侵略的能力。中國人唯一真正成功的是雖不冀求卻堅持和平。而代價就是讓原本已羸弱不堪，在一九四四年就已經比一九一六年俄國沙皇統治末期還要無效率及備受爭議的政權更形脆弱。五年後的結局，更確認了這個從未停止面對艱難挑戰和國家本身之衰弱的政權耗盡了生命力：共產黨不費吹灰之力即輕易取勝。

一九四九年，對抗民族主義國民黨的民族主義革命

共產黨人繼承的是一個剛經歷十一年戰亂的落後國家，面對人民一致的要求和夢想，現實是沉重

的負擔。共產黨的勝利也是中國民族主義的勝利——這是勝利者的說法，卻獲得人民的認同。中共對這場剛剛將之送上執政大位的革命名之曰「解放」，沒有任何中國人對此表示懷疑；這也暗示著，將中國從日本侵略者手中解放出來的主要力量是中共。在中華人民共和國成立前不久，當毛澤東說出：「中國人民站起來了……中國人再也不會是被奴役的人民了。」這段話贏得了所有人的贊同和掌聲。大批非共黨知識分子歸順中共，顯示出這種說法為大家帶來了信念和希望——至少他們將會有能力著手打造一個團結強大的中國。直至今天亦然，即便中共已許久不再有當年的合法性，但只要提到一九四九年的「建國」，仍代表著那是社會主義的、共產主義的和人民的時代（或政權）。

在毛澤東還活著的時候，也就是說，在這場革命持續進行期間，中國民族主義者的心情是既滿足又失望。首先感到滿足（所謂的「先」是指發生時間的前後，而不是按照分量輕重的邏輯）是因為他們認為，一個世紀以來的恥辱已經過去，洋人的嘲弄和愛國人士心中的失望，都在不久前成為過往，中國終於恢復了它的獨立和尊嚴。它甚至令人難以置信地越過邊境介入「美國發起的韓戰」，成功地驅逐了聯合國部隊。再過不久，中國執行了原子彈試爆，接著是氫彈，再接著有了人造衛星。在內政方面，強大的政權取代了原先衰弱的政權。不只是前任的國府統治期間，即便在中國歷史上都不曾有過像這樣的一個政權，能夠將行政力量深入到地方基層，也就是說到達最小的村落。然而，當科技發展（運輸和通訊等等）隨著時間累積逐漸有所成就之後，人們亦認為這些令人景仰的成就也是獲益於革命。我們就不再細數之前那些由於政權統一於中央所帶來的秩序、安定等等以往都不可能有的好處，這些都好像在一夕之間成為理所當然。

在對外政策方面，「一面倒」（朝向社會義陣營傾斜，這裡頭其實隱含了對蘇聯保護傘的需求）的外交政策結束後，中國斷絕了和蘇聯的關係，同時也消除了影響其獨立及隱約威脅到其尊嚴的因素。這也是毛澤東的擔憂，因為選擇孤立政策也會讓民族主義者感到憂心。在對外政策上即便意見十分分歧（當然，統治集團內部為此爭論的情況是不可外傳的），但總是選擇了有利於民族主義的方向。眼前的問題是：中國到底是要作一個傲然遺世的武士（毛曾說過要走「自立更生」的路），甚至在被蘇聯修正主義背叛下，隻身對抗全世界，讓世人承認北京（也就是毛澤東思想）才是世界革命的領導？或是採取現實主義，甚至重拾以往曾提出的以夷制夷傳統策略？事實上，毛澤東不需要別人提醒他應不應該採取務實的態度，因為他已經利用歡迎尼克森並拉攏美國來制衡蘇聯的「霸權主義」。當中共被聯合國接納之後（就在本書初版問世後不久），她開始參與國際間合縱連橫的棋局（和其他國家一樣成為維護自己利益的強權之一），雖然表現得還有些生澀，但已足以讓她那些驚人的宣告和聲明能夠突圍而出，被世界聽見。對中共而言，既擁有一個可以讓它執著固守的意識型態世界，同時也存在另一個必須小心處理內含錯綜複雜權力關係的現實世界。試舉一例，早在季辛吉和尼克森到訪之前，中國不惜壓制孟加拉的獨立運動，此舉對她標榜的神聖的民族獨立不啻是一種嘲諷。原因很簡單，如果支持孟加拉民族獨立運動，將會損及中國和巴基斯坦的同盟關係，而與巴基斯坦聯盟是中共抗衡印度的有效手段。

如何選擇最好的方法去滿足廣為眾人所認同的民族主義？這是很複雜的課題，分歧點在於：要建立一個富強且閉關鎖國排拒外國影響的國家？或是向世界開放（由向先進國家學習科技開始）？就像是在擺脫毛澤東這個最大的障礙之後，中國開始像鄰國日本從前曾向外取經獲得成功一樣，她也將藉由向外學習而獲致成功。像中國這樣一個疑心重重、對來自外界的精神污染（過去的上海就是被污染的代表）防範甚嚴的國家，最後居然在二十世紀的最後約二十年向世界開放。不過，毛澤東時代相對的發展停滯，和近期（以及現在）飛躍似的進步之間形成強烈對比，開放政策並不是唯一或主要的原因。在這篇文章的後半部，我將會逐步針對與革命這個主題更直接相關的所有原因做分析探討。此刻先只專注於討論這個小結就好了：當毛死後（一九七六年），甚至再久一些，到中共建政約三十年後（一九七九年），中國始終沒能趕上其與西方先進國家之間的差距，但中國確實在進步，尤其在重工業建設上已經開始有些成績，農業部門也出現了幾次值得記述的進步，人民的健康狀況明顯改善，文盲比例降低。但中國的進步速度仍然比不上資本主義國家，雙方仍然有明顯的差距。尤其和台灣的經濟奇跡相較時，更是情何以堪！台灣這個一九四九年的輸家，在第二回合扳回了一城。誠然，在廣垠的大陸上推動發展是比一個島嶼更困難，尤其是台灣曾受益於殖民者，日本當年為了要利用台灣的資源，曾引進一些初期現代化的建設。僅就中國本身來說，人們記得的是，先前國府推動初期現代化建設的些許成果——雖然曾被中日戰爭打斷——在一九四九年之後，在中共自陷絕境的「繼續革命」策略之下遭到池魚之殃。我認為，為了求好心切而拚命找捷徑並不完全是錯的（中國在毛澤東時期仍然有些現代化發展），只是欲速則不達。一個落後國家企圖藉由繼續革命趕上差距，然而，革命持續的時間愈久，落後的差距反而愈大。

「和平崛起」

這個目標如今卻達到了。的確，中國不如西方國家所想像的那麼富強，但中國能以慎始，終有事功，在這點上民族主義者倒沒什麼錯。如今中國已經快速趕上了落後的差距，相信這點也緩和了中國民族主義者的心情，但民族主義仍深植人心。有些人意識到民族主義的崛起剛好可以在馬克思主義無以為繼時取而代之。說是崛起，或是重新崛起，是假設民族主義曾經一度衰退，事實卻不然，一個多世紀以來，民族主義一直在中國縈繞未去。如果認為中共政權之所以支持民族主義，是由於希望自天安門事件及歐洲共產主義覆滅後，當所有人都不再相信共產主義時，創造出另一個備用意識型態，這並不是全部的真相。認為中共是出於風險算計才支持民族主義的說法，遠遠不是充分理由。

在這裡我要插入一段小故事。大約十五年前，我正在中國東南部和一位中國社會科學院（相當於法國的國家科學研究中心）的研究員進行一項研究。我從這次共同研究中獲益良多的細節，在此就不必詳述。我的同伴提供了大量可信度甚高的資料，也介紹我認識許多地方上的博學多聞之士，如果沒有官方介紹，我是不可能接觸到這些的。我們很快地成為莫逆之交，還一起幹了些不太守規定的事。我的同伴在旅行過程中也詳細說明了一些貪腐的例子，這些例子是我自己不可能發現的。身為老幹部之子的他，甚至信任地告訴我，這種貪腐把戲到頭來一定得不償失、改革比革命更受人歡迎，連向他那個仍然抱持著純樸觀念的父親都不敢說的話，他也能告訴我。但在最後要離開時，彼此並不再那麼熱情，甚至有些冷淡，那是因為「我們之前談到的一些事」所造成的，至於是那些事？一些關於台灣、關於西藏、關於南海問題，以及比這些更敏感的關於對日本的態度，他甚至說出「中日終需一戰，這次我們一定會打敗他們。」

單一個案當然不能擴大解釋為通則，但這不是特例。這種民族主義的言論（或情緒）及報復心態，充斥在今天許多中國知識分子之間，也明確地代表著一股廣為大家所接受的民族主義思潮[16]。這股思潮更由幾本書和小冊子渲染開來，像是《中國可以說不》（模仿日本極右人士所寫的《日本可以說不》這本書），以及《妖魔化中國的背後》，這本書主張美國媒體對中國的發展耿耿於懷，因而經常詆毀中國。這些書的作者不僅以揭發美國的陰謀為滿足，而是要由這個有資格取得（或恢復）優勢地位的國家取代無理的美國霸權（他們的歷史不過才只有兩百年，我們的已經是五千年了）。

另外一些人——同樣是民族主義者——由於艷羨美國及其所代表的現代化，想要觀察、掌握其中的訣竅和成功之道，部分人因此前往取經而留在美國。許多人對美國感覺愛恨交織，一方面深受官方媒體（在共產政權國家，凡媒體皆官方，強調「官方」似是贅詞）詆毀影響，一方面又深覺美國是值得學習效法的對象，或是所有他們嚮往事物的代表。統治政權並不以週旋於其中為滿足，他們更進而利用這些各式各樣的民族主義的表現方式，雖然有時候欠缺技巧。「以民族主義取代共產主義」這個推論我是認同的：當這個社會對馬列毛思想提出質疑，愈來愈多人認為這套意識型態已不適於隨著發展而複雜化的社會時，執政者毫不猶豫地以民族主義來修補。我唯一不同意的還是所謂的「備用意識型態」這一點：民族主義不需要撩撥，它一直都生機勃勃地存在著，執政者不需要花心思將它找回來，它始終都未曾失去，即便是從前執政者還披著無產階級國際主義的外衣時亦然。中共始終能自在大方地表現出其追尋合法性的核心思維：建設一個獨立富強的中國。中共主動頌揚的不只是民族的歷史而已，還有各朝代帝王的勳業，一如史達林讚揚彼得大帝一般。史達林會採取這種帶有愛國和傳統含義的微妙動作，以及他和列寧、托洛斯基截然不同的態度，就如同中國人眷戀自身的根源一般，他們都是被民族主義驅動的革命分子。這些人轉向革命時，也曾對一些深根柢固的觀念有過質疑，但有件事始終屹立不搖：中國中心主義。他們很自然地透過這個觀點來看待及處理攸關人類共同命運的議題。以中國對環境及核武擴散這類問題的態度為例來觀察，對他們而言，認為應該要用條約來牽制預防是別人的想法，他們所考慮的是簽訂防止核武擴散條約會阻撓中國出口帶有核彈頭的彈道飛彈，而這類武器的出口卻對中國的外交和經濟都有所助益。但我們要承認，後面這種意見已經愈來愈微弱，因為「崛起中」的國家也逐漸感受到有其國際責任，這多多少少產生了一些影響。

民族主義在中國的重要地位愈來愈顯著，已是一個不爭的事實，它早已不需再躲在毛澤東思想的大纛內，非官方的民族主義表現亦受到鼓舞而愈來愈積極。在後毛澤東時期，思想控制的規模縮小，使得這種非官方的民族主義獲得了部分的自主性，也使得它的發展有時會超出政府掌控和期待的範圍。例如，當中國政府想方設法全力推動加入世貿組織時，民族主義卻起而反對全球化。如今中國雖已身為世貿組織成員，但同樣的民族主義思潮仍持續揭露世貿組織的居心叵測，並呼籲政府要審慎用心地爭取保護本國貿易的條文。

中共執政者基於職責，所受的限制比一般人民還要多，而這些不同的聲音和過激的反應，有時可以替執政者表達一些自己無法明說的立場。中共執政者想要表現的是一種較溫和的民族主義，符合胡錦濤所說的「和平崛起」形象。胡錦濤試圖扮演一種緩衝角色，一端是支持美國「圍堵政策」的陣營，另一端是他正在努力馴服的解放軍，猶如現代的布里茲涅夫。事實上，中共執政者一直設法影響和操弄這股既屬於菁英（就社會學而言，因為它總是被知識分子當成傳遞自身思想的工具）又屬於民粹（指其發展方向而言）的民族主義，但始終無法控制它。一九九九年，當中共謹慎地控制國內輿論，堅定支持前南斯拉夫聯邦塞爾維亞共和國總統米洛塞維奇，故意忽略科索沃戰爭中所發生的暴行，並公開反對北約發動空襲時，美軍就空襲炸毀了位於貝爾格來德的中國大使館，此事引發的民眾憤慨尤甚於政府的反應。然而，示威活動中出現的激烈暴力卻使北京領導人感到不安，他們突然發現原本是自己蓄意撩撥起的民族主義火苗，點燃後的發展卻超出了他們的控制範圍，並使自己在國際事務折衝上綁手綁腳。為了改變國際社會對中國的印象，他們改而採取較為柔軟的外交身段，九一一事件的發生恰好成為一個契機，讓中共政府得以在反恐領域和美國並肩合作，還可以順便將新疆維吾爾人的民族運動當成穆斯林恐怖主義來對付。

二〇〇五年春，中共似乎仍未能記取一九九九年發生騷亂的教訓，這次針對世仇日本的事件源自部分自發性或是政府挑唆的活動。由於日本在戰後六十年間並未出現過像前西德總理威利・布蘭特（Willy Brandt）[17]那樣的政治家，正式為日本在第二次世界大戰時所犯下相當於納粹的罪行（除了猶太人大屠殺之外）道歉，這一點使中國人一直感到不滿。二〇〇五年四月發生的一連串的示威，主要是針對日本歷史教科書中偏頗的觀點——這本書的採用率占千分之一（這個比率也已經夠嚴重的了）——以及反對日本企圖成為聯合國安理會常任理事國。示威者包括學生、部分工人，以及公安幹部和共青團人員，他們完全不需要政府鼓動和告知要攻擊那些目標（他們已經彼此嘶喊著「我恨日本，殺日本人」的口號）。而一旦這些失控的場景透過電視呈現在全世界觀眾的眼前，看起來像是有害的中國種族主義時，中共領導者隨即下令制止……爾後一切活動就像施了魔法般地戛然而止。顯然，社會運動的自主性在後革命時期的中國還是相當「視情況而定的」。

比起不必承擔太多責任的知識分子，中共政府會自我節制，它必須仔細盤算利害得失（日本為中國的第二大貿易夥伴），並考量世貿組織的規則，以及其他國際組織——中國崛起後漸漸在其中占有重要位置——的觀感。中國逐步陷入與其他國家相互依存的網絡中，且關係愈來愈緊密，這個網絡使它的行為——至少有些影響——趨於合理。開放還是有好處的，但審查仍不可免，像是對於網際網路上的禁忌觀點——例如民主之類——的追緝仍未放鬆。

公眾的意見——當然也包括民族主義——亦有利於推動更進一步的開放。例如在天安門事件前一年的夏天，系列電視影集《河殤》將中國進入現代世界所遭遇的困難，歸咎於受到近千年中發展出的文明所累。影集中被當成討論主體的那條河就是黃河，加上龍和長城，共同成為封閉、排外、封建（支持向西方開放的人，對於不喜歡的舊時事物全用「封建」這個萬用字詞來概括）文明的象徵。黃河最後流向蔚藍的海洋，代表獲得了救贖：中國應該匯入海洋文明，開放而活躍，而不是沉溺於封閉而停滯的「黃河文明」中。《河殤》影集雖然受到保守人士的抨擊並強制禁播，但它的立場和其他民族主義分子並沒有什麼不同。我們可以從這部影片一再提出的問題看出這一點：「是什麼原因讓中國不再保有凌駕世界的政治和文化優勢？」

不論立場或觀點異同，所有中國民族主義者都受到這種優越和自卑交織的情結所困擾，優越感來自「中國理所當然要恢復第一等地位」的認知，而自卑感則源於百年來屢屢戰敗及「不平等條約」所帶來的羞辱。國家快速進步並未能讓他們安心，不安全感仍然縈繞不去。當中國近來毫無阻礙地持續發展時，沒有人能保證中國會永遠如此一帆風順地發展下去。一個新崛起的國家往往在既得利益者的眼中是脆弱而且會製造麻煩的，甚至對競爭對手來說是危險的。如果二十一世紀的中國和一九三〇年代的日本一樣，在崛起時產生擴張型的民族主義，這種發展對任何人都不會有好處，包括中國自己。

難道中國民族主義會威脅世界的秩序嗎？我們不會排除這個可能性，但也不會就因此認為應該設法抑制這個巨無霸的發展。如果中國的發展一旦陷入停滯，而且如果是因外來干預而造成了停滯，中國民族主義只會變得更具危險性。無論如何，一個承載世界五分之一人口的大陸國家進入世界強國之林，只不過是讓情況回復正常化而已。繼中國之後，下一個進入世界強國行列的應該是印度，第三世界的代表們終究應該被（而且將會被）富國及強國所接受。

共產革命之後

中國人變得富有了嗎？一小部分人確實是的，但大部分人仍然陷在貧窮中，甚至是一貧如洗。這個號稱共產主義的社會，卻是全世界最不公平的社會之一。究竟有什麼理由認為這次革命是一次共產主義的革命呢？

孤立的革命城市，廣垠的保守鄉村

這個以農民為主體的革命運動，卻有一個弔詭的表象：所有行動都是從各城市開始的，而廣大農村社會的沉重負擔和惰性卻成為推動革命的障礙。但這僅止於表象，實際上，在戳破馬克思的說法之前，中國革命的發展完全符合其理論：城市是先進和現代化的前衛分子，而病入膏肓的鄉村卻阻礙革命運動的推展。

當革命運動於一九〇〇年前後發動時，所有相關活動都發生在快速變化的大都會地區[18]：電氣路燈取代了瓦斯燈、電車和電話開始出現，俱樂部、研究社團和讀書會如雨後春筍般紛紛成立，租界區（秩序、繁榮、城市規劃等）成為吸引大家效法的典範，傳教士為社會菁英的子女授課等等。特別是從上海開始，一些年輕城市知識分子接觸到白種人的傲慢和特權後所滋生的反帝思想，促使他們轉而成為革命分子。他們在《蘇報》之類的報章上發表文章，編印如《革命軍》之類的小冊子，以及發起請願和抵制活動。例如一九〇五年針對美國限制中國移民所發起的抵制美國貨行動。這並不是說鄉村地區有意識地不參與，而是這些熱烈的活動距離他們十分遙遠，他們根本沒有注意到。

一九一一年的革命基本上是在城市中發生的，革命發生之後，北京周邊的農村居民還以為所謂的「總統」只是「宣統」[19]皇帝紀年之後的新王朝名稱。一九一九年五月四日及一九二五年五月三十日，這兩個歷史上著名的運動都是發生在城市裡（一為五四運動，一為五卅事件）。但後者因為是由日本工頭殺害一名工人所引發，造成大批工人在五月三十日參加抗議活動，因此看起來一開始至少具備清楚的社會性質。但在上海國際租界警察開槍射殺大批工人後，接著引發更大的騷動，抗議的基調遂重新轉向反帝國主義，壓過了原本的社會性質。五卅事件讓當時才成立不久且依附於國民黨之下的共產黨獲得了發展的能量。基於共產黨在革命陣營中所具有的獨特性，他們早就開始在整個國家中還只占少數的無產階級工人裡吸收一些活躍分子，並對他們進行思想教育和組織。共產黨在此期間獲得了一些小小的成果，但也經歷了一些刻骨銘心的挫折，像是一九二三年發生的鐵路罷工工人慘遭屠殺事件[20]；當一九二六年至一九二七年革命進行期間，由毛澤東帶頭，部分黨員發現另一個充斥嚴重社會矛盾的革命溫床：農民們所遭受的折磨和不滿更甚於工人階級百倍以上。但是，自一九二七年秋天開始，在共產黨發展路線上，正統的工人讓位給非正統的農民，並非基於主動的選擇，而是情勢發展的不得不然：由於城市中白色恐怖的壓力，使得組織罷工無以為繼。就長期而言，非正統的農民確實發展出了不少成果，卻只能侷限於反抗侵略者的策略框架中。革命分子在推動民族解放之外，還要藉由革命一併完成許多工作，然而由於成功動員了大批弱勢群眾（就算這些人是農民而非工人，但我們如果能在「共產主義的」這個形容詞背後看到「社會的」性質，在馬克思主義中是不是正統也就不重要了），使這個基本上是屬於民族主義性質的革命取得了勝利，讓我們不得不正視其中被革命分子置於首要的「解放被剝削群眾」之企圖。

就算終結農民的剝削、解決大多數農民的苦難等問題是無可懷疑的迫切需求，但這是幾乎要花上這本書中的一整章來討論的問題，我們必須了解，農民是占全中國最多人口的群體，農民的情況實際上正是革命發生前中國基本社會問題的主要來源。在共產革命取得勝利後將近半個多世紀，共產黨仍應重視這個不合理的情況；農村問題至今仍然嚴重，並不能簡單歸咎於革命分子取得勝利後卻不去解決就可以解釋的。

在討論這個持續將近一百年的悲劇中的兩個要角——共產黨人和農民——的關係之前，我們先要注意的是，不是只有共產黨人才關心被壓迫的農民。在一九八〇年代之前，政府可以「正常」施政的最後一段時期中（指一九二八年至一九三七年間），許多知識分子看到了——或是只是「相信」自己看到了——農民這個群體的生活情況。他們以同情的文字描繪出農民的苦難、揭發他們所受到的剝削。我們是否相信社會問題終於在此刻被重視了？是不是在經過長時間將焦點置於民族革命之後，有力人士總算將聚光燈轉向了社會問題？並不盡然：九成的知識分子、作家、評論家、政論家，甚至於政治領袖（除了一小部分社會學家、經濟學家及參與現地調查人員外）都離題甚遠。一方面是有些小說作者傾向於將農民普遍抱怨的對象（地方惡霸、警察、軍人，以及僅在最後才提到的——地主）描繪成帝國主義的走狗，甚至於是走狗（由帝國主義者所任命或武裝的軍閥）的走狗。知識分子將之歸類為主要的「農民敵人」[21]。在另一方面，知識分子的民族主義情緒引導他們注意到農民群眾，農民對他們而言，既是負擔（不能改變他們，就不能拯救中國），又是一張好牌（農民的數量和苦難，使他們成為潛在的革命力量）。

知識分子對於農民能發揮的政治能量——甚至於革命力量——雖然有所期待，仍然無法對農民本身的消極和無能視而不見。他們認為自己的工作就是要從外部鼓動和喚起農民所欠缺的組織力量和政治意識。他們最高興的就是去發掘農民的階級意識。農村裡的人——特別是老人——一開始時都是順從、迷信、認命的，直到他們的兒子有所作為之後——尤其是為革命殉身——才發現自己身處境遇的真實面。一九二八年，一部相當重要的批判性文學著作問世，這本著作當然屬於左派作品，內容描述魯迅筆下的悲劇英雄阿Q的故事[22]，阿Q就是舊時代農民的代表，根據魯迅的看法，等到農民們紛紛起而以行動表現出他們的革命信念時，阿Q所代表的形象將不復存在。總之，左翼作家在一九二〇至一九三〇年代的左翼文學裡表現出來的廣大農民，卻是這些農民陌生和不熟悉的，藉由書中農民之口說出的論點（像是農民們之所以會承受這麼多的苦難都是帝國主義造成的等等），或許在知識分子中耳熟能詳，但在真實農村中卻是完全沒聽過的說法。梅儀慈（Yi-tsi Mei Feuerwerker）所做的細緻研究已論證了這一點[23]，他認為現代中國知識分子以想像將農民變成一種載體，在描繪農民的同時，也透過他們所創造的人物來表達自己的觀點和心理。在我看來，後者的成分還要更高一些。

一九四九年之前的共產黨人和農民

共黨知識分子以農民作為鑄造革命的材料，其作為和其他知識分子並沒有基本上的不同。我們都可以看到，他們同樣是民族主義者：共產黨的作為和知識分子寫的文章一樣，都是想要引導、改變、運用農民朝向一個目的（國家的榮耀），而這個目的卻不是屬於農民自己的。易言之，由共產黨推動、進而開創歷史（時代變遷、朝代興衰的「大」歷史）的農民運動，並不是真正意義的農民運動。真正的農民運動應該是由農民自己在農村裡推動的，有農民自己的方式和自己的目的，以多種方式在地方上小規模地散布和傳播，而且大部分農民較少著墨於貧富問題，他們會做的是起身對抗租稅、兵流子、盜匪，甚至對抗鄰近其他農村。這些小小的抵抗主要是糾錯、止暴、護祖產，而不是爭取某些新的權利。農民不過只是想拿回自己失去的東西，並不是要攻擊現狀（使他們成為主要犧牲品的現存秩序），起而爭取的只是重建已然存在的現狀。或者更確切的說，他們只是要恢復自己當地的秩序，對於他們鄉村以外的其他陌生「同胞手足」的遭遇，則是毫不在意[24]。

這種地方性的自衛作為（小團體的自我保護），和具備全盤目標與攻擊性策略的革命行動恰是南轅北轍。由此觀點視之，彭湃的行動就相當有意義了（參見第三章，頁七十五），他開啟了革命分子與農民的初步接觸：在農民眼中，這些要為他們爭取利益的知識分子都是屬於領導階級的人物（都是些來自於寄生於農村上的城市的代表），以及帶著奇怪想法的陌生人。農民對待那些改革者和研究人員的態度也是一樣的，例如晏陽初推動「平民教育運動」時，就是被這樣看待的（參見第五章，頁一四一及頁一四五以後相關內容）。在面對調查人員提問時，村民們寧可拒不作答，好像調查員是要遊說他們改變信仰一樣。如果強制他們回答，他們一定扯謊。但慢慢的，這些誤會和隔閡漸漸減輕，這是經過了許多其他的誤解才得到的結果，例如要等到一些知識分子收起對地方神祇信仰的懷疑，甚至和一些他們想進入的地方祕密社團首領們歃血為盟後才能達成。雖然農民和共產黨人之間彼此理解接受的進展緩慢、艱難、有限，但共產黨人深入農村地區後，在初期並未能吸收到農民作為跟隨者。他們吸收到的是學校老師和他們所能影響、改變的學生，而這些人全都是共產黨想要推翻的對象——即地方菁英——的子弟。

即便是開啟中國農民革命時期的江西（參見第三章，頁七十四至七十七），共產運動主要還是從城市開始發生，確切地說，是從城市的學校裡開始發生[25]。革命運動會向鄉村蔓延，是因為許多受老師影響而接受「新思想」甚至是激進思想的學生們，由於出生在鄉村，離開學校後回到家鄉附近的鄉鎮教書所致。歷史上會記住的是共產黨人在江西的堅持所得到的成就，以及一部分其他「蘇維埃」根據地，而無數由共產黨人挑起但全部被鎮壓敉平的鄉村起事和反抗，則沒有留下任何痕跡。長征開始後，即便是所有根據地中堅持最久的江西蘇維埃亦必須撤離，長征在成為廣受傳頌的史詩和傳說之前，實際就是逃竄和撤退。即使是江西的共產黨人，同樣感到挫敗，社會改革的火炬仍無法——或是說仍不足以——點燃所有鄉村。

我們再回頭就農民「群眾」的角度來討論他們對侵略者的「愛國」反抗行為（就像同一時期史達林統治下的俄國一般）。日本侵略剛好給了原本欲振乏力的運動一個大好機會，連毛澤東在面對一個世代後的日本訪客時都承認這點。愛國主義比前一段時期的社會激進主義更能替中共招來更多的同情者和新血。而第一批投入抗日運動（一九三七年至一九三八年）的人員，就是這些回到鄉村且身為菁英子弟的知識分子。在這段時期，共產黨人想要驅動的農民對於所有的反抗念頭都心懷排斥：「管他誰當皇帝，都得完糧納稅。」（Paulson）[26]他們認為反抗是毫無用處的，對侵略者根本不會造成傷害：「就像拿肉丸子打狗，沒用。」（Benton）但不久之後，由於農民原本無意反抗的侵略者造成的危害日甚，逼使他們不得不倒向另一個陣營。恐懼和害怕的心理，原本使他們不想招惹事端，也可能一下子成為反向的推力：只有團結，才能保護自己的妻子兒女。一旦共產黨人展示了抗日的實力，對日軍的恐懼就會促使一些村落整個倒向中共：農民們要找的是保護者，而不是愛國分子。

比起向走投無路的農民提供保護，中國共產黨隨後推動的土地政策更能有效地爭取農民。比起恐懼，重新分配土地、好處，甚至物質利益等，更能讓「中國共產黨引導農民投入抗日。」（陳永發）正因為如此，我的討論終究還是進到了社會領域之中：隨著時間流逝，我仍得承認「共產革命」這個說法確實有其意義！同樣的，這種作法剛開始也不容易被農民接受。在中日戰爭爆發之前，共產黨在主要根據地延安周邊推動了第一次土地重分配，農民對此反應冷淡，他們對於歷經長久時間累積才擁有大批土地的富人們仍心懷同情，共產黨幹部對這種情形憤恨地直說是：「奴性！」（Esherick）。在中日戰爭期間，有時候共產黨只能藉由已吸收的部分農村菁英作為媒介來打入農民群眾之中，但是中共過去曾動員群眾打擊權貴剝削者（就是菁英群體），此時不得不面對政策轉變的尷尬。對於農民的這種心理現象，用依賴和扈從也無法完全解釋：「是各種原因揉雜在一起——對地主報復的恐懼、對中共軍事行動進展的不確定、對衝突趨避的心理、對父權思想和宿命論的深信不疑、對同宗親鄰關係的顧念等等——削弱了佃農起而反抗地主的念頭。」（陳永發）這也解釋了為什麼有整整兩年的時間，許多佃農會將共產黨規定調降的地租與原本地租間的差額私下再補還給地主（陳永發）。

由於共產黨人的作法中隱含了交換條件，仍然吸引了不少人：以物質利益交換對共產黨納稅（可以用金錢、作物或勞力）。對大多數人而言，這只是向誰服從的問題：即便改革帶來的利益讓農民對中共有好感，然而使他們長期不曾起而反抗一黨專制社會桎梏的原因，更是因為農民清楚知道共產黨擁有鎮壓他們的力量。從這個時候開始，直到取得全國政權之前，在共產黨的統治技術中，依賴懼之以威脅，還比誘之以獎賞和許之以理想來得更多些。其他一小部分狂熱分子並非如毛澤東所預期的從貧苦階層中招募而來，反而是具有各種社會成分的年輕人成為共產黨積極分子、戰士和民兵的供應來源，但這仍遠遠不夠。讓子弟加入共黨部隊可以被分配多一些土地，這種優惠政策對某些家庭來說卻是難以承受的壓力，以致於一些年輕人為了逃避徵召而選擇離家躲入日本占領區中。

總而言之，中國歷史學家努力了數十年，希望為中國共產黨究竟用什麼方式獲得農民的廣大支持尋找定論。是像詹鶽所說的（參見第五章）利用愛國主義？還是像反對詹鶽者所言是誘之以利？前者強調民族主義的特質，後者強調革命中的共產主義導向。近期的研究者提出的論點則認為，這兩個動機（愛國的或社會的）都不具備決定性，因為共產黨是在未得到廣大農民支持的情況下贏得勝利的（Hartford）。這樣一來就引發了三個問題：

第一個是，假設農民並非出於愛國的動機而歸附共產黨，那我認為這個革命基本上是一種民族主義革命的概念是否不適用了？我的回答是「不」，我認為自己主要討論的是一九〇〇年至今的「菁英階層的民族主義」，而不是詹鶽所討論的「群眾的民族主義」。

「社會領域的動機不具關鍵性」這一點似乎反倒提供了一些論據來支持我的看法，但我還是不能得了便宜就默不吭聲。首先，由於物質利益而加入共產黨的人，比純粹想參加抗日的人還要多。其次，我無法毫不遲疑地說這個沒收有錢人土地分配給窮人的革命毫無共產主義特質。更清楚的說：我堅信是民族主義讓人投身革命成為共產黨，而他們的鬥爭對手國民黨人也是一樣的；他們都是採用在蘇俄這個同樣落後的國家裡已經被證實可行的列寧主義手段；他們同樣在整個中日戰爭裡持續為自己打算：他們所實施的社會政策——就像列寧在一九一七年頒行的政策一樣——主要都是著眼於奪取權力。同時，中國共產黨人已將馬克思信條內化了，他們相信自己所處位置的獨特性和正確性，認為歷史和正義站在他們這一邊，勝利應該是他們的。他們的政策是依照自己的信念而形成的——但當然還是會有些小小的變化。對毛澤東來說，計算得失（何者有利可圖，何者應避而遠之）占有重要地位，這也和一九一七年時的列寧一樣。中國革命的過程中出現許多悲劇，其中之一是將為其服務的意識型態不斷提高，死抱著意識型態的幻想，使革命偏離了正軌。

第三個也是最後一個問題：如果共產黨人沒有得到廣大農民的支持，他們如何在農村扎根？又如何取得勝利？首先，我先前談過，中共採取的是強迫手段。在傳奇性的延安，毛澤東建立一個小型史達林式統治的國度，黨國體制的建立確立了毛的權威，也使共產黨人能集中精力爭取生存和勝利。在那裡的許多人相信，只要經過痛苦的自我批評過程，就能夠鍛造出全新的革命人格，另一方面，地方上的農民也很快地了解到——就像我曾經討論過的——他們如果反抗共產黨將會付出什麼樣的代價。重要的是，為了要找出吸收農民——這是鑄造革命所需要的原料（士兵）——的最佳方式，共產黨幹部會不停檢討自己的失敗經驗並修正作法。這些幹部扮演的角色和他們所做的犧牲奉獻十分重要：

在革命中，除了結構性因素之外（包括我認為必須強調的「動機」），我們也得承認行動者的重要地位。這些行動者策動和引導了這場所謂農民革命的走向，但他們是菁英分子，而非農民出身。為了要使自已能全心全意、忍受折磨，甚至犧牲性命投入這場革命，他們必須找出更多必須革命的理由（我只相信，在強調使被剝削者獲得解放同時，最重要的原因始終是為了追求中國的尊榮）。也因為他們的奉獻、頑強和機變，完成了不可能的任務：帶領一部分農民——並非全部——顛覆農民原本希望保存的現狀。

一九四九年之後

一九四九年之後，許多農民可能不只一次對當時的狀況感到懊惱：習慣上，他們總會認為以往的日子過得比較好。但在剛開始時，當土改政策從地主和富農那裡沒收土地並分配給三億多農民時，情況卻不是這樣的。對許多農民而言，這就是「翻身」：即使只是一小塊土地，也足以讓全家人勉強維持溫飽。但是，從一九五三年開始，農民被迫將收成以國家所定的低價賣給國家，接下來幾年又開始推動農業合作化運動，成為實施集體化政策的先聲，農民感覺到共產黨好像是先給他們一些好處，接著就要收回去，這個時候，才是真正的共產主義革命！稍後等我要討論共產主義運動中包含的社會願景時再回頭來看這件事。由這個觀點而言，「統購統銷」（換句話說就是國家直接控制農產品市場）和集體化運動，是藉由農業生產實行資本原始積累的方法，後果是使耕作者只能維持極低的生活水準。這段由農民背負工業化重擔的時期長達將近二十五年（一九五三年至一九七八年），大多數農民在此期間的生活情況跟一九三三年在舊政權統治下的日子差不多，有的甚至更差——其中有一億五千萬人填不飽肚子。共產黨當初利用廣大人民的不滿打敗舊政權，之後卻以「建設國家」為由將廣大人民轉變成盡供其用的勞動力。在這段時期，農民們只要能進工廠當工人或是在城市中的「革命委員會」做個掃地工，都已經比其他百分之九十五在田裡勞動的人待遇要好得多，如以總人口數來算，也比其他三分之二要好。但事情卻愈來愈糟：一九五八年開始實施的戶籍制度（在鄉村出生，即意味著一輩子都要生活在鄉村）限制了鄉村人口的流動。

相對於被困在土地上的人（被宣告不得脫離），工人——特別是國有企業工人——在同樣的這段時間裡（就是繼續革命的這段時間）算是享有特殊待遇的群體。工資當然不高，但是跟知識分子及幹部比起來差不到哪裡去。而最近（二〇〇七年）這將近三十年裡，中共政權都埋頭於一九八〇年左右所提出的「改革開放」中，並沒有再特別強調要「搞革命」，然而我們依然無法「對革命進行改革」，尤其是在共產主義政權下。

弔詭的是，當平均主義的狂熱消退後，城鄉間的鴻溝反而漸漸縮減。去集體化（土地仍屬於集體所有，但每個家庭都能分到一塊按自己意願耕作的自耕地）、提高作物價格、減少上繳國家的糧食數量，以及減輕或取消其他在毛澤東時期被強加的限制等等，讓農民的精神和行動能量都釋放了出來，收入也快速增加。城鄉間的生活水準原本有極大差距，在改革開放初期（一九七八年至一九八四年間）確實大幅度拉近了，但在一九八〇年代後半期，差距又開始拉大。如今這差距又回到革命年代的水準，毛澤東當時曾以矯情的語氣反覆強調：要致力弭平存在於「城市員外」和鄉村赤貧之間難以填補的鴻溝。現今的農民雖說已經不再像以前那麼窮困，部分還算有些餘裕，但農民彼此間的不平等——特別是不同區域之間——則變得比毛時期（就是革命時期）更為顯著。中共政權轉變成「改革者」之後，農民獲得的待遇（在租稅、教育服務、衛生等方面）仍然比其他社會群體要來得差。

不平等也延伸到城市社會。誠然，在城市中最卑微的要算是「民工」，由離鄉背井的農民在城市中擔任最辛苦且薪資最低的工作，他們忍受的歧視比在法國的非法移民所承受的更難堪。相較於在外工作的民工（他們的工作收入比留在鄉下的家人還要好，家人要靠在外打工的他們不時寄錢回去才得以維持生活），境遇受人羨慕的國營企業工人以往習以為常的特殊待遇和社會保護也漸漸受到侵蝕。即使大量裁員也不足以提升國營企業的競爭力，失業補貼（甚至薪資和退休）變得遙遙無期，原本承諾的重新安排工作也無法或極少實現。在毛澤東時代的社會（城市）還算平均時，工人無產階級倍受關愛、相對受到欽羨，他們不會想當有錢人，但如果有機會擔任共產黨幹部，他們也不會輕易錯過。工人羨慕共黨幹部，主要是針對他們所擁有的特權而非薪資。而今，這些工作朝不保夕的工人，卻眼睜睜看著不久前才被共產黨公開羞辱過的資本家轉眼間就賺進大筆財富。

如果說中國社會在剛剛來臨的二十一世紀初已然成為全世界最不平等的社會之一（相對於其他少數自認是小康的人、大多數的窮人和許多赤貧而言，中國的鉅富確實非常有錢），這和我討論的主題只有間接關聯。對於後革命時期的社會實況，包括革命遺緒，我必須這麼總結：今日中國的情況和受寡頭統治的當代俄羅斯一樣，現行政權正嘲弄著自身仍持續依恃的共產主義終極正義。革命（初期的三十年間）創造出了一個等級分明的社會：困守在田地裡的農奴和其他人，這裡所謂的其他人包括三個等級：在最底層那些人像是帶著瘟疫一般（反革命分子和其他的「黑五類」以及其後代），旁人避之唯恐不及；中間層則囊括了幾乎全部的城市居民；最頂端則是共黨幹部。就經濟上而言，中共幹部倒不是獲利最多的，不像從史達林到布里茲涅夫時期的俄國幹部。相對平均的社會，不是只存在於口頭上——特別是當所有人都窮，而且擺脫不了的時候。

毛主義的災難，災難的毛主義

毛澤東並未背叛共產主義，他堅持維繫共產主義的火炬於不滅。毛相當重視中國共產主義這個帶有民族主義色彩的意識型態，並將其置於所有其他事物之上。相對於建國之後繼續革命初期的模稜兩可（原本是一項民族主義的計畫，卻變成——以正式卻不重要的形式——共產主義的），毛澤東後來大力頌揚替代民族主義的共產主義，並刻意擴大曲解。就像我在此處說明的，他不僅僅滿足於只看到共產主義背後的「社會的」和「平均的」意義，還盡可能地將生產方式集體化，這不只是遵循意識型態的要求，更是要複製蘇聯模式[27]：學習列寧的方式獲取權力，學習史達林的方式建設現代國家。中共的第一個五年計畫就清楚地反映出史達林的工業化戰略：優先發展重工業，吝於投資輕工業和農業。蘇聯所付出的代價和損失（再說，當時對這些情況並不十分清楚），以及這對共產陣營兄弟間因不同的歷史背景所造成的人口和經濟發展差異，都不曾讓中共有任何顧慮和猶豫：一九四九年的中國，平均一畝可耕地所承載的人口約為一九一七年的蘇俄的十倍以上，中國人所能得到的糧食餘額也更少。經濟成長的速度也相當受氣候變化所影響。第一個五年計畫算是成功的——相較於後續的五年計畫或蘇聯在一九三二年至一九三三年間實施農業集體化和消滅富農政策而在烏克蘭引起的饑荒——而未受重視的農業卻限制了工業的發展，使得工業發展呈現鋸齒狀起伏，有時甚至停滯不前。缺乏原料限制了消費性工業，造成其中的棉紡織工業無法全力生產。而棉花收成量的巨大變動則是由於前一年的氣候所造成的——由於氣候會造成穀物歉收，這時就必須強制減少種植經濟作物（像是棉花），以便生產其他農作物。

第一個五年計畫清楚地傳達出：經濟成長與農業生產的波動息息相關；不重視農業，就會連帶影響到工業發展這個首要目標。但中共並未牢記這項經驗：中國實施了「大躍進」，強調要用「兩條腿走路」：一條是農村過剩的勞動力（勞動力被動員投入龐大的灌溉工程或在自家土地上大煉無用的鋼），另一條則是仍然獨占稀少資本及技術的工業。所謂修正「不合中國情況的蘇聯模式」也只做到一部分而已，重工業仍置於優先地位，投入重工業的資本不斷增加，毛澤東也期望這麼做能使鋼產量在一年內增加一倍。結果卻造成了死亡率增加一倍，甚至兩倍。就責任歸屬或以道德觀點評斷初衷：雖然不像史達林以屠殺來對付農民反抗集體化政策這件事那麼罪惡，但毛澤東發起「人與天鬥」所造成的損害卻有過之而無不及（死亡人數更多，至少以總人口的死亡率來比較是差不多的）。這場力抗自然的戰爭由狂熱的唯意志論所帶領，在專家的眼中並不看好，卻受到統治政權推波助瀾，鼓動區域和地方幹部努力超越——在紙上——高層領導下達的不切實際指標。後來，在革命中頗富盛名的沙場老帥彭德懷經過好幾晝夜的內心掙扎，鼓起勇氣寫了一封私人信函給當時擔任國家主席的毛澤東，指出需要即刻修正的一些錯誤。然而，彭徹夜未眠振筆書寫的這封信，竟然使毛發起運動打擊以彭為主的「右傾機會主義」分子及所謂的「反黨集團」，進而變本加厲推動大躍進，造成千萬人因而餓死。在他人膽敢進諫之前，毛澤東其實原本確實有「糾左」的打算，然而不論用那種尺度來衡量，只因為毛本身自尊心受損後腦羞成怒，就要拿幾百萬人做犧牲，這足以讓毛澤東和他在莫斯科的偶像史達林並駕齊驅了。

大饑荒甫結束，毛澤東繼續打擊（從一九六二年起）那些努力要將這個國家拉出泥淖的僚屬。他抨擊他們的政策脫離社會主義原則，並指稱黨內有人「走資本主義道路」。他任由這些黨內幹部紛紛採取動作及暴露自己的想法，而這位「舵手」只想重新掌舵，盡可能將發展鎖定在不變的方向上。

之所以說「盡可能不變」，是因為他在最後十年推動文化大革命時，仍要偶爾糾正他的徒眾，特別是靠他拉拔才平步青雲的幹部：在未來的後毛時期被視為妖魔的「四人幫」。他以「坐直升機」的速度提拔這些人（鄧小平後來在〈黨和國家領導幹部的改革〉這篇文章裡如此嘲弄），讓他們對抗黨內老人——老人們的經驗太豐富，以致於已經不相信烏托邦了。只要讓這些人擔任重要職位，毛澤東就可以扮演超然中間人的角色。他並不明確地支持、或無論如何都不會從頭到尾支持堅定捍衛毛主義的人。他滿意於重掌大權，有時候偏右，支持周恩來及鄧小平等溫和分子的政策方向，大部分時間偏左，支持「激進分子」那邊（曾經有人提出「五人幫」的說法，但在毛澤東死後也只剩下王洪文、張春橋、姚文元和江青四個人，擔任鼓動者的毛澤東也不會同意和這四人相提並論）。對這些激進分子而言，道路很清楚擺在眼前：要朝向社會主義的最高階段不停前進，因此必須消滅資本主義分子並對付當時農村裡出現的自由市場和自留地風潮。農民假意遵從，卻藏起要私賣的雞鴨——這種「不當利益」暴露出難以導正的資本主義思想——有時候還會和農村幹部共謀演戲造假，主要目的不是要達成激進分子虛幻的目標（那是不可能的），只是不想公然戳穿它。當然，不見得每次演戲都能過關，會有工作組負責拆穿這些把戲，並致力割除資本主義的醜陋尾巴，這些作法使四處瀰漫著憂慮和恐怖的氣氛。各種刺激生產力的方法（只有那些在允許範圍內的作法）都帶有強制性，即使農民們採取逃避態度，不加入由這些激進分子下令成立的烏托邦（在其中幾乎無法生存），然而這種掠奪性政策（美其名曰「支農」，就是派軍隊進入農村監管）仍會對他們造成損害，這種政策使得他們耕種工作和苟活的期望變得愈來愈困難。我們當然可以認為，雖然毛澤東曾一再釐清，但一些自認為對馬克思主義有深刻研究的冥頑不靈理論家卻想要消滅農民群體；但其實就這點來看，馬克思主義理論家還不如後來那些致力於追求現代化的人來得有效率——雖然也還沒到完全消滅的地步——但如今農村裡還在種田的人減少了一大部分，都流向了鄉鎮工業和城市。從這種情形就可以看出革命和現代化的兩難困境（在毛斷氣之前，革命總是優先，現代化總得讓位）背後還隱藏著另一個難以妥協的兩難：烏托邦和現實[28]。

毛澤東雖然沒有像奉承他的那些人一樣完全脫離現實，但他仍然視鼓動革命熱情為優先而不顧提升群眾生活，視齊頭式的平等為優先而不顧會產生差別的現代化作為。他以創造平等國度的夢想號召群眾，準備開始另一次萬里「長征」（這就是毛澤東從一九四九年開始用來設定努力目標時所用的字眼，他要求同胞們捲起袖子、做好準備：革命勝利只是萬里長征的第一步。）

我剛剛所提到的種種，強調毛推動各項平均主義式政治運動時對這個貧困大陸所施加的磨難，並不表示他針對建國初期社會不平等現象的批評就不中肯。人們雖然想要聽到馬克思理論家（或者只是被視為馬克思理論家者）針對社會不平等所做的細緻分析，但毛有名的「三大差別論」（城鄉差別、工農差別、腦力勞動者和體力勞動者之間的差別）卻和理論家的冗長陳述一樣有憑有據。毛指責「紅色資本家」的特權，就是吉拉斯（Milovan Djilas）所說的「新階級」[29]，他仍然希望創造更公平的社會，而抨擊黨內高幹放任特權階層橫行就可以做到更為公平。毛澤東認為特權橫行是普遍情況，對他而言絕對有理由擔憂：毛只不過是說出了實際的弊病，對此我們應該要還他個公道。

問題是他固然多所批評，但卻沒能有效改正。他頂多只對一些次要問題提出效果有限的對策。這些對策當然也很重要，例如在健康和教育方面，中共政權在他推動下開始著手消除城鄉間明顯的差距。為了讓農民不能隨意處置自己的收成，毛盡可能地把農民收入壓到最低。他持續壓榨這些他應該要保護的農民長達二十五年。我們都親眼目睹，要等到毛死後，他的繼任者雖然在消滅不平等方面沒有像毛那麼積極，但確實緩和了——雖然也只是暫時性的——城鄉收入差距的鴻溝。

這就是毛所要負的責任了——或是說許多責任之一——使革命偏離了當初要走的軌道，但為什麼不？毛和其他人一樣，在革命之中為國家苦難尋找出路，而出於對馬克思主義經典的一知半解，他發現農民的不幸具有極高的利用價值，他們為了脫離苦海願意付出生命。但顯而易見，在毛動不動或毫無緣由就揮舞的平均主義大纛之下，他在兩方面都失敗了：中國依然貧窮且中國人飽受苦難。

然而，在指責毛澤東之前，倒是有些事可以讓他免除這些被指控的責任。此前我描述的毛澤東好像是一個堅守教條（馬克思主義）和遵循模式（史達林模式）的人，但大家都知道根本不是這麼回事：他想要開創一條中國自己的發展和社會主義道路，甚至在人民公社時期還聲稱共產主義已經在中國實現。雖然他仍然將重工業視為優先，但大躍進已然是第一個和史達林發展策略分道揚鑣的表現，毛同時也公開批評史達林的策略。說切割或是批評都是對的，但不甚完整，因為這只限於經濟領域。毛在實施極端的史達林式中央集權的同時並未忽視農村發展，或是設法將原本「農閒」這種不利因素（剩餘勞動力）轉變為有效利用，他將農閒時的剩餘勞動力用在技術和資本要求不高的工作任務上。問題是他動員這些人力時卻用錯了地方，而且動員活動跨越所有季節，造成沒有足夠的人手可以收成和儲存作物，莊稼都爛在地裡。毛澤東的革命幻想（大幹快上）和政體不變的本質，產生高度的中央集權、極度強調制度，它所必然衍生的負面效應幾乎和實行地方分權制度沒有兩樣：部分地方領導幹部利用其手中無所不管的職權，層層加碼生產指標，以滿足上級的要求。

對於我認為毛嚴守制度的說法，有人會反駁我，指出毛發動文化大革命癱瘓了政治體制。在我看來，說毛讓政治體制「靠邊站」，是不全面的、膚淺的說法：批判共產官僚卻未能及於最高領導人。毛將自己塑造並強化為全知和正確的專制形象，更想將自己改變社會的作法擴及所有人：以階級鬥爭作為所有人的試煉，所有事物都要截然劃分，真與假、好與壞、革命和反革命。然而在毛無窮的——

或是說烏托邦的——企圖和其所得到的渺小成果之間的落差，不能全然歸因於他對社會的看法有誤，這也是在我目前所提出的論點中一再強調的：他令人困惑的不只是如何看待體制而已，還有他對革命的想像。

文化大革命是革命中的革命也是反革命：它反對的是已經變調了的革命（官僚制度化），希望將之再變回原來的樣貌（革命化）。這就是毛澤東的企圖，有別於一般人的看法，一般人認為革命會留下許多深遠的影響，但革命本身則不會持續：它和危機一樣，都僅曇花一現。而毛澤東則絕不作此想。他堅決地不接受「革命只能存在於社會斷裂或迅速變遷的特殊時期」這種觀點：他的所作所為像是要否定中共必須「重新調整腳步以適應逐步革新、鞏固革新」。相對於長期和漸進的改變，他寧可採取劇烈又突然的變動，他要求的是被僵固結構所束縛的「群眾創造力」能夠在造反中充分發展——而這個造反行動卻先是自生而後自滅的。

毛不只是對自己一手創建的政體感到不滿，也表現在他對社會不公的批評上，但這個不滿並未讓他去思考問題的根源，因為他自滿於自己已經判斷出問題出在政府有變質傾向：就像先前的蘇聯革命，此時已遭赫魯雪夫的「假共產主義」所僭奪和背叛，而毛必須要在這個質變尚未形成資本主義復辟之前將其控制住。雖然毛提醒自己不要造成政局動盪，但他更想要將之重新打造為純然符合他想法的政府，由純然忠於他的人主持，而他純然的思想觀念卻容不下任何批評。然而，他所強調要揭發的問題（官僚作風及腐敗）並非中國共產主義所獨有，卻給了「毛澤東思想」一個普世皆準的前提或理由。毛以熱情而非激進的態度批評共產官僚，雖然毫無新意，卻表達了毛衷心希望——對單純的人而言，確為其所願——看到自由分子、無政府主義者、和托派分子長久以來以團結為前提所提出的觀點，而這些人的立場也因此在毛的眼前表達出來，即便毛正位在這個官僚層級結構的頂端。

而也由於毛擁有如此地位，後來反而引發了質疑。事實上，他雖然對這個政權施以不留情面的批評，卻不夠徹底；而毛與中共政權之間不可分割的關係，讓他在發起各項運動之後又使其戛然而止。他每一次發起的政治運動，如同事前所預見的，都對現存秩序造成危害。換言之，就是造成這個由他所領導卻承受他冷嘲熱諷的體系擾攘不安。而高踞在這一團混亂之上的毛，卻既不承擔自身應承受的風險——或者說他讓這個政權去承受——也沒有受到任何束縛迫使他努力負起管理這團混亂的責任。在奪取權力方面堪稱戰略與戰術大師的列寧，在取得權力後就轉變為管理者；毛卻不然，他一直幻想著一次又一次地奪取能奇蹟般解決一切治理困難的權力。

提到了列寧，當然也要提到托洛斯基。毛為了不願與托洛斯基主義中的「永久革命論」有任何牽連，而改以幾乎相同的「不斷革命」替代。兩者之間有個基本相異之處：依據托洛斯基的說法，「永久革命」是攻擊性和進取性的，而毛的「不斷革命」卻是防衛性和缺乏安全感的。在托洛斯基看來，在像俄國一樣資本主義不發達的國家中，資產階級只居弱勢，這就使得無產階級必須有自覺地、不間斷地將歷史的特定階段（資產階級民主革命）推進到下一個階段：社會主義革命。除非能迅速達成目標，不然革命就必須不間斷地進行下去。而毛認為革命在取得政權之後仍必須持續地、永久地進行，因為革命永遠達不到目標；革命者的軟弱（毛說「我們的同志們」，尤其是領導同志，多半是軟弱的。當然除了最高領導之外）持續威脅著脆弱的革命成果，應該在隨後的幾世紀或幾千年之內，每隔一段時間就要再進行革命和重新來過一遍，才能確保革命成果，這就造成了隨後文化大革命的傷害。

極權主義

問題在於毛

到目前為止，我所討論的僅限於毛的觀念、不安、妄想：被宣傳機器誇大的「毛思想」裡完全沒有透露任何資料能看清毛這個「人」。我唯一能盡力做到的就是從他再次發動罪惡的大躍進的過程中去摸索。還應該從他個人的特立獨行、驕傲、固執、冷酷、不負責任、迂迴的手段等等，去探索究竟是什麼樣的個人動機促使他決定並下達這個災難性命令。

有人常常會拿在建國最初那幾年好壞參半的、多災多難的集體領導統治時期的末期來對照[30]。而在毛的最後二十年當然是災難性的，但毛太快開始強調意識型態的重要性而犧牲了對現實的觀照，絲毫不理會理性的反對聲音，更對膽敢提出不同於他意見者加以污名化或排斥。從一九五二年開始，毛澤東為了掃除主張農業集體化應該放慢腳步者的意見，指責他們被「裹著糖衣的炮彈」所腐蝕，易言之，就是被資產階級思想所影響的「右傾機會主義者」。當碰到現實的反彈時，他開始後退，或同意別人開始後退，但這只是緩兵之計。等到情況允許，他馬上回到念念不忘的方向上來：階級鬥爭、平均、集體化（前面曾提過這就是他強調要走的路）。當然，在頑強的現實所迫之下，經過了幾次來回反覆，但只是暫時性的迂迴，並不會因此改變最後的目標。這就是毛所用的軟硬兼施兩手策略（如同史達林一樣）。一九五五年，當他正在放慢建立新的農業生產合作社並解散狀況不佳的合作社時，卻突然作出一百八十度轉變，批評中央農村工作部部長鄧子恢是「右傾」分子（針對鄧解散浙江合作社一事；但當時這個決定是毛在三月分時自己同意的），並將其上綱到政治路線鬥爭，一邊是鄧子恢偏向富農的「資產階級路線」，一邊是毛自己的路線，而毛的路線當然是站在人民這一邊。一九五五年七月，毛下達了更激進的改變，竟然要求本來預計需時十五年才完成的農業社會主義改造必須在十八個月內完成。他認為物質條件不是障礙（這句話足堪與其可敬的對手史達林所說的「對我們而言不存在主觀上的困難」比擬），並從一九五八年年初開始強調狂熱的唯意志論，更在之後的大躍進期間達到高潮。他嚴厲批評在一九五六年時採取相對謹慎政策的周恩來，並且冷落在政治局中唯一反對冒進的陳雲，用間接的方法讓一些明顯過於天真的問題得以過關。

直到最嚴重的饑荒發生時，毛卻撒手不管，讓他的同僚去面對，公開表示要「退居二線」，任由他們承擔採取必要因應措施的責任，也不再指責他們的作法偏離了神聖的毛思想。到了一九六一年，當人民持續死於饑荒，他再也忍不住了。當時的國務院總理周恩來一來考慮到必須對毛表示服從，同時也得考慮到不要澆熄糧食生產者的熱情，周對所有幹部下達了連他自己都知道是矛盾的指示：「發起階級鬥爭」（來自毛的壓力）和「鞏固統一戰線」（來自饑荒的壓力）。事實上，對付饑荒所需要的東西，遠遠超過這個像遮羞布般虛矯的宣示。同樣是在一九六一年，有些人在部分省分嘗試家庭「聯產承包責任制」（包產到戶）——這個制度在二十多年後推廣到全國各地——允許每個農民家庭耕種自家的責任田而沒有太多的限制。

但這種作法在毛澤東的眼中卻等於背棄了集體化，使他難以接受，他打算在一九六二年一月召開的省、市、地、縣級幹部及重要廠礦、部隊負責人參加的擴大中央工作會議上將其制止。但在這次著名的「七千人大會」中，非但沒有討論到社會主義價值被腐蝕的問題，與會的領導們還將大會視為能夠正視實際問題的機會，即便這個實際問題被淡化成「三分天災，七分人禍」，更希望能在會中討論、記取這些災難的教訓，使黨的作法可以回到實際情況上來。當所有與會者都稱毛的指示正確時，時任國家主席的劉少奇卻承認是領導當局犯了錯誤。隨後每個人都按照要求作了自我批評，毛也一樣，他的自我批評簡單扼要，強調其他同志都一樣犯錯誤，但中央犯的錯誤，第一應當要負責的人是他，因為他是中央委員會主席。毛並不打算真的負起這個責任，當大會會期延長卻沒有提出對社會主義信念的肯定時，他更是有所微詞。縱然毛警告與會代表：「如果不建立社會主義經濟，我們就會變成像南斯拉夫一樣的資本主義國家。」但沒有人將它放在心上。當諸多幹部被眼前實際問題搞得心煩意亂的時候，只有毛一個人所看的不只是眼前，而是更遠。他任由幾百萬餓莩的悲劇延燒，以致造成他的理想和堅持要走的道路被改變，但他至少仍站在能維持必要視野的高度上，早在五年前他就提出：不要怕打原子戰，中國人也許損失三億，但社會主義會在全球贏得勝利[31]。

他就這樣讓自己漸漸取回掌握方向的權力。當他的祕書田家英前往毛的故鄉韶山調查研究後，回來向他報告說那裡的農民只對包產到戶這件事情感興趣時，毛並沒有因此而暫停腳步，反而要他的祕書理解：「農民是要自由的，但我們要社會主義。」身為「群眾路線」的創建者，他更表示：「我們是要走群眾路線的，但有的時候也不能完全聽群眾的，比如要搞包產到戶就不能聽。」當一九六二年的收成預期確定將會比前幾年好之後，毛就開始指責同僚（「這兩年講困難講黑暗合法，講光明不合法了」）並要求他們在資本主義道路（包產到戶）及社會主義道路中作出選擇。當然，沒有人敢反駁毛主席，但他仍然不放心——他就是在這時候對自己選出的接班人劉少奇開始有了懷疑。劉完全沒有察覺自己所推動的農業私有化已暗暗引起毛的殺機，還在為了避免複雜的國際影響力會牽扯進已經夠麻煩的國內事務的考量下，拉攏美國及蘇聯。毛雖然對甘乃迪反感，但還比不上他討厭赫魯雪夫，以及厭惡自己那位揮霍革命資產、聲稱要盡力挽救中國的接班人。對外「反修」、對內「防修」，從此成為毛澤東直到嚥下最後一口氣之前心心念念的事。

「反修、防修」這個首要目標——尤其是後者——成為毛想法中的兩個緊密聯結的因素，最終使毛的作法產生重大轉折，就像他對赫魯雪夫的觀感丕變一樣。為了防止中國革命的衰退，毛已準備好將原本的目標——使中國富強——置於次要位置。總之，窮人比有錢人更傾向革命，而保持中國人民的革命熱情比增進他們的福祉更為重要。於是透過他從一九六二年起開始構思的文化大革命，毛完成了從個別國家到世界性的一次跳躍。俄國人沒能成功地將革命推向世界，但毛擎起了革命的火炬，將文革這個原本用來提升這個落後國家的革命（原本是他設想的革命，但此時卻有所轉變）賦與世界性的目標。一九六六年，毛面向了全世界的革命者。真的是為了人類的救贖嗎？恐怕只是為了要使那個時代最偉大革命者（毛自己）的榮耀能夠永垂不朽而已。

以目的來使手段合理化，是共產主義的第一步。為達成他崇高的目標，毛精心進行準備工作。在極端保密下，毛的配偶江青找了一個「左派」記者（注意：在他過去抨擊資產階級的文章中，已經驗證了他的左派立場）發表一篇攻擊性文章[32]，點著了火藥。毛裝作沒注意到這篇實際上由他修改過三次的文章。在他的打手引爆這顆所謂文化界的炸彈之前，他刻意讓一九五九年之後就被他打入反黨集團並撤職的彭德懷遠離北京，因為毛準備要發起的爭論中心就是要打擊彭德懷。為了達到讓彭離開的目的，毛安排了一場溫馨的接見，還邀請了在他策劃中的文化大革命裡另外三個要對付的目標（劉少奇、鄧小平、彭真），然後派彭德懷去遙遠的四川擔任一個小職位：此舉是為了讓他們相信毛已經原諒了彭德懷，並且降低他們的戒心。

同樣的，文化大革命的醞釀工作在正式啟動之前十五個月就開始祕密進行。一張攻擊北京大學校長的簡單大字報揭開了序幕[33]，校內掌權的領導階層一如預期地維護校長，但毛則大為贊揚這張出自他授意的大字報。康生的老婆曹軼歐找到北大哲學系黨總支書記聶元梓，並說服她找一些「左派」分子共同起草了這張大字報，並向他們保證會有高層支持，而康生就曾在延安幫毛執行過一些見不得人的工作，將許多人指控為「敵特」，然後對之追殺、逮捕和逼到走投無路後自殺。毛打算利用大學裡的騷動牽連到黨內「走資本主義路線」的當權派（劉少奇、鄧小平）身上。當權派起初並沒有察覺這個用意，他們第一時間的反應是去請求毛的指示並請他主持大局，結果沒用，毛此時待在離北京有數千公里之遠的杭州，態度曖昧而且諱莫如深。

如果想完整勾勒出毛澤東策劃的謀略——拉下他自己所選的接班人劉少奇——的簡要輪廓，就還要提及像「文化革命小組」之類文革機關的創建（這些機關的權力與常態性權力機關重疊）、讓精心挑選過的人員進入常態性權力機關（包括政治局）使其「擴大」，以及操弄紅衛兵等等。操弄紅衛兵是為了轉移他們的目標：一旦攻擊（和迫害）完老師及其他學術權威當成暖身之後，他們就應該對準更高的目標，摧毀一切由劉少奇和鄧小平所代表的資本主義復辟路線。

凡此種種，再加幾十萬人失去生命，究竟是為了什麼？什麼都不是，甚至比什麼都不是還要糟糕，因為毛澤東原本期望激發起來的革命熱情反而更快速地消散了。簡言之，毛只有一個願望被滿足：他竟然在一九六六年底的七十三歲壽宴上邀請中央文革小組成員為「展開全國全面內戰」乾杯。沒錯，舉杯稱慶的攻擊對象既非蔣介石也不是赫魯雪夫，而是自己的整個國家。不過，隨後的幾次轉變——轉變來得不算慢——顯示出毛澤東並不是那麼地不負責任：在舉杯稱慶之後過了兩個月，他表現出第一次退卻（拒絕支持上海公社，認為會造成混亂）[34]；六個月之後，當他看到自己煽動的狂潮已經危及自身時，他再度決定後退。毛澤東曾經倚仗學生（紅衛兵）、工人——最後還有軍隊——去對抗他曾經領導過的黨組織，而他此時則以傳統方式指揮軍隊進行鎮壓，鎮壓的對象就是被點名「過左」者，換言之，就是針對那些不願意放棄毛在前一年夏天時所強調的原則的這些人。在當時，大家感受到的文化大革命，一方面是「喧囂和狂暴」，另一方面是一波接一波不一致的反反覆覆。這種不一致性完全源於毛澤東腦海裡的思慮同樣也自相矛盾：他是個權力的現實主義者，清楚知道手中無權什麼事都辦不成，但有時又是個頑固的空想家，無法放棄他天馬行空的念頭。

從許多方面來看，文革之後[35]和文革後期（指一九七〇年代間）最後的一些嘗試，代表著這段悲劇性統治的結束。除了我們所看到的經濟發展和態度曖昧的外交領域之外，中國農業和工業在二十世紀最後二十年裡的快速發展並非單純因為撇開了不合時宜的毛氏發展策略，同樣也因為受益於先前的發展和投資。這些發展和投資也是託毛之福才能獲得，包括引進綠色革命以及讓許多工廠在鄉間扎根。在對外關係上，由毛所主導的轉變，既相當的戲劇化——用他自己的話說——又相當具有爭議性。戲劇化的原因是：代表西方的領袖（尼克森）居然親自深入紫禁城向世界革命的領袖致敬！但確切地說，尼克森是出於對莫斯科的憂慮而拉攏中國，也就是基於地緣政治的考量：這種考量對所有國家都一樣，而此處比較特殊的是，當事者卻是一個已經放棄成為世界革命推手的中國。猶有甚之，此舉更違背了中共自己當初反對赫魯雪夫宣告美蘇「和平共處」政策時的批評論述，成為自打嘴巴的「修正主義者」。中共會這麼做，只是為了一個相當能夠被理解的原因（抗衡北方的威脅），不同於赫魯雪夫所擔心的只是想避免引發核子衝突。在中國內部事務方面，林彪事件的發生就像毛被自己認為最值得信任的人給了致命一擊：花了二十年培養出一個暗地努力要讓資本主義復辟的「騙徒」（劉少奇），已經是很難讓人接受的事了，沒想到接著又出現一個不久前還是「毛主席最親密的戰友」的「叛徒」！幫毛澤東大聲指控劉少奇的人，竟然比原先認定的目標更應該被譴責，這更使毛情何以堪：就是因為毛的偏執，讓他疑心老是小心翼翼除了表達對毛的支持以外什麼也不做也不說的林彪在搞陰謀。毛原本打算採取給林彪戴帽子的作法，解決長久以來毛自己造成的「槍大於黨」問題。在文化大革命之前，他始終小心不要太依賴「槍」。

一般人可能較少知道，林彪事件比文革本身更讓人感到憂心忡忡，因為林彪事件之後的悲劇性更鮮明。在體力日漸衰退下，毛對接班問題變得更在意——這個問題對其他人亦然！確切地說，毛念茲在茲的是身後將會留下什麼歷史遺產和聲譽。他打算不計代價也要讓他下半生的事蹟（文化大革命）流傳千古，但是，將文革的第二號打擊目標鄧小平召回權力圈內也是他決定的。由於周恩來罹癌，毛不得已要找一位可靠的老革命來收拾他所製造的混亂殘局，以及制約「四人幫」將來在毛一旦撒手後將會變本加厲的局面。他刻意不表現出自己的派系傾向，一有機會就重新披上中間者的外衣。但就像其他所有的外衣一樣，這件也是用來掩人耳目的：毛充其量也不過是個不甚高明而還在摸索的江湖術士，在難以彼此妥協的各個目標（激進或是理性）之間搖擺不定。想穩定局面（秩序、穩定，或可能的話：發展）要靠鄧小平；想保存未來的前景（週期性更新的文化大革命），則交由王洪文。王洪文是「四人幫」中最年輕者，出身亦符合各項要求：農村出身的工人、韓戰時期曾經當過兵。但毛的這個完美計畫卻像紙牌搭的城堡一樣一下子就垮了，這兩個應該一起合作的人卻讓毛澤東一次又一次的失望（王洪文太笨，鄧小平又不夠圓融），以致於毛最後只能從口袋裡找出政治生命短促的華國鋒；華能夠掌握的權力，較之前述的接班安排，可以說比當初史達林死後短暫接班的馬林可夫還少。

到最後，所有事情都得靠一個一旦沒有別人協助就不能說話、吃飯、穿衣且行將就木的老人拍板，少了他什麼事都不能決定。而暗地裡，各派系都在引用這個「全能」主席私下談話的隻字片語相互鬥爭，因為其他作法還是有可能被他否定。不知道這到底是悲劇還是個笑話？英國劇作家莎士比亞的作品總是要到最後一刻才會讓觀眾恍然大悟：一九六六年七月底，就在毛嚥下最後一口氣之前幾週，發生了唐山大地震，這場地震和二十五萬名罹難者，有點像是《馬克白》劇中女巫的預言一般，讓許多中國人相信這就是一個失去天命的王朝行將覆滅的先兆。

一人獨裁

如果將幾乎所有的責任都推給毛澤東一個人承擔，將引出兩個問題：

- 為什麼毛的同僚們，從後來被他鬥垮的受害者以降，都放任他為所欲為，尤其是當時他們已經開始覺得毛並不總是對的，卻仍然如此？難道他們不需為後來造成的災難性後果負上一些責任嗎？
- 將責任推到毛身上，是不是也能替整個政權卸責？或是這樣一來就不必認真研究問題和缺失的真正根源，只要找幾個人擔任歷史惡人（或偉人）的角色，然後把這些責任丟給他們就好了？

這兩個問題只有一個共同的答案，這個答案實際上和中共的體制有關。毛的副手們之所以會放任他為所欲為，是因為他們無能為力（後面會另行詳細解釋）。就像羅莎．盧森堡（Rosa Luxembourg）[36]和托洛斯基本人所預告的，列寧體制（中共體制就是仿蘇聯體制打造的）會成為（而且已經成為）駕凌整個社會——包括無產階級——之上的一黨專制，再進而變成一人獨裁。我們因此回過頭來看看個人獨裁的問題，這個時候的政治局成員都成了沒有聲音的配角。也就是說，光看史達林和毛澤東個人所扮演的角色，當然遠遠不足以解釋這一切，必須要加上列寧、托洛斯基，以及一些其他像劉少奇之類的角色，才使得真實愈來愈遠離原本應允的樂園。想要理解真相的話，藉由對體制的質疑以及比較蘇聯和中共兩者的體制，比僅僅針對行動者去討論更重要。質疑和比較體制，需要全面的探討，而現下應該先著重於釐清這些不出聲的配角所應負的責任。

首先我們要區分這些人不同的態度：有些是阿諛者（如林彪），有些是從來不會頂撞毛的人（如周恩來），相對的還有少部分人有時敢於表達不同意見：除了彭德懷之外，我們還可以想到一九五五年的鄧子恢、一九五九年的朱德、一九六一年至一九六二年間的劉少奇，以及文化大革命中的少數軍人。然後是中間派：一些清楚知道要做什麼和應做什麼的人，當毛沒有表示反對時，他們就放手去做。這些當然只是憑著一些印象而做的描述，這些描述只是表面上的，並不能解釋那些勇於對抗蔣介石特務和日本軍隊的革命分子，為什麼居然會在面對一個異想天開而且無人同意的老戰友時如此怯懦。總之，他們不是毛的親信，也不像大部分一九三〇年代的史達林徒眾那樣處於恐懼的氛圍之中。他們對於毛的態度，也不太容易劃分何時是前期，之後的重要轉變又從何時開始。如果對照蘇聯的情形，一九三五年是一個分界點：如同威廉．陶布曼（William Taubman）所言，在此之前有些人——例如赫魯雪夫——還真的相信史達林；但在這之後，則變成沒有人敢冒著自己和家人的生命危險去表達一丁點不同的意見[37]。

在中國，領導集團明顯開始墮落的關鍵轉變，可能是在一段持續三十個月的時間裡形成的，那段時間剛好發生大饑荒。第一次衝擊當然是在一九五九年的廬山會議，參加會議的領導幹部都盡力詆毀和鬥爭國防部長彭德懷——他膽敢以私人信函對主席直言當時的實際情況！（參見頁二五五）《毛澤東傳》（*Mao: A Life*）的作者菲利浦．蕭特（Philip Short）說得很有道理：「問題不在於領導幹部認為毛是對的，而是居然有人敢對主席說你做錯了。」領導集團還不至於如此全面墮落，老帥朱德——毛最資深的戰友——對待這位直言賈禍的同袍就很寬厚，但這也為朱在文革中帶來一些麻煩。其他人大多加入由毛發起的私刑迫害行動，其中一些人固然不喜歡彭德懷，但所有人都是因為盤算過自己不可能反抗毛的要挾，毛要挾說：「那我就走，到農村去，率領農民推翻政府，你解放軍不跟我走，我就去找紅軍去，我就另外組織解放軍。」他們暗暗牢記了毛無法容忍批評，以及表達不同意見時要付出的代價，異議將會自動被視為對黨的攻擊和對體制的威脅。

三十個月後，「七千人大會」召開，大饑荒已經惡化到不容再將過錯都推到彭德懷一個人頭上，但毛出席大會阻止了對彭的平反。愈來愈嚴重的饑荒和毛拒絕對擺在眼前的情況下結論的態度，使得不滿情緒開始高漲。真實情況使劉少奇十分擔憂，他毫不猶豫地提出報告回應，直陳大躍進的結果完全不像毛所認為的那麼樂觀[38]。而當毛和附和他攻訐異議者的人重新掌握情勢，接下來幾乎是在毛澤東授意之下，部屬們才開始表達自己的意見。對照他們每天的工作（面對饑荒、重建奄奄一息的經濟），毛要求部屬關注的課題，對他們而言似乎過於空洞也不值得討論，但大家都噤聲不語。當毛死後，革命終於不再受他操控時，那些被毛攻訐過的部屬之一後來掌控了中國的政治走向，但我們只要看看這個人當年被毛批評時的反應，似乎就能讓責任範圍愈來愈清楚——亦即到底哪個人或哪些人應該負起最大的責任。當毛開口批評「包產到戶」時，鄧小平馬上下令讓一句順口溜消失——這句順口溜後來流傳甚廣，用以讚揚鄧的實用主義——「不管是黑貓白貓，只要能抓到老鼠就是好貓。」

另外有一個少見的例子膽敢對毛的想法表達出反對態度，那就是「二月逆流」（一九六七年），由於「二月逆流」是出於對文化大革命的質疑，認為文革可能造成無政府狀態的危險，應該採取審慎態度，所以遭到文革支持者攻擊。這起事件源自於幾位革命老幹部沒有看清楚毛決定撤消上海公社時的真實想法，進而批評江青及其他激進派分子，此舉表露出他們對文革共同的擔憂。而這也再一次表現出，所謂合法（及正確）與否的標準完全視毛的個人觀點而定，而他的觀點卻總是前後不一。在「二月逆流」發生前十五個月，劉少奇並沒有輕率冒進[39]：他雖然和其他人一樣在心裡對毛的企圖多所懷疑，卻和彭真保持距離，坐視彭真接下來成為被論戰攻擊的目標。劉的態度是自保的基本反應，但仍不足以讓他置身事外，當鬥爭的大刀終於砍向他的時候，沒有人知道劉少奇到底做了什麼十惡不赦的壞事，但也沒有任何人挺身而出為他辯護。

就這樣，在盧山會議後，特別是在文化大革命開始後，在中南海內所謂的論爭中充斥著脫離現實且不著邊際的內容，而高層領導卻想不通為什麼有人要把原本好好的氛圍弄得愈來愈糟。所謂槍打出頭鳥，鄧子恢就是一個最好的寫照。一九五五年他反對毛推動的加快農業集體化政策，同僚們都不知道他到底是怎麼了，居然為了該建立幾萬個合作社的問題而忤逆主席[40]！盧山會議結束三十個月之後，高層領導自甘墮落的情形更是每下愈況，這些「寡頭」們愈來愈——正如毛所說的「重新打造社會」——習慣於屈從毛的專制，也不再公開反對他所下達的指示，甚至試著配合實施呼應毛的想法的政策。在一九六二年至一九六六年間，這些老幹部最好的狀況就是實際上不著痕跡地放棄發言權。依照這個政權的性質，他們究竟能否預防或阻止後續災難的發生，就是有待我們回答的問題了。

未學會的教訓及與老大哥的比較[41]

中國人起初受到蘇聯「老大哥」的援助和防護傘的保護，也照著老大哥的戰略模式來發展，直到他們發現這種發展戰略不適合自己的國家。毛更進一步質疑這種模式，譴責其為修正主義，不過在他的眼中是指改變後的蘇聯模式，改變就是對原始模式的否定和背叛。毛和其副手們並未譴責前一代的蘇聯模式有何錯誤和過失，而是指責被赫魯雪夫修正後變調走味的那個版本。但和被法國大革命激進派迷惑的列寧和托洛斯基不同的是，中國共產黨領導完全不去思考舊模式的那些作法為何後來在蘇聯行不通，也完全不關心如何防範或避免重大缺點。他們只將目光停留在當初使他們眼睛為之一亮的那個舊模式的特徵之一：適用於落後國家的發展捷徑。

雖然這兩個國家確實都是無可置疑的落後國家（中國比蘇俄更落後），兩個國家也一樣都曾經有過君主專制的傳統，雖然革命的起點也都是受到世界大戰催生，但彼此間仍有所不同。首先，由於俄國在地理上屬於歐洲，或至少也是位於歐洲邊緣，這足以讓他們認知到自己的落後。中國在基本上就不一樣：中國在他們自己所認知的世界觀中一向位於世界的中心，即使已經受到外界力量的動搖後，讓中國人認知到自己的落後，但這種認知裡頭仍然混雜著堅持自身的優越感，這優越感來自於中國人相信自己擁有歷史悠久的精緻文化。我們再回頭討論另一點，中國民族革命的目標是為了使中國在科學和技術方面能趕上列強，而列寧及托洛斯基起初是以世界革命為目標來擬定策略，兩者截然不同。中國不需要靠簽訂《布列斯特—立陶夫斯克》條約[42]做為折衝，也沒有像史達林般的人物，他以歐洲革命的失敗為證，主張社會主義革命可以只在一個國家的範圍內就取得成功的理論。對中國而言，由於革命已然揭開序幕，便毫無退路可言。

除了基本上的不同之外，還有許多方面可以說明兩個革命的差異，例如俄國革命在一九一七年只花了幾個月時間就完成，中國革命則費時甚久。「十月」像是一句咒語，象徵由少數人組織的團體利用情勢成功地謀劃策動成功一場革命。一九四九年十月的共產革命，既參照了一九一一年的十月革命，也參照了一九一七年的十月革命，而後者更加重要。中國革命的性質，是由一支軍隊戰勝了另一支軍隊而取得了勝利，並非一場因社會底層動盪不安而爆發的革命。為了更完整地說明這一點，則要再加上，這是兩個——國民黨與共產黨——脫胎於布爾什維克模式的黨國體制間，其中一個壓倒了另一個而得到的勝利。從一九一七年夏天開始，俄國農民群起占奪土地，前線士兵也為了要幫自己取得一小塊土地而紛紛逃兵，但中國卻完全沒有發生這種現象。相反的，俄國內戰並不乏布爾什維克分子的參與：當十月革命突然起事成功後，他們就得面對內戰。俄國內戰和中國內戰一樣，都留下相當深遠的影響，最終也都由共產黨取得了勝利。俄國革命發起人列寧和托洛斯基太早離開舞台，一個是病死，另一個則是被他所看不起的對手一把推開，而中共的革命元老都活了很久。最後的不同在於：毛澤東不必像史達林那樣，得靠狡計和競爭來使別人聽從他，在整肅老部下方面也不像史達林那樣株連廣泛，因為毛本身就像列寧一樣擁有不容質疑的合法性。然而，真正的差異呈現在之後的一些方面，而這些方面依舊困在史達林的枷鎖之內：中國革命事實是上是俄國革命在一九二四年之後那個階段的翻版，列寧已死，無人壓制史達林，更精確地說，是史達林掌權五年後發起反右傾運動的階段。不論我們對列寧的「民主集中制」有何觀感，以及我們如何看待「民主集中制」在內戰時或在第十次黨代表大會中壓制派系之爭的效用如何，蘇俄布爾什維克的老幹部們很快就懷念起從前言論相對自由的年代，而中國共產黨員們卻從一開始就未曾有過這樣的體驗。

兩個革命的起點既然如此不同，就使得兩者居然會走上極端類似的發展歷程這件事讓人訝異了：就某方面來說，蘇俄在一九二九年的政策轉變和隨後的消滅富農政策，似乎預告了中國的大躍進和人民公社——即便從另一方面而言，大躍進揚棄了史達林發展策略的一些基本元素。蘇俄在一九三二年至一九三三年發生饑荒，造成幾百萬烏克蘭和俄國農民死亡，也更明白地預示了約一個世代之後（一九五九年至一九六一年）造成中國幾千萬農民死亡的大饑荒。兩次饑荒所造成的衝擊，也成為促成隨後乍看之下「毫無來由」的兩個大災難的原因之一：蘇聯的大清洗[43]及中國的文化大革命。

「共產主義就是蘇維埃政權加上全國電氣化」，大家應該很難忘記列寧描述的共產主義想像，他在這個描述中，打算將專屬於黨（明確的說應該是屬於黨的最高領袖）的權力交給蘇維埃。史達林大致仍然堅守著列寧的發展規劃，他發起了「第二次革命」，也就是邁向工業化的革命，其特色就是電氣化，於是，原本應該是結果（社會主義）的東西，這時被形塑成獲得經濟現代化、城市化及工業化等目標的手段，很自然地，所有注意力都被放在追求手段和方法，最後，一九三〇年代的「建設社會主義」就淪為建造一些工廠和城市而已。當蘇俄在史達林時期全力追求現代化，並在無人居住的烏拉山麓荒原裡催生出馬戈尼托哥斯克（Magnitogorsk）這座城市時[44]，即便很早就非常明確表達過反對態度的安東．奇利嘉（Anton Ciliga），也不得不承認並贊許這股狂熱[45]。總而言之，在歐洲以外的地區，已經將馬克思主義視為現代化的意識型態，而且被當成跟革命一樣是複製（這是最確切的說法）現代性的手段，現代性正是這個屈居於歐洲一隅的國家艷羨和企盼達成的目標，而他們將可藉由馬克思主義很快就趕上甚至超越美國。

類似的雄心壯志同樣瀰漫在大躍進時期的中國，整個中國陷入一股狂熱的追尋當中，要全力在最短的時間內趕上、進而超越率先發展工業化的英國。在一九五八年時，中國無意間複製了史達林一九三〇年代初期的方案：像戰爭時期（這真的是一場對抗落後和自然規律的戰爭）一樣大規模的動員勞動力、急切、不顧代價、一味追求高指標的大膽計畫、忽視「資產階級」專家的忠告、大力地吹捧政治和唯意志論。在這兩個案例中，都是農民為整場運動付出代價——這場運動雖然部分達成快速的工業發展和迅速的城市化，卻也造成了嚴重的不均衡。快速城鎮化後來被證明只是暫時性的，迅速蔓延的饑荒迫使數千萬剛進城的居民被遣返鄉下。這種內部的隔離政策其後仍持續甚久，和蘇聯的「國內護照」類似，蘇聯在一九三二年實施的「國內護照」只發給城市居民；而在中國，一個人一旦出生在農村，就注定要在農村終其一生[46]。而蘇聯和中國都一樣，快速工業化之後所生產的產品，不是品質低劣就是無法使用，結果是浪費與匱乏並存。

如果史達林的「第二次革命」和中國的大躍進是執政者有意識的作為，隨後除了毛的文化大革命之外，還有什麼會比蘇聯的幾次大清洗和大恐怖更脫離常軌？我們再一次提出這兩個現象之間驚人的相似處（其「反常」程度也很像）：在中國的恐怖氛圍達到最高點時（約在一九六六年至一九六八年），就像一九三七年時蘇聯的翻版；而且毛在文化大革命期間反覆使用的題材，史達林早在大量清除老幹部及當權派時就用過了。文化大革命中的「顯性遺傳」也不能忽略，一九三〇年在蘇聯四處可見的情景，三十年後由北京接手重現，甚至散播到全世界：像是反對官僚主義及其因循和特權、反對資產階級文藝品味、反文化菁英主義、人定勝天，甚至還有加強給社會主義制度的階級鬥爭等，帶領年輕人破壞一切傳統的最高領袖操弄著這一切，用以對付他所不喜的權威和制度。也就是說，比起一九三七年至一九三八年間（蘇聯）和一九六六年至一九六八年間（中國）所發生的相似災難，其他相似之處——史達林在發動大清洗之前曾為了有利於自己而維護一些傳統——其實並不重要。蘇聯和中國最高領袖者首先關心的是如何是對異議者發動鬥爭，遠甚於設法為因這些人不贊成而不得不放慢或改變的政策努力辯護，接著是厚著臉皮利用謊言對其所要攻擊的目標強加莫須有之罪。這些在史達林大清洗中發生過的事實都已廣為人知，我僅僅提出一些發生在中國卻能呼應三十年前蘇聯普遍景象的例子——只是沒那麼極端，也沒那麼血腥：文革狂熱者聲稱，隱藏的反革命分子、參與或推動資本主義復辟的人已經滲透至高層；他們指控劉少奇勾結「美國特務」王光美（劉少奇之妻），是叛徒和帝國主義走狗；有人還可以利用一些枝節小事炮製出有「極端惡毒動機」的「陰謀集團」；或是曲解一些歷史事件的意義，當成鬥爭可能是異議者（曾聽命於劉少奇者）時的佐證；例如過去曾被國民黨逮捕囚禁，但在共黨中央命令之下發表反共聲明以便獲取自由的一群老幹部，都被打成了「六十一人叛徒集團」。最簡單的方法就是為莫須有的指控重新找個名目，做為對付當前的目標所用，像是毛就將「極左」的林彪定性為「極右」，只為了要對抗作風溫和的總理周恩來的影響力。

同樣的，在大清洗和文化大革命之前，對領袖的崇拜已經達到最高峰。毛的儀表勝史達林一籌，口才卻不若史達林來得好，但他的「毛澤東思想」則較具原創性。兩人都自認已洞悉（特別是毛，史達林長久以來都對自己的理論能力有些疑慮）馬克思—列寧主義的奧義，並且非常懂得如何以最簡潔的方法去運用。說實話，他們的資質不重要，他們不太需要靠語言來鼓動人們敬畏和崇拜自己：一九六六年八月時，毛不發一語地現身紅衛兵活動（這樣一個大腹便便七十多歲的人，為了這場合特地拿出他從一九五〇年後就不再穿的軍裝）就足以讓多達百萬聽不太懂他湖南口音的紅衛兵激動不已。盲從的紅衛兵所能發揮的作用，比起蘇聯民眾在史達林發動清洗整肅時爭相提出檢舉和指控——這是非常清楚明白的——要來的更關鍵且規模更大。就是因為大家都知道，所以更有必要強調這個作用在好一段時間中使人民中的一小部分（只是一部分的城市青少年）參與最高領袖的罪行，他們有如猛虎出柙的納粹分子，打死、屠殺、折磨他們所謂的敵人，並像一九六八年發生在廣西的情形一樣，隨後將這些人分而食之，並強迫所有參加者都要吃這些人的肉，否則就會被視為「假同志」，然後像這些人一樣被打倒。這份責任雖然被分攤給「群眾」（幾十萬的狂熱分子和幾百萬的假信徒），但並不妨礙中國人就像俄國人和革命中被利用的「目標」一樣，都被當成了實驗用的白老鼠這個事實。

然而我還是要自問：這兩個造成極大破壞和毫無人性的極權主義的不同點為何？大躍進引發的大饑荒造成的中國農民死亡人數，遠超過蘇聯在一九三一年至一九三三年間因消滅富農和大饑荒所造成哈薩克、俄國、烏克蘭及其他地區農民的死亡人數。不管是在中國或蘇俄，國家徵收糧食數目過大，以及存在於體制中的問題，是造成這些死亡的主因。但兩者的體制問題並不相同，而且國家徵收糧食的方式也不同。

在中國，國家依據虛構的糧食生產報告來徵收，也就是說，共黨幹部受到永無休止的壓力而採取浮誇和欺瞞手段，任意誇大無人可及的穀物收成，不斷打破不可思議的糧食產量「紀錄」，作為不斷提高徵收數量的理由。領導人在一九五八年時還擔心：一旦農民把手中糧食上繳國家後，國家該怎麼處理這麼多的糧食？同一年，湖南某縣就將上繳國家的糧食數量提高一倍，因為該縣過去一年的產量被認為增加了十倍，增加上繳數量自然十分合理。於是各地幹部競相浮報產量，每次「增產」都超過了附近其他地區已經讓人難以置信的數量，「大放衛星」（一九五七年蘇俄發射第一顆衛星史普尼克號，成為社會主義陣營進步的象徵，大躍進中即用「放衛星」以隱喻極端先進，現在則成為浮誇的同義詞），不斷向上加碼攀比。等到被過度剝奪的生產者開始餓死，許多幹部的反應卻是怕謊言被戳穿，因而設法掩蓋慘狀。在高層領導巡視時，地方幹部將吃得比較不太差的村民展示出來，並且將蒐集來的僅存糧食放在顯眼之處。遮掩發生饑荒的實際情形，自然得不到援助，更造成地方死亡人數大量增加。一九六〇年，人口數比整個法國還多的四川省，死亡率高達千分之五十四，安徽省更達到千分之六十八：兩省的死亡率都幾乎是一九五六年的五倍（而且是年輕人口）[47]。但這些基層幹部不應背負所有責任，因為他們相信，即使向高層報告真實情況，高層也不會相信。同樣在一九六〇年，實際的穀物產量比領導人所相信的數量要少上億噸。

事情嚴重到這種程度，原本只是過失和謊言，這時就成了犯罪，當幹部隱瞞發生饑荒的真相，並且在他們心知肚明上繳這麼多糧食將會在幾個月後造成本地糧荒的情況下，仍執意如數上繳國家，都是蓄意的犯罪行為。在俄國和烏克蘭，特別是在一九三二年間，雖然還是有些地方領導人協助村民藏起一部分糧食（同樣的情形在中國也有出現），但更多農民卻被蓄意的挨餓。全都是因為超額的糧食徵購造成農民們食不果腹，徵購數量不斷增加，完全沒有考慮到農民的需要。蘇聯農民對集體化政策的憎惡終於在一九二九年爆發，一九三〇年春天的農民反抗行動和一九三二年糧食徵購不足[48]，使得史達林深信這些農民（不再只限於富農）普遍採取的行為是「反蘇維埃」。這些農民只是默默反抗想要他們挨餓的政權，最後卻被視為「破壞者」，成了政府派遣正規軍執行懲罰性無情鎮壓，以及用恐怖手段強制徵糧的對象，這都是直接造成一九三二年至一九三三年間發生大饑荒的原因。蘇維埃政權為了自保而對階級敵人施以「懲罰性」作戰，是很「自然」的事。這些階級敵人在一九一八年至一九二一年間就曾經表現出對蘇維埃政權的敵意，而馬克思早就指出農民階級的落後、粗野、愚魯和自私不是嗎。無論如何，即使一九一七年夏天所發生的布爾什維克革命曾得到農民揭竿而起之助，但它仍然是一個由城市和工廠創造出來的城市革命。相較之下，中國革命向來具有支持農民的傾向，毛澤東也曾一度認為，謊報收成情況以及一九五八年冬天所發生的問題，是農民們在保護自身「合法及合理」的權益——不過當然是發生在彭德懷提出同樣合理的批評使毛憤而轉變為無視農民權益之前。雖然如此，中國的情形讓我們再一次看到最高領導人反覆不一的性格，和蘇聯基於史達林冷酷性格的系統化剝削不同。

在饑荒事件上亦然，我們仍有必要區分這兩個獨裁者的極致罪行表現（在莫斯科方面是好幾次的大清洗和大恐怖，而中國則是文化大革命）。文化大革命期間一再發生的暴行是一般人難以想像的，這麼描述是我所能用的最委婉的說法。只將其和一九三七年至一九三八年發生在蘇聯大清洗中的冷血系統性殘暴（就像是第二次世界大戰中納粹殺害猶太人的手段一樣）相比較，可能會使人們低估了這些行徑的殘酷，而這偏偏就是我正在做的事。這裡就只用一段話簡短描述史達林的所作所為，雖然許多人熟知當時的背景，但這段簡要的描述卻仍遠遠不足以說明詳細完整的情況：除了三次大審判以及多次不包括高層幹部的死刑（像是杜哈切夫斯基元帥及其他七個蘇聯紅軍將領），還有史達林和（或）莫洛托夫[49]所簽署的上百份名單之外，另外有許多人是在被逮捕後即行槍決，被捕人數約有一百四十萬，其中幾乎有一半在一九三七年至一九三八年間被槍決。至於許多專家之間對於這些將無辜者視若草介的屠殺行為之目的的辯論，既非我們要討論的課題，也非我的專長。我只強調這段往事所顯示的教訓：任何事都有可能，人們自認只要是有權去做的事都不是犯罪。所以如果杜斯妥也夫斯基活得夠久，而史達林將他流放，也不會是令人驚訝的事了。

一九三七年至一九三八年發生在蘇聯的大清洗，和一九六六年至一九六八年間在中國的文化大革命之間，不乏相似之處。發生於兩者中的暴行均是源自於高層，都是由獨裁者所發動：他們以政變的手法對付自己所領導的政黨，任何幹部只要曾對其他領導人表達服從就會被撤換，因為他認為這些幹部更聽那些領導人的話。等到時機成熟，並經過精心策劃之後，還順便將陳年舊帳一起算清[50]。就像史達林在大清洗時期藉機抓出舊托派分子、右派分子和富農，並很快就將之槍決（為了騰出空間給新來的勞改犯），毛藉由文化大革命對老「反革命分子」，甚至「右派分子」等被冠以階級敵人或其他罪名者，進行糾鬥、逮捕、折磨，或是活活打死。毛澤東和史達林都認為，愈接近社會主義時，階級鬥爭就會愈激烈，他們並下達指令，要和早就被消滅的資產階級做殊死鬥爭。在這兩個政治運動中，也同樣地以大量形容詞來貶抑這些被鬥爭的對象，像是「托派和法西斯臭蟲的巢穴」，或是以死屍為食、面貌猙獰的牛鬼蛇神等等（這時就用上中國迷信的內容）。

文化大革命所造成的死亡人數極可能不如我剛剛提到的農業改革（大躍進）時所造成的死亡人數

多，也沒有我尚未提及的一九五〇年代初期鎮壓反革命運動（鎮反）時的死亡人數多。但我們不能只將眼光放在死亡人數上，更應該要注意當時的背景：鎮反運動是剛成立的革命政權為了穩固其統治，並讓農民相信地主從此再也抬不起頭來討回土地，故對敵人施以專制恐怖統治；文革則是一望即知毫無意義的屠殺。這就是我評斷這兩個獨夫各自所犯罪過時的思考方向。毛認為有其必要發動的文革，在我看來卻是毫無緣由。史達林在宣布革命勝利、人民從此可以有更好的生活後才發動大清洗；毛則認為中國的革命受到了威脅，應該要盡一切手段防止修正主義帶來的質變和資本主義復辟。就是因為這個目的（這個目的再次超過維護權力的考量），他已作好準備，無論犧牲多少生命都在所不惜。他和所有革命者都有一樣的看法，認為政治就是你死我活的鬥爭，就要像打仗一樣，一舉殲滅敵人：勝利是無可取代的。毛無視於自己造成的折磨和痛苦，他不像史達林為了滿足個人慾望而機關算盡，也不太在意所作惡行的細節。他的作法就像扮演一位突然現身的化外神仙，彈一下手指就降下災禍。雖然避免不了失控（Kotkin 對此有相當不錯的分析和描述[51]），但大清洗在控制、官僚制約和受掌握的程度上都比文革要來的好，整體而言像是納粹式的作法。並不是史達林願意冒著群眾受煽動後會起而反對他所領導政黨的風險，而是他不願將掌握屠刀的權力交給別人——除了他自己掌控的內政人民委員會（NKVD）之外。毛的急躁手段（以黨內的說法為冒進分子）多少必須為文化大革命的失敗負上部分責任。只負部分責任的原因，是因為這場失敗更應該歸咎於他所追求目標的矛盾本質，另外還有在殘暴性方面不及史達林的小心翼翼和精於計算。在風暴結束後（蘇聯約在一九三九年初，中國則為一九六九年初），兩個人都掌握了新的工具——一個改頭換面的政黨，但除了核心決策層級（指中央委員會及政治局，在蘇聯改組的程度較小）之外，兩者間表面上的相似處很容易讓人覺得有些迷惑。如果著眼於那些沒能緊跟毛的想法者，和曾經向老幹部求助者的部分，特別是那些因為沒跟上政策轉變而犯錯的許多忠誠跟隨者，在政治運動如火如荼時被逮捕和下放後，兩者的不同就更明顯：和史達林不同的是，毛並未對他覺得有疑慮的人進行全面「清洗」。像是鄧小平、彭真及其他被文化大革命列為要打擊目標的人，在文革結束後都存活了下來，甚至活得比毛澤東還久。

至於一直對「永垂不朽」這件事耿耿於懷的毛卻被宣告了兩次死亡（在一九八一年不徹底的「去毛化」[52]中否定了他能夠永垂不朽的願望，但這次去毛化比一九五六年蘇聯的「去史達林化」還要曖昧）。如同兩個法國漢學家[53]一起正確指出的，毛在生命結束之前五個月第一次確切地被宣告死亡：一九七六年四月出現了一場短暫的示威活動，這次示威的對象是以江青為首的四人幫，但何嘗不是針對毛而來？這種做法在中國普遍能夠被接受，但對為禍更甚的獨裁者史達林，一九五二年時的蘇聯（時值蘇共十九大後）卻難以出現這種局面。由此可以確認，如果一定要說的話，毛式的恐怖遠不及史達林統治下的程度。

一九七六年四月的示威，顯示出意識型態不僅對於毛至關緊要（史達林更重視實用性），中國的城市居民也比俄國人民更重視它。同時，並不能因為這些示威活動表達出揚棄毛式意識型態的傾向，就表示這種說法不合理。說得更清楚些，在毛幹盡所有的事（特別是林彪事件及其接著發生的事），令中國人民確實厭惡意識型態之後，城市人民再次找到了他們可以公開表示自身意願的力量：比起垂死的毛澤東，他們更願意擁戴已故的周恩來，特別是在對現在和未來的經營上，他們希望的是鄧小平而非四人幫！而俄國人民對於莫斯科舉行的審判[54]則是冷漠以對，他們認為：「這些都是領導人之間的事，對於我們並沒有改變什麼。」甚至於在基洛夫[55]被暗殺的隔日，列寧格勒市民都暗地欣喜走告：「至少死了一個，什麼時候輪到史達林？」

前面所言絕不是為毛辯護或脫罪，也不是要將史達林打成一世紀以來最恐怖的大魔頭。我要再提出一些和長遠發展無關的事務：在這兩個獨裁者的個人特質和他們所「成就」的事之外，這兩個極權政體基本上相類似的還包括無法無天、無視人性，以及急切的特性和對自由的徹底破壞。

政治上的合法性無助於解決權力繼承問題。兩位獨裁者身後同樣都發生了權力鬥爭（朱可夫被召回支援對付貝利亞，毛的個人衛隊指揮官汪東興則參與逮捕四人幫），鬥爭並非只為了解決繼承問題，而是要將壞分子逐出權力賽局之外（蘇聯的貝利亞，中國則是毛的遺孀江青及其黨羽）。這些只是序曲，漫長而曲折的繼承鬥爭才跟著要上場：赫魯雪夫對上馬林可夫，鄧小平對上華國鋒[56]。

尾聲

毛澤東擔心的事情是對的：鄧小平的確復辟了資本主義！民眾對毛澤東思想的懷念程度遠超過一般人的想像，這種情況更表明了，官方宣告改革正式開始的一九七八年，就像法國大革命中的熱月政變一樣，是對以往革命路線的反撲。但民眾此時所議論、要求的，應該不是要宣告改革結束（就像拿破崙在霧月政變宣布法國大革命結束一樣），比較像是一種懷念帝王的情緒。因為經過近四分之一個世紀的演變，中國的境況和毛時期早已不同。我在這裡不再繼續處理這個問題，那是另一段歷程，但它當然承接了革命時期的遺緒，就像承接了中國更早的過往一樣。

當然中共政權並未像蘇聯在一九九一年那樣垮台，更沒發生像西奧賽古遭遇的事[57]，但這些事件在那段時期卻使中國領導者夜夜擔憂。毛澤東之後的繼承者——最起碼擁有屬於自己合法性的鄧小平就是如此，他擁有的合法性讓他在權力競逐中能對抗「凡是派」，後者擔負起為毛辯護這項不可能的任務[58]——所主導的「去毛主義化」（或是「去共產主義化」）都只是遮遮掩掩的半調子作為。說它半調子，是因為在一九八一年七月十日和三月十日，中共儀式性地宣布：「毛的錯誤是在晚年犯下的，總的來說毛是七分有功、三分有過。」這就像是毛澤東在赫魯雪夫批評史達林的祕密報告揭露後，為了維護自己的個人權威而不得不也對史達林作出評價一樣。但普通中國人民則無權總結毛的功過，對於被視為禁忌的任何事實都不得置疑，但他們卻能從一些相反的政策中嗅出其含義：鄧小平發起改革之前，就大力為文化大革命中和他一樣被打壓的老幹部平反。然後他開始步步為營，以只作不說的方式，循序漸進脫下共產主義的外衣，將中國帶往現代化——資本主義的現代化。

然而，我們該如何定義現在的中共政權呢？它不再是革命政權，因為它最關心、時時念茲在茲的就是政治穩定：為了維穩可以不惜一切代價，只求一切風平浪靜。長治久安成為最大的願望，好歹從奧匈帝國到帝俄這些政權中，也有好些個例子都能存活一個世紀以上。特別是不再動員群眾、發動毛式的政治運動，政府運作要規則化、要在既定的官僚體系中能被預見：政權由江澤民交給胡錦濤的過程中，「照章辦事」執行繼承在中共史上還是首見。它已經不再是一個真正的極權體制，因為在沒有人強迫之下，它已經確定從許多領域退縮。它自覺地從各種活動的空間中退出，並弱化自身無所不在的全方位統治（還有思想和感情上的干預）。但它依然沒放棄的是掌握控制工具，還有在壟斷權力和組織（無害的法輪功之所以遭到迫害，就是因為他們是個自主性的組織）方面依然寸步不讓。它緊抓不放核心問題，不過也就僅止於此了。就官方正式宣布的內容而言，這些核心問題包括意識型態（「四項基本原則」[59]就不容質疑），不過在最近一次修正意識型態時對資本主義門戶大開之後，它就成了一個笑話。已經沒人再相信正統共產主義，無論是中共領導人或是中國人民，所有人都一樣。只要不發起民主運動，所有人幾乎都能談論或書寫包括護衛民主在內的任何事情：「偉大光榮正確」的黨不會容忍任何競爭對手。偉大光榮正確？所有人都在貶損這個黨的腐敗和濫權。

人們雖然可以批評共產黨，但對它仍懷有幾分畏懼——這也足以表明相對於它實施恐怖統治的時期已有長足的進步。對於那些單純因為在程度上有些許不同意（像是黨的權力、警察控制和鎮壓等）而否定這種說法的人，我只能以漢娜．鄂蘭描述史達林時期之後蘇聯情形的說法回答：「在似乎所有情形都沒有改變下，所有情形其實都變了。[60]」沒錯，中國人仍然不自由，也不是真正的公民，然而它也不同於實行專制主義的政權，因為它仍靠一個承襲革命而來的政黨在運作：我稱之為「極權主義後的專政體制」。其他相似的後極權政權還有不少，例如當前的俄羅斯，當普丁二度當選俄羅斯總理時，俄羅斯與以往政權相連繫的臍帶早已不復存在；也像是許多第三世界國家的威權政體（這種政體的專制色彩就更明顯了）；甚至像是帶有民族主義和現代化特性的法西斯政權（指的是溫和的法西斯政權，例如墨索里尼統治下的Lipari群島，而不是他所征服並統治下的衣索比亞）。

最後一個問題是：近來中國的發展仍然源自於革命嗎？有沒有可能不靠革命也能有同樣的際遇？雖然台灣提供了相對的例子，說明沒有革命也完全能擁有發展和進步，而且更可能自然而然地發生，但不應該僅以這點就對歷史遽下斷語。除了獨立自主和統一之外，秩序和文明和諧（除了文革那段時期外）、基礎建設、衛生、對生活的期望等等，在毛的統治下也都有長足的進步，即使大躍進期間亦然，還因而在事後有了更進一步發展的空間，包括「鄉鎮企業」的發展。更不要忘了經由土改所帶來的社會和政治的改變：地主的宰制被推翻，因而在大量小農間建立起相對的平等。在毛死後這些「功績」並未被質疑。至於一些因土改及政治運動而發生的矛盾就不再進一步描述：像是因土改而崛起的一批農村新領導階級，還是以威權的方式迫使別人服從。總括而言，毛式革命所遺留下無可爭論的正面資產仍然比負面部分更為主要，對於他所遺留下負面資產中的大量錯誤，他雖有所知覺，卻認為本來就理所當然會如此：這就是落後國家現代化所要付出的代價？

中國面對的治理問題，從十九世紀後半葉就開始醞釀，清末推行「新政」（自一九〇一年至一九一一年間）後更變本加厲，再接著是第一次世界大戰對工業造成的干擾，接著經歷南京政府主政的十年（一九二八年至一九三七年），也屢屢被內外戰爭所阻礙，然後由革命分子接手，又被一個日漸衰老的獨夫斲傷，至到近三十幾年才開始真正的起飛。這雖然不算是回答（反而像是一篇大事紀），但用意只是提醒大家注意到這些阻礙中國治理和發展的干擾，而不是要大家知道中國如何解決這些障礙。有什麼事會比一個擁有人類五分之一數量的國家崛起更理所當然會影響到世界上的其他人？問題不在於它遲來的崛起，而在於這些早期加諸它的干擾和限制。

限制並不會一下子就神奇地完全消失。在這些有可能在二十一世紀前半葉減緩或是損害中國追求成長速度的限制因素之中，我要提出的是環境惡化問題。雖然有點晚才意識到問題所在，也只稍稍解決了一些，但更嚴重的是，無論是以往的毛式革命或是後極權時代的政權，都沒有把它當成一回事。人口突然增加固然是一種協助成長的有效方法，但它們所造成的負面損失可能超過正面效應。當十三億人變得不再那麼貧窮而消費得更多時，這個壓力遠超過正常土地提供的有限資源所能承載時，問題就會發生。

最後，不管這個革命最初的目標為何（為了建立一個富強的國家），它後來的轉變和我所感興趣的部分——就是對毛澤東所成就的部分——讓我想要在最後總結的社會面向上再加一段話。總之，就像我在前文曾經強調過的（參見頁二五八），毛可能和像他同一類的人一樣，在民族主義的驅使下成為革命分子，卻在革命過程中發現一個更值得奉獻生命的高貴目標：這個目標就是改善苦難群眾的生活。無論如何，革命終於在落後的中國裡誕生（中國落後的必然結果就是使群眾生活困苦），而在剛開始時的各項作為（諸如重新分配土地），並未真的改善群眾的生活（甚至和資本主義國家的差距愈來愈大），等到他的繼承者（鄧小平）反其道而行之後才開始有起色。雖然在當今的中國仍隨處可見貧富差距，但大部分中國人已不再像三十多年前那麼貧窮。受益者（基本上是農民，包括貧農在內）以前就討厭毛推動的那些以為會有利於貧民的政策。兩個二十五年中（前一個是指一九五三年至一九七八年間，後一個是指一九八〇年至二〇〇五年間）變化的反差，更證明他們之前是對的。

然而當前許多方面仍然激起他們的不滿。唯有將來這政權被推翻時，排山倒海的怨懎才有機會清楚地被揭露呈現在我們眼前，諸如生活中時時充斥的不公不義、一幕幕因突如其來的疾病無法得到適當醫療照顧而發生的家庭悲劇、因為關係而產生的特權橫行、共黨幹部的專橫和腐敗，民眾就這樣厭惡隱忍了三、四十年。光是從不平等的問題來看，舊政權時代的貧富鴻溝也不像今天這樣嚴重。這是否表示毛澤東是對的呢？就主要而言答案是肯定的，因為今日最貧困者的景況更是堪憐，他們比毛時代更缺乏照顧，也更沒有辦法支付他們小孩受教育所需要的學費，在此同時，最富有的和受到最好教育的人（幾乎都是城市居民）卻是經濟高速成長、新技術和最能享有自由的主要受益者。而現在的不平等源自於毛所建立的體制（或可說是仿自俄羅斯模式的體制），只是毛的繼任者的政策更使之變本加厲。就像吉拉斯所說的「新階級」。蘇聯解體後的俄羅斯在推動非集體化時孕育出另一個「新新階級」，他們將國家資產轉變成個人私利（Youri Afanassiev）。這個「新新階級」成為接收權力、金錢、教育的新貴族，他們和以往革命前的地主士紳階級一樣，掌握了重要的影響力。毛澤東對「新資產階級」的斥責和攻擊固然阻礙了發展，但也維護了幹部隊伍的純淨。

毛最終的失敗不在於他著重要推動的目標不對，而是他的反覆無常壞了事。當然他堅持的意識型態和他實現的成就都在後來受到眾人質疑。而毛的同僚們並未像他那麼執著於意識型態——至少沒有像他堅持那麼久，他們沒有讓意識型態主導一切，也沒有像毛那樣昧於現實，卻設法在挫折中記取教訓。值得非議的並非只有意識型態而已，即使它讓像毛澤東一樣未受過完整學院教育的知識分子奉為圭臬（另一種受過完整學院教育的知識分子也並非完全不受影響，托洛斯基即為明證）。事實上，馬克思主義甚或馬克思—列寧主義對毛的影響還不如毛自己對革命的自大和操之過急，就因為這樣才使毛的成就一夕逆轉。在俄國或是在中國的革命，或最起碼應說是在奪取政權方面，其困難度比在西歐要來得少些（但要維持革命的承諾就不是那麼簡單了），但革命勝利賦予毛的聲譽，讓一向沉著冷靜的尼克森和季辛吉留下深刻的印象。更何況使毛之所以能吸引（或是失去）支持，也是這些過譽所造成的，使冷靜的毛澤東變得過於自大。也就是這一點點的浪漫主義釋出了一連串的風暴（不只是一些「期望中的狂風暴雨」），這就是讓他不致於被放在和史達林同一類暴君之列的原因。

最終要負責任的，當然是一個會將絕對權力交給史達林或是毛澤東的體制。而對於革命而言，它的負面資產（它所造成的真空）仍然阻礙著未來的發展。至於正面資產，當然有待我們對未來好好評估和判斷是否會得不償失。

追憶：誤入歧途的革命[1]

如果毛澤東像列寧一樣，在革命取得勝利後幾年就離世，那他會被人記住的就只有功績。中國共產革命亦然，然而相反地，如果列寧仍然在世，或許蘇聯後來的情形也不會變得那麼糟。

想為毛留下一些餘地的人，不會將他最後二十年的作為拿來和先前的成就相比較，他們近來為毛的所做所為提出一個更深刻的創見——走中國自己的發展道路，認為這是一個更高遠的企望、無限制的承諾，但他們卻未對其實現大肆張揚。我們確實不能用同一個標準來衡量兩個時代，我在這本書裡經常提到毛的說法：獲得政權僅僅意味著「萬里長征的第一步」。

接下來的第二步、第三步（矯正被揚棄的國府政權過去的舊習、創建新的秩序）都能夠輕易地跨過，但當要擺脫以往的窠臼而向前邁進時，真正的困難才開始。總之，這些實際的困難比起走中國自己的發展道路的原創性而言更受人矚目，但當所有人都將走中國自己的發展道路的寄望放在毛的身上時，卻忘了加諸他相應的責任。最佳的例證是原本讓大家滿懷希望的雙百方針、大躍進和文化大革命，最後都完全失敗。似乎這些都是毛所決定和要求的，所以失敗也都應該由他個人負責。

縱使有些毛澤東傳記過份渲染和簡化，如今引起一些不滿，但對於一九二七年至一九四九年間共產革命運動的成功，也無可置疑代表了毛個人的功績。促成革命成功關鍵的「農民路線」，就是由毛實現的。他在一九二七年至一九三四年間，當黨以不同於他的路線推動革命而付出高昂代價且毫無進展時，他致力於開發並經營農民路線以力抗各方考驗。而當黨在原先推動的革命路線無以為繼時（也就是所有的革命分子幾乎都被耗損後），就避遷到毛所建立的蘇維埃根據地，並為了配合當時在黨內有極大權威的周恩來之利益，很快地剝奪了毛的領導權。而後來時勢公平地（？）逆轉了，毛在最後二十年間使其他人為他的每一項過失付出代價。毛也找來了一些替罪羔羊，這些人是他五十年以來的徒眾中最年青且最有效率的。他所犯的錯誤傷害了自己的影響力，使他不能實施史達林式的專制統治。

大躍進的災難

毛在一九四九年以前所取得的勝利，實際上是植基於理智、現實主義和因地制宜所成就的：他將馬克思主義中國化，並將其策略——就是列寧主義——也中國化。稍後放棄史達林式的發展策略也是基於理性思考下所產生的結果，因為那套策略不適合在中國這樣人口超載的土地上實施。後來這些失敗（這些失敗並不只限於經濟領域，像在雙百運動中突如其來大轉彎，指責提出意見者為「毒草」即為例證）的主要原因是：一個擁有過多權力且過於自大的領袖，過分疑心別人想挑戰自己的權力地位所造成。

共產革命在一九四九年所取得的勝利，是對長期耐心堅忍的報償。而急於求成，加上過於輕忽（毛終究還是毛）的推波助瀾，使得大躍進的失敗轉變成一場災難。這場失敗也許會蔓延，但如果毛澤東能表現出謹慎自制和不那麼急躁，那麼在某些方面而言，這場失敗也不會隨即惡化成犧牲數百萬飢民生命的局面。而在災難發生後，更加清楚地反映出毛澤東性格中的另一個面向；或者說，過往的成功、絕對權力和諂媚奉承如何改變了毛的性格。先前曾提及毛過度自信，這或許可以說明為何一九三〇年代的堅毅不拔美德會逐漸變質成頑冥不靈。在無法接受或是拒絕承認失敗下，毛在一九六〇年代到一九七〇年代的執拗，讓中國革命和中國人民付出了極大的代價。

但是這份固執源自於急於想要終結一些昭彰惡習的心態，並適時避免中國革命「變質」，也就是避免中國革命落入和蘇聯一樣的「平庸化」。大多數毛澤東所憂慮的點都確有其事，而且確實有可能如果不是毛的話，這些貧富不均、特權、黨和國家的官僚化等等的復辟速度還要更快和更嚴重。

駭人的過失

但在這方面稍堪提及的成績卻遠遠難以彌補因毛造成動盪而引起的巨大損失（包括政治、精神和物質上的），而這個缺憾也說明了這項企圖的難度和重要性，以及採取由上層下達指令解決的作法並不適用。當一位「最高指導」面對群眾參與熱情的消退，和為了追求發展而妥協，結果無法有所作為時，如果不感到難過，或許仍該有些感觸吧。身為一個革命者，毛只有在感到眼前還有目標等待完成時，才會認為生命有意義：一路驅使他身陷泥淖的，正是他這個角色所具有的恢弘使命感。

另外，毛也營造出一種普遍的氛圍：革命沒有了他，所關切的就是成果而非影響；因為他的關係，讓中國革命得以有機會——或者更應該說是有幸——彰顯「取得勝利後依然持續永久推動」的意義。應該放棄革命或是繼續革命？在不願意拋下追隨他的弱勢群眾、獨自脫身的考量下，這位「偉大的舵手」將矛頭指向了整個革命中心的矛盾。

生命中充滿了不得不在非此即彼的兩難中作選擇的情況，而最後在毛心中勝出的是要繼續革命。這個決定也同時制約了毛澤東：一旦陷入僵局，他就放手讓持續革命自行發展，同時藉機以退為進，博得眾人讚譽。當事情發展到難以收拾的末期時，他更常用的手段，就是將難以避免的局面留給負責主管的同僚去收拾，然後不再指責他們處理這件事的方式。這樣讓治理恢復正軌雖然晚了些，但至少使事情不會繼續惡化下去（例如在雙百運動後維持黨的統治，以及在文化大革命後恢復黨的專政統治地位），這顯示出，毛再怎樣不切實際仍然有其限度，我只怕這也顯示了毛所提出的指控同樣有些也並不盡然是事實。他之所以能成為飽受官僚壓迫之群眾的代言人，既不是他的想法也不是他對待群眾的各種手段有以致之，卻只是靠著大規模的蒙騙使然。

走向「去毛化」？

接著要討論的就剩下結果：毛最可能被肯定的功勞，就是前述提到、大家也認同的「減緩了貧富不均繼續惡化和領導官僚新階級生成」。但是僅將毛的革命性質的作風和大躍進後「技術官僚」們再次掌理政事後的「經濟」成果對立討論，似乎太過於粗略簡單。革命的熱情消退、憤世嫉俗態度的增長，以及像蘇聯一樣的「去政治化」作風（簡言之，就是毛所疑懼的政治上和意識型態上的變質），在我看來，恐怕毛的「開創性作為」比起其對手的「平實守成」反而更像是加速形成這些情勢的原因。在全力推動雙百運動後重新掌權、由於大躍進所犯的錯誤而不再被信服、以被當成神諭的「造反有理」口號操弄紅衛兵並使其常態化：在這些主要的事件之外，再加上各種社會階級的人都在毛發動的幾次運動中受到打擊，我不得不認為，所有的苦痛和質疑，都是由這位「偉大導師」根據大躍進時期官方數據所顯示的生產力所製造出來的。

毛澤東在當時的環境下，多次談論農田和工廠的生產，然而他確實在這些事情上投注了時間和精力，就像戴高樂將軍也必須分心處理庶務一樣。毛的部分作法的確被認為有助於提高生產力，但總體而言，他對經濟領域的干預——拒絕採取蘇聯經濟發展模式除外——對國家的發展均是弊大於利。而毛和其徒眾更轉移問題焦點並反駁表示：「沒有任何發展可以重要到不計任何代價。」問題是中國以其歷史遺留下的沉重負債將革命分子送上權力的寶座，同時使他們不得不接受「發展絕對優先」的選項，這也使毛不得不將其追求無產階級社會的企望作出妥協。

「吾寧忍過去國粹之消亡，而不忍現在及將來之民族，不適世界之生存而歸消滅也。」中國共產黨的創建人（如今卻倍受羞辱）陳獨秀在六十多年前寫下這句話。而日後由鄧小平為代表物質建設的「發展追求者」將之重新提出，並一改陳獨秀作選擇時的悲觀態度。陳獨秀曾經和守著過時孔學和傳統的人爭執論戰：而一九六〇年代和一九七〇年代的毛澤東，就像是另一個時代的人，和當時這些死守傳統不放的人一樣，時時都在回憶著延安的美好歲月。簡而言之，毛是一個無法勝任時代所交付使命的領袖。

毛缺欠某些身為開創者應有的德行，這是最普遍、最關鍵，卻不是唯一造成外界不相信中國人民可以繼續逃避「去毛化」的原因。但是，毛在一九四九年之前和之後兩個歷史階段裡都舉足輕重，這是非常罕見的，而且單憑他在前一個階段的卓越表現，就足以獲得莫大榮耀。

追憶：誤入歧途的革命

1. 本文刊載於1976年9月10日《世界報》。該報於毛離世時邀我寫一篇總結毛一生的文章，後來可能覺得內容所論對毛有所冒犯，於是以「自由評論」之名刊出。然而，現在看來，這篇文章的內容較之中國人自己在去毛化後所寫的評論還要客氣許多。

通過「關於建國以來黨的若干歷史問題的決議」，認為大躍進、文革等為晚年毛澤東所犯錯誤。

53. Chen Ying-Hsiang, Claude Cadart, *Les Deux Morts de Mao Tse-toung*, Paris, Seuil, 1977.

54.【譯注】指史達林為整肅和鬥爭當權領導幹部而進行大清洗時，在1936年至1938年所進行的審判。

55.【譯注】Sergueï Kirov 為蘇共政治局委員及列寧格勒州委書記，1934年被刺殺身亡，史達林藉此展開大清洗。

56. 在尾聲要將我們帶向另一個方向之前，我得承認這篇論文的確有著杜贊奇（Prasenjit Duara）在 *Rescuing History from the Nation : Questioning Narratives of Modern China,* University of Chicago Press, 1995一書中所提到的錯誤。杜贊奇認為，大部分的中國現代史學者所應用的研究模式，都是從啟蒙運動衍生而來的「線性的」和「以目的論為主」的模式，這種模式使用現代化範式，並以民族國家作為歷史的動力。由於相信民族主義和追求成為強國的嚮往，是大部分二十世紀前半葉中國知識分子及幾乎所有革命分子共有的想法，我在本書中特別凸顯這個觀點，主要是對革命而言，而並非針對現代史，不論它是不是「分歧」（有關「分歧」的定義，請參見度贊奇此書第二章，至於其應用，請參考第三到第六章）。然而他設定的標準太高了，我無法那麼容易地達到。我承認自己無法跳脫啟蒙運動以來的傳統和現代化的觀點，像杜贊奇所說的那樣應該從對民族國家狂熱的觀點中抽離出來。幸好他也辦不到（杜贊奇此書頁49）！

57.【編按】：尼古拉．希奧塞古（Nicolae Ceau escu），前羅馬尼亞共產黨總書記、國家主席、總統，1989年被革命推翻後遭到槍決。

58. 在當時有人說出：「凡是毛主席所作的決策，我們都堅決擁護；凡是毛主席的指示，我們都始終不渝的遵循。」而以華國鋒為首的領導人也沒別的選擇，毛所遺留的資產是他們統治唯一的憑藉。

59. 所謂「四項基本原則」指的是堅持社會主義道路、堅持無產階級專政、堅持共產黨領導、堅持馬列主義及毛思想。

60. Hannah Arendt, *Les Origines du Totalitarisme*, Gallimard (Quarto), 2002, p. 212.

339-377.

在這篇論文完成後，同作者另外發表了一篇文章，提出了一些新資料：Thomas Bernstein, " Mao Zedong and the Famine of 1959 : A Study in Wilfulness", in *CQ*, no 186, June, 2006, pp. 421-445. 這篇文章並沒有動搖我所持的論點，但卻促使我要更正一點：在廬山會議上有一些領導人的發言和彭德懷一致，有些人是在彭送交那封著名的私函給毛澤東前，有些是在事後幫他辯護，但至少都是在毛逼著僚屬們在他和彭之間選邊站之前。就這點而言，並不只是像我先前所說的因為毛「自尊心受損」就發動反右鬥爭和再次推動大躍進，而是毛確實產生了政治上的疑懼（毛說：「我要是放手讓這些右派們搞，大躍進就可能會完蛋……」）而不會只限於毛澤東原本在廬山會議前所想的糾偏而已。 Bernstein接著告訴我們，反右鬥爭的爆發，讓毛在之後的六個月內（1959年8月至1960年2月）得不到正確的訊息，而毛本身的固執也讓他無法對1960年3月至10月間所出現的警訊做出有效的反應。

48. 1932年春天，蘇共當局稍作退讓後，農民稍稍有了點放鬆，就像二十五年後中國農民在類似的情境下所表現的一樣。知識分子在「雙百運動」中的態度，和農民在農業合作化運動中的退縮等等，這些結果都和毛所預期的不同。毛的失望（「不能相信知識分子，他們都是些無可救藥的小資產階級，也不能相信農民，他們太自私。」）和1957年秋天運動開始轉向激進，就是源自於此。

49.【譯注】莫洛托夫為史達林的親密戰友，史達林統治時期的蘇聯二號人物，一般稱為「莫洛托夫雞尾酒」的汽油彈，即為波蘭人民抵抗蘇軍入侵期間，反諷式的以其名作為命名。

50. 同樣在大清洗和文革未發生前約四年，史達林要取希育亭（Martemian Rioutine，當時蘇聯領導人之一，公開撰文反對史達林推動的政策後被捕下獄，史判其死刑卻遭其他蘇聯領導人反對）的性命而不可得（1932年），而毛則因被迫作檢討及接受批評而心懷怨懟（1962年）。在「正常」的政治體系中，以史達林在1930年至1932年及毛在1957年（雙百運動）及1962年所犯的過錯（史氏的錯誤大部分印證了希育亭的批評是對的），都足以使他們失去權力。

51. 參見第七章及 *Magnetic Mountain.*

52.【譯注】此處「不徹底的去毛化」指1981年6月27日中共十一屆六中全會

就像赫魯雪夫在史達林死後的作為一樣嗎？參考Frank Dikötter（馮客）, *Mao's Great Famine*, London : Bloomsbury, 2010, pp. 121, 337.

39.【譯注】此處應指劉對江青等人發起批評《海瑞罷官》一事，彭真當時負責成立「文化革命五人小組」，態度上傾向保護《海瑞罷官》作者吳晗，故而成為江青等人下一波鬥爭目標。

40. Frederick C. Teiwes and Warren Sun ed., *The Politics of Agricultural Cooperativization in China. Mao, Deng Zihui, and the "High Tide" of 1955*, Armonk, N.Y., M.E. Sharpe, 1993, p. 13.

41. 這是1954年我第一次遊訪中國大陸時盛行一時的說法。任何一些小小的成就都來自於「黨和毛主席正確的領導」以及「蘇聯老大哥慷慨而無私的協助」。

42.【譯注】此條約為1918年第一次世界大戰期間，俄國為了確保革命成功的果實，爭取發展時間，決定退出戰局，因而和德國簽訂，接受德國所提出許多不合理的要求。惟此條約在德國戰敗後被俄國廢除。

43.【譯注】蘇聯發生在1937年至1938年的整肅和清洗運動，包括俄國人和外國人在內的許多人，在這段時期遭到任意逮捕、關押、審訊和殺害。

44.【譯注】該城位於西西伯利亞的烏拉山南麓，原本渺無人煙，後因開採鐵礦而開發，早期僅有採礦工人居住，因為蘇俄於三十年代開始大規模進行工業化，遂發展成為以鐵鋼業為主的大城市。

45. Anton Ciliga, *Au pays du mensonge déconcertant, 10 ans derrière le rideau de fer*, Paris : Union générale d'édition, 1938. 有關馬戈尼托哥斯克的發展，參考Stephen Kotkin, *Magnetic Mountain : Stalinism as a Civilization*, Berkeley, University of California Press, 1995.

46.【譯注】中共從1958年起實施戶口登記條例，將戶口分為農業及非農兩種，成為爾後城鄉二元化的起點，而大饑荒期間，由於城市居民保證糧食供應，許多鄉下居民「逃荒」到城市，為了阻止大量人口遷移進入城市，公安將沒有城市戶口者一律視為「盲流」遣送回鄉下。

47. Dali L. Yang, Calamity and Reform in China. S*tate, Rural Society, and Institutional Change since the Great Leap Famine*, Stanford University Press, 1996, p. 38. 有關饑荒的原因和與蘇俄的比較，請參見一份相當優秀的研究Thomas Bernstein, "Stalinism, Famine and Chinese Peasants. Grain Procurement during the Great Leap Forward", in *Theory and Society*, vol. 13, no 3, 1984, pp.

29.【譯注】前南斯拉夫副總統吉拉斯於1957年在美國出版《新階級：共產制度的分析》，抨擊共產制度下的官僚階級在取得政權後成為掌握各種特權的新階級。

30. 我是第一個提出這種說法的，像是我曾於毛澤東死時在《世界報》上刊文建議：如果毛像列寧一樣，在他奪得權力後幾年就死亡，毛的功蹟和人民的際遇可能就要重新評價了。本書隨後的兩段，請參見由飛利浦·蕭特（Philip Short）所寫的出色傳紀內容和參考資料 *Mao Tsé-toung*, Paris, Fayard, 2005. 我在第一段所用的標題（ 問題在毛 ）就是從該書第433頁所得到的啟發。

31. 另一種說法是：也許會死掉全世界人口的三分之一，就是九億人，但社會主義將取得全世界的勝利。

32.【譯注】此處指江青前往上海，在當時上海市委書記柯慶施幫忙下，找到姚文元寫了〈評新編歷史劇《海瑞罷官》〉這件事。

33.【譯注】此處指由北大哲學系聶元梓聯合其他教師所張貼攻擊校長等學校領導階層的大字報。

34.【譯注】1967年2月5日，上海各造反組織奪取了中共上海市委及市政府的權力，宣布成立上海公社，由張春橋任主任，姚文元、王洪文任副主任，但遭毛澤東質疑如全國俱如此會有改變政體及國際承認的問題，2月23日即改稱為上海革命委員會。

35. 中華人民共和國的史學家們主張文革一直持續到毛澤東過世為止，所以沒有人使用過「文化大革命之後的毛澤東」這類說法。在此處及後文中，我使用較狹義的表述來指陳這一段時期：1966年至1969年間的動盪。中共在1969年召開什麼事都沒有解決的九大之後，毛的猶豫和改變使得江河日下的文化大革命開始扭曲和拖延。

36.【譯注】波蘭裔德國十九世紀末及二十世紀初的共產主義理論家，亦為德國共產黨創辦人之一。

37. William Taubman, *Khruschchev : the Man and His Era*, New York, Norton, 2003, p. 74.

38. 此外還得加上他臨時鼓起的勇氣，也許是劉的直率決定了他的命運。就是這份直率讓劉挺身承擔起這場災難的責任：「責任首先在我們中央。」甚至直斥毛澤東：「歷史要寫上你我的。」這位在文革中被斥為「中國的赫魯雪夫」的人物，不是正應了毛認為他會在毛死後對其批評的懷疑，

sqq. 所舉發展最快都會的例子。

19. Ernest Young, *The Presidency of Yuan Shih-k'ai : Liberalism and Dictatorship in Early Republican China*, Ann-Arbor, The University of Michigan Press, 1977.

20.【譯注】指1923年2月7日由於共產黨員鼓動京漢鐵路工人成立京漢鐵路總工會，遭到軍閥吳佩孚血腥鎮壓的慘案，又稱「二七慘案」。

21. 其後相關內容請參見Xiaorong Han（韓孝榮）, *Chinese Discourses on the Peasant, 1900-1949*, State University of New York Press,2005.

22. 魯迅，〈阿Q正傳〉，收錄於《魯迅全集》，第一卷，人民文學出版社，1981年，頁487-532。這篇文章為中國現代文學中最好的作品之一。

23. Yi-tsi Mei Feuerwerker, *Ideology, Power, Text; Self-representation and the Peasant " other" in Modern Chinese Literature*, Stanford University Press, 1998.

24. 在華昌明的協助下，我試著在 *Jacqueries et révolution dans la Chine du XXe siècle*, Paris, La Martinière, 2005. 一書中說明這種情況。另外在*CHOC*, vol. 13, 1986, pp. 270-328, 以及 Bianco, 2001 中都有提到。

25. Stephen Averill, "Local elites and communist revolution in the Jiangxi hill country", in Joseph W. Esherick and Mary Backus Rankin (ed.), *1990, Chinese Local and Elites and Patterns of Dominance*, Berkeley University of California Press, p. 300；並參考同作者在1994年5月26日於EHESS（法國高等社會科學院）有關江西革命運動的報告。

26. 所有引文和細節資料均請見Bianco-Hua, *Jacqueries et révolution dans la Chine du XXe siècle*, Paris, La Martinière, 2005. 一書第十九章。作者按順序為 David Paulson, Gregor Benton, Chen Yung-Fa（陳永發）, Joseph Esherick, 再次引用的則為Chen Yung-Fa（陳永發 ）, Kathleen Hartford.

27. 然而毛澤東始終是個民族主義者，在鼓吹學習蘇聯模式表象的同時，卻遵從著真正的中國式觀念：視平均主義及威權主義為優先的傳統，和西方的個人主義恰好南轅北轍。個人主義容許一部分的不平等，以維護每個人的自由，而中國老一輩的觀念卻是對專制政體將就敷衍，以及講究為團體 牲個人以實現集體利益，Lee and Wang, 1999, p. 132.

28. 有關前述，請參見 David Zweig, *Agrarian Radicalism in China*, 1968-1981, Harvard University Press, 1989.

12. 這就是另一個未列入四大革命先驅的革命分子劉師復的想法。他企圖刺殺一位高官，未能竟功且受傷。他在獄中詳讀巴枯寧（Bakounine）和克魯泡特金（Kropotkine）。1911年的革命成功後獲釋，旋即再投入組織暗殺團，此時的劉師復尚未對其所致力目標感到後悔（1911年的革命並未解決任何問題），也還沒投入成為宣揚非暴力及世界語的鼓吹者。劉並以世界語將孫逸仙的國家社會主義及馬克思主義介紹給中國，同時提出批評。從涅恰耶夫（Serge Netchaïev）到甘地，從無政府主義到批判馬克思主義，在劉師復短短三十年的生命中（劉享年三十一歲）快速混雜的相互衝撞，比十九世紀的俄羅斯還要精彩。但這些都不令人訝異：因為對西方文明的極度陌生，中國以極快的速度吸收各式各樣的學說和思想。
13. Lloyd Eastman, *The Abortive Revolution : China under Nationalist Rule, 1927-1937*, Harvard University Press, 1974, pp. 43, 89-90.
14. 法西斯主義在中國也只是僅有個念頭而已，因為中國民族主義者沒有能力實施像是德國或是俄羅斯一樣的極權控制。更何況當時的蔣介石只想到要控制群眾，尚未考慮到要動員他們。對他而言，吸引他的是法西斯的體制，而非法西斯運動：權力已然在握，接著要作的是應用一些在德國和義大利行之有效對付反對者的手段來維護和強化權力。即使蔣想要，但做為群眾運動而言，新生活運動在很困難的情況下還算成功，這是由於運動混雜的特性：一半是外來的現代特性（打造新人類的企圖），另一半則是本地和傳統的特性（要人民遵從的孔孟教化經典），當時的人們特別能感受到的是後者，因為都是些長篇大論的說教。
15. 後來由Claude Payen 譯為法文，書名為 *La Longue Marche : mémoires du maréchal Zhu De recueillis par Agnès Smedley* (《長征：由 Agnès Smedley 蒐集到朱德元帥的回憶》)Editions Richelieu, 1969.
16. 由這裡開始的相關內容都是受到 Jean-Pierre Cabestan, " Les multiples facettes du naitonalisme chinois", in *Perspectives chinoises*, no 88, mars-avril, 2005, pp. 28-44.的啟發，我所說受該文作者啟發，並不表示作者同意所有我衍生解釋的部分。
17.【譯注】威利．布蘭特於1970年擔任西德總理期間訪問波蘭，在首都華沙的猶太區紀念碑前下跪，向遭納粹德國殺害的死難者默哀，成為戰後德國與東歐關係緩解的重要開端。
18. 參見 Marie-Claire Bergère, *Histoire de Shanghai*, Paris, Fayard, 2002, pp. 103

（特別是有關中國革命部分）有關對於這項因素提出的新分析都屬多餘。

3. 列文森（Joseph Levenson）對「文化主義」有更詳細的定義，他認為這是一種深植於中國知識分子心中，認同自身文化、精神和意識型態價值的主義。相對於現代民族主義，它出現於十九世紀最末期。Joseph Levenson, *Confucian China and its Modern Fate : A Trilogy*, Berkeley, CA, University of California Press, 1965. 自1969年列文森辭世後，他的觀點就被廣為流傳和討論。
4. 【編按】：1796年至1804年的川楚白蓮教亂。
5. Chang Hao（張灝）, "Intellectual Chang and the reform movement, 1890-1898", in *CHOC*, vol. 11, Cambridge University Press, 1980, p. 276.
6. Chang Hao（張灝）, *Chinese Intellectuals in Crisis, Search for Order and Meaning, 1890-1911*, Berkeley, University of California Press, 1987, p. 102.
7. 梁啟超所說的更為確切，此處只是我個人的詮釋（【譯注】梁原文為：「吾中國言民族者，當於小民族主義之外，更提倡大民族主義。小民族主義者何？漢族對於國內他族是也。大民族主義者何？合國內本部屬部之諸族以對於國外諸族是也。」引自〈政治學大家伯倫知理之學說〉，《新民叢報》，1903年。）章炳麟（章太炎）是這類種族民族主義（反滿的漢族或中國人）的主要理論家，同時也反對帝國主義，但我並未將章列入打破舊秩序和建立中國 代性的四位重要先驅中。他擔任《民報》主筆——由遵奉孫逸仙的革命黨人創辦——以同樣的熱情迎戰帝制和來自海外的攻訐。章高度讚揚「黃種人」（在他所謂的黃種人中，滿族人還處於較低的地位），並對像德皇威廉二世一樣抱持「黃禍」觀念的白種人保持防範之心。
8. Benjamin Schwartz（史華慈）, *In Search of Wealth and Power : Yen Fu and the West*, Harvard University Press, 1964,pp. 146-147.
9. 即為第一章提及的「新政」。
10. 嚴復所言引自史華慈前引書，頁182-183；孫逸仙語參見頁109。
11. 這類民族主義已經將視野擴大到全球，開始關切我們所說的第三世界（除了印度之外，還包括菲律賓、夏威夷、南非、埃及和土耳其），而超越了有關中國、日本和西方國家的簡單問題。參見 Rebecca Karl, *Staging the World : Chinese Nationalism at the turn of the Twentieth Century*, Durham, Duke University Press, 2002.

作：Loren Brandt, *Commercialization and Agricultural Development : Central and Eastern China, 1870-1937*, Cambridge University Press; David Faure, *The Rural Economy of Pre-Liberation China : Trade Expension and Peasant Livelihood in Jiangsu and Guangdong, 1870 to 1937* (East Asian Historical Monographs), N. Y., Oxford University Press; Thomas Rawski 1989.

13. Lee and Wang, 1999. 另請參考James Lee and Cameron Campbell, *Fate and Fortune in Rural China : Social Organization and Population Behavior in Liaoning, 1774-1873*, Cambridge, Cambridge University Press, 1997.
14. 有關在民國時期鄉村居民的經濟狀況及生活水準是進步還是停滯的爭議，之後可另參考*Republican China*, vol. 18, no1, nov. 1992, pp. 23-176.
15. Conrad Brandt, Benjamin Schwartz and John K. Fairbank, *A Documentary History of Chinese Communism*, Cambridge, Mass. Harvard University Press, 1952.
16. Benjamin Yang, *From Revolution to Politics : Chinese Communists on the Long March*, Boulder : Westview Press, 1990, p. 31.
17. 在本書的參考書目中，我只列出四部著作（Benton, 1999; Chen, 1986; Hartford, 1980; Wou, 1994 ），但有許多其他作品也相當精彩，有一些我在第二部分中有所引用，如頁245-246，注23。在 Bianco-Hua, 2005書中第十七章對於兩位美國漢學家名之曰「新世代學者」（Hartford and Goldstein ed., 1989, p. 3），有一些基本的介紹。
18. 即為鄧嗣禹及費正清合寫著作的書名。Ssu-yu Teng and John K. Fairbank, *China's Response to the West*, Harvard University Press, 1954.

第二部：解讀中國共產革命

1. 這種說法是周錫瑞（Joseph Esherick）所發表的有關中國革命十種理論中的第一個理論。Joseph Esherick, “Ten Theses on Chinese Revolution”, in *Modern China*, vol. 21, no 1, 1995, p. 47.
2. 這種情形和法國的激進民族主義者 Paul Déroulède 或是 Maurice Barrès 不一樣（【譯注】兩人都是法國十九世紀末至二十世紀初期的激進民族主義者，均為「法蘭西祖國聯盟」成員，對德國占領阿爾薩斯及洛林兩省甚表不滿），相較於帝國主義連番侵犯中國，德國占領阿爾薩斯和洛林所造成的傷害遠不能及。這些影響多次在本書中提及，也使得現代中國發展中

University Press, 2001; Hung-yok Ip, Tze-ki Hon and Chiu-chun Lee, " The Plurality of Chinese Modernity : A Review of Recent Scholarship on the May Forth Movement", *Modern China*, vol. 29,n° 4, October 2003, pp. 490-509.

7. 【譯注】梁啟超流亡日本時，創辦《新民叢報》，為使理念能傳達流暢，即使用俚俗和歐化的語法書寫，所以後稱為「新民體」或「新文體」。
8. 學者林毓生以「全盤推翻」(Lin ÿu-sheng 1979 ans in Schwartz 1972, p. 26）一詞凸顯出其內涵要表達的整體全面性。王德威注意到：參與五四運動的革命分子希望以對現代性狂熱的崇拜擺脫歷史包袱的羈絆（*The Monster That is History, History, Violence, and Fictional Writing in Twentieth-Century China,* Berkeley : University of California Press, 2004, p. 191.)
9. Lee Ou-fan Lee（李歐梵）, "Incomplete Modernity: Rethinking the May Forth Intellectual Project" in Dolezelova-Velingerova and Oldrich Kral ed., 2001, p. 45. 參考此文（頁39-44）所舉的由陳獨秀簡化並誤導的一場論戰，就是一個很好的例子；另一個就是陳獨秀依附陳炯明的例子，參考 Duara 1995, pp. 200-202.
10. 再詳細些說，我可以理解並認同*Appropriation of Culture Capital* 一書（參見注6）中許多作者對五四運動感到不滿的心情，只是因為文學和生命較諸意識型態更為豐富和複雜，在這層意義上，五四運動的確作到了引導、指示和號召。在意識型態層面我們所看到的是：如果五四運動沒有那麼豐富的內在，也不會有人敢從它那裡求取這些不可能的事。
11. 在Marie-Claire Bergère, *l'Histoire de Shanghai,* Fayard, 2002.的參考書目中，我們可以看到一些諸如 Bryna Goodman, 1995; Christian Henriot, 1991; Emily Honig, 1992; Christopher Howe, 1981; Leo Ou-fan Lee, 1999; Hanchao Lu, 1999; Frederic Wakeman and Yeh Wen-hsin ed., 1996等的研究作品。就我所知的還有 J. W. Esherick ed., *Remaking the Chinese City, 1900-1950,* Honolulu, 2000和James Carter, 2002. 對哈爾濱，以及David Strand, Berkeley, 1989對北京的研究。對於較早期的研究，除了 William Rowe, 2 vol., Stanford Univercity Press, 1984 and 1989 對漢口以及 William Skinner ed., *The City in Late Imperial China,* Stanford University Press, 1977.的經典作品之外，還可以參見 Linda Johnson, "New Approches to Studying Chinese Cities", *JAS*, vol. 60, no2, 2001, pp. 483-493, 以及在該文頁493所引同作者的另外兩篇作品。
12. 另請特別參考三本在同年（1989，即天安門事件發生那年）出版的著

他們並未像共產黨員一樣將自已全部奉獻給中國的改造。

16.〈整頓黨的作風〉（1942年2月1日），收錄於《毛澤東選集》，第三卷，人民出版社，1965年6月重排版十二刷，頁817。

後記

1. 我曾經寫下這段自我勉勵的話：「各種歷史著作的壽命有限是非常好的事。因為它們會過時，並不只是因為文體或是潮流的問題，而也是因為愈來愈清楚的事實真相使然。」（本書法文版第二版序，頁11）。
2. 對這段認知上的演變，我的感覺相當複雜：「如今我在閱讀時最大的不滿和困擾來自於一個無可避免的環境，在有關革命的課題上，新的突破毫不留情地出現。二十來歲時，由於敬畏黑格爾辯證法，讓我克制住想加入法國共產黨的念頭。十五年後，因為堅持抗拒黑格爾主義，讓我在研究上不會被革命勝利者的說詞所左右。但由於太過於想要理解革命過程的動力來源，我對共產運動投入了過多的關注，而對像是軍國主義（有關軍閥的部分）現象則關注得太少，因為過於輕視到認為它們統統都可以丟到『歷史的垃圾筒裡』。」（同注1，頁15）。
3. 歷史學者芮瑪麗（Mary Wright）是第一個指出革命發展「初期」即於二十世紀一開始即已醞釀，參見Mary Wright ed. 1968 導論部分。
4. Robert Darnton, *The Bussiness of Enlightment : A Publishing History of the Encyclopédie*, Harvard University Press, 1968; 法文譯本為*L'Aventure de l'Encyclopédie.* Roger Chartier, *les Origines culturelles de la Révolution française, Paris*, Seuil, 1990.（未出版的後記，取自Points Histoire, 2000）。
5. 在此之前的情形，參見 Joan Judge, P*rints and Politics : "Shibao" and the Culture or Reform in late Qing China*, Stanford University Press, 1996（《時報》為一份相當具影響力的改革派日報，1904年於上海創刊）；李孝悌，《清末的下層社會啟蒙運動》，台北，中央研究院近代史研究所，1992；Lee Ou-fan Lee（李歐梵）, "The Culture Construction of Modernity in Urban Shanghai : Some Preliminary Explorations" in YehWen-hsin（葉文心）ed., *Becoming Chinese. Passages to Modernity and Beyond*, 2000, Berkeley, University of California Press, pp. 31-61; Wright ed., 1968, p. 30.
6. Milena Dolezelova-Velingerova and Oldrich Kral ed., *The Appropriation of Culture Capital : China's May Fourth project*, Cambridge, Mass, Harvard

6. 有關這點，請參考一本堪為典範的著作 Joseph Needham, *Science and Civilization in China*（由Cambridge University Press出版，有許多版本）。
7. 此處的「現下」指的是1967年，而到了2007年，我似乎就不那麼確定了；但有關這點的討論，在力求清晰及單純善意的方向上，仍有許多進步的空間。
8. 同時還有（我刻意挑選一些應該要了解的真實情況）繼承自帝制及國民黨政府行政系統的威權和缺乏人性的作風，以及一些由美國基督教傳教士建立，而被現在的歷史學者稱為帝國主義文化體現的大學等等。提出這些例子並加以強調，會被認為是贊同、肯定這些事物的人，但難道這些事物都不應該提嗎？
9. 這裡我們只是提出這點，先不說明辯護的理由。有關這個觀點的討論，我放在最後的篇章和先前的第四章的結論中。而對這個立論的支持發展來自Bianco 1986及2001的著作及Bianco,Hua（華昌明）, 2005.
10. "The British Rule in India", *Daily Tribune,* New York, 25 June 1853, 後被翻為法文，收在Kostas Papaioannou, *Les Marxistes*, Paris, Flammarion, 1965, p. 205.
11. 引自 Belden, *La Chine ébranle le monde*, p. 212. 更多的例子我們可以在韓丁的《翻身》中找到。
12. 就包括我在內的歷史學者而言，常會將一些不大相同的事物以同一個字詞表示（例如：蘇維埃 Soviets）。
13. Albert Camus, *L'Homme Révolté*, Paris, Gallimard, 1951, p. 281.
14. 中國革命更消費了馬克思主義歷史成就和教條文字間的差異（雖然早已隱然存在很久），至於我們剛提及的列寧主義者則不然，因為就是列寧開創了這個差異。
15. 這有一部分指其教條而言：馬克思主義結合了平均主義和人道主義的說理，並意圖以科學之名預言歷史的走向。但對於其真正的內容則不然，因為馬克思主義之所以會有這麼多的信徒，是由於它將反抗化為實際的行動。當情況到了不能再忍受的時候，先知們（至於是真先知或假先知則不是這個問題的重點）就會挺身而起，最後把他們的憤慨化為對付冷漠、分化、順從並克服各自為戰和猶豫遲疑的運動。在二十世紀前半葉的中國，有一些其他的人（像是在農村社會「積極活動」的傳教士）也曾迫切地希望想要改變這些人，但他們的觀念和想法不如中國共產黨來得簡明扼要，在不願意弄髒手去淌混水和害怕造成動盪不安及混亂的心態下，

乘機煽惑，造成暴動」。一般而言，暗指對政府不滿的人或是提出批評者就是「共產黨」。

67. 在湖南省會長沙就曾出現一個場景：一個剛從北方回來的美國旅客被一群教師和知識分子團團圍住，只是想要獲得一些新消息，而當時瀋陽（滿人稱之為盛京）已陷落九天，他們卻完全不知情。
68. 這場貨幣改革在政府公務員的眼中是失敗的，連美國總統杜魯門也拒 承認其為中國貨幣，而在俄國官員看來，只是讓城市中「黑市更為昌盛」。
69. A. Doak Barnett, *China on the Eve of Communist Takeover*, p. 97. 前兩項注釋所列舉的徵兆就是出自此份報告第98頁。
70. 有關這個問題，請參考 Johnson ed., *The Role of the Military in the Underde-Veloped Countries*, Princeton University Press, 1962.
71. 不要忘了，在「毛式」革命中，紅軍和農民群眾是同等重要的基礎。

結論

1. 結論部分不同於本書其他部分，我提出較多的新觀點，而較少提出對發生事實的更正。我將這個部分交由後面的〈解讀中國共產革命〉這篇來討論，那是我站在今天（2007年）的時間點上做回顧時所寫的，有更清楚的說明。在許多對中國革命的反省中，Kenthleen Hartford 和Steven Goldstein所彙編的著作（*Single Sparks*, New York, M.E. Sharp 1989, pp. 3-23）及 Joseph Esherick, *Modern China*, vol. 21 no 1, 1995, pp. 45-76, 共十篇有關中國革命的論文之啟發，使我們獲益良多。
2. *Two Kinds of Time*, p. 189.
3. Hu Shi（胡適）, “China in Stalin’s Grand Strategy”, *Foreign Affairs*, vol. XXIX, no 1 (Oct. 1950), 引自 Pichon P. Y. Loh, *The Kuomintang Debacle of 1949 : Conquest or Collapse?,* Boston, Heath, 1965, p. 52 以下各頁; Anthony Kubek, *How the Far East was Lost*, Chicago, Regnery, 1963.
4. 此處我暫時使用中共對「反封建」的定義（中共認為土地革命即為「反封建」的鬥爭，由資產階級民主革命轉變而來），但這只是為了便於隨後的討論而已。
5. 在這段話之前，列寧曾有較清楚的說明：「等在下層的群眾不再願意，以及在上層的群眾也不能再忍受這種生活方式時，革命這時候就勝利在望了。」

天的空中運輸補給，就耗盡了1948年下半年的所有軍事預算。

56. 同一個時期在中國南部，群眾算出買一根火柴要花兩百元法幣，一粒米要十五元。
57. 在大街上大張旗鼓槍決走私販，就像1966年西貢發生的場景一樣。
58. Lloyd Eastman, *Seeds of Destruction*, p. 195，並參見 "Chiang Ching-kuo and the Gold Yuan Reform" 整章，頁172-202。
59. 從1948年底開始（僅僅十一月一個月內，物價指數就從一百飆升到一千一百五十三），到1949年的頭幾個月，情況變得更嚇人：從1948年8月至1949年4月，物價指數從一百衝到一千三百五十七萬四千。
60. 關於這個重要的問題，可以參考 Chou Shunhsin（周舜莘）, *The Chinese Inflation*…, pp. 236-258; Chang Kiangau（張嘉璈）, *The Inflationary Spiral: The Experience in China, 1939-1950,* Cambridge: The Technology Press of Massachusetts Institute of Technology, 1958, pp. 59-66; Arthur Young, *China's Wartime Finance and Inflation, 1937-1945,* Cambridge: Harvard University Press, 1965),p p. 317-327. 後兩位和第一位不同，他們僅研究抗戰時期的所得分配。
61. 但要補充說明一下，在這段期間他們另外有配給個人和家庭的米糧，而在不得不以貪污作為支持財源之前，許多人都有兼職。
62. 甚至將知名的紗廠廠主和有權有勢的銀行家與一些輕罪犯（像是搶米店的搶劫犯）和賺取不法利益的販夫走卒關在一起。
63.【譯注】金圓券發行時，規定每金元含黃金0.22217克。
64. 像蔣經國逮捕上海黑幫首領杜月笙的兒子杜維屏不就是一個極具代表性的例子嗎？杜曾以其掌控幫會的力量協助蔣建立霸業。二十二年前的歷史因緣際會讓他們的上一代相聚，製造了一場悲劇（許多共產黨員和工會分子遭到屠殺，參見前文頁70），而下一代卻演出了一齣鬧劇（逮捕杜維屏），極其諷刺。
65. 1948年11月16日的報導表示：「國軍大勝，劉伯承僅以身免⋯共匪在前線四竄奔逃。」幾天後，當共軍從兩個側翼緊緊鉗制住國軍時，中央社的報導則說：「由於國軍的武力壓制，共軍無法逃離戰場，只能作困獸之鬥，以避免全軍覆沒。」12月1日，半官方的通訊社就意氣風發地稱淮海戰役為一場「殲滅戰」。沒想到這種偏執的盲目竟一語成讖。
66. 蔣介石表示，台灣的動亂（指二二八事變）為「日本人留下的台灣共產黨

員的阻撓對共產黨控制地區供應醫療藥物，這類雖不重要但卻堅定持續的努力），而這些作為都是一般性、地區性和侷限性的。

44.【譯注】此處所指為1946年5月4日由中共中央發布的〈關於清算減租及土地問題的指示〉，又稱〈五四指示〉，其所謂「耕者有其田」是以沒收地主土地分配給農民而達成。與國民政府遷台後，先以債券及公營事業股票收購地主土地，然後再由農民承領之作法不同。提出「耕者有其田」的人則是孫中山先生。

45. Westad, 2003, p.133. 有關土地革命的作法，均依據此書pp. 128-137; Levine, 1987 and Hartford-Goldstein ed., 1989, pp. 151-175; Hinton, 1971 and Saich, 1999, pp. 1195-1317.

46. Hinton, 1971, Chapter 23, 24.

47. 漫畫的內容是一隻狗（指日本人）從島上逃走，空出來的位子由一隻豬（指中國人）占據，旁邊的文字則寫著：「狗還知道保護主人，而豬只會吃跟睡。」

48. 有關台灣菁英與國民黨政權彼此間的理解障礙，請參考 Steven Phillips, *Between Assimilation and Independence: The Taiwanese Encounter Nationalist China, 1945-1959*, Stanford University Press, 2003.

49. 曾有一份文件詳細記載了著這起著名的事件，該文件的英文摘要請參見 Westadt, 2003, pp. 154-55.

50. 除此之外，抗議亦有反饑餓及爭民主的訴求。有關1945年12月至1948年6月間所發生的四次主要學生抗議行動，請參考 Pepper, 1978, pp. 42-93. 以及同一作者在《劍橋中國史》（*CHOC*）第十三冊，頁746所做的摘要。另請並參見 Westad, 2003, pp. 56, 99-102.

51. 校園遭警察包圍，學生被逮捕後即毫無音訊；具自由傾向的記者被綁架並關押在軍營內；著名知識分子（如詩人聞一多）遭暗殺等等。

52.【譯注】原由鄧演達創立的「中國國民黨臨時行動委員會」，後被稱為「第三黨」，再改組為「中國農工民主黨」，由章伯鈞任主席，之後與其他黨派共組「中國民主同盟」，簡稱「民盟」。「民盟」現為中華人民共和國八大民主黨派之一。

53. 頁184曾提及國府政權的最後一個月裡發生在蔣、李兩人間的衝突。

54. 在1946年8月至1948年8月間，物價飛漲達千倍之多。

55. 依據國防部透露，僅僅在長春被人民解放軍圍困期間，支應兩個月又四

爆發。
32. 李宗仁曾爭取至少留下一部分，卻徒勞無功。
33. 包括當時由國軍獨占的空優。
34. 參見 *La Conquête de la Chine par Mao Tse-tung,* Payot, 1952，作者 Chassin 將軍（【譯注】法國空軍將領，曾任法國駐中南半島空軍指揮官，此書於擔任此職期間寫就）在書中曾多次表達他對紅軍「獨步世界之軍事成就」的景仰。
35. 巴大維更清楚地表示，國民黨軍中腐敗和欺妄已然成風。
36. 軍事部門報告，1948年11月16日（引自《美國白皮書》，頁358）。
37. 李宗仁（參見前文）和白崇禧就是最好的例子。
38. 或是個人之間的不和。例如在淮海戰役時，蔣介石命邱清泉率部（轄有十二個師）增援被圍的黃百韜部（轄有十個師）。但邱對先前蔣授黃殊榮一事有所不滿（【譯注】指豫東戰役後，蔣頒發黃百韜青天白日勳章而邱險遭議處一事），雖應命增援，但卻放緩進軍的速度，他對其身邊的親信表示：「不要剝奪了給黃表現值得這些勳獎的機會。」邱部原本距離黃部被圍的十個師（九萬人）三十二公里，十日內僅前進十三公里即受阻無法再推進。數日後，黃部除了三千人逃出，其餘存活者皆盡被俘，黃百韜自殺。
39. 從中共自1948年秋於東北發動攻擊開始，蔣介石就在北京親自指揮。淮海戰役時，蔣雖未離南京，但戰場上所有部隊的部署和進退，都完全依據其所下命令為之。
40.《美國白皮書》，頁319-320。
41. 一邊是徵兵人員找窮苦人家抓兵，另一邊則是鑼鼓喧天地由村民代表歡送入伍。不管怎樣，對於要不要入伍的決定，都是受社會壓力使然（參見頁192）。事實上，到了1948年，共產黨在新占領地區也一樣遇到招兵困難的問題，農民開始對離鄉投入人民解放軍參加戰鬥感到猶豫，於是，相對於以往的動員方式，中共也開始採用國民黨的老法子：下達要完成招募的數額，未達到的則給予重懲。
42. Jack Belden, *La Chine ébranle le monde,* Paris, Gallimard, 1951, pp. 289-290.
43. 我們先不要貿然和其他情況——例如1967年的越南——作比較，除了美國送武器給國民黨之外，其他的外國介入行為都是無關緊要的，這是指許多不同的作為（包括聯合國善後及救濟總署，UNRRA，不顧國民黨官

1945-1948, Columbia University Press 1987, p. 86. 請同時參見該書前兩章及頁239至242。另請參考Dieter Heinzig, 1998, Chapter2.

15. 有關內戰中各階段的劃分，請參見Suzanne Pepper, “ The KMT-CCP conflict, 1945-1949”, in *CHOC*, vol. 13, pp. 758-782. 特別請參考 Westad, 2003.
16. 當時的「人民解放軍」為八路軍、新四軍及剛納入的東北民主聯軍（隨後改稱第四野戰軍，簡稱四野）所組成。
17. Westad 2003, p. 60.
18. 當時的美軍顧問團團長巴大維將軍（General David Barr）曾勸蔣介石不要將部隊長時間駐在東北。
19. 自1947年8月起，就開始有兩股紅軍部隊在黃河以南活動，直接威脅華中。
20. 引自〈目前形勢和我們的任務〉，收錄於《毛澤東選集》，第四冊，人民出版社，1960年，頁1243。
21. 依據江西蘇維埃時期的習慣，共軍占領開封一週，取得大量武器和彈藥後即迅速撤離。
22. 就社會角度來看，這個舉動的新戰略意涵為：中共經過二十多年在廣垠農村活動後，再度回頭擁抱城市和無產階級。不過沒有人對這項作為的結果有過高的期待，特別是工人。
23. 固守長春和瀋陽的兩支部隊，在十二天之內相繼被擊潰（長春於1948年10月21日淪陷，瀋陽於11月2日）。
24. 戰役發生於淮北（淮河沿岸即為十九世紀發生捻亂的區域）及隴海鐵路東段沿線，故稱為淮海戰役。
25. 有人專門研究這場在國共兩陣營間具有關鍵作用的淮海戰役，O. E. Clubb, “Chiang Kai-shek’s Waterloo: the Battle of the HwaiHai”, in *Pacific Historical Review*, XXV-4, no.V. 1956.
26. 總計在沿著三百多公里的戰線上，共有超過一百萬人參與戰鬥。
27. 劉伯承曾因作戰受傷失去右眼。有關陳毅，請參考第三章注53。
28. 文告寫著：「國文說：『中華民國之建國，其目的在和平。』」
29. 【譯注】此處應指毛澤東在1949年1月14日提出〈關於時局的聲明〉中所提及進行和平談判的八項條件，其中第一條即為「懲辦戰爭罪犯」。
30. 國民政府撤往廣州，當時只有一名外國駐華外交官員隨同：蘇聯大使。
31. 該戰略打算在西南山區建立國民黨的要塞……然後等待第三次世界大戰

憲章。憲章通過並簽約後，即宣告生效。中、英、美、法、蘇皆成為常任理事國。

2. 汪早在數個月前（1944年11月）死於日本。
3. 當時有將近二百萬名日軍分布在中國各地和東三省。還要加上日本扶植的政權所擁有的七十八萬名偽軍，不僅要接收這些偽軍，還要想辨法納編。
4. 「解放區」是中共的用語，指中共在對日戰爭中獲得控制權的地區，隨後亦同樣指涉於1945年至1949年的國共內戰中逐步取得政權的地區。
5. 亦包括台灣和中南半島，大致與北緯十六度平行的區域。
6. 有關後述內容中所使用「國民政府」或「國府」、「國軍」等詞均指國民黨陣營，乃相對於共黨陣營而言。
7. 在1945年9到10月兩個月內就以空運運載了四十萬至五十萬人。
8. 在此必須說明的是——雖未提到但也十分重要——中共仍保有北方廣大平原許多農村的控制權。
9. 畢業於黃埔軍校——當時的校長是蔣介石——並參與過對日抗戰的紅軍年輕將領林彪，可說是國共內戰中戰果最豐碩的勝利者。
10. 這篇宣言中完全沒有提及蔣介石反對籌組聯合政府的提議，對一些諸如共黨控制區（即所謂解放區）政權問題也未置一詞。
11. 衝突的序幕首先由爭奪位在遼寧和吉林兩省交界附近交通樞紐的四平街會戰（中共稱之為四平街保衛戰）揭開。這場會戰從1946年4月持續至5月，是國共雙方第一場重要的會戰，但該會戰主要是共軍回應國民黨軍隊在3月31日發動的一場進攻行動所引發。
12. 蘇聯和共產國際並未直接參與中國共產革命，但蘇聯紅軍在內戰前夕對東北共產黨人提供了協助。在此還可以對共產革命的最後階段作個簡單的政治大勢回顧：當時中國內部只有兩虎相爭，境外也僅有兩股勢力能作出有效的影響，即蘇聯和美國。英帝國沒有置喙的餘地，法國也被排除在外，戰敗國德國和日本不用說，而較小的國家如比利時、義大利等沒有參與戰後權利分配的國家就更不用提了。
13. 當時在華東的港口和城市中的工業設備掌握在蔣介石手中。在共產黨控制區域內，彈藥的生產和運輸方式（像是騾車或是從國民黨手中取得的老式美製卡車）等都十分原始粗劣。所以共軍藉由農村掩護其參謀部和「人民政府」各部門並非只是因為戰略考量而已，而是不得不然。
14. Steven I Levin, *Anvil of Victory: The Communist Revolution in Manchuria,*

四川本地人，認為這些人連電車都沒看過，而且頭上還戴著骯髒的頭巾。

66. 長江流經重慶後，再往下游幾千公里才流經南京和上海。
67. 一般概念認知的漢人就是中國人，而其他非漢人則包括許多少數民族，約占總人口數約六%（1997年增加為八%，控制生育政策的對象並未包括他們）。
68. 著名的美國空軍部隊，全名為中華民國空軍美籍志願大隊，在大部分戰爭期間駐華協助作戰。
69. 有關這點請參考P. Bourdieu, A. Sayad, *Le Déracinement : la crise de l'agriculture traditionnelle en Algérie*, Paris, Edition de Minuit, 1964.
70.【編按】：即俄國共產革命及中國共產革命。
71. Roger Matin du Gard, *Les Thibault* (l'été 14)（【譯注】此處作者原文為「由Meynestrel發動有效率的屠殺」，而Meynestrel為法國文學家 Roger Matin du Gard所著《帝博家族》（*Les Thibault*）中的人物，是一個希望由第一次世界大戰引發革命的人物，處心積慮破壞和平引起衝突。Roger Matin du Gard 也因這部著作於1937年獲得諾貝爾文學 。該書共有八卷，Meynestrel出現在其中第七卷「1914年夏天」中）
72. 甚至法國也將在上海的法租界歸還中國（指的是歸還給當時親日的南京政府，因為當時的維琪政府是迫於日本的壓力才如此處理）。
73. 前面曾提及該書將現代中國所遭受的傷害完全歸咎於帝國主義。
74. 中國群眾帶有敵意態度，清楚說明同盟的不受歡迎。
75. 這裡要強調的是國民黨本身就是一個民族主義政黨，而民族主義在孫逸仙的三民主義信念中不但居首位，而且還是最重要的。
76. 特別是在共產黨發展的第一階段中（1921年至1927年），許多對手都指責共產黨的俄國色彩重於其中國色彩。
77. 在這裡可以打個十拿九穩的賭，共產黨的軍官，就像他們的指揮官一樣，並不太費勁就能戴上「民族主義者的面具」。
78. 內戰時中共仍高舉民族主義旗幟，質疑：「帝國主義者」（指美國）難道沒有以裝備援助中共的敵人嗎？

第七章

1. 美國總統羅斯福在二戰期間發起成立聯合國，1945年4月25日，由中、美、英、蘇四國邀請，舉行舊金山會議，共有五十國參加，制訂了聯合國

物品：
1938年6月為1.25法幣
1939年6月為2法幣
1940年6月為5法幣
1941年6月為13法幣
1942年6月為40法幣
1943年6月為140法幣
1944年6月為500法幣

58. 調查人員認定這些商人所獲得的「暴利」（調查人員由這些商人應收取的正常報酬推算所得），就是他們付給生產者的價錢後，再抬價所獨占賺取的價差。
59. 如此一來使敵方的諜報員可以偽裝為走私者而更易於滲透。由於通貨膨脹使得軍官很難安分守節，因為僅守本分的軍官連家人都養不活。而奉長官之命執行走私的軍人，無論服裝、給養都極差，甚至沒有好鞋子可穿，因為就是這些授命他們的長官將部分給養和裝備給轉賣了。「吃空缺」所能獲取的利潤更大，讓他們可以將「幽靈士兵」（戰死、開小差，或是因為生病在途中被遺棄者而仍占有員額者）的武器、彈藥和口糧拿去轉賣。
60. 在南京，兩個月之內遭到殺害的人數超過1945年8月間廣島原子彈爆炸後的死亡人數。有關發生在鄉村地區的屠殺情況，請參見Lary及Mac Kinnon於2001年所編書藉第四章中所舉，1938年蘇州地區發生的例子。
61. 重慶於1939年5月3日首次遭到日軍轟炸時，日軍所投擲的燃燒彈造成了十幾處火災，火災持續約兩小時，把城裡貧民集中的地區燒燬殆盡，居民亦未倖免。隔夜正逢月蝕，老一輩四川人都認為是天狗要吃月，於是徹夜把鑼敲得震天價響，要把天狗嚇走免得月亮被吃，鑼聲蓋過了在轟炸中重傷和瀕死者的呻吟聲。隔日清晨，重慶遭受第二次轟炸。
62. 美國設於重慶的大使館，其重要性僅次於設於倫敦及莫斯科的使館。
63. 有關長江三峽縴夫的辛勞可參見韓素音《傷殘的樹》：Han Suyin，*L'Arbre blessé,* Stock, 1965。
64. 重慶成為戰時陪都後，花費了將近七年的時間，公共電話才裝設完成，也花了三年的時間才使電力能從早到晚供應無虞。
65. 有些外地人就被剝削利用，其他一些人則自認為是完全的外來者，看不起

46. 這麼說有一些語病，因為農民並未將國軍視為「我們自己的」軍隊。不管日軍或是國民黨軍，在農民眼中都是外來的災難。
47. 日軍給養充足，不需要竊取食物。
48. 像是1941年春在河南和山西交界處的山區就曾發生過這樣的例子。
49. 此外，另有一個故事較之對於長期發展的描述，更能透露出農民對徵兵的態度，在用以分析日本侵略下民族主義如何滋生的諸多原始資料中，這是一個無法僅用三言兩語就能簡單說明的故事：在河南鞏縣有一對農民夫婦，靠著獨子在煤礦當礦工的微薄收入過活。一天，這對四十多歲的夫妻剛生了第二個孩子，徵兵官馬上登門告知他們，他們的長子必須離家入伍，因為依照當時的規定，只有作為家中的獨子可以免徵，這位太太哭著解釋，長子一旦離開，他們根本就活不下去。然而地方當局仍不為所動。結果當她回家後，就將尚在襁褓中的小兒子一把摜在地上摔死。Peck, op. cit.,pp. 266-267.
50. 這次饑荒造成約兩百萬人死亡。
51. 在中日戰爭初期，河南就曾一度被日軍占領。
52.「擁護咱們老百姓自己的軍隊」在戰時幾乎被流傳為刻板的故事。故事中可以看到農民對紅軍的歡迎、供應他們兵源、為他們準備熱水、照顧傷患、提供食物和交通等等。
53. 這個看法打破了原本美好的印象，但在細節上仍有爭議之處，詳情請參考我和華昌明（Hua）2005年所編著作第十七章。
54. 這份計畫目的在於將韓國到越南一線能以陸路貫通，以平衡美軍在海戰上的優勢，並摧毀華南地區可讓美國空軍用來轟炸日本本土及東南亞占領地的機場和基地。
55. 即財政上長期的大量赤字：舉債借貸高於支出五倍以上，而且財政收入上大量依靠關稅，關稅收入約占財政收入（不含借貸部分）二分之一以上。但這種情況並非完全由當時的政府所造成，在前清時期，由外國人掌理的關稅行政部門在所有單位中運作最完善、收益最高，而且不受各省軍閥染指，直接繳交中央。由於失去關稅收入，中央財政收入愈來愈倚仗各省地方軍閥，使得地方軍閥亦因而坐大。
56. 1941年間政府收入較支出增加了十五%，然而我們必須算上美援的部分，這個部分在珍珠港事變前就已經有相當數量。
57. 當時物價在「自由區」的漲勢，以下可為參考：1937年6月價值一法幣的

間，紅軍也再度改變名稱，但「八路軍」仍然比較廣為人知。為避免混淆，在沒有特別需要詳加說明的情況下，我們在文中一概使用「紅軍」。實際上，「第八路軍」也只包含共產黨最主要的軍隊，仍有其他部隊散見於其他番號中。

37. 以1940年在河北西部作戰的某個連隊為例，八十六個成員中有七十個是農民，只有十一個上過學，另外七十五個當中有兩個是文盲，而其餘七十三個則是在紅軍行伍中學習識字。在這八十六個人中，三分之一（二十九人）是共產黨員，不過其中二十八個黨齡不超過三年，也就是在日軍侵華戰爭開始後才入黨，這種情況清楚顯示民族主義是入黨的主要動機。再提供一些數據作為說明：1941年在江蘇北部的新四軍（另一支未駐紮在華北的紅軍主要武力）中的一百九十七名軍官中，僅有二十五名在1936年時就已經加入紅軍，其餘一百七十二名是在1937年後才為了參與民族抵抗運動才加入。這兩個例子均引自Chalmers A. Johnson, *Peasant Nationalism and Communist Power: the emergence of revolutionary China, 1937-1945*, Stanford University Press, 1962, pp. 103, 155. 其法語譯本為 *Nationalisme paysan et pouvoir communiste*, Payot, 1969.
38. 即以人民大會的方式，結合貧農、婦女、青年、民兵等組織。
39. 但在有些地方還是偶有發生攻擊占領者的情形，但這只是和十九世紀所發生的排外事件和擊殺傳教士具有類似的意義，並非代表成形的反抗運動，亦未引起侵略者的重視。
40. Chalmers A. Johnson, *Peasant Nationalism and Communist Power: the emergence of revolutionary China, 1937-1945*.
41. 參見Gregor Benton, "The South Anhui Incident", in *The Journal of Asian Studies*, XLV-4, August 1986 ; Benton, 1999年著作第十三至十五章及附錄。.
42. 當時在南京由汪精衛所領導的傀儡政權喊出「共產黨才是當前共同的主要敵人」，意圖以建立反共戰線之名與重慶政府合作。
43. 另外還反覆強調一些政府高層與日本代表接觸的事情，以強化這種印象。
44. Graham Peck, *Two Kings of Time*, p. 266. 後續所談到的許多例子和具體細節部分多引用自本書，本書和*Peasant Nationalism and Communist Power*一樣，值得一讀。
45. 這個事件發生於1941年的河南省西部，隴海鐵路（為東起江蘇連雲港，西到甘肅蘭州，跨越東、北、西部的鐵路幹線）上。

得勝利，而蔣介石是他認為在亞洲大陸上唯一可以和日軍相抗衡的力量。

27. 儘管關於西安事件的著作汗牛充棟，但史學家卻對事件期間關鍵的幾天中所發生的事有所忽略。而相關發生的事項請參見 Wu Tien-wei（吳天威）, *The Sian Incident: A Pivotal Point in Modern Chinese History*, Ann Arbor, University or Michigan, Center for Chinese Studies, 1976.
28. 1937年9月，共產黨和國民黨分別發布達成合作的宣告。
29. 至少可算是直接原因。顯而易見，日本遲早會進犯中國，西安事件過後更加快了雙方衝突的開端。
30. 我要強調的是他對人民和輿論的支持並不十分重視。在他眼裡，民族主義的冠冕和希望才是他的倚仗，而不是激情的學生。
31. 當然自1939年起，雙方都曾做過一些不同的嘗試：日軍新占領兩個省的省會，南昌（江西省）及南寧（廣西省），而為了占領後者，日軍深入西部非占領區；蔣介石則想方設法收復長江中游流域，初期還打了幾場勝仗，但隨後到1940年1月仍師老無功。總之，在1938年底武漢及廣州相繼陷落後，戰爭型態已轉為消耗戰。
32. 蔣選擇內陸省分四川的重慶市作為戰時陪都，重慶無法經由鐵路輕易抵達，而且在一年中有六個月會起霧遮蔽視線，不利空中轟炸。
33. 並不盡然，仍然有一些游擊隊是國民黨的，但大部分都是由地方發起成立的，而非中央直接組織授命。
34.「晉察冀邊區政府」的成立是為了要對付1937年12月日本在北京扶植的「中華民國臨時政府」。（【譯注】日軍於侵華戰爭期間相繼成立許多傀儡政權，該政府即為其中之一，其併同另一日軍扶植的傀儡政權「冀東防共自治委員會」，並於1940年日本扶植汪精衛成立南京政府後，改為「華北政務委員會」）。剛開始時，「晉察冀邊區政府」的九位行政委員中僅有兩人為共產黨員（【譯注】該政府正式名稱為「晉察冀邊區行政委員會」，有九名行政委員，分別為宋劭文、胡仁奎、聶榮臻、劉奠基、呂正操、李杰庸、婁凝先、張蘇、孫志遠等，其中共產黨員應為宋劭文及聶榮臻），但其影響力卻極大。
35. 這是官方發布的數據，極有可能誇大其詞。但依據國民黨的估計，則正好相反地過於低估，認為中共在1945年時約有六十萬一般黨員及四十萬民兵。
36. 在國共達成合作宣示後，紅軍改名為「第八路軍」。儘管在國共內戰期

京政府更必須取締在該地區的反日活動。

15. 這段時間即針對江西蘇維埃政權展開「剿匪運動」。
16. 相關問題的討論，請參考Parks M. Coble, *Facing Japan: Chinese Politics and Japanese Imperialism*, 1931-1937, Cambridge, MA, Council on East Asian Studies, Harvard University, 1991.
17. 在1931年至1932年間，幾個月內日本對中國的出口量即下降一半，跌至1908年的水準。
18. 在少數影響能及的鄉村（在河北省幾處受到下鄉學生工作隊「動員」的村莊），只有鄉村教師和年長者以同情心聽著學生激動地講述應該抗日的大道理。要如何叫他們相信日軍侵華的災難會比地痞、乾旱、蝗災、苛捐雜稅更可怕呢？
19. 外交部部長王正廷遭到毆打並被迫辭職，國民黨機關報《中央日報》社遭到搗毀，學生並向蔣介石陳情，但蔣拒絕接受，直至二十八小時後，當時正下著雨，他才決定出面，再次顯示其執拗的性格。
20. 有關這段插曲，請參考Israël John, Donald Klein, *Rebels and Bureaucrats: China's December 9ers*, Berkeley, University of California Press, 1976.【譯注】此處應指當時南京政府為因應日本成立傀儡政權「冀東防共自治政府」，在日本壓力下，基於妥協立場成立「冀察政務委員會」，引發大規模學生抗議。
21. 在中共進行「長征」（即1935年8月間）時，統一戰線的呼籲更是屢屢見諸各種宣傳媒介上，但多是針對社會基層作訴求，也就是除了蔣介石勢力之外，均為聯合的對象。但僅一年後，即1936年夏，中國共產黨即將南京政府及蔣等政府高層納入統戰的對象。
22. 紅軍在「長征」後不久，即在陝西北部找到一個暫時棲身的避風港。
23. 當時這句耳語在東北軍（即張學良部）中流傳甚廣。
24. 參見第五章。在當時缺乏民主的體制下，張學良對執行「攘外必先安內」政策深感無力，在長期的壓抑後認為以軍事手段施壓是唯一能使既定政策重新考慮的方法，只好鋌而走險採取極端的作法。
25. 南京政府派遣飛機在距西安五十多公里處攻擊張學良的軍隊，還好當時發生的一場暴風雪才沒能讓這些飛機繼續執行轟炸西安的任務。
26. 當時共產黨維護蔣的態度就算不是被迫，至少也是受到史達林的要求。史達林對於如何保全蘇聯遠東戰線的顧慮，遠甚於幫助中國共產革命取

贖——作為文章的總結（*l'Echo de Chine*, 1898/10/12 ）。

3.【譯注】此即清末時留日學生陳天華所作的〈猛回頭〉。

4. 作者陳天華後來以自殺抗議清廷鎮壓具有民族意識學生的行動。

5. 就如1900年清廷默許義和團事件的發生所引起的後果即為明證。

6. 這段文字是在1924年寫就的。

7. 本段引文出自孫文《三民主義》「民族主義第六講」內容。

8. 至少到文化大革命前，中國大陸都眾口同聲尊崇孫逸仙為「革命之父」，文革中則首度出現不同的聲音，其遺孀在文革中亦遭到指責。可以用同一時代的兩個人物來代表亦親亦讎的國民黨和共產黨在民族主義上的類同：一個是生於1887年的蔣介石，另一個則是生於1886年的朱德。對於前者，我們可以在前一章所提到其所著《中國之命運》一書中找到許多和孫逸仙所表達過內容近似的文句；而對後者，在其自傳中（由美國記者Agnès Smedley蒐集資料寫就）可以發現到將這位紅軍司令員轉變為革命分子的重要因素就是那股飽受屈辱的民族意識。參見 A Smedley, *La Longue Marche*, Paris, Edition Richelieu, 1969.（法文版由Claude Payen翻譯）。

9. 對於相關內容的討論請參考Akira Iriye, "Japanese Aggression and China's International Position", *CHOC*, v. 13, 1986, pp. 493-495 ; Iriye ed., 1980 ; Louise Young, *Japan's Tatol Empire : Manchuria and The Culture of Wartime Imperialism*, Berkeley, University of California Press, 1998.

10. 日本染指山東的作為，成為引發日後五四運動的誘因。

11. 只有在1934年，不被軍方尊重的日本政府尋求中國承認其既得利益和特權時，才有短暫的平靜。

12.【譯注】即「一二八事變」或稱「松滬戰爭」，亦有稱之為「第一次上海戰爭」。隨後由各國出面調停，以中日簽訂《松滬停戰協定》暫告一段落。

13. 該傀儡政權即位於為北京和天津所在的河北省。【譯注】此處應指殷汝耕成立的「冀東防共自治政府」。

14. 1933年蔣被迫必須接受在北京和長城之間建立一個非軍事區：這件事的影響不亞於承認偽滿洲國。而1935年時，在一份新的協定下（【譯注】應為中華民國政府軍事委員會北平分會代理委員長何應欽與日本華北屯駐軍司令官梅津美治郎所簽訂之《何梅協定》），使華北成為中立區，而南

「縮小的三民主義」——自衛、自治、自富，其中以自衛為基礎），他對於各種苛捐雜稅一概採取抵制態度，尤其嚴拒交付鴉片「特別捐」（【譯注】當時為籌措軍餉，有抽取「鴉片稅」的做法，但不便明說，名之曰「禁烟特別捐」），以致於後來遭致暗殺亦有跡可循，但官方說法指該暗殺乃由土匪所為。彭禹廷於1933年遭殺害，國民黨政府亦於同年開始全力擴大掌控河南各地的地方行政工作。Guy Alitto, "Rural Elite in Transition: China's Cultural Crisis and the Problem of Legitimacy", in Mann Jones ed., 1979, pp. 218-275; 以及 Alitto, 1979。

75. Hayford, 1990, pp. 56, 94-95, 132, 138-139.
76. 雖然僅是維持一種政治相對穩定且十分脆弱的秩序，但對農民而言，已是求之不得。如以不帶任何道德評論的觀點觀察，這個政府依其保守主義傾向，在一段短時間中對改善大部分民眾處境所做的工作，較之改革者徒託空言的善意更有用得多。
77. 同樣的評論可另將新舊這兩個政權的情況做對照。共產黨以往藉以對抗國民黨的助力，現在（1967年）卻反過來成為削弱其統治的力量。要了解，促使一個歷史運動實現的相對特點，就是現實上的實踐很難真正達到理想上的要求。最起碼的事實是，對於那些汲汲於追求建立可在一般模式中存在的通則，以及凡事都要批評的人，要不厭其煩的提醒他們，不要眼中只看到任何人都無可迴避的陰暗面。中共在某些輕重緩急的考量下（像是將建立獨立而強大的國家置於社會公義和人民的不虞匱乏之前），也解決了一些問題，在這種情況下，還能怎麼做呢？
78. 這些藉民族主義一躍而成為各方擁戴的統治者，其全盛時期也因而成為歷史過往。

第六章

1. 坦白說，我們在這裡所要討論的並不是國家生成的原由（眾所周知，中國是世界上最古老的國家之一），而是堪稱具有歷史上強大動力的當代民族意識的產生原因。
2. 另外也可參見一篇刊載於*l'Echo de Chine*的文章 "journal des intérêts français en Extrême-Orient"（法國在遠東的利益日誌）的結尾部分，作者用一群牛隻看著火車開過的心情對比一群中國人看著由俄、英、德國士兵組成的隊伍在天津街上遊行的心態。他最後以一個微妙的觀點——牛隻的救

66. 最顯著的例子就是信用合作社的推動。信用合作社被認為是在鄉村建設運動各項獲得成功的案例中最值得宣揚的成就。其數量以相當驚人的速度成長，到1937年已達到兩萬五千家。信用合作社制度於1923年發軔於湖北省，但到1937年，各地的信合社分布的密度都已和湖北省並駕齊驅。然而，直至對日戰爭前夕，傳統的高利貸業者所提供給農民的借貸，仍然占全國百分之八十以上（其數量幾與我們先前在頁113-114所提到當時全中國借貸金額的總數相當）。
67.【譯注】此處指曾任黎川實驗計畫總幹事的徐寶謙。
68. J C. Thomson, *While China Faced West,* Chapter8.
69.【譯注】第三黨原黨名為中國國民黨臨時行動委員會，後於1947年改黨名為中國農工民主黨，現仍為中共政協會議八大民主參政黨派中的一黨。
70. 當時反對當局的民主派人士有關情形，請參見Roger B. Jeans ed., *Roads Not Taken: the Struggle of Opposition Parties in Twentieth Century China*, Boulder, Westview Press,1992. 以及特別要參考Edmund S.K. Fung, 2000.
71.【譯注】書名為《告語人民》（*Tell the People: Talks with James Yen About the Mass Educational Movement*）
72. 陶行知讓我想起和他同一個時代的法國文學評論家Jean Guéhenno，他和陶行知同樣出身低下，而後靠著苦讀改變一生，但卻不若陶氏推已及人地設法改變其他人的命運。
73. 有關陶行知和曉莊師範的相關情形，參見Barry Keenan 1997, *The Dewey Experiment in China: Educational Reform and Political Power in the Early Republic*, Harvard University Council on East Asian Studies, chapter 4 ; Philip Kuhn 1986, “The Development of Local Government”, *CHOC*, vol. 13, p. 355-356 ; Hubert O. Brown 1987, “ American Progressivism in Chinese Education: The Case of Tao Xingzhi”, in Ruth Hayhoe and Marianne Bastid ed., *China’s Education and the Industrialized World : Studies in Cultural Transfer*, Armonk, N.Y., M.E. Sharpe p. 120-138; 特別要參考Yusheng Yao, “Rediscovering Tao Xingzhi as an Educational and Social Revolutionary”, *Twentieth Century China*, vol. 27 no. 2, April 2002, pp. 79-120.
74. 依據各種可能的推測，彭禹廷在河南推行的運動即遭到這種對待。彭禹廷在河南鎮平縣南區主持行政工作，並邀請與梁漱溟交好的幾位鄉村建設改革者共同工作，他們建立民團以滿足各種自衛需求（【譯注】彭提出

57. 晏陽初為耶魯大學博士，在美國被稱為James Y. C. Yen, 有時亦被稱為 Jimmy Yen。依黎安友所言(Andrew J. Nathan, A History of the China International Famine Relief Commission, pp. 23-24)，當時在中國華洋義賑救災總會工作的九名領導人或幹部中，就有八名曾留學美國，一人留學英國。
58. 後面我們將會看到這些人在一些事情上仍不能免於誤判，但相較於其他人，他們的思考還是比較清楚的。
59. 由於了解了更多的資料後，如今我認為當初對平民教育運動的評論確實有些偏頗，而對於影響層面較小的基督教相關活動則過於高估。
60. 有些評論確實是不盡公允，不僅是在一些他們所要面對的問題上，我輕率地認定那些僅是表象上的「症狀」。舉例而言，胡適也曾經有理由地將愚昧列入亟待打倒和消滅的「五大敵人」之中（其餘四個是貧窮、疾病、貪污、擾亂）。而實際上那些問題既是農村苦難的徵兆也是成因（這些苦難就是農民獲得完全解放所要克服的主要障礙），另外我更在無法避免的事情上過於責備這些自律的改革者。
61. 引述自當時曾任北京基督教學生運動書記的Agnès M. Moncrieff 信件內容（取自名為「北平學生及農村復興」手稿，收藏於紐約的 *Missionary Research Library*。
62. 對高利貸則是一個例外，為了對付高利貸，他們推動農業信用放貸，希望能使大部分農民有能力獲得貸款，經過逐步推動後，農業信貸成為他們最有利的武器。
63. J C. Thomson, *While China Faced West,* Chapter5.
64.【譯注】黎川實驗計畫為基督教和國民政府合作下在江西省黎川縣第四區實施的一個鄉村建設計畫，由江西基督教農村服務聯合會負責執行，原本不希望涉入政治，僅保持「合作的獨立」進行運作，希望「以社會工作精神，運用政治力量」，但最後仍必須與江西省省主席熊式輝合作，納入江西省統一的鄉村建設計畫，惟黎川第四區區長一職，獲同意由聯合會推薦的實驗區宗教組組長陳兆恩擔任
65. 參見Guy Alitto, *The Last Confucian*, p. 235. 有關政府當局與致力農村改革者的關係，在Alitto, p, 231-237, ; J C. Thomson, *While China Faced Wes*t 之外，另可參考Philip Kuhn, “The Development of Local Government”, *CHOC*, 13, pp. 353-359 及 Charles Hayford, pp. 47-154.

時的情況，但卻有相當重要的代表性。

48. 其中文全名為「中國華洋義賑救災總會」，經常以其英文縮寫CIFRC（China International Famine Relief commission）出現或被提及。參見 Andrew J. Nathan, *A History of the China International Famine Relief Commission*, Cambridge, Mass., Harvard University Press, 1965.
49.【譯注】該會全名為「中華平民教育促進會」。
50. Charles Hayford, *To the People: James Yen and Village China*, New York, Columbia University Press, 1990.
51.「建設」和「鄉村建設」所指涉的包括梁漱溟的理論（梁氏曾於1937年出版《鄉村建設理論》）及其他銳意鄉村改革者的所有相關作為。亦包括前所提及（頁123-127）各種有益於農業和農民的政府措施。這個詞的意涵和「重建」一個正在解體中的社會的企圖息息相關。Guy Alitto, *The Last of Confucian: Liang Shuming and the Chinese Dilemma of Modernity*, Berkeley, University of California Press, 1979.
52. Jun Xing, *Baptized in the Fire of Revolution: The America Social Gospel and the YMCA in China, 1919-1937*, Bethlehem, Pennsylvanie, 1996.
53. 除了存放在位於紐約 Missionary Research Library and Interchurch Center 的檔案之外，還有許多由學生或研究者寫的文章，在這些文章中，只有一篇對相關情形描述最為詳盡，也是我們參考最多的，即 J C. Thomson, *While China Faced West*.〔作者1987年補充〕書中對於之前所列注腳增補的部分均已經過篩選，足以代表由1967年至1987年這二十年間對於這些運動所做嚴謹研究的主要觀點。
54.【譯注】Victor Considérant，十九世紀法國社會學者，信奉空想社會主義傅立葉學派，但力主並親身投入實踐。
55.【譯注】聖西門是另一支空想社會主義的發起人，主張應由擅長企業經營者取得領導權，組織社會和從事生產，並以科技滿足人們的需求。
56. 其中有些人甚至清楚的預示，如果他們所推動的改革失敗的話，農村革命將無可避免，災禍亦接踵而至。因此各個農村服務的教會組織於1931年11月1日成立「華北基督教農村服務聯合會」，象徵性地統合其工作，僅早於江西蘇維埃政權成立前幾日。他們只能採取與共產黨相同的做法去推動農村工作，情勢已不容許他們有其他的選項，捨此則共黨運動將席捲農村地區，而他們也無法在農村推動傳教以保衛天主的國度。

慾、清教徒式要求及滅鼠運動（或是消滅蒼蠅）、紅衛兵的高道德要求等等之間，有一些延續的關連性。

39. 根據《大公報》的描述，農民不太在意整齊和清潔，但新生活運動對於他們原本就簡單樸素的生活方式倒也沒有太多著力的空間。《大公報》，1934年3月10日。（原作者1987年補充）自1967年以來有關新生活運動的研究，請參考Samuel C. Chu, "The New Life Movement before the Sino-Japanese Conflict: A Reflection of Kuomintang Limitations in Thought and Action", in Gilbert Chan ed., *China at the Crossroads,* pp. 37-68; Arif Drilik, " The Ideological Foundations of the New Life Movement: A Study in Counter-revolution", in *Journal of Asian Studies*, XXXIV-4(August 1975), pp. 945-980; Stephen C. Averill, " The New Life in Action: The Nationalist Government in South Jiangxi, 1934-37", in *The China Quarterly*, no. 88(December 1981), pp. 594-628.

40. 除此之外還揉雜了一些基督教思想（當時蔣氏已改信基督教）、日本及德國軍國主義的作法等成分。

41. 1935年間，蔣氏對四川省士紳演講有關農村衰落的原因及解決之道時表示，農村之所以衰落就是因為傳統道德不再受到重視，而解決方法就是將之恢復。

42. 發起「新生活運動」的那一年，剛好在主張「打倒孔家店」的五四運動之後整整十五年。

43. 引自蔣介石，《中國之命運》，第三章〈不平等條約影響之深刻化〉，第五節「不平等條約對心理的影響」。

44.【譯注】希特勒所寫的前半生自傳。

45.【譯注】簡稱工合運動，現「工合」（Gung ho）這個字已成為正式的英文字彙。

46.「工合運動」推動者的共同初衷並非要在中國推動工業革命，更何況當時的中國老百姓根本買不起工業製品。主要目的是重建經濟及社會秩序，另外還帶有一些政治意義，因為初期（1938年）建立的合作社組織都在西北部地區，而那時候主要工業設備所在的東部地區都已淪入侵華的日軍手中。

47. 我經常偏好引用有關鄉村和農業為例，除了主觀上的原因外（與我們所取得的第一手資料有關），還有我確信我所選擇的部分雖然不能完全解釋當

26.《新晚報》，1933年12月26日。
27.「美國外交檔案・外交電訊」（893 00 PR Tientsin/38, 1937/8/4, Atcheson）。
28.「美國外交檔案・外交電訊」（893 00 PR Chefoo/6, 1928/10/18, Webber)。
29. 當我們回頭審視當時的時代和處境，就不難理解蔣介石的心境。
30. 蔣氏的個人特質可說是集勇氣、自我要求、決斷力及機敏於一身，再加上他的傲慢、固執、冷酷和不擇手段。
31. 1928年間，江蘇、浙江和安徽的一部分都不在蔣介石的掌控下，這些地區的土地面積雖不及全國總面積的十分之一，但人口數幾占全國的五分之一。然而，直至戰前，這三個東部省分卻是蔣氏「王朝」的核心，而這個王朝隨後逐漸擴張，至1936年蔣氏統治或名義上統治（許多地區軍頭表面上仍奉蔣氏號令）的地區已達全部國境的四分之一，人口數亦達三分之二（Eastman, 1974, p. 272.）。
32. 或許有人會反駁蔣介石自始就是個保守分子，其轉變並非如此，但這句話主要指的是整個國民黨的演變，而非只是個人。
33. James E. Sheridan, *Chinese Warlord: The Career of Feng Yühsiang*, Stanford University Press, 1966, pp. 15, 240. 另同時參考該書第九章（特別是頁224-230），相關內容是分析馮玉祥加入蔣氏陣營及對抗武漢「左派政權」的利益考量。
34. William Wei, "Law and Order: The Role of Guomindang Security forces in the Suppression of the Communist bases during the Soviet Period", in Hartford and Goldstein 1989, pp. 34-61; William Wei, *Counterrevolution in China: the Nationalists in Jiangxi during the Soviet Period*, Ann Arbor, University of Michigan Press, 1985.
35. 該運動係於1934年2月在江西南昌發起，南昌當時為蔣介石發起對中共第五次圍剿的駐地。
36. 在此處我們借用 J. C. Thomson的觀點，他在 *While China Faced West* 一書第七章深入分析這項運動。
37.【譯注】應指「新生活促進總會」。新生活運動期間，依據蔣介石1934年在南昌發表的「新生活綱要」所附十條「新生活須知」中所提事項，另行訂定相關生活行為準則。
38. 這個運動有部分目的也在於消除這些污穢的角落。我也注意到這個運動中的要求與後來中華人民共和國成立後的一些運動中表現出的衛生、禁

17. 雖然國民政府在1947年潰退前決定要實行第三階段「民主憲政」：但由於發生了某些情況，所有嘗試終歸無法落實。【譯注】孫文在《建國大綱》中清楚明訂其建國方略為先「軍政」繼之「訓政」最後以達「憲政」，訓政為過渡期，目的在訓練人民具備政治知識能力，能獨立行使創制及複決權，使達成以縣為基本單位的地方自治，當一省所有縣都能完全自治，即開始實施憲政，選舉省國民大會，國民大會選舉省長；等全國有半數省分實行憲政，則召開國民大會，決定憲法而頒布之，如此以達到「還政於民」的目標。此處所指應為為1946年11月召開制憲國民大會，惟當時國共內戰已全面爆發，中共拒絕參與制憲及承認此部憲法，這部憲法於1947年實施，依據所頒布憲法舉行國大代表選舉，並在1948年召開第一屆國民大會。隨後中共取得政權，國民政府退往台灣。
18. Wakeman, 1995, pp. 257-259。【譯注】前者指上海申報總經理史量才，後者指中國民權保障同盟副主席兼總幹事楊杏佛。
19. 有關西安事變本身，參見頁158-159。
20. Julia Strauss, "The Evolution of Republican Government", *CQ*, No 150, June 1997, pp. 329-351; also Strauss 1998.
21. Eastman, 1974, p. 43. 有關國民政府執政時的中國有法西斯傾向的討論，可參考本書第二章；以及在《中國季刊》(*CQ*) 1979年第79及80期中Eastman及 Maria Hsia Chang 間的辯論；以及Kirby, 1984, Chapter6; Frederic Wakeman, "A Revisionist View of the Nanjing Decade: Confucian Fascism", *CQ*, No 150, June 1997, pp. 395-432 and *Spymaster : Dai Li and the Chinese Secret Service*, Berkeley, University of California Press, 2003.
22.【譯注】有關「力行社」、「藍衣社」等組織的存在、運作等，曾在相關研究者間有些爭論，其中力行社創社成員之一鄧文儀之子鄧元忠為反駁易勞逸（Lloyd E. Eastman）在《中國季刊》撰寫的〈國民黨中國的法西斯主義：藍衣社〉("Fascism in Kuomintang China: The Blue Shirts") 一文，先後訪談將近五十多位前力行社成員，並輔以許多史料，完成《國民黨核心組織真相——力行社、復興社暨所謂「藍衣社」的演變與成長》，台北：2000年，聯經出版公司。
23.「美國外交檔案・外交電訊」(893 00/12 485, 1933/9/5, Peck)。
24. 該法律對地租抽成比率有所限制，見前述，頁124。
25. 許多類似的例子在「美國外交檔案」(1931年) 中都可以找到。

Chekiang, 1927-1937" in F. Gilbert Chan, edited, *China at the Crossroads : Nationalists and Communists, 1927-1949*, Boulder, Colorado, Westview Press, 1980, pp. 69-89.

8. 畢業於美國新英格蘭一所學院的蔣夫人作風相當美式，她經常擔任最高統帥和美國間的溝通橋梁，也常在蔣氏接受講英語的記者和政治人物訪問時負責口譯。
9. 當前（1997年，本書法文第三版時）我們看待國民黨在對抗江西蘇區共黨時，和擊潰共軍之後所實施政策的對照，已經不再像我在1967年（本書初版）所認為的那麼 對了。參見William Wei, "Law and Order : The Role of Guomindang Security forces in the Suppression of the Communist Bases during the Soviet Period", in Hartford and Golstein, ed., *Single Sparks : China's Rural Revolution,* M. E. Sharpe, 1989, pp. 34-61.
10. 這個結論倒不是完全漠視當時政府高層對推動「農村復興」運動所做的各種努力，只是不認為這種努力能在這裡具有任何解釋力：不是因為努力不夠，也不是因為缺乏協調，但卻是因為他們刻意小心翼翼不去碰觸問題真正的核心。
11. Kirby, 2000, p. 145; David Pietz, *Engineering the State: the Huai River and Reconstruction in Nationlist China, 1927-1937*, New York, Routledge, 2002.
12. Weidner 1983, pp. 32-51; Bianco-Hua 2005, pp. 389-396; Mao Dun 1958, pp. 9-43。【譯注】作者此處所引為茅盾在描寫當時養蠶人家生活的短篇小說〈春蠶〉的情節，主人翁老通寶為養蠶取繭付出許多心血，但末了卻因局勢不穩，本地繭廠不收繭，以致必須另走水路將繭送往外地販售，結果所得在扣除運輸支出後，還不夠償還為養蠶所借的債務。
13.【譯注】中國於1910年正式採用銀本位，經數次變革，於1935年停用。
14. Coble, 1980, pp. 140-142; pp. 299-300.
15.《三民主義》，英譯本，譯者為F. W. Price 及 L. T. Chen, 1927年於上海出版。
16. 同前注。【譯注】注15及16為同一段話，出自《三民主義》民權主義第一講，原文全段為：「世界潮流的趨勢，好比長江、黃河的流水一樣，水流的方向或都有許多曲折，向北流或向南流的，但是流到最後一定是向東的，無論是怎麼樣都阻止不住的。所以世界的潮流，由神權流到君權，由君權流到民權；現在流到了民權，便沒有方法可以反抗。」

由傳統士紳擔任的「庇護中間人」（指擔任農村和國家機關間的溝通中介者）在國民政府時期逐步失去威望，漸漸由「專業中間人」取代，這些人以地方新貴的角色出現，但卻總想從其中獲利而成為寄生的掮客：Duara, 1988, Chapters 2, 6.

58. 在這種關係下，基於彼此間所建立的感情，地主為照顧佃農，常在歉收時減少地租，或是在發生饑荒時發糧賑饑。
59. 這些人更成為一種寄生現象。
60. 農民之所以會起而反抗，是因為地方駐軍對他們的諸般勒索太過分，或當年的收成才剛受到蝗害影響，就又決定要加徵新稅所引發。但是否基於稅賦或是地租的原因而引發協同一致的反抗行動，仍值得探討。參見《劍橋中國史》，1967年，第十三冊，頁270-305相關評論，同時亦請參考Bianco, 2001; Bianco, Hua, 2005。

第五章

1. 因為南京政府沒有足夠的時間作出回應，這不完全是它的錯，主要的錯誤也不在它。
2. 必要時，對於戰爭時期中的一些事件或是某些演變我們不會刻意避而不提。
3. 如全國經濟委員會、農村復興委員會、國家農業研究辦公室等等。
4. 特別在這個省分推行了許多最大膽的舉措。
5. 分別在相當不同的許多方面：使用人工肥料、輪耕輪作、防治病蟲害、篩選種籽等等。
6. 相關數據由Franklin Ho Lien所建立。引自James C. Thomson, *While China Faced West*, p. 123. 此書進一步說明，在各省的預算中，「農村建設」的相關費用占了相當大的比重（六分之一），這樣事情就更清楚了。
7. 這項法律的施行確實遇到很大的困難：特別是地主的阻撓，他們要求所有有關地租收取比率和租約的爭議，都應經過法院審理（佃農們卻無法聯合起來募集訴訟所需的經費）。更明確地說，主要是執政者不願意以強制手段要求頑抗的地主接受這部法令。（作者1987年補充）有關唯一曾經短暫實施本項法令而後失敗的浙江省情形，請參閱在本書參考書目中曾引用之Noel Ray Miner的論文手稿。本書的主要結論亦可見F. Gilbert Chan, “Agrarian Reform in Nationalist China : The case of Rent Reduction in

者原文中使用巴爾札克《人間喜劇》中〈驢皮記〉的典故，藉那張以持有人生命為代價的驢皮，在滿足持有者私欲後會不斷縮小，最終完全不見，持有人的生命也因之結束，比喻這種為謀私利而嚴重損害國家利益的行為。

47. 參見後文，第五章。

48. 1933年曾進行了一項對於數萬筆農民借貸年息的調查（無息的不算），結果如下：將近三分之二（百分之六十六點五）的借貸年息介於百分之二十至百分之四十之間，約四分之一弱（百分之二十四點一）超過百分之四十，少於十分之一（百分之九點四）介於百分之十至百分之二十之間，引自薛暮橋，《中國農村經濟常識》，上海，1937年，頁96。

49. 依據陳瀚笙，前引書，頁94至95。

50. 山東省西部在1935年夏季黃河水災和所引發的饑荒後，1936年借貸月利率達到百分之十。同時期，土地價格即便降至三分之一或四分之一，仍乏人問津。Lillian Li," Life and death in a Chinese famine : infanticide as a demographic consequence of the 1935 Yellow River flood", in *Comparative Studies in Society and History*, vol : 33, no. 1, 1991, p. 497.

51. 軍隊和土匪之間的界限很難釐清：同一批人有時候是軍隊，有時候是土匪，端視軍餉是否定時發給，定時給餉時就是軍隊，發餉不穩定時就變成土匪。

52.「美國外交檔案・外交電訊」(893-00 PR Foochow/68 1933/9/2)。

53. 何炳棣，前引書，頁206及208。

54. 華北案例參見Myers, 1970, p.243.

55.【譯注】此處指的是1938年間，國民政府為了阻止日軍西進，不惜人為造成黃河決堤，其中規模最大的一次為6月在河南鄭州附近花園口炸開南岸堤防，造成黃河決堤改道，固然成功遲滯日軍前進，但也造成上百萬人受災，事後甚遭質疑。

56.【譯注】指1618年至1648年間發生於歐洲的戰爭，原先僅為神聖羅馬帝國境內因宗教糾紛引發波西米亞反抗哈布斯王朝的內戰，後來各國基於利益算計紛紛介入，造成全歐陷於混戰。

57. 許多作者都曾分析過中國地方行政及準行政組織（指依附在正式行政機關周邊而沒有正式編制和薪資的組織或個人）的弊病，亦包括國民政府統治時期。在這些不同的著作中，杜贊奇（Prasenjit Durara）的論文提及，原

35. 可惜資料來源（陳翰笙前引書，表二，頁127）並未將貧農和雇農（相對較少數）加以區別，而這兩個階級所持有的家戶平均資產約為富農的十三分之一（前者為零點八七畝，後者為十一點三三畝）。我們在文中所常使用的「地區」，就是指縣而言。通常農民接觸的最高層級行政機關就是縣，縣的負責人則為縣長。
36. 特別是在南方：在我們曾經提過的廣東某縣案例中，六個富農中就有一個並未擁有任何土地，依據陳翰笙著作中轉引費孝通另一本著作資料：《鄉土中國》，1948年，頁77。
37. 雖然如此，但總體來說，如一般所認為的一樣，佃農的際遇要比這些小自耕農更可憐。
38. 最低的地租是在西北乾旱地區，對稻田收取的最高地租則是在西南地區（四川、貴州）和河北。
39.【譯注】早在明清時期，由於永佃制的演化，使田地分為「田面」和「田底」兩部分，擁有田底的是真正的地主，可向佃農收租金，但也有繳交土地稅的義務，而擁有田面的是有永佃權的佃農，要向地主繳地租，但田面權可以轉讓或抵押，地主不得干涉，稱之為「一田二主」。
40. 但這種情形並不是經常性和全面性的：像是碰到有些擁有「田面權」的佃農，地主就不能違反慣例惡意地不讓佃農耕作。
41. 有的時候（特別是對宗族持有的土地）還會有佃農在租約上「送點好處」給地主，只求分租到的土地不要太小。
42. 這些和其他一些例子都收錄在馮和法編，《中國農村經濟資料》，第一冊，上海，1933年，頁536以及第二冊（續篇），上海，1935年，頁109。
43. 三十年代初間浙江省各地，以各種名目「超收」的土地稅收就達到二點五倍。隣近江蘇省，超收數額隨地區而不同，從少於二倍到高於二十六倍的平均土地稅（1933年間）都有。同時期，仍然有三個省分（安徽、江西、福建），超收稅款未超過原收稅款的數目。【譯注】原作者說明，超收稅款又可稱為「附加稅」，通常是地方政府在正常規定稅收（亦稱之為「正稅」）之外以各種理由外加的稅費。
44. 超額稅收主要由縣負責統籌。
45. 萬國鼎、莊強華、吳永銘，《江蘇武進南通田賦調查報告》，南京，1934年，頁167。
46. 同時這種謀私行為也使稅賦收益逐步萎縮，對國家損害更大。【譯注】作

英文（gentry, landlords）翻譯而來：我們覺得僅以這些字詞中的任何一個都難以完整表達。如果以較貼切的法文用語表達的話，我們認為應該用「lettrés」，因為這個階級是由帝國時期的領導階級傳承而來，以往要能進入這個階級都要具有一定的學位：或者在成為地主之前當過官，或者因具大學學歷而晉身為官。但尤其在當代，我們不能只採取這種較狹隘的定義。再者，另一個純經濟性質的名詞「地主」也不能貼切的表達出這個「鄉村顯貴」所具有對幾乎所有事物都有影響力的威望。【譯注】也是基於同樣的理由，譯者以「鄉村顯貴」做為原法文les notables ruraux的譯詞，而非漢學研究或中國研究中所用的「士紳」、「鄉紳」等，另文中所使用「豪門」、「世家」等詞，其意亦同。

28. 在中國，這個階級不見得依恃特別的個人關係，也未必因為特別的出身而自然歸屬於某一特定群體，更沒有——這個部分是文人最憎惡的——職業軍人特有的性格和作風（但這並不妨礙一些軍頭或「強人」也晉身成為菁英）：參考Edward A. McCord, " Local Military Power and Elite Formation…", in Esherick and Rankin ed., *Chinese Local Elites and Patterns of Dominance*, Stanford University Press, 1999, pp. 162-188.
29. 雖然較一般人所想像的要有限，但土地投資的獲利仍然很有吸引力：依地區和評估的不同，資本報酬約為百分之五至百分之十一。
30. 在這些行業中有時他們還是會受到富農的競爭：毛澤東的父親就是小康農民，也曾經作過米糧販售商。
31. 有一大部分小地主不事生產（依據社會學家費孝通的研究，雲南農村的比例就達百分之三十）：在經濟無法獲得實際擴張的情形下，基於致富動機而努力工作的結果，不過是搶了別人的謀生機會罷了。Fei Hsiao T'ung, Chang Chih-I（張子毅）, *Earthbound China: A Study of Rural Economy in Yunnan*, Chicago, University of Chicago Press, 1945, p. 84。
32. 這個比例是指常住人口而言，大部分雇農是流動人口而非村莊居民，還包括村民因為同情而給予臨時性工作或靠施捨過活的殘疾、弱勢者，像是流動小販、雜耍藝人、說書的、算命的、被開革的軍人和盜匪等等。
33. 像是費孝通和張子毅於1945年的著作頁60中就曾引述過一句玩笑話：「無論如何，老王，不是說你賺個十年就能討到老婆的。」
34. Chen Han-seng (陳翰笙), *Landlord and Peasant China*, New York, International Publisher, 1936, p. 8.

補充，而其存糧也常用於發賑或在糧食供應青黃不接、漲價時以低價販售，這些舉措在在出顯示當時的清帝國對待貧苦消費者和原住民的政策比歐洲君主制國家積極進取得多（Will, Wong and Lee, 1991）。另外，一些自發性或組織性的人口遷移（從長江中游遷往上游，或由這兩個地區遷往西南部，接著由北部往東北遷移）使整個中國次大陸居民密度增加（Lee and Wang, 1999, pp.117-118）。

19. 木材的缺乏是因為先前大量砍伐森林所致（這也是因為要開墾新的耕地所造成的；這種做法隨後也製造了新的禍害，因為森林一旦遭到砍伐，水災的危害就會更加嚴重）。煤也同樣匱乏，雖然地表下的煤蘊藏豐富，而大家也毫不懷疑它的礦藏，但知道歸知道，卻只有零星開採，而且質量甚差。
20. 這種節約和勞動只帶來悲劇性的結果。在所有中國農民所患的職業病中，最致命的幾種就是農民在施肥過程中因為赤腳接觸人類排泄物造成的。
21. Bell, 1999, p.157 ; Bianco-Hua, 2005, p.229.
22. 參見Robert Gardella, *Harvesting Mountains: Fujian and China Tea Trade, 1757-1937*, Berkeley, University of California Press, 1994. 所提到的茶葉的例子。
23. 往往僅在一至二公頃之間。例如廣東省某個地區於1933年作了一次仔細的調查。住在當地的地主（未居住在當地的地主人數較少，也都擁有較多的土地），平均持有十六點七畝地，最多不過一公頃多（一畝約等於六至七公畝）。
24. 孫逸仙曾說過一句玩笑話，在那段話中，他表示中國人只有兩種階級，一種是窮人，一種是不太窮的人。
25. Hinton, *Fanshen,* 1971, Chapter15.【譯注】本書作者中文名為韓丁，書中內容為描述山西張莊土改紀實，後來被譯為十多種語言出版，中譯本《翻身》於1980年由北京出版社出版。
26. 1930年初在富裕省分江蘇，北部低度發展地區的地租，如同一般認知的都較低，而發展程度較高如江南，地租卻也不會太高，較富裕的家庭不再投資在土地上，改而投資於非農業的較現代產業領域。Robert Ash, *Land Tenure in Pre-Revolutionary China: Kiangsu Province in the 1920s and 1930s*, London Contemporary China Institute, 1976, pp.11, 13, 18, 20.
27. 這個詞不是從任何一般表示類似階級的中文字詞（如士紳，地主）或是

12. 所引資料來自 Archives of Methodist Episcopal（Church Inter-church Center, New York）Letters of G. and E. Perkins, 1931.2.25, 1931.8.22.
13. 這所醫院在九江，位於長江南岸。
14. 所描寫的情況發生在浙江省東北部。
15. 引自《大公報》1934年7月14日刊登的一篇文章。
16. 在後文我們將會看到，其實中國現代社會和封建社會是完全不同的。
17. Heijdra, 1998, p. 438對1650年的中國人口提出了三個推導估算值，他認為最低的估算（二億零四百萬人）不太可能，而我們則認為最高的估算值（三億五千三百萬人）可以排除，剩下折衷的估算值（二億六千八百萬人）較可以接受，取整數約為二億六千萬人左右。另可參見Mote,1999, p.744。這兩者所提出的估算較之本書早期版本中所引用何炳棣1959年著作中所提出而為大多數人引用的資料來得可靠。這些估算值本身彼此間就有相當大的出入，至於和何炳棣提出的數值的分歧就更不在話下。這些分歧是有關明、清間人口史的部分，而不是對於現代我們所憂慮的情況。不論中國人口的驚人成長是經歷最近的三個世紀（何炳棣版）或是六個世紀（Heijdra and Mote）所形成的，所造成的結果卻都無庸置疑：按照革命發生前的慣用語，就是「人多田少」。
18. 中國在二十世紀的衰敗（而衰敗的過程早於前一世紀就已開始）是由於一連串特殊事件所造成的結果。依據何炳棣堪稱經典的著作所指出，在近千年內大部分的時間裡，中國糧食生產與消費的情況較之歐洲要好得多。一連串的進步（有時還真算得上是農業革命）使耕地面積或產量增加好幾倍，如此一來也使得同步增加的人口可以吃飽。這些發展包括推廣各種可以提早收成的稻米品種，是早在宋朝（960年至1279年）就已經開始。其他發展就較為接近現代：中國北方的穀類作物（小麥、大麥、小米、高粱）由於宋朝皇帝的促成而傳至南方，於後來的幾個世紀中生產達於鼎盛，隨後來自美洲的糧食作物（玉米、甘薯和馬鈴薯）也引進中國並種植成功。這些原生與外來的農作物能在不適宜種植稻米的土地（過於乾燥且疏鬆）順利生長，使得食物供應和需求得以維持平衡：以致於十八世紀時的華中地區山地耕作規模和人口數量同時增加（何炳棣，*Studies on the Population of China*,1368-1953，第八章）。此外，應該再加上清朝早期（十八世紀前半葉）有關政治秩序上的一些因素，像是安定、良好的行政體系、預防饑荒的措施及賑災的效率（Will, 1980）。公倉持續地獲得

第四章

1. 相關內容引自 Jean Chesneaux, *Le Mouvement ouvrier chinois de 1919 à 1927*, Paris, Mouton, p. 139. 同時請參考 Perry, *Shanghai on Strike*, Stanford University Press, 1993, p. 139中關於一間菸草工廠的描述，和有關一個菸葉作坊的女工們在早晨用手工分揀菸葉等更詳細的描寫。
2. 但在天津某些傳統行業中，工時仍然長達十五到十六個小時。Kenneth Lieberthal, *Revolution and Tradition in Tientsin, 1949-1952*, Stanford University Press, 1980, p. 13.
3. 政府以政令限制天津港進口總值最高不得超過全國進口總值的百分之七點八（相較於第二次世界大戰前，天津平均進口數達到全國的百分之十八至二十）。這個政策主要是針對華北可能在短期就會被中共占領的情況所做的經濟上不平等對待。參見A. Doak Barnett, *China on the Eve of Communist takeover*, pp. 57-58. 關於天津工人在革命前夕的情況，請見李侃如所製圖表，Kenneth Lieberthal, *Revolution and Tradition in Tientsin, 1949-1952*, Chpater2. 有關於天津工人缺乏鬥志的情形，請參見前引書，頁18。
4. 於1948年1月，五十四家肥皂廠中就有二十一家歇業，另外還有三十六家精煉食油廠關門。
5. 這些工人不只為數不多，更沒有工人運動的經驗，且受到順服的傳統和地域觀念的影響，反而偏向原本農民出身的觀念，不夠團結，也未能形成對自己工人身分的認知。有關這些特質和工會被黑幫滲透的情況（在各工會中，主要描述上海），參見Roux; Honig; Hershatter 和Perry的著作，臚列於所附參考書目。
6. 這一段是受到 M-C. Bergèr, *L'Âge d'or de la bougeoisie chinoise,* Paris, Flammarion,1986所啟發。
7. 其他的則是士紳—地主階層，還有是商人資產階級。
8. 但特別的是，一般而言影響較大的是學工程的。就像許多落後國家一樣，也是基於同樣的理由，在國外留學過的人，多從事於政治和教職。
9. 參見頁170及195。
10. 這一段引自一本傑出作品：Gramam Peck, *Two Kinds of Time.* 詳見本書附錄書目。
11. 〈祝福〉，我個人認為這篇小說是魯迅最好的一篇。

好的研究課題。

70. 同注42，頁191。史華慈的觀點曾被 Karl Wittfogel 在《中國季刊》1960年第一、二及四期中撰文質疑。而另一個相反的見解，則可見 John E. Rue, *Mao Tse-tung in opposition, 1927-1935*, Stanford University Press, 1966, pp. 286-287.
71. 在此之前我們提到過，毛澤東發表過《湖南農民運動報告》，那當然是個例外。因為毛澤東當時所處的狀況和托洛斯基全然不同（托洛斯基在鬥爭需要時也一樣會保持沈默），他設法掩飾自己此時作法裡蘊含的新思維，避免引起上層導領的注意，如此也就更不需要在乎他們的看法。除了環境不同，基本特質不同外，毛澤東（這裡指的是在1930年身為實踐者的毛澤東，而非1966年至1967年間已被神化為先知的他）和托洛斯基一樣，完全不想替自己所創造的歷史做出什麼詮釋。
72. 所引文句法文翻譯參見 Stuart Schram, *Mao Tse-tung*, Paris, Armand Colin, 1963 , p. 134.
73. 作者在這頁中對毛澤東的描述，用在賀龍的身上則更為貼切。賀龍原是土匪出身，1930年前後他擔任湘鄂西（在湖南省和湖北省西方交界處）蘇區部隊指揮時，都還是個半文盲。
74. 這裡所說的是指1927年至1949年，因為本書只是處理中國革命的起源。至於晚年毛澤東（1957年至1976年）的評價就不會是這麼正面，不過我在另一本書 *La Chine,* Flammarion 1994,pp.91-98中提及過。
75. 至於一些其他的特例或不符合馬克思學說之處，只不過是一些1917年在俄國發生的第一次社會主義革命中可以觀察到狀況的延伸：例如革命爆發於「落後」國家，並在列強環伺中遭受挫敗；社會菁英角色的膨脹，排擠了階級角色的成形，這也是當初馬克思和恩格斯最擔心的一點；以及政黨意識和階級意識間認知不明等等。但說是「延伸」又無法完全表達出一些情況：在某些中國所發生的「特例」中，在俄國革命裡發明出來的一些做法，在中國被發揮到匪夷所思的極致。從這來看，就不能只用意外來解釋。
76. 列寧不曾質疑正統馬克思學說中關於農民階級的觀點，也未能看出革命分子無法利用農民不滿情緒的原因。

民階級角色不同評價部分的馬克思主義中國化理論之發展過程。

61.【譯注】1965年9月3日，林彪發表〈人民革命戰爭萬歲〉一文，認為亞非拉國家是世界農村，歐美是世界城市，對於世界革命也應該是「以農村包圍城市」，協助亞非拉國家人民革命奪權應該是社會主義國家的義務。

62. 他們附和毛的說法，畢竟毛慣於煽動抗爭和挑起大規模農民戰爭，「在世界歷史上無人出其右」，並且是「中國歷史進程真正的推動力量」，參見 Stuart Schram,"Mao Tse-tung thought to 1949" , *CHOC*, v.13, p. 851.

63. 參見 James P. Harrison, *The Communists and Chinese Peasant Rebellions : A Study in the Rewriting of Chinese History*, New York, Atheneum, 1969. 再一次顯示民族的因素和社會的因素彼此相互糾結影響。農民階級不僅僅顯示其為農民而已，最重要的是，他們是中國的農民階級，農民起義在中國幾成一個特殊的傳統。當這些歷史學者忽視馬克思主義中視農民為無物的氛圍時，他們同樣也忽視了馬克思主義的另一項重點：國際主義。

64. 這裡我們回到以這一章中所提到的歷史素材（由共產黨領導的農民抗爭）來作討論，而非以意識型態觀點對這個革命成就作研究。所提到的一些部分也僅是試著清楚描述的中國歷史學者的立場，從歷史事實的角度而言，前述這個以教條為觀點的立場，和研究帝國時期中國農民叛亂所得的結論相去甚遠。

65.【譯注】俄文，指1861年俄皇亞歷山大二世發起解放農奴後，貴族乘機侵占土地，農民處境更加不堪，當時就有知識分子將舊有俄國農村公社的生活理想化，認為可以結合農民繞過資本主義，直接進入社會主義，但農民獨力不足以完成革命，需要知識分子加以啟發，即主張知識分子「到人民中去」鼓動農民推翻沙皇，即為民粹主義運動，該運動於1873年至1874年達到高潮，但卻無法為農民接受，最終歸於失敗。

66. 戰時陪都。

67. 轉引自 Herbert Feis, *The China Tangle,* Princeton University Press, 1953, p. 140.

68. *Chinese Communism and the Rise of Mao*, p. 202.

69. 作者在寫作本段內容當時，除了毛澤東以外，對在中共農村活動有重要影響的人物認識甚少。江西以外其他蘇區以及其後的抗日農村根據地，在當時也較少人研究。而其中尤以Gregor Benton在1999年所做的研究堪稱代表。而且，在毛澤東和其他人之外，我還認為在都會區遭受白色恐怖時曾作為共產黨人庇護所的農村，後來所發生的人口外流會是一個很

48. 這個稱呼的原起自黨內反對者對他們的謔稱，「布爾什維克」意指這批人只會死抱書本，態度強硬。隨後在歷史中由於這批人均是「留蘇派」，在共產國際顧問米夫（Pavel Mif）的支持下，一度掌控中共黨機器，為清楚描繪這批人的團體屬性，這個稱呼遂被保留下來。
49. 由於Hu Chi-hsi的研究（*L'Armée Rouge et l'Ascension de Mao,* p. 54-74 et *passim*），如今（此項注釋係原作者於1987年第二版時補充，故「如今」所指為1987年）我們更能釐清毛澤東在1932年8月寧都會議時被解除軍權的情形。
50.【譯注】即川陝蘇區。
51.【譯注】四川懋功。
52. 參見Benjamin Yang, "The Zunyi Conference as One Step in Mao's Rise to Power : A Survey of Historical Studies of the Chinese Communist Party", in *The China Quarterly*, no. 106, June 1986, pp. 235-271.
53. 例如1967年實際負責外交工作的陳毅，或是林彪。兩人都有過井崗山蘇維埃經驗，並接受朱德的領導，陳毅為政治指導員，林彪則是朱德所領導的五路縱隊（約九百人）其中一路的司令員。（原著1987年第二版補充）陳毅死於林彪事件發生後數月，即1972年1月。
54. 參見第六章。
55. 另外，如果自1949年開始持續進行的是所謂的「馬克思主義中國化」，在權力競逐策略中的考量下，連一點點的創新都無法達到。
56. Kostas Papaioannou, "La prolétarisation des paysans", *Le Contrat social*, vol. VII, no.2 , mars-avril 1963, p. 90.
57. Marx, La lutte des classes en France... dans le passage célèbre sur l'« insurrection des paysans » 10 décembre 1848.
58. 至2007年，尼泊爾的農民游擊隊仍自稱為毛派分子。
59. 在這裡僅舉幾個例子，例如毛曾說過：「在革命進程中農民是主要的力量」(1927年5月31日)；亦曾表示革命「未脫離農民鬥爭力量轉變後，進而大過工人力量這個簡單的事實」(1929年4月5日)。
60. 在中共第七次全國代表大會上的報告，原書資料引自 H. Carrère d'Encausse et Stuart Schram, *Le Marxisme et l'Asie, 1853-1964*, pp. 362-363. 所謂的「馬克主義民族化」自然包括有關馬克思主義適應農民社會的許多看法。但清楚的說，這篇報告的內容顯示出其所完成——或企圖完成——包括對農

正式開始後數月內被釋放，死於1942年。

38. 參與起事者占領南昌後很快就被迫棄守。後來打算占領廣東，並於九月底取得汕頭，但在一週內即於汕頭附近遭圍剿。朱德所率殘部在歷經數度軍事挫敗後，於1928年春抵達井崗山。而後1927年8月1日在中共被視為紅軍創建之日。
39. 參與鎮壓的軍隊為了節省彈藥，將所捕獲叛亂分子十幾人一綑裝船後，沉之於廣東珠江之中。
40. 張太雷在起事時被殺身亡，時年二十九歲。（以下為作者於1997年第三版時補充如）：最近有研究指出，對於廣州起事的發動，張太雷要負一部分責任。參見Arif Dirlik, "Narrating Revolution: The Guangzhou Uprising (11-13 December 1927) in Workers' Perspective", *Modern China*, vol. 23, no. 4, October 1997, pp. 363-397.
41. 隨著陳獨秀在1927年遭指責為「右傾機會主義」，李立三被認為要為左傾路線錯誤負責，並被召往莫斯科作自我檢討。在日本侵華期間，李立三均留在蘇聯，直至1946年才返回東北，曾於1949年至1953年間擔任勞動部長，但始終未能擁有實際的權力，並於1967年時遭紅衛兵迫害至死。
42. Benjamin Schwartz, *Chinese Communism and the Rise of Mao*, Cambridge Mass.: Harvard University Press, 1951. 史華慈詳細研究中共內部各個派系的鬥爭情形後指出，朱德和毛澤東這一支當時在黨內雖然是少數而且孤立，卻是「掌握實際權力的一派」。
43.【譯注】中華蘇維埃共和國成立於1931年11月江西瑞金，隨後選出臨時中央政府中央執行委員會，由毛澤東擔任主席。
44.【譯注】在1933年以前，中共黨中央仍祕密潛伏在上海工作，當時上海由國民黨政府掌握，中共對於在國民黨掌握祕密工作的地區稱為「白區」，當時黨的中央組織仍在白區，中央蘇區則設置「中央局」。
45. 參見Charles B. McLane, *Soviet Policy and the Chinese Communists, 1931-1946,* New York, Columbia University Press, 1958, pp. 29-34.
46. 贛江為江西省最主要河川，其上、中游部分流經中央蘇區中心，部分與其相接。
47. 實際上毛澤東曾任紅一方面軍政委職，紅一方面軍是中央蘇區組建的軍隊，規模為各地紅軍之冠。無論如何，周恩來自1933年開始，即承接紅一方面軍政委的一切職權。

農、兵委員會」的規模，和蘇聯在1905年及1917年成立的委員會根本無法相比。

29. 從蘇區中心井崗山向江西西南逐漸擴散。

30. 如此一來也有利於採取嚴密的經濟封鎖。

31.【譯注】1933年11月，國民政府第十九路軍由將領蔣光鼐、蔡廷鍇、陳銘樞、李濟深率領反蔣，並於福建成立「中華共和國人民革命政府」，是為「閩變」。

32.【譯注】《遠征記》描述西元前401年，波斯國王大流士二世死後，其幼子西流士為了和其兄爭奪王位，召募了一批希臘傭兵，號稱「萬人軍團」，但在科納薩一役中西流士不幸戰死，這批傭兵頓時群龍無首，只得返回家園，但歸途中歷經道路艱辛，險阻重重，抵達時僅存五千人。作者Xénophon亦為軍團成員，並曾在軍團指揮遭設計殺害後出面負責領導。

33. 另外還有三十五個女性。其中朱德的妻子在途中除了自已的槍枝外，還背負一名傷員；毛澤東的妻子於長征途中，在重傷的情況下（約有二十多片彈片打進她的身體）仍生下一個小孩，他們夫婦將這個孩子交給在路上才認識的農家撫養，並再也沒去探視過。

34. 實際上在長征中存活下來的人數遠高於這個數目：在戰鬥中的損失還不如逃跑的多，尤其在長征初期（在江西召募的農民無法忍受離家鄉太遠的作戰）。另外，朱德部有一部分人跟著反對毛澤東的另一名中共領導張國燾遠赴西康。但是，在跟著毛澤東抵達陝西的七千至八千多人中，也包括一些從華中其他紅軍部隊陸續前來加入長征的人員。

35.【譯注】本書法文初版為1967年發行，故此處語氣使用「現在」。

36. 隨後的概要敘述是要將這段時期發生的情形架構出完整的圖象，但如果按中共組織發展逐年描述的話，會占用許多時間。這裡僅以各蘇區根據地為主要研究對象，並概略說明中共領導變化和黨中央鬥爭的情形（這些鬥爭在中共內部 不少見）。這和研究二十世紀初俄羅斯各政治力量的歷史學者較側重俄國社會民主工黨中的布爾什維克派的活動，而易忽略立憲民主黨、社會革命黨，甚至是孟什維克派的活動等，是同樣的道理。

37. 陳獨秀於1927年7月被罷黜中共總書記一職，陳雖然承認他確有錯誤，但對共產國際遠在莫斯科遙控決策，卻要他一人承擔責任不能苟同。由於與中共意見相左，1929年遭開除黨籍，隨後成為中國托派組織領導者，直至1932年被捕為止。被捕後，陳被判十五年徒刑，卻在對日抗戰

提供世界各地共產主義者發表和交換意見之用。

17. van de Ven, 1991, Chapter5.
18. 在一些杳無人煙，各省官員都不願承認是自己治理範圍的省際交界地區，卻成為造反勢力蘊釀動亂的溫床：如太平天國時代，捻匪就偏好在邊區活動。而在中國之外的其他地方，反叛活動出現的地區也具備類似的原因：霍布斯邦（Hobsbawm，在法文版的《歐洲現代抗爭的原型》*Les Primitifs de la révolte dans l'Europe moderne*，p. 82）曾舉例表示，像是歐洲十九世紀發生的拉薩雷提教派運動（【譯注】義大利人拉薩雷提 Davide Lazzaretti 自稱為先知，創設一個共產生活的宗教社區，奉他個人為「聖者」。此教派未獲教廷承認。）就是在落後的Monte Amiata山區中發生，該地位於義大利的托斯卡尼、翁布里亞和拉丁姆交界處。
19.【譯注】馬克思主義研究會。
20.【譯注】沈定一在加入西山會議派前數月就已被共產黨開除黨籍。
21. 有關沈定一，參見 Schoppa, 1995。有關彭湃，參見 Galbiati, 1985。另彭湃回憶錄曾被 Donald Holoch 於1973年譯為英文，這篇回憶錄原名為〈海豐農民運動〉，收錄於《第一次國內革命戰爭時期的農民運動》，北京，人民出版社，1953年。
22.【譯注】當時農民運動講習所係位於廣州軍政府農民部轄下，1926年5月時的所長為毛澤東，而農民運動亦以打倒軍閥為要務，故主要配合支援北伐軍行動。
23. 該報告題為《湖南農民運動考察報告》。
24. 有關這點另可參考 Roy Hofheinz, T*he Broken Wave : The Chinese Communist Peasent Movement, 1922-1928,* Chapter2, Harvard University Press, 1977; "The Autumn Harvest Insurrection", in *The China Quarterly*, no. 32 , oct.-dec. 1967, pp. 37-87.
25. 此軍官即日後成為中共元帥的彭德懷，於大躍進期間曾批評毛澤東。
26. 在部分農民的想像中，朱毛被認為是能為農民做好事的強大人物。而實際上這個形象卻是兩個人的合成，軍事上是朱德，政治上是毛澤東。
27. 一般像這種情況，第一個成功的例子往往能持續較久。
28. 至1930年7月，其兵力總數有六萬五千人，都是由蘇區農民中徵集而來。中共文獻中經常出現的「蘇維埃的」、「蘇維埃」等名詞，只不過是他們對歷史遺緒的表達而已。實際上在其占領區中所組織的各個「工、

現階段共產組織及蘇維埃制度不能引用於中國，而中國最迫切的問題在於國家的統一與獨立：這個立場和國民黨不謀而合。

6. 1925年發生的「五卅事件」概略情形如下：5月15日，在上海外國租界的日本紡織廠發生日本管理人員槍殺一名華工的事件；上海勞工在5月30日發起示威，卻遭英國警察槍殺十餘人，緊接著掀起一波反帝國主義罷工、罷市行動，騷亂很快就擴散到整個中國。這次事件是從工廠開始延燒，因此工人階級在整個運動初期扮演著重要的角色，5月30日當天受傷和遭到殺害的群眾中，也以工人占大部分。
7. 如果將1911年的辛亥革命看作是第一次革命的話，或者應該說這回是第二次革命。其實，從1949年中共取得政權的關聯性來看，1925年至1927年的各種行動就可以算是第一次革命。
8. 全稱為「中國社會主義青年團」，為「中國共產主義青年團」前身。1920年由陳獨秀於上海成立，曾於1921年5月解散，再於1922年後逐步恢復活動，8月成立全國性組織，1957年改名為中國共產主義青年團迄今，簡稱「共青團」。
9. 【譯注】即指北伐開始。
10. 列寧於1920年共產國際第二次大會中所表示。
11. 【譯注】即由李之龍任代理局長的海軍局，其時李為共產黨員，兼任中山艦艦長，此處所提即為著名的「中山艦事件」。護法戰爭失敗後，孫文於1923年在廣州建立海陸軍大元帥大本營，並設立黃埔軍校。孫於1925年3月病逝後，中國國民黨籌組成立國民政府，並設軍事委員會。中山艦事件發生時，蔣介石正擔任軍事委員會委員及黃埔軍校校長，中山艦亦為廣州國民政府海軍部轄下。
12. 當時廣州即為革命武力根據地。
13. 【譯注】包括原蘇俄軍事總顧問季山嘉在內的十幾名顧問被遣返，其餘大部分蘇俄軍事顧問得以留下。
14. 武漢位於長江中游湖北省境內。蔣介石當時在江西首府南昌。
15. 托洛斯基無法容忍國共合作的決定，他表示國共合作就像是和魔鬼簽下契約：「認為魔鬼可以改邪歸正…並且不用他的爪牙去對付工人和農民，還乖乖的從事慈善工作，這本身就是件荒謬的事。」
16. Harold R. Isaacs, *La Tragédie de la Révolution chinoise, 1925-1927*, Gallimard, 1967, p. 134.【譯注】該月刊為共產國際在蘇俄革命成功後創刊發行，主要

對傳統，因為當時科舉早已廢除，學生們都能在「現代學堂」裡受教育，並未經歷像他們師長那一輩曾遇過的磨難。但同樣的，他們對西方文化較能作出適當的選擇再加以吸收，而不僅止於模仿。Vera Schwarcz, *The Chinese Enlightenment*, p. 119.

61.【譯注】本書第一版完稿於1967年，故作者是以當時的情況作為對照。

62.【譯注】依原作者提供資料，十九世紀時俄羅斯曾發生過一次爭論，主要是西化主義者強調俄羅斯應以西方文化為尊，而斯拉夫傳統支持者則堅持要以傳統價值和經驗振興文化和俄羅斯民族。後來史達林曾以「東方之光」表示應堅信民族自身和文化價值。

63. 另請參考後文138-139。

64.【譯注】1955年在印尼萬隆舉行的亞非合作會議，參加者為亞非兩洲新完成民族獨立的國家，會議主旨是爭取協助並加速爭取民族獨立的國家、合作維護民族獨立，中共當時由周恩來代表參加。

65. 本書法文第二版於1987年刊行，那時我不再強調現代性的建構必須以推翻原本傳統的延續性作為代價，也不再用十九世紀華夏中心主義做為對現代民族主義極端的對照。2006年時，我在最後一頁增加了一些認為應該要說的話，可能毫無意義，但我並未改變想法：所謂的歷史學家始終是現代人，觀點可能隨著時間而有所不同，但也因此而能和所研究的事物保持一定的距離。

第三章

1.【譯注】這十三名代表分別為李漢俊、李達、劉仁靜、張國燾、毛澤東、何叔衡、陳潭秋、董必武、王燼美、鄧恩銘、陳公博、周佛海、包惠僧。

2.【譯注】前者為周佛海，曾任南京汪政府行政院副院長，兼任財政部部長，南京政府解散後被補入獄，1948年死於獄中；後者為陳公博，曾任南京汪政府立法院長，後出任行政院長，1946年被國民黨槍決。

3. 參照前述第二章注37。

4. 蘇聯願意提供武器、金錢以及鬥爭方法的訓練：更派遣數名蘇俄顧問，其中包括鮑羅廷於1923年9月到廣東，協助將國民黨組織改造成為布爾什維克政黨。

5. 越飛（Joffe）：為托洛斯基的朋友及信徒。於1927年11月7日托派示威遭反對力量鎮壓後數日自殺身亡（11月16日）。宣言內容表示，蘇聯同意

員七名為魯迅、沈端先、馮乃超、錢杏村、田漢、鄭伯奇、洪靈菲，另候補常委二名為周全平、蔣光慈。

52. 瞿秋白是歷史上值得一提的人物。瞿秋白在1933年底放棄了左聯書記的職位後，轉而擔任中國蘇維埃共和國（第三章將提及）的「教育部長」。長征開拔後被留在江西，遭國民黨逮捕並處決，這個共產黨重要領導者並未否認或試圖減輕他的責任。瞿秋白在獄中所寫的自傳，顯示出他其實應該是個浪漫的藝術家和理想主義者，但只是因為「組織」的需要而一腳蹚進這淌渾水裡。瞿秋白死時年僅三十六歲，槍決前還邊寫並唱著俄文的〈國際歌〉。T. A. Hsia, "Ch'u Ch'iu-pai's Autobiographical Writings", in *The China Quarterly*, no. 25(1966), p. 176-212. 另參見 Paul Pickowicz, *Marxist Literacy Thought in China : The Influence of Ch'u Ch'iu-pai*, Berkeley : University of California Press, 1981. 以及 Yves Chevrier 在 Bianco 及 Chevrier 合編的 *Dictionnaire biographique*（完整書名見後附書目）中文章，頁533-544。瞿秋白自傳《多餘的話》已於2005年由Alain Roux 和 Wang Xiaoling 譯為法文，並由 Paris-Louvain的 Edition Peeters 出版。

53. 用最終來形容，一方面是因為這場論爭要說服所有人都同意魯迅的觀點，幾近不可能，另一方面由於魯迅在三個月後即辭世，對他而言確實是最後一戰。

54. 以小說家為例，幾乎最有名的大部分都是左派小說家，如巴金、老舍、茅盾、吳組緗、張天翼等。只有沈從文例外，他既不偏左也不偏右，完全不碰政治，但年輕時的沈從文也和其他人一樣偏左。

55. Kiang Wen-han, "Secularization of Christian Colleges", in *China Recorder*, may 1937. 引自 J. –C. Thomsom, *While China Faced West : American Reformers in Nationalist China, 1928-1937*, Cambridge, Harvard University Press, 1969, pp. 232-233.

56. 宋朝（十二世紀）時的新儒學哲學家。

57. 在第四章和第六章中將會深入討論這兩個問題。

58. 在這層意義上，1924年至1927年間國民黨與蘇聯和共產黨合作（參見頁37, 69-70）所表現的是一個代表「現代」勢力的聯盟對抗代表舊中國的軍閥，當時許多軍閥都刻意地言必稱孔孟。

59. 另請參考第六章。

60. 在五四運動的年代，那一世代的學生已經不像他們的師長那麼狂熱地反

39.【譯注】德國唯心主義哲學家，認為人是自然和精神的交會體，必須終其一生以超越非精神層面，追尋精神生活為職志。

40. Charlotte Furth, *Ting Wen-chiang : Science and China's New Culture*, Cambridge, Mass.: Harvard University Press, 1970, p. 219; Edmuud S. K. Fung, *In Search of Chinese Democracy : Civil Opposition in Nationalist China, 1929-1949*, Cambridge University Press, 2000, pp. 106-108.

41. 但這些參與論戰者並未承認這種分類法，即便在他們之中許多人對傳統抱持相當的批判態度，但多少都認為應予維護。至於使用傳統與現代做為分類，是我自已簡略的用法，主要是參考法國文學和文化史中曾用的類似用法，以便法文讀者較易理解。

42. Furth, *Ting Wen-chiang*, p. 105.

43. Tze-ki Hon, "Ethnic and Cultural Pluralism : Gu Jie-gang's Vision of a New China in His Studies of Ancient History", in *Modern China*, vol . 22, no. 3, july 1996, pp. 315-339.

44. 例如由於傅斯年（生於1896年，歿於1950年）考古發掘的努力，發現並確認了中國最早朝代首都的位置；其他學科也一樣成果輝煌，像是位於天津的南開大學經濟學研究所就曾完成大量的調查和研究，並且協助陶尼（R. H. Tawney）撰寫經典著作 *Land and Labour in China*（1932）。

45. 相當數量從事學術研究者是在美國的大學，或是在基督教士於中國設立的學院或大學中完成學術訓練。另外，許多學者受聘於由美國開辦或財力支援的研究機構，像是中央研究院、北京國家圖書館、國家農業研究所和南開經濟研究所等。

46. 這些辯論涉及人權問題，參見 Fung, *In Search of Chinese Democracy*, Chapter2.

47.【譯注】此處應指張東蓀；《唯物辯證法論戰》一書由張君勱作序，張君勱就是在1923年以一篇有關於人生觀的講稿挑起科學與玄學論戰的主要人物。

48. Xiaorong Han, 2005, Chapter4.

49. 有關瞿秋白部分，請參見頁62和注釋52。

50. Merle Goldman, "Left-wing criticism of the pai hua movement", in Schwartz ed. *Reflections*, pp. 86-87. ; Leo Ou-fan Lee, *CHOC*, vol. 13, p. 437-438.

51.【譯注】1930年3月左聯成立後，以常務委員會為決策機構，選出常務委

著自已的方式推動革命而不盲目依從共產黨的指示，而死後卻都成為他人極力吹捧的目標。

25. 這些學者也繼承明末清初的一些大思想家的批判精神，這些思想家在當時就已對新儒家的一些思想條教提出質疑。
26. 這個說法並不帶有任何價值判斷，而僅是突顯這個總結舊有價值的五四運動中所含有的建設性意含，而這個意含以往僅是藉由一些事物進行模仿和摸索。
27. 當然是指相對於法治而言。
28. 作著原文係轉引自周策縱前引書，頁59。【譯注】譯文部分已引陳獨秀〈對「德先生」與「賽先生」罪案的答辯〉原文，刊於《新青年》第六期，1919年1月。
29. 這些譯作擴大了他們作品中的西方影響，同時也擴大了語文中的西方影響（大量使用西化語彙）。
30. 指在西方國家或日本大學完成學業的學生，參考前述頁43-44。
31. 甚至有一份專門討論羅素思想的月刊在1921年1月創刊。
32. 陳獨秀對法國第三共和印像的理想化程度，比伏爾泰想像中的中國還要完美。
33. 同注17。
34. 但這兩者有時會互相扞格，畢竟對這些五四革命分子而言，無論他們想要推翻權威的熱情如何強烈，也不至於——即便他們願意，但也不能——以愛國之名推動去中國化。
35. 這種政治影響向全國各地蔓延尤具意義，因為對當時占地廣垠的中國而言，地方意識之根深柢固，較同時期的歐洲尤有過之。
36. 緊接著學生罷課和工人罷工之後，商人也加入罷市。資產階級加入五四運動的行列，使得原本僅為工會和地方性的活動開始有了政治影響。M. C. Bergère, *L'âge d'or de la bourgeoisie chnoise*, 1911-1937, Paris, Flammarion, 1986, p. 218.
37. 事實上中國共產黨在隔年才成立，但此時陳獨秀已在共產國際派遣專人的協助下展開工作。【譯注】這位專人是Gregory Voitinsky，中文譯名為維經斯基或吳廷康。
38.【譯注】法國哲學家，主張創造進化論，認為宇宙的本質是不停進行創造活動的「生命衝動」（élan vital）。

主義。該雜誌於1832年後即不復存在。

17. 另請參考周策縱前引書，頁49-50。
18. 首批被聘用的教師之一即為陳獨秀，任文學院院長（為北大當時僅有的四個學院之一），其他還有胡適：教授中國哲學史；李大釗：中國首批馬克思主義信徒之一（在1918年2月被提名為北大圖書館主任時尚未成為馬克思信徒，但不久後就是了）。李大釗隨後對當時擔任北大圖書館員的毛澤東有很大的影響。
19. 當時陳獨秀以其三十八歲的北大文學院院長身分，成為年紀最長的青年思想導師之一。
20. 紅衛兵在1966年8月曾將「破舊立新」四個大字寫在北京各處的牆面上，用以對付五四以來的右傾路線。
21. 作者原文轉引自周策縱前引書，頁45-46。【譯注】譯文部分已引陳獨秀〈敬告青年〉原文，刊於《新青年》創刊號，1915年9月。
22. 達爾文主義，更確切的說是史賓塞（Herbert Spencer）的社會達爾文主義，在五四運動前後是最受中國知識分子信奉的十九世紀歐洲思想。但當時在尚未聽聞社會達爾文主義前，中國知識分子對中國應如何奮鬥求生的問題早已憂心忡忡，所以這種情況並不特別令人訝異。James Reeve Pusey, *China and Charles Darwin*, Harvard University Press, 1983.
23. 為了極力頌揚青年的衝勁而反對人必須經過長時間的淬鍊才能趨於成熟的說法，這種說法就像孔子曾經說過的「吾十有五而志於學，三十而立，四十而不惑，五十而知天命，六十而耳順，七十而從心所欲，不踰矩」（《論語》，為政第二）。
24. 即〈狂人日記〉，如果說這篇文章的名稱和形式是借用果戈理（【譯注】Nicolai Gogol，俄羅斯作家，生於1809年，歿於1852年，擅寫嘲諷小說，亦曾寫過「狂人日記」）的同名作品，但最常被拿來與魯迅比較的卻是高爾基（【譯注】Maxim Gorki，俄羅斯作家，生於1868年，歿於1936年，作品多描寫沙皇統治下社會的黑暗面，參與政治活動甚積極），魯迅自傳式的寫作方式和現實主義觀點，不以浪漫主義及形容詞彙的堆砌見長等，確實都較近似於高爾基。魯迅的小說、短文和論戰性文章等，都充滿嘲諷並隱含細緻的敏銳度。這兩個同年辭世的作家有許多相似之處，像是都曾經在作品中對社會底層民眾和文盲的生活深懷同情，揭露舊社會的醜陋面；兩個人也都是時而單打獨鬥，時而隨群而行，但都依

那種存在於矛盾當中的豐富性讓他們甚感挫敗，小說家韓素音在其自傳體小說《傷殘的樹》中就曾提到她父親曾經惶惑不安地自問：「西方文明的基礎究竟在哪？我怎麼老是弄不明白？」

4. 【譯注】此處指康氏所著《大同書》。
5. Charlotte Furth, “Intellectual Change from the Reform Movement to the May Fourth Movement, 1895-1920”, in *CHOC*, vol. 12, p. 328.
6. 【譯注】1912年2月，由劉師復、莫紀彭、林直勉、鄭彼岸等成立於杭州白雲寺。
7. 十二條規約內容如下：不食肉、不吸煙、不飲酒、不用僕役、不坐轎及人力車、不婚姻、不稱族姓、不入政黨、不當官吏、不當議員、不當海陸軍、不奉宗教。
8. 有關五四運動的基本資料，以及作者書中有關五四運動的主要參考，都來自於 Chow Tsetsung（周策縱）, *The May Fourth Movement : Intellectual Revolution in Modern China*, Mass., Harvard University Press, 1960.
9. 另請參考頁55及注釋40有關五四運動在1919年春夏之交擴大社會基礎以及結合民族主義表現的部分。
10. 我在此簡單說明一下：語言改革是文學革命的重心，並未涉及五四運動的其他方面，請參考隨後所述。
11. 這兩點應該可以說明其精神，也就是「用一個已經沒有生命的語言寫作，無法寫出具有生命的作品」。
12. 當時《新青年》雜誌就有法文的副標題: *La Jeunesse*。
13. 不久後中共即在史達林的指示下將陳獨秀驅逐出黨，隨後其觀念即受到托洛斯基（參見第三章）的影響。
14. 【譯注】Alexander Herzen，十九世紀俄國親西方思想家、革命家，他反對沙皇專制，長期流亡海外，被譽為「俄羅斯社會主義之父」。
15. 在這一點上我先前有些混淆，陳獨秀應該不是對孫逸仙的民族主義反感，而是對他的反滿種族主義反感；也可能是因為對孫所領導的革命團體中，在其家鄉安徽的領導人不滿所影響。請參考 Yves Nalet的博士論文，*Chen Duxiu, 1879-1915 : Formation d'un intellectuel révolutionnaire*, Paris, Ecole des Hautes Etudes en Sciences Sociales, 1984, pp. 234-235.
16. 【譯注】經原作者提供資料，該雜誌為1824年至1830年間在法國刊行，積極對抗文化經典主義、理性主義和政治保守主義，並同時擁護文學浪漫

入軍閥政治的泥淖中，他與原先合作的當地軍閥陳炯明決裂，最後遭其驅逐。

76. 孫逸仙逝世於1925年3月。
77. 這句話原文為 L'interrègne nationaliste，出自 O. E. Clubb, *Twentieth Century China*, New York, Columbia University Press, 1964. 而這裡（作者於文中經常使用）的 "Nationaliste" 僅指「國民黨」而言。
78. 一般可認為北伐於1927年春收復長江流域後即算完成，雖然北方到次年（1928年）才正式歸附，但1927年時就已大局底定。
79. 不是由孫逸仙指名繼承，而是事實繼承：當時蔣憑藉其所握有的軍權，從其他的競爭者（胡漢民、汪精衛）中勝出。
80. 作者將於第五章中較有系統地分析這位國民黨專制統治者的歷史角色。
81.【譯注】指汪於1940年在日本羽翼下成立南京「中華民國」國民政府，並自任代主席及行政院長。
82. 對日本人的蔑稱。
83. 參見第七章。

第二章

1. 余英時並不同意做這樣的類比，參見Yu Ying-shih,"Neither Renaissance nor Enlightment: A Historian's Reflections on the May Fourth Movement, in Dolezelova-Velingerova, Kral, edited, *The Appropriation of Cultural Capital,* Harverd University Press, 2001, pp.299-326. 作者認為，為了方便說明和理解，仍應強調五四運動中的聖像破壞主義、批判精神、顛覆信仰和既成觀念等，與西方十八世紀啟蒙運動期間哲學思想的雷同處。
2. 「中國以最少一個世紀的時間學習並精進西方的技術方法……但這總只是被當成運用的工具，並未被當成是統治國家或安定世界所需要的基礎或是道路。而自有人類以來就已存在而至今未變的孔孟之道才是人類真正應循的道路」（引自De Bary et al. edit., *Sources of Chinese Tradition*, New York, Columbia University Press, 1960, vol. 1, p. 718）同樣的信念來自於一個改革者（一位中國現代報刊的創辦人）相似的說法，以及在先前曾經提過的張之洞「中體西用」主張。
3. 我們可以想像，當大部分中國文人在二十世紀初發現西方也存在另一種精神文明，一種他們從宗教信仰到先進物質技術都必須學習的文明時，

64.【譯注】1912年8月25日，同盟會聯合統一共和黨、國民公黨、國民共進會和共和實進會，改組為國民黨。
65.【譯注】列寧於1919年成立第三國際，即共產國際，並提出二十一項加入條件，中共於1922年第二次代表大會時通過申請加入。
66. Ernest P. Young, *The Presidency of Yuan Shih-K'ai : Liberalism and Dictatorship in Early Republican China*, Ann Arbor, University of Michigan Press, 1977, pp. 249-250.
67. Edward A. McCord, *The Power of the Gun : The Emergency of Modern Chinese Warlordism,* Chapter6, Berkeley, University of California Press, 1993.
【譯注】應指袁世凱長子袁克定。
68.【譯注】指曹錕於1923年以重金賄賂國會議員，當選中華民國第三任大總統，當時另有孫逸仙於廣州成立的中華民國護法軍政府，並自任為非常大總統。
69. 然而中央政府仍握有相當的利益：基於中央政府的官方代表性，它可以運用各國政府同意借用的貸款和關稅收入（當時關稅收入由外國掌握，先償還外債，剩餘部分再交還中國政府運用）。
70. Edward A. McCord, *The Power of the Gun : The Emergency of Modern Chinese Warlordism.*
71. 無獨有偶，另一名盤踞湖南（1918年至1920年）的軍閥張敬堯的劣行可參 見Lary, MacKinnon, 2001; Edward A McCord, "Burn, Kill, Rap, and Rob : Military Atrocity, Warlordism, and Anti-Warlordism in republican China", in *Scars of War: The Impact of Warfare on Modern China*, No.4, 2001.
72.【譯注】此處指自五卅慘案後，青年知識分子、國民黨和中共合力推動的工人運動，主要在廣東、武漢及上海發動一連串罷工，國民革命軍亦在此時推動北伐，兩者原相呼應，致軍閥腹背受敵，但隨著北伐軍逐步取得城市控制權及工人運動時的手段趨向暴力後，終使國民黨於1927年4月展開清共及鎮壓。
73. 此處僅作扼要描述，但在這三十年中（1917年至1949年）所發生的事件，將在下一章詳述。
74. 相關過程參見第二章。
75. 當1912年至1913年的革命成果遭僭奪後，又發生了諸多挫折（尤其是西方國家持續堅拒資助）和打擊：孫逸仙在廣東成立革命基地，但不久即陷

基於民族主義使然，各地亦開始推動收回路權運動，四川經奏准成立收回路權團體，著手自力修建粵漢、川漢鐵路，未料清廷卻與四國銀行團借款並出賣修築權，故引發大規模抗議。

50.【譯注】四川總督趙爾豐下令開槍鎮壓一場請願活動，造成三十餘人死亡，稱為「成都血案」。

51. Bianco-Hua, 2005, pp.105, 107-108, 234-235, 370-382.; Prazniak, 1999. and Esherick, 1976, Chapter4.

52.【譯注】南京大學教授，曾著有《中國祕密社會》等著作，該書於1989年由浙江人民出版社出版。

53.【譯注】法國研究法國大革命泰斗，生於1874年，歿於1959年，曾任巴黎大學索邦學院教授。

54.【譯注】即指1788年至1789年春，謠傳貴族將僱請盜匪破壞農田未成熟的作物並燒燬已收成的作物，使貴族囤積的糧食得以高價賣出，藉以從中牟利，這段謠言引起農民恐慌及不滿，隨後各地陸續發生騷亂事件。

55. 1906年江西萍鄉的礦工就加入鄰省由一個農民組織的祕密會黨策劃的反抗事件。

56. Bergère, 1986, p. 49. 有關城市新興社會群體部分，參考前引書，pp. 45-48.

57. 最近的歷史著作（Rhoads, 2000）確認革命分子當時的說法確有其事：清朝對漢人的隔離政策和壓制直至二十世紀初仍然存在。無論如何，在革命分子眼中，滿清最醜陋的就是一方面力貶漢人為奴，同時卻受帝國列強的役使而無力反抗。

58. 對於和西方國家接觸較少的祕密會社而言，他們所持的反滿情緒大於反帝國主義。但對和外國人常有接觸往來的人而言，面對帝國列強卻有一種矛盾的情緒：一方面深感受辱而敵視，另方面卻暗懷仰慕及.豔羨。

59. 參見本書第二章和第六章。

60. 請參照Zarrow, 2008. 頁29中簡明扼要的評述。

61. 直隸總督同時總掌北方門戶，這也是「北洋」其名來源，北洋軍在袁死後的民國尤其廣為人知。

62. 參見頁25，孫在倫敦向列強陳請資助未成。

63. 這種對照和比較只是為了讓人易於了解，當然就字面上的嚴格意義而言，孫逸仙 非空想社會主義者，但這種方式的確能讓西方讀者迅速了解孫逸仙的某些我認為較重要的性格。

義和「社會主義」(【譯注】原本應為「民生主義」，作者使用「社會主義」一詞應是為了凸出該論點中與社會主義思想的關聯)，而此「社會主義」取法自Henry George之處，較來自馬克思之處為多。【譯注】Henry George為社會主義經濟學家，主要關切土地分配不公及土地改革。

38. 其中「華興會」特別值得關注，黃興於1903年在湖南創立此會，合併成立同盟會後，黃興成為孫逸仙的得力助手，並在1911年革命起事中扮演重要角色。【譯注】當時在日本有好幾個組織團體，大部分以同 地域劃分，其中有湖南人黃興和宋教仁的「華興會」、浙江人陶成章和章炳麟的「光復會」、廣東人孫逸仙和胡漢民、汪精衛成立的「興中會」。
39.【譯注】即梁啟超的《新民叢報》。
40.【譯注】即黑龍會的內田良平。
41. 事實上，這次起事是由兩個團體共同策劃，其中一個的確和同盟會有鬆散的淵源，另一個則一點關係也沒有。【譯注】策劃辛亥革命的為共進會和文學社，共進會原於日本東京時由同盟會中不同意孫逸仙主張者另成立之組織，與同盟會仍有合作，文學社則為新軍中革命分子所成立之組織。
42. 在台灣則以1912年為紀年元年（如西元2009年稱為「民國98年」）。
43.【譯注】原文此處列舉法國大革命前非民選最高法院成員D'Eprémesnil 和Montsabert為例作為對照，這兩人為貴族出身，在法國大革命前對法國皇權抨擊最力，但大革命後其立場卻迅速轉變為反革命。以之對照清朝在成立諮議局後各省代表抨擊清廷的情況，或甚至在十六省齊聚北京要求召開國會的代表中，也有不少這類人物。
44.【譯注】此處指榮縣在保路運動中宣布獨立。
45. 實際上當時還只在計畫階段而已，這條鐵路在四川境內的路段直到中華人民共和國成立後才建造完成。
46. 保路運動風潮不僅限於四川一省，湖北、湖南和廣東等地亦有響應。
47. 參照運動中部分鼓動者提出「川人治川」的口號。
48. 韓素音所著的《傷殘的樹》曾提到這場運動的複雜性和重要性。亦可參考同著作其他部分，描述歐洲鐵路公司如何對待和支付中國工程師酬勞。Han Suyin, *L'arbre blessé*, pp. 233-276.
49. 1911年5月，清廷和前一年成立的四國銀行團（英、美、法、德）簽訂一紙借款合約。【譯注】庚子拳亂後，列強競相爭奪中國鐵路修築權，同時

國出兵費用以及事件中之損失，共計白銀四億五千萬兩，分為三十九年攤還，年息四釐，共計九億八千二百二十三萬八千一百五十兩。

30. 也就是說這個教育制度取法西方蠻夷之處較中國傳統之處為多（參見頁29）。

31.【譯注】此處所舉之新機構是指各省建立的諮議局。各省諮議局成立後，反而開始聯合要求清廷儘速召開國會。

32. Douglas R. Reynold, *China 1898-1912: The Xinzheng Revolution and Japan*, Cambridge, Mass., Council of East Asian Studies, 1993.「新政」指的是在1901年至1911年間清朝官方所推行的所有改革措施。

33. 年輕的蔣介石曾經在北京附近的保定通國陸軍速成學堂學習，後來赴日研讀軍事。同時，在中國另一角的雲南省，一位四川籍的年輕人也準備要開始他的軍事生涯，就是後來的紅軍指揮官朱德。

34. 慈禧於1908年死後，取得政治權力的幾位親王既無權威亦無才略，招致漢人以民族主義式的「外人謀篡」攻擊他們。直到1911年4月，以其五歲之子溥儀（生於1906年，歿於1967年，而後成為滿洲國的傀儡皇帝）為名實行統治的攝政王載灃，最終同意成立由四位漢人部長及八位滿人部長組成的內閣。

35. 汪精衛早年曾以刺殺攝政王載灃的行動被視為英雄（雖然也有可能是其他原因，汪在受審時態度倨傲，並未被處死），然而隨著以後的發展，他卻被視為漢奸，詳見後述。

36. 孫逸仙出生於中國當時對外最為開放的地區——西江三角洲（【譯注】即珠江三角洲，西江於廣東與東江、北江匯合後即稱為珠江，西江為中國南方最大河川，靠近澳門及南海），使他早年就接觸到西方世界及海外華人社區。十四歲赴夏威夷讀書，學習英、數等學科，十九歲到香港學醫。1895年第一次在廣東起事失敗，多位革命黨人遭處決，他幸而身免，然而次年卻在倫敦遭清廷使館綁架，幸而他向某英國報紙求救，經該報披露後引發群眾關注始得脫身，也使他於三十歲即成為世界知名的政治通緝犯之一。在他旅行宣傳中國革命期間，仍然不斷為革命尋求資助和理論。有關孫逸仙，參見 Marie-Claire Bergère, *Sun Yat-sen*, Paris, Fayard 1994. 在這本相當於傳記的著作中，作者對台灣將孫逸仙過於神聖化的記述和西方漢學界近來一些負面的評論都作出中肯的批判。

37. 即1905年在日本東京第一次公開提出的「三民主義」：民族主義、民權主

「學會」的雛型，之後更在各省廣為開設，傳播變法思維。

22. 或是因康有為在光緒同意下所醞釀一起反慈禧的圖謀敗露後所引發的反制行動。參見Young-tsu Wong（汪榮祖）, “Revisionism Reconsidered: Kang Youwei and Reform Movement of 1848” , in *JAS*, vol. 51, no.3, August 1992, pp. 513-544, 特別是pp. 533-538。
23. 可參見Luke S. K. Kwong, *A Mosaic of the Hundred Days,* Cambridge, Harvard University Press,1984. 其中對百日維新的詮釋，降低了康有為以及光緒與慈禧間的對立在此事件中的作用。但這種觀點卻被汪榮祖在” Revisionism Reconsidered: Kang Youwei and Reform Movement of 1848”中大加反駁。無論如何，康有為對當時複雜的政治情況掌握不清，有可能是因為過度自信和傲慢，也或許這根本不是一個毫無任何政治背景的四十來歲單純知識分子所能承擔的任務。另可參見Rebecca Karl, Peter Zarrow, edited, *Rethinking the 1898 Reform Period : Political and Cultural Change in Late Qing China*, Harvard University Asia Center, 2002. 此書正確指出，1898年的維新變法雖然失敗，但是在政治和文化方面卻產生深遠的影響。
24. 事實上，義和團早在百日維新之前就公開活動，1899年至1900年間發展到最高峰。這次事件到了1901年9月才透過外交交涉獲得解決。
25. 所謂眾所周知，是因為西方國家在華公民所蒙受的損失和所受的危害，故以西方觀點視之。
26. 一本極佳的拳民研究著作之作者曾稱之為「以基督之名的帝國主義」（Imperialism, for Christ’s sake」；參見 J. Esherick, *The Origins of the Boxer Uprising*, Chapter3, University of California Press, 1987. .
27. 相反的，山西巡撫毓賢卻縱容鼓動拳民，招安成團，甚至在1900年7月將四十四名傳教士和家屬誘至太原殺害。事件發生後，為了尋求與列強和解，慈禧被迫下令處死毓賢（1901年2月）及少數高層官員。參見Esherick, 1987, pp. 190-191.
28. 保羅・柯文曾著書分析這些不同的詮釋；參見 Paul Cohen, *History in Three Keys: The Boxers as Event, Experience and Myth*, N.Y., Colombia University Press, 1997.
29.【譯注】義和團事件又稱庚子事件，事後由李鴻章出面向各國交涉，清朝雖以光緒名義下詔對各國開戰，但李在談判中堅稱那是在拳匪脅迫下的「矯詔」，實則中國亦為受害者，並與各國簽訂《辛丑合約》，同意賠償各

Bianco-Domes, edt. 1989, p.27.

10. 所謂十八省之說，是指清朝內地省分；與其相對的是西藏、蒙古，以及滿洲里等少數民族地區，滿洲里即爾後的新疆。
11.【譯注】洪秀全創教之初稱之為「拜上帝會」。
12. Robert P. Weller, *Resistance, Chars and Control in China: Taiping Rebels, Taiwanese Ghosts and Tiananmen*, Seattle, University of Washington Press, 1994.
13.【譯注】基督教篤信在第一個千禧年結束前，會發生基督與撒旦的交戰，也就是最終審判，結束後將會出現平安繁盛、由彌賽亞統治的世界。
14. 1872年，中國派出第一批留學生前往美國的大學讀書，隨行還有幾位專門教授儒學課程的教師，這一百二十位身著長袍的中國留學生在美九年，直至一位官員（【譯注】留美學生監督吳嘉善，字子丹，於1976年接替原監督陳蘭彬）驚覺這批學生已逐漸被西方同化，並以無人能再協助這批學生準備回國後要參加的科舉考試為由，於1881年召回這批留學生。
15. 十九世紀末期剛開始發展現代企業的步伐極為謹慎，主要是由一些改革大員維護推動的「官督商辦」模式，但這種半官半民的特色同樣成為其限制，由於官、商都從這些企業的資本中定期拿走盈餘以滿足所需，而不是將之再投資，造成資本嚴重不足。
16. 參考Samuel C. Chu and Kwang-ching Liu, Armonk, edited, *Li Hung-chang and China's early Modernization*, New York, M.E. Sharp, 1994.
17. 不只受到反對者掣肘，李鴻章身受慈禧太后迴護，當她在1880年底要動用李鴻章籌備經年原本要創辦北洋艦隊的款項來建造圓明園時，李鴻章亦未阻止。
18. 第二次指的是1931年和由1937年至1945年的侵華，更直接地刺激了中國革命的誕生。
19. S.C.M. Paine, *The Sino-Japanese War of 1894-1895: Perception, Power and Primacy*, Cambridge University Press, 2003.
20. 有關這點，因為1898年的百日維新是和1897年至1898年的「列強瓜分」同時發生，我在此處的敘述確實略嫌簡化了。
21. 1895年，康有為聯合當年參加科考舉人共一千二百名知識分子，連署上書反對簽訂《馬關條約》，並提出遷都內地、與日再戰及推動變法等主張。隨後康即在北京成立「強學會」，專研變法圖強之道，亦成為爾後

註釋

第一部　中國革命的起源

第一章

1. 【譯注】英法聯軍之役，或稱第二次鴉片戰爭。
2. 【譯注】即後來的新疆地區。
3. 【譯注】1826年發生的張格爾之亂於1828年平定，清廷與西域小國浩罕於1832年議和，雙方於1835年在北京簽訂和約。有西方研究者認為，當時的和約內容即為日後不平等條約的原型，然而中國的中亞史研究者不同意這種看法，甚至認為雙方僅有議和卻未簽訂和約。參考潘志平《浩罕國與西域政治》(新疆人民出版社，2006年)。
4. 參考弗萊徹(Joseph Fletcher)《劍橋中國史》，第十冊，第二、七、八章，相關內容後來摘錄收入費正清(John Fairbank) *The Great Chinese Revolution*, *New,* York, Harper and Row, 1986, pp.84-93.
5. David Bello, "Opium in Xinjiang and Beyond", in Timothy Brook, Bob Tadashi Wakabaqyashi ed., *Opium Regimes: China, Britain, and Japan, 1839-1952,* Berkeley, University of Califonia Press, 2000, pp.127-151.
6. 有關高水平均衡陷阱(High level equilibrium trap)，可參考伊懋可的文章，收錄於 W.E. Willmott edt., *Economic Organization in Chinese Society*, Stanford University Press, 1972, pp.137-172, 以及伊懋可在1973年出版的著作。
7. 關於清代日益膨脹的地方胥吏體系，可參考Bradly W. Reed, *Talons and Teeth: County Clerks and Runners in the Qing Dynasty*, Stanford: Stanford University Press, 2000.
8. 【譯注】即嘉慶年間發生的和珅案。
9. Pierre-Etienne Will, "De l'ère des certitudes à la crise du système", in Bergère-

YANG, Dali L., 1996, *Calamity and Reform in China : State, Rural Society, and Institutional Change since the Great Leap Famine*, Stanford, Stanford University Press.

YEH, Wen-hsin, éd., 2000, *Becoming Chinese : Passages to Modernity and Beyond*, Berkeley, CA, University of California Press.

YOUNG, Ernest P., 1977, *The Presidency of Yuan Shih-k'ai : Liberalism and Dictatorship in Early Republican China*, Ann Arbor, University of Michigan Center for Chinese Studies.

ZARROW Peter, 2005, *China in War and Revolution 1895-1949*, Oxford & N.Y., Routledge, Meilleure introduction à l'ensemble de la période.

--, 1990, *Anarchism and Chinese Political Culture*, N. Y., Columbia University Press.

ZWEIG, David, 1989, *Agrarian Radicalism in China, 1968-1978*, Cambridge, Mass., Harvard University Press.

TAWNEY, Richard H., 1932, *Land and Labour in China*, Londres, Allen and Unwin.

TEIWES, Frederick C., et Warren SUN, éd., 1993, *The Politics of Agricultural Cooperativization in China : Mao, Den Zihui, and the《High Tide》of 1955,* Armonk, N.Y., M.E. Sharpe.

Teng Ssu-yü et John K. FAIRBANK, 1954, China's *Response to the West. A Documentary Survey 1839-1923*, Cambridge, mass, Harvard University Press.

THOMSON, James C. Jr., 1969, *While China faced West : American Reformers in Nationalist China, 1928-1937*, Cambridge, Mass, Harvard University Press.

TIEN, Hung-mao, 1972, *Government and Politics in Kuomintang China, 1927-1937*, Stanford, Stanford University Press.

VAN DE VEN, H., 1991 *From Friend to Comrade : The Founding of the Chinese Communist Party 1920-1927*, Berkeley, CA, University of California Press.

WAKEMAN, Frederic, 1995, *Policing Shanghai 1927-1937*, Berkeley, University of California Press.

--, et Carolyn GRANT, éd., 1975, *Conflict and control in Late Imperial China*, Berkeley, University of California Press.

WEIDNER, Terry, 1983,《Rural Economy and Local Government in Nationalist China : Chekiang Province, 192701937》, Ph. D.

WESTAD, Odd Arne, 2003, *Decisive Encounters. The Chinese Civil War, 1946-1950*, Stanford, CA, Stanford University Press.

WILL, Pierre-Étienne, 1980, *Bureaucratie et famine en Chine au XVIIIe siècle*, Paris, Mouton/EHESS.

--et R. Bin WONG, with James LEE, 1991, *Nourish the People, The State Civilian Granary System in China, 1650-1850*, Ann Arbor, University of Michigan.

WOU, Odoric Y. K., 1994, *Mobilizing the Masses : Building Revolution in Henan*, Stanford, Stanford University Press.

WRIGHT, Mary Clabaugh, éd., *China in Revolution : The First Phase 1900-1913*, New Haven : Yale University Press.

REYNOLDS, Douglas R., 1993, *China, 1898-1912 : The Xinzheng Revolution and Japan*, Cambridge, MA, Council of East Asian Studies.

ROUX, Alain, 1995, *Grèves et politique à Shanghai. Les désillusions(1927-1932)*, Paris, EHESS.

--,1993, *Le Shanghzai ouvrier des années trente, coolies, gangsters et syndicalistes*, Paris, Éditions de l'Harmattan.

SAICH, Tony, 1996, *The Rise to Power of the Chinese Communist Party*, Armonk, NY, M. E. Sharpe.

SCHOPPA, R. Keith, 1995, *Blood Road, The Mystery of Shen Dingyi in Revolutionary China*, Berkeley, University of California Press.

SCHRAM, Stuart, éd., *Mao's Road to Power : Revolutionary Writings, 1912-1949*, vol. 1(1992) à 7(2005), Armonk, NY, M.E. Sharpe. Les sept volumes parus couvrent les années 1912-1941 ; trois derniers volumes sont prévus, consacrés aux années 1942-1949.

--, Mao Tse-tung, 1974, Baltimore, Md., Penguin Books.

SCHWARCZ, Vera, 1986, *The Chinese Enlightenment : Intellectuals and the Legacy of the May Fourth Movement of 1919,* Berkeley, CA, University of California Press.

--, 1951, *Chinese Communism and the Rise of Mao*, Cambridge, MA, Harvard University Press.

--, éd., 1972, *Reflections on the May Fourth Movement. A Symposium*, Cambridge MA, Harvard University Press.

SELDEN, Mark, 1995, *China in Revolution : The Yenan Way Revisited*, Armonk, N.Y., M.E. Sharpe.

SHORT Philip, 2005, *Mao Tsé-toung*, Paris, Fayard.

STRAUSS, Julia, 1998, *Strong Institutions in Weak Politics : State-Building in Republican China, 1927-1940,* Oxford, Clarendon Press.

TAIBMAN William, 2003, *Khrushchev*. The Man and his Era, N.Y., WW Norton & Company.

Press, p. 69-89.

--, 1973,《Chekiang : The Nationalists' Effort in Agrarian Reform and Construction, 1927-1937》, Ph. D., Stanford University.

MODERN CHINA, trimestriel, Sage publications, Thousand Oaks, CA.

Myers, Ramon H., 1970, *The Chinese Peasant Economy : Agricultural Development in Hopei and Shantung, 1890-1949*, Cambridge, Mass, Harvard University Press.

PECK Graham, 1950, *Two Kinds of Time*, Boston, Houghton Mifflin.

P'ENG P'AI, 1973, *Seeds of Peasant Revolution, Report on the Haifeng Peasant Movement*, (traducteur Donald Holoch), Ithaca, Cornell University Press.

PEPPER, Suzanne, 1978 (seconde édition revise 1999), *Civil War in China. The Political Struggle, 1945-1949*, Berkeley, University of California Press.

PERRY, Elizabeth, 2002, *Challenging the Mandate of Heaven. Social Protest and State Power in China*, Armonk, New York, M.E. Sharpe.

--,1993, *Shanghai on Strike : The Politics of Chinese Labor*, Stanford, CA, Stanford University Press.

--,1980, *Rebels and Revolutionaries in North China 1845-1945*, Stanford, CA, Stanford University Press.

PERSPECTIVES CHINOISES, bimensuel, Hong Kong.

PRAZNIAK, Roxann, 1999, *Of Camel Kings and Other Things : Rural Rebel against Modernity in Late Imperial China*, Lanham, Maryland, Rowman & Littlefield.

RANKIN, M., 1986, *Elite Activism and Political Transformation in China : Zhejiang Province, 1865-1911*, Stanford, CA, Stanford University Press.

RAWSKI, T., 1989, *Economic Growth in Prewar China*. Berkeley, CA, University of California Press.

REED, Bradly, W., 2000, *Talons and Teeth : County Clarks and Runners in the Qing Dynasty*, Stanford, CA, Stanford University Press.

REPUBLICAN CHINA, vol. 18, n^0 1, nov. 1992,《New Perspectives on the Chinese Rural Economy, 1885-1935 : A Symposium》, p.23-176.

China, Vancouver, UBC Press.

Lee James Z. et Wang Feng, 1999, *One Quarter of Humanity, Malthusian Mythology and Chinese Realities,* Cambridge, MA, Harvard University Press.

LEE, Leo Ou-fan, 1999, *Shanghai Modern. The Flowering of a New Urban Culture in China, 1930-1945*, Cambridge, MA : Harvard University Press.

--,1973, *The Romantic Generation of Modern Chinese Writers*, Cambridge, MA, Harvard University Press.

LEFEBVRE, Georges, 1932, *La Grande Peur de 1789*(réédité en 1970 chez Armand Colin).

LEVINE, Steven J., 1987, *Anvil of Victory : The Communist Revolution in Manchuria, 1945-1948*, N.Y., Columbia University Press.

LI, Lillian, 1991,《Life and death in a Chinese Famine : Infanticide as a Demographic Consequence of the 1935 Yellow River Flood》, *Comparative Studies in Society and History,* vol. 33, n^0 1,p.466-510.

LIN, Yu-sheng, 1979, *The Crisis of Chinese Consciousness : Radical Antitraditionalism in May Fourth Era*, Madison, University of Wisconsin Press.

MCCORD, E., 1993, T*he Power of the Gun : the Emergence of Modern Chinese Warlordism*, Berkeley, CA, University of California Press.

MANN, Jones, Susan, éd., 1979, *Select Papers from the Center for Far Eastern Studies,* n^0 3, 1978-1979, Chicago: The University of Chicago.

MAO Dun, 1958, *Les Vers à soie du printemps*, Pékin, Éditions en langues étrangères (nouvelle originellement publiée en 1934).

MARTIN, Brian G., 1996, *The Shanghai Green Gang. Politics and Organized Crime, 1919-1937*, Berkeley et L.A., University of California Press.

MARX, Karl, 1948, Les Luttes de classe en France, 1848-1850, Paris, Èditions sociales.

MINER, Noël Ray, 1980,《Agrarian Reform in Nationalist China : the Case of Rent Reduction in Chekiang, 1927-1937》, in F. Gilbert CHAN éd., *China at the Cross-roads : Nationalist and Communists, 1927-1949*, Boulder, Colorado, Westview

JAS (abréviation de *The Journal of Asian Studies*), trimestriel, Ann Arbor, MI.

JOHNSON, Chalmers A, 1962, *Peasant Nationalism and Communist Power : the Emergence of Revolutionary China : 1937-1945*, Stanford, Stanford University Press(traduction Française : *Nationalisme paysan et pouvoir communiste*, Payot, 1969).

JORDAN, Donald, 2001, *China's Trial by Fire : the Shanghai War of 1932*, Ann Arbor, MI, University of Michigan Press.

--, 1991, *Chinese Boycotts Versus Japanese Bombs : the Failure of China's 《Revolutionary Diplomacy》, 1931-1932*, Ann Arber, MI, University of Michigan Press.

KATAOKA, Tetsuya, 1974, *Resistance and Revolution in China. The Communists and the Second United Front*, Berkeley, University of California Press.

KIRBY, William C., 2000, 《Engineering China: Birth of the Developmental State, 1928-1937》 in YEH, Wen-Hsin, éd., *Becoming Chinese. Passages to Modernity and Beyond*, Berkeley, University of California Press, p.137-160.

--, 1984, *Germany and Republican China*, Stanford, CA, Stanford University Press.

KOTKIN, Stephen, 1995, *Magnetic Mountain : Stalinism as a Civilization*, Berkeley, CA, University of California Press.

KUHN, Philip A., 1979, 《Local taxation and Finance in Republican China》, in Susan MANN Jones, éd., *Select Papers from the Center for Far Eastern Studies*, University of Chicago, n^{03}, p.100-136.

--, 1975, 《Local Self-Government under the Republic : Problems of Control, Autonomy, and Mobilization》, in WAKEMAN, Frederic J.R. et Carolyn GRANT, éd., *Conflict and control on Late Imperial China*, Berkeley, University of California Press, p.257-298.

--, 1970, *Rebellion and Its Enemies in Late Imperial China : Militarization and Social Structure, 1796-1864*, Cambridge, Mass., Harvard University Press.

LARY, Diana, 1985, *Warlord Soldiers : Chinese common soldiers, 1911-1937,* Cambridge, Cambridge University Press.

--et Stephen MACKINNON éd., 2001 *Scars of War. The Impact of Warfare on Modern*

HENRIOT, Christian, 1991, *Shanghai 1927-1937. Élites locales et modernization dans la Chine nationaliste*, Paris, Éeditions de l'EHESS.

HERSHATTER Gail, 1986, *The Workers of Tianjin, 1900-1949*, Stanford CA, Stanford University Press.

HINTON, William, 1971, *Fanshen. La révolution communiste dans un village chinois,* Paris, Plon.

HO, Pin-ti, 1959, *Studies on the Population of China, 1368-1959*, Cambridge, MA, Harvard University Press.

HOFHEINZ, Roy, 1977, *The Broken Wawe : The Chinese Communist Peasant Movement, 1922-1928*, Cambridge, Mass, Harvard University Press.

HONIG, Emily, 1986, *Sisters and Strangers. Women in the Shanghai Cotton Mills, 1919-1949*, Stanford, CA, Stanford University Press.

HSIUNG, J. et S. LEVINE, éd., 1992, *China's Bitter Victory : The War with Japan 1937-1945*, N.Y., M. E. Sharpe.

HU, Chi-his, 1982, *L'Armée Rouge et l'Asscension de Mao*, Paris, Éditions de l'EHESS.

HUANG, Philip C.C., 1990, *The Peasant Family and Rural Development in the Yangzi Delta, 1350-1988*, Stanford, Stanford University Press.

--, 1985, *The Peasant Economy and social Change in North China*, Stanford, Stanford University Press.

ICHIKO, Chuzo, 1980, 《Political and Institutional Reform, 1901-1911》, in *The Cambridge History of China*, vol. 11, édité par John K. Fairbank et Kwang-ching Liu, Cambridge, Cambridge University Press, p.375-415.

Institute of Pacific Relations, comp., 1939, *Agrarian China : Selected Source Materials from Chinese Authors*, Chicago, University of Chicago Press.

IRIYE, Akira, éd., 1980, *The Chinese and the Japanese : Essays in Political and Cultural Interactions*, Princeton, N.J., Princeton University Press.

Londres, Routledge & Kegan.

FITZGERALD, J., 1960, *Awakening China : Politics, Culture and Class in the Nationalist Revolution*, Stanford CA, Stanford University Press.

FUNG, Edmund S.K., 2000, *In Search of Chinese Democracy. Civil Opposition in Nationalist China, 1929-1949*, N. Y., Cambridge University Press.

FURTH, Charlotte, éd., 1976, *The Limits of Change. Essays on Conservative Alternatives in Republican China*, Cambridge, MA, Harvard University Press.

GALBIATI, Fernando, 1985, *P'eng P'ai and the Hai-lu-feng soviet*, Stanford, Stanford University Press.

GEISERT,. Bradley K., 2001, *Radicalism and Its Demise. The Chinese Nationalist Party, Factionalism, and Local Elites in Jiangsu Province, 1924-1931,* Ann Arbor, University of Michigan Center for Chinese Studies.

GILLIN, Donald G., 1967, *Warlord : Yen Hsi-shan in Shansi Province, 1911-1949, Princeton*, N.J., Princeton University Press.

GOODMAN, Bryna, 1995, *Native Place, City and Nation : Regional Networks and Identities in Shanghai 1853-1937*, Berkeley, CA, University of California Press.

GUILLERMAZ, Jacques, 1968, *Histoire du parti communiste chinois(1921-1949)*, Paris, Payot.

HARTFORD, Kathleen J., 1980,《Step be Step : Reform Resistance, and Revolution in Chin-Ch'a-Chi Border Region, 1937-1945》, Ph.D., Stanford Univeristy.

--et Steven M. GOLDMAN, éd., 1989, *Single Sparks. China's Rural Revolutions*, Armonk, NY, M. E. Sharpe.

HAYFORD, Charles W., 1990, *To the People : James Yen and Village China*, N.Y., Columbia University Press.

HEINZIG, Dieter, 1998, *Die Sowjetunion und das kommunistische China 1945-1950 :Der Beschwerliche Weg Zum Bündnis[L'Union Soviétique et la Chine communiste, 1945-1950 : le chemin difficile vers l'alliance]*, BadenBaden, Nomos Berlagsgeseellschaft.

DIRLIK, Arif, 1989, *The Origins of Chinese Communism*, N. Y. et Oxford, Oxford University Press.

DUARA, Prasenjit, 1995, *Rescuing History from the Nation : Questioning Narratives of Modern China*, Chicago, University of Chicago Press.

--, 1998. Culture, *Power, and the State : Rural North China,* 1900-1942, Stanford, Stanford University Press.

EASTMAN, Lloyd E., 1984, *Seeds of Destruction : Nationalist China in War and Revolution, 1937-1949*, Stanford, Stanford University Press.

--, 1974. *The Abortive Revolution. China Under Nationalist Rule, 1927-1937*, Cambridge, MA, Harvard University Press.

ELVIN, Mark, 1973, *The Pattern of the Chinese Past*, Stanford, Stanford University Press.

ESHERICK, Joseph W., 1995, 《Ten Theses on the Chinese Revolution》, *Modern China*, vol. 21 n^0 1, janvier, p.45-76.

--, 1987, *The Origins of the Boxer Uprising*, Berkeley, CA, University of Clifornia Press.

--, 1976, *Reform & Revolution in China: the 1911 Revolution in Hunan and Hubei*, Berkeley, CA, University of California Press.

--et Mary Backus RANKIN, éd., 1990, *Chinese Local Elites and Patterns of Dominance*, Berkeley, CA, University of California Press.

ÉTUDES CHINOISES (annuel), revue de l'Association Française d'études chinoises.

FAIRBANK, John King et al., éd., *The Cambridge History of China*, vol. 10(publié en 1978) et 11(1980), *Late Ch'ing*, 1800-1911; vol. 12(1983) et 13(1986), *Republican China*, 1912-1949, Cambridge University Press.

--, et Merle GOLDMAN, 2002, *China, a New History*, Cambridge, MA : The Belknap Press of Harvard University Press, 10e édition augmentée.

FEI, Hsiao-tung, 1939, *Peasant Life in China*, Londres, Routledge and Kegan,

--et CHANG, Chih-i, 1948, *Earthbound China. A Study of Rural Economy in Yunnan,*

CHEVRIER, Yves, 1993, *Mao et la révolution chinoise*, Paris, Casterman.

--, 1992, *La Chine monderne*, Paris, Presses Universitaires de France (2e edition).

CH'I, His-sheng, 1982, *Nationalist China at War : Military Defeats and Political Collapse 1937-1945*, Ann Arbor, University of Michigan Press.

--, 1976, *Warlord Politics in China 1916-1928*, Stanford, CA, Stanford University Press.

CHIANG, Yung-chen, 2001, *Social Engineering and the Social Sciences in China*, 1919-1949, Cambridge University Press.

THE CHINA JOURNAL, semi-annuel, Canberra, Australian National University.

THE CHINA QUARTERLY, 1997, juin, n[0] 150, Special Issue (《Reappraising Republican China》).

CHOC,(abréviation de John King FAIRBANK et al., éd., *The Cambridge history of China*), Cambridge University Press.

CHOU, Shun-hsin, 1963, *The Chinese Inflation, 1937-1949*, N.Y., Columbia University Press.

CHOW, Tse-tung, 1960, *May Fourth Movement : Intellectual Revolution in Modern China*, Cambridge, MA, Harvard University, Press.

COBLE, P., 1991, *Facing Japan : Chinese Politics and Japanese Imperialism 1931-1937*, Cambridge MA, Council on East Asian Studies, Harvard University.

--, 1980, *The Shanghai Capitalists and the Nationalist Government 1927-1937*, Cambridge, MA, Council on East Asian Studies, Harvard University.

COCHRAN, Sherman, 1996, et Andrew C.K. HSIEH, traducteurs et éd., avec jains COCHRAN, 1983, *One Day in China : May 21*, New Haven, Yale University Press.

COHEN, P., 1997, *History in Three Keys : The Boxers as Event, Experience and Myth*, NY, Columbia University Press.

CQ (abréviation de *The China Quarterly*), School of Oriental and African Studies, Londres.

--, 2001, *Peasants Without The Party : Grass-roots Movements in Twentieth-Century China*, Armonk, N.Y., M.E. Sharpe.

--, 1994, *La Chine*, Paris, Flammarion.

--et Yves CHEVRIER éd., *Dictionnaire biographique du mouvenent ouvrier international : la Chine,* 1985, Paris, Éditions ouvrières et Presses de la Fondation nationale des sciences politiques.

BILLINGSLEY, Phil., 1988, *Bandits in Republican China*, Stanford, Stanford University Press.

BRANDT, Conrad, 1958, *Stalin's Failure in China 1924-1927*, Cambridge, MA, Harvard University Press.

BROOK, Timothy et Bob Tadashi WAKABAYASHI éd., 2000,*Opium Regimes : China, Britain, and Japan, 1839-1952*, University of California Press.

BUCK, John L., 1937, *Land Utilization in China*, 3vol., Shanghai : Commercial Press. Seul le 1er volume, réédité en 1964(N. Y., Paragon), est utile au non-spécialiste.

CHANG, Hao, 1987, *Chinese Intellectuals in Crisis : Search for Order and Meaning(1890-1911)*, Berkeley, CA, University of California Press.

CHANG, Kuo-t'ao, 1972, *The Rise of the Chinese Communist Party*, 2 vol., *1921-1927 et 1928-1938*, Lawrence, The University Press of Kansas.

CHARTIER, Roger, 1990, *Les Origines culturelles de la Révolution française*, Paris, Seuil.

CHEN, Han-seng(Hansheng), 1936, *Landlord and Peasant in China. A Study of the Agrarian Crisis in South China*, New York, International Publishers.

CHEN, Yung-fa, 1986, *Making Revolution: The communist Movement in Eastern and Central China*, 1937-1945, Berkeley, University of California Press.

CHENG, Ying-hsiang et Claude CADART, 1977, *Les Deux Morts de Mao Tse-tung*, Paris, Seuil.

CHESENEAUX, Jean, 1962, *Le Mouvement ouvrier chinois de 1919 à 1927*, Paris-La Haye, Mouton.

參考書目

ALITTO, Guy S., 1979, *The last Confucian: Liang Shuming, and the Chinese Dilemma of Modernity*, Berkeley,, University of California Press.

ARENDT Hannah, 2002, *Les Origines du totalitarisme, Eichmann à Jérusalem*, Paris, Gallimard(Quarto).

ASH, Robert, 1976, *Land Tenure in Pre-Revoultionary China: Kiangsu Province in the 1920s and 1930s,* Londres, Contemporary China Institute, SOAS.

BARNETT, DOAK. A, 1963, *China on the Eve of Communist Takeover*, N.Y., Praeger.

BELDEN, Jack, 1951, *La Chine ébranle le monde*, Paris, Gallimard.

BELL, Lynda, 1999, *One Industry, Two Chinas: Silk Filatures and Peasant Family Production in Wuxi County, 1865-1937*, Stanford, CA, Stanford University Press.

BERGÈRE, Marie-Claire, 2002, *Histoire de Shanghai*, Paris, Fayard.

--,1994, *Sun Yat-sen*, Paris, Fayard.

--, 1986, *L'Âge d'or de la bourgeoisie chinoise*, 1911-1937, Paris, Flammarion.

--,Lucien Bianco et Jürgen domes éd., 1989, *La Chine au XXe siècle*, 1er vol. : *D'une Révolution à l'autre (1895-1949)*; 1990, 2e vol. :*De 1949 à aujourd'hui*, Paris, Fayard.

BERNHARDT, Kathryn, 1992, *Rents, Taxes, and Peasant Resistance. The Lower Yangzi Region*, 1840-1950, Stanford, Stanford University Press.

BERNSTEIN, Thomas, 1984, 《Stalinism, famine, and Chinese peasants : grain procurements during the Great Leap Forward》, *Theory and society*,13-3, p. 339-377.

BIANCO, Lucien, avec la collaboration de HUA Changming, 2005, *Jacqueries et Révolution dans la Chine du XXe siècle*, Paris, Èditions de la Martinière.

歷史大講堂

中國革命的起源1915-1949

2017年5月初版 定價：新臺幣450元
2018年10月初版第二刷

著者 Lucien Bianco
譯者 何啟仁
叢書主編 陳逸達
譯校 陳三井
內文排版 極翔
封面設計 沈佳德

出版者 聯經出版事業股份有限公司
地址 新北市汐止區大同路一段369號1樓
編輯部地址 新北市汐止區大同路一段369號1樓
叢書主編電話 (02)86925588轉5306
台北聯經書房 台北市新生南路三段94號
電話 (02)23620308
台中分公司 台中市北區崇德路一段198號
暨門市電話 (04)22312023
郵政劃撥帳戶第0100559-3號
郵撥電話 (02)23620308
印刷者 文聯彩色製版有限公司
總經銷 聯合發行股份有限公司
發行所 新北市新店區寶橋路235巷6弄6號2F
電話 (02)29178022

總編輯 胡金倫
總經理 陳芝宇
社長 羅國俊
發行人 林載爵

行政院新聞局出版事業登記證局版臺業字第0130號

本書如有缺頁，破損，倒裝請寄回台北聯經書房更換。 ISBN 978-957-08-4948-6 (平裝)
聯經網址 http://www.linkingbooks.com.tw
電子信箱 e-mail:linking@udngroup.com

Les Origines de la Révolution Chinoise（1915-1949）by Lucien Bianco

國家圖書館出版品預行編目資料

中國革命的起源1915-1949/ Lucien Bianco著．
何啟仁譯．初版．臺北市．聯經．2017年5月(民106年)．
368面．17×23公分（歷史大講堂）
譯自：Les origins de la revolution chinoise, 1915-1949
ISBN 978-957-08-4948-6（平裝）
[2018年10月初版第二刷]

1.中國史 2.中國共產黨 3.中華人民共和國

628.2 106006718